Marina Pechlivanis
Criadora das metodologias Gifting & Rituals Map® e Dádivas de Marca®

ECONOMIA DAS DÁDIVAS
o novo milagre econômico

ALTA BOOKS
E D I T O R A
Rio de Janeiro, 2016

Economia das Dádivas: O Novo Milagre Econômico
Copyright © 2016 da Starlin Alta Editora e Consultoria Eireli. ISBN: 978-85-7608-992-6

Todos os direitos estão reservados e protegidos por Lei. Nenhuma parte deste livro, sem autorização prévia por escrito da editora, poderá ser reproduzida ou transmitida. A violação dos Direitos Autorais é crime estabelecido na Lei nº 9.610/98 e com punição de acordo com o artigo 184 do Código Penal.

A editora não se responsabiliza pelo conteúdo da obra, formulada exclusivamente pelo(s) autor(es).

Marcas Registradas: Todos os termos mencionados e reconhecidos como Marca Registrada e/ou Comercial são de responsabilidade de seus proprietários. A editora informa não estar associada a nenhum produto e/ou fornecedor apresentado no livro.

Impresso no Brasil — 1ª Edição, 2016 - Edição revisada conforme o Acordo Ortográfico da Língua Portuguesa de 2009.

Obra disponível para venda corporativa e/ou personalizada. Para mais informações, fale com projetos@altabooks.com.br

Produção Editorial	**Gerência Editorial**	**Marketing Editorial**	**Gerência de Captação e Contratação de Obras**	**Vendas Atacado e Varejo**
Editora Alta Books	Anderson Vieira	Silas Amaro marketing@altabooks.com.br	J. A. Rugeri autoria@altabooks.com.br	Daniele Fonseca Viviane Paiva comercial@altabooks.com.br
Produtor Editorial Thiê Alves	**Supervisão de Qualidade Editorial** Sergio de Souza			**Ouvidoria** ouvidoria@altabooks.com.br
Produtor Editorial (Design) Aurélio Corrêa				

Equipe Editorial	Bianca Teodoro Christian Danniel	Claudia Braga Juliana de Oliveira	Renan Castro

Revisão Gramatical	**Diagramação**	**Layout**	**Capa**
Iara Zanardo	Luisa Maria Gomes	Aurélio Corrêa	Bianca Teodoro

Erratas e arquivos de apoio: No site da editora relatamos, com a devida correção, qualquer erro encontrado em nossos livros, bem como disponibilizamos arquivos de apoio se aplicáveis à obra em questão.

Acesse o site www.altabooks.com.br e procure pelo título do livro desejado para ter acesso às erratas, aos arquivos de apoio e/ou a outros conteúdos aplicáveis à obra.

Suporte Técnico: A obra é comercializada na forma em que está, sem direito a suporte técnico ou orientação pessoal/exclusiva ao leitor.

Dados Internacionais de Catalogação na Publicação (CIP)
Vagner Rodolfo CRB-8/9410

K88e   Koutsantonis, Marina Pechlivanis

Economia das dádivas: o novo milagre econômico / Marina Pechlivanis Koutsantonis. – Rio de Janeiro : Alta Books, 2016.
400 p. : il.; 17cm x 24cm.

Inclui Índice.
ISBN: 978-85-7608-992-6

1. Economia das Trocas. 2. Dádiva. 3. Doação. I. Título.

CDD 334.09
CDU 334:330.877

Rua Viúva Cláudio, 291 — Bairro Industrial do Jacaré
CEP: 20970-031 — Rio de Janeiro - RJ
Tels.: (21) 3278-8069 / 3278-8419
www.altabooks.com.br — altabooks@altabooks.com.br
www.facebook.com/altabooks

SUMÁRIO

Introdução	**XXI**
Apresentação	XXIII
Sobre Este Livro	XXXIII
O Poder dos Vínculos	XLI
Primeiras Noções sobre a Economia das Trocas	XLVII
Convenções Usadas no Livro	LIII
Como Este Livro Está Organizado	LV
I. MODELOS DE CRENÇA, MODELOS DE VALOR	**1**
Abertura	3
Crenças: Em que Você Acredita?	7
Afinal, o que São as Crenças?	7
Alguns Conceitos sobre Crença e Linguagem	14
Estruturações sobre a Crença Econômica	16
Linhas Gerais sobre as Crenças Políticas	18
Valores: Quanto Valem para Você?	23
Quanto Valem os Valores?	23
Novos Valores Econômicos: Paisa Vasool	27
O Valor do Grátis	29

As Tendências de Valores 33

O Valor dos Hábitos 37

II. DONS E DÁDIVAS: ORIGENS 43

A Força da Reciprocidade: Entendendo o Sistema
Primordial das Trocas 45

Economia das Dádivas: As Origens 49

Entre Dívidas e Dádivas 57

Troca Tudo sem Dinheiro: Nova Forma de Consumo Ganha Força 61

III. AS TROCAS NA ECONOMIA 69

A Lei das Trocas: Obrigações e Retribuições 71

A Nova Lei das Trocas: As Origens do Acúmulo 77

Objetos de Consumo, de Desejo e de Troca 83

Novos Modelos Econômicos 89

O Poder das Trocas: A Economia Compartilhada 95

O Poder dos Cidadãos: Indivíduos Privados
na Economia do Compartilhamento 103

O Valor do Compartilhamento 111

As Novas Economias: Foco em Virtudes Humanas 121

Capitalismo Consciente e as Trocas Voluntárias 129

Tecnologia Social: Inovação em Rede 137

IV. ECONOMIA DAS TROCAS HUMANITÁRIAS 145

A Cultura das Trocas 147

Ranking da Solidariedade 151

Mecanismos da Doação: Altruísmo 163

Corporate Warm-Glow: O Brilho Caloroso das Corporações	167
O Papel das Empresas: Responsabilidade Social	171
A História da Visão Social Corporativa	177
Diferentes Visões de Negócios Sociais	183
O Altruísmo Corporativo e as Desigualdades Sociais	195
Negócios na Base da Pirâmide	197
Investimento Social Privado no Brasil	201
Oportunidades Corporativas no Brasil	204

V. PERSPECTIVAS MUNDIAIS   219

Os Valores do Amanhã	221
Teorias e Futurologias	227
Novos Semeadores de Negócios	235
Mindstyle: O Paradigma do Futuro	239
A Democratização das Trocas	243

VI. NOVAS VISÕES   247

O que Todo Mundo Vê e Todo Mundo Já Sabe	249
As Visões do Ontem, do Hoje e do Futuro	253
Em que Espaço-Tempo Vivemos?	257
Visão 1: Um Mundo de Panoramas	261
Visão 2: Ensaio Compacto sobre a Antropologia do Dom	265
Visão 3: Pequeno Tratado sobre a Inteligência Coletiva	269
Conclusão	275

VII. APÊNDICE A

A Visão do Mercado na Prática, por Gisele Gurgel
A necessidade da inovação: Novos modelos de negócios
Trocas de necessidades: Do básico ao aspiracional
A importância do legado, a longevidade da sua marca

VIII. APÊNDICE B

Gift Economy: O que o Mercado Acha que É

BIBLIOGRAFIA

Índice

Aos meus filhos, Nicole e Chryssantos, e aos meus afilhados, Maria, Sofia, Carolina, Ana, Ekaterini, Déspina, Helena, Emmanoil e Alexandre, representando a nova geração, para que façam deste um mundo melhor para realizar negócios sustentáveis, ajudar o próximo, compartilhar boas ideias e ser feliz.

SOBRE A AUTORA

© Foto: Marcelo Navarro

Marina Pechlivanis é mestra em Comunicação e Práticas de Consumo pela Escola Superior de Propaganda e Marketing (ESPM), onde se graduou em Comunicação Social. Sua dissertação, com o tema Comunicação e Consumo de Cultura Fast-Food, na linha de pesquisa de Impactos Socioculturais da Comunicação Orientada para o Mercado, venceu o Prêmio ABF Destaque Franchising na categoria Trabalho Acadêmico (2009).

Sócia-fundadora da Umbigo do Mundo (http://www.umbigodomundo.com.br), agência de comunicação estratégica criada em 1999 e vencedora, entre outros prêmios, do ouro no *The MAA Worldwide Globes Awards* na categoria *Best Long Term Loyalty & Relationship Marketing* por mais de 10 anos atuando na mudança de hábitos de consumo na praça de alimentação com foco em refeições saudáveis para crianças.

Após vinte e cinco anos de vivência em planejamento, criação e novos negócios, atendendo clientes no Brasil e no exterior em ações de comunicação, branding, relacionamento, ativação e promoção, cunhou em 2008 o conceito de Gifting®, que abarca a ciência de dar, receber e retribuir gifts no universo corporativo; e lançou a metodologia Gifting&Rituals Map®. Com mais de 250 palestras, aulas, workshops e entrevistas realizados, já levou o conceito para o Festival de Cannes (França, 2008); para programas de TV como o Conta Corrente (GloboNews, 2011 e 2013); para diversas empresas e universidades como a Florida University (2013) e o Istituto Europeo di Design (Milão, 2014); e para eventos do SEBRAE, ABA, AMPRO, ABRASCE e HSM ExpoManagement Inspiring Ideas, entre outros. Professora do Curso de Férias Estratégias de Gifting® para a geração de negócios, da Escola Superior de Propaganda e Marketing (São Paulo, desde 2012), e de Planejamento de Comunicação e Percepção de Luxo no IED (São Paulo). Como moderadora e treinadora, já participou de eventos de grandes marcas lançando conceitos e inspirando equipes. Como articulista, escreve para diversas publicações no universo de comunicação e marketing.

Autora de mais de 20 títulos em negócios, infanto-juvenil e poesia, com destaque para *O Guardador de Palavras* (Saraiva, 2001, selecionado para o PNLD) e *Tuik, o Amigo Imaginário* (Formato, 2006, indicado ao Jabuti). Tem coautoria no livro *Gifting. Domine esta ciência e multiplique o poder de comunicação de sua marca* (Campus Elsevier, 2009). Organizou os livros *Phrase Book 4, Phrase Book 5, Phrase Book Kids, Duailibi das Citações 9.000* e *Duailibi das Citações 12.000* de Roberto Duailibi, com quem, em coautoria, lançou os livros *Duailibi Essencial 4.500 Frases Essenciais* (Campus Elsevier, 2005) e a série *Idéias Poderosas: Felicidade, Negócios e Inteligência* (Campus Elsevier, 2008).

Em 2013, com a missão de ajudar as empresas a localizar, organizar e construir seus diferenciais proprietários e estratégicos alicerçados em suas "dádivas de origem", lançou a metodologia de Diagnóstico e Planejamento de Comunicação *Dádivas de Marca®/The Gift of a Brand®*, já implementada em diversas empresas, inclusive fora do Brasil. Utilizando ferramentas proprietárias para a organização do legado comunicacional corporativo como o ICM®, Índice de Consistência de Marca, Marina está dedicada a estimular a construção de relações de consistentes entre marcas, pessoas e culturas atuando também como sócia da UDM&Co. Projetos para Comunicação Eficiente, consultoria especializada no planejamento eficiente de comunicação e no desenvolvimento de negócios, alicerçada em relações de troca. (http://udmconsulting.com.br)

AGRADECIMENTOS

QUANTOS! Primeiramente à minha família, em especial meu marido, Demetrio Koutsantonis, pela compreensão da importância deste (ou melhor, de mais este!) livro — obrigada pela paciência e pelo suporte. Aos meus pais, Venetia e Nicolas Pechlivanis, que sempre me inspiram e me dão força em todos os meus empreendimentos. À minha irmã, Elpis Pechlivanis Ziouva, fiel escudeira e grande parceira estratégica para colocar a *Gifting* em prática no mercado. E a todos os familiares (tios, sogros, cunhados, sobrinhos, primos…) e amigos — vocês não fazem ideia do quanto colaboraram, sem saber, em meus ensaios sobre os limites do altruísmo e do compartilhamento nas pequenas redes de grande proximidade! — que entenderam mais este "momento livro" e me deram um desconto pelo sumiço literário, em especial a Claudia Kiatake, que ajudou muito me ouvindo e recomendando o caminho das startups como um modelo de *Gift Economy*.

Na sequência, ao meu editor, que me fez o convite para escrever um novo livro e me estimulou a refletir sobre qual tema valeria dedicar tempo e energia escrevendo — a *Gift Economy* foi unânime como pauta atual, relevante e inspiradora para o mundo em que vivemos. Rugeri: obrigada pela oportunidade!

A todos os que me inspiraram nesta trajetória do mundo *Gifting* — são muitos. Aos que não foram citados, a minha gratidão; sintam-se representados. Na academia, ao João Anzanello Carrascoza, por me apresentar a obra de Marcell Mauss em minha entrada no Mestrado. A Rose de Mello Rocha, Maria Aparecida Baccega, Gisela Castro, Tania Hoff, entre tantos outros queridos mestres, que calibraram a minha visão teórica sobre comunicação e consumo e aprimoraram as minhas articulações intelectuais. Ao Dr. Amadeu Amaral, que me "receitou" Alain Caillé e o terceiro paradigma dos dons. No mercado, ao Roberto Duailibi, grande mentor, por 21 anos de trabalho em parceria e por acreditar no conceito de *Gifting* e na metodologia Dádivas de Marca, endossando-os. A todos os clientes que atendi em 25 anos de carreira, cada qual com sua peculiaridade, sempre trazendo desafios que foram fundamentais para a minha formação e para a estruturação de diversos pensamentos registrados neste livro. A todos os meus parceiros de Umbigo do Mundo nestes 17 anos de existência: funcionários, terceiros, fornecedores, assessores, veículos de comunicação, investidores, sócios — cada convivência, um aprendizado.

E aos grandes colaboradores deste livro, sem os quais a visão desta nova forma de pensar negócios ficaria limitada. Obrigada, Deepa Prahalad, por todas as conversas inspiradoras que tivemos sobre *Gift Economy* (e foram muitas, memoráveis), especialmente pelo belo prefácio que preparou para o livro — agradeço às forças cósmicas que conectaram os nossos caminhos! Querida Gisele Gurgel, parceira de mercado de longa data, é uma grande alegria ter um capítulo seu neste livro e muito obrigada pelas articulações internacionais de base da pirâmide que você trouxe. Prezados Massimo Canevacci, Marcelo Estraviz, Carlos Bremer, Ladislau Dowbor, Izabella Ceccato, Edgard Barki, Geraldo Santos, Nei Grando, João Paulo Vergueiro, Dom Nicolaos de Moreas, Elain Vlok e Ulla Holm: obrigada por dedicarem tempo a este projeto e compartilharem suas visões de mundo — é uma honra. Que estas ideias poderosas também possam iluminar e inspirar os leitores e, no modelo de compartilhamento, os seus amigos, clientes, fornecedores, parceiros de trabalho, prestadores de serviço, líderes políticos e econômicos... criando uma grande onda de boas energias, ótimas trocas e novas oportunidades para o mundo dos negócios.

PREFÁCIO
por Deepa Prahalad[1]

O TERMO GIFT ECONOMY, tratado de forma superficial, parece ser uma contradição. *Gifts* são vistos como distantes dos números dos negócios mundiais com fins lucrativos, ou ainda como esforços de caridade de corporações no final de ano. No entanto, um olhar mais atento ao que representam (tanto da perspectiva do doador quanto do receptor) e as tendências macroeconômicas em rápida evolução ajudam a explicar por que a ideia de uma economia de troca, e o conceito mais amplo de compartilhamento, voltaram à pauta. Não são um meio de distribuição de valor, mas, ao mesmo tempo, são fundamentais para a **criação de valor** por indivíduos e empresas.

Assim como a transição dos negócios de cumprimento dos meios básicos de sobrevivência até a criação de produtos e serviços que forneçam significado, a ideia dos *gifts* vem ganhando cada vez mais valor. O que, afinal, os *gifts* representam para nós como indivíduos? Em sua essência, um *gift* representa boa vontade. Representa o valor que destinamos aos indivíduos, e demonstra que são dignos de nosso tempo e atenção. Como pais, nós damos presentes às nossas crianças como um símbolo de afeto ou como recompensa pelo esforço e pela conquista. Preciosidades simbólicas que recebemos de amigos nos dão a tranquilidade de que estamos sendo compreendidos e ouvidos. O anel de casamento é um lembrete de nosso compromisso com nossas famílias. O amuleto de boa sorte que circula entre membros de uma família endossa nosso sucesso, reforçando a confiança em nossas próprias capacidades. O presente que recebemos de um varejista junto com a compra pressupõe o desejo de um relacionamento de longo prazo. Benefícios que vêm de um empregador podem ser um convite para se envolver e trabalhar em direção a uma missão compartilhada. Presentes ou dádivas — sejam eles objetos, tempo ou mentoria — podem nos inspirar a ser o melhor de nós.

Gifts transportam significados que vão muito além do próprio objeto. Pessoas de todas as classes guardam objetos, muitas vezes inúteis, por motivos sentimentais. Todas essas ideias — boa vontade, compreensão das preferências do consumidor, relacionamento, engajamento e confiança — são fundamentais para o sucesso dos negócios. Há tempos não são mais coisas vagas "extras", mas o meio pelo qual os empregados e consumidores fazem escolhas sobre em quem confiar e com quem fazer negócios. Uma pesquisa recente da Deloitte indica que 90% da geração Millennials acredita que o propósito das empresas é muito mais que apenas gerar lucro. Os investimentos de impacto estão ganhando força e credibilidade. E os indivíduos estão desenvolvendo suas próprias plataformas, como o Kickstarter, para apoiar ideias que se alinham com seus valores. Alguns dos indivíduos mais ricos do mundo fizeram um *Giving Pledge*[2] para ajudar o mundo a se transformar em um lugar melhor. Todas as tradições espirituais pelo mundo enfatizam o compartilhamento. Por que esse assunto está hoje na vanguarda dos negócios e como ele pode ser aproveitado para beneficiar tanto as empresas quanto a sociedade em geral?

Diversas tendências macroeconômicas influenciaram o aumento da economia das dádivas a uma grande extensão. Algumas dessas *megatrends* mais influentes podem ser resumidas em:

- **Globalização:** assim como exploradores ao longo da história trocaram presentes com os povos nativos quando se aventuraram em território desconhecido, as empresas hoje devem entrar em novos países e entender novas formas de viver e de pensar. *Big data* e informações demográficas são insuficientes para compreender as nuances do processo de pensamento dos consumidores. Trocas de *gifts* e de informação são fundamentais para a compreensão do ambiente e do contexto;

- **Desigualdade:** a imensa desigualdade sempre foi uma preocupação dos países em desenvolvimento, mas hoje essa preocupação é global e generalizada. A solução para essa situação não reside apenas na caridade, mas no envolvimento significativo com os consumidores pobres para entender suas necessidades e preferências. Além disso, muitas pessoas ricas estão ansiosas para se libertar de um ciclo interminável de consumismo e ter tempo e fundos para prosseguir com as atividades que consideram gratificantes. Novos modelos de compartilhamento podem ajudar a servir ambas as extremidades e criar uma "prosperidade compartilhada";

- **Cocriação:** *gifts* nem sempre são na forma de objetos. Algumas das maiores dádivas que recebemos são tempo, o exemplo de pessoas extraordinárias, inspiração e novas maneiras de pensar sobre nós mesmos e nossas vidas. À medida que entramos em uma "economia das ideias", o bem mais precioso — gênio individual — não pode ser comprado ou vendido. Grandes empresas e indivíduos entenderam essa lógica e estão inovando nas maneiras de se envolver com as pessoas e alcançar seus conhecimentos. Mesmo grandes produtos, como o iPad, não poderiam ter o mesmo êxito se não fossem as contribuições de ideias de milhares de desenvolvedores e usuários para além dos muros da empresa. A plataforma foi um *gift* para eles. Os milhões de aplicativos e downloads são uma poderosa nota de agradecimento por parte dos consumidores e hoje valem bilhões de dólares. Tanto grandes quanto pequenas empresas estão inventando modelos de negócios para incentivar os consumidores a compartilhar seus *gifts* mais preciosos — seu tempo, conhecimento e experiência, a fim de se tornarem mais bem-sucedidos e, ao mesmo tempo, beneficiarem a sociedade. As pessoas dão esses *gifts* de forma muito seletiva, para aqueles em quem confiam e respeitam. Para receber esses *gifts*, as próprias empresas precisam demonstrar boa vontade, um propósito mais elevado e maiores graus de transparência;

- **Inovação/Novos Modelos de Negócio** — A inovação é a força vital das empresas hoje. Apesar de seus melhores esforços, no entanto, os resultados da inovação são incertos. Compartilhar é uma apólice de seguro poderosa no ambiente de rápidas mudanças atual. Todas as empresas e, na verdade, todos os indivíduos sofrem reveses — independentemente do talento. O que separa aqueles que sobrevivem e prosperam é, muitas vezes, a boa vontade dos amigos, a crítica construtiva dos consumidores, a ajuda dos fornecedores e uma boa rede de relacionamentos. É pouco provável que essa nova oportunidade seja aproveitada por empresas que não compartilham, não comunicam sua visão e suas intenções e geralmente não acreditam em fazer esforços para um bem maior.

Talvez o grande esclarecimento, que vale reforçar, é que a *Gift Economy* se diferencia da caridade e da filantropia. A caridade é um esforço digno, mas muito frequentemente baseado na compaixão ou culpa sobre a sorte de alguém. Nesse caso, há pouca oportunidade para uma troca de ideias, ou até mesmo para uma conversa. Tanto o dar quanto o receber, muitas vezes, se resumem a atos passivos com baixo nível de compreensão e, outras tantas vezes, com resultados mínimos — muito mais uma redução do sofrimento do que uma criação de novas ideias e conceitos.

Gifts, tanto em geral quanto na *economia das trocas* ou *das dádivas*, também dependem de um impulso de caridade e de um desejo de reduzir o sofrimento. Mas *gifts* significativos exigem uma compreensão da vida do destinatário e de suas aspirações, um desejo de ser — e permanecer — conectado. Embora a filantropia seja dominada pelos segmentos mais ricos da sociedade, a *Gift Economy* agradece as contribuições vindas de todos os lados. Reconhece que os pobres têm conhecimentos e experiências que também podem ser trocados. *Gifts* não são dados em desespero ou piedade, mas com carinho e respeito.

Um *gift* dado livremente muitas vezes têm um impacto mais amplo do que somos capazes de imaginar. A justificativa para o compartilhamento nem sempre pode ser reduzida a um benefício financeiro direto. O mundo parece diferente hoje por causa da ajuda do Plano Marshall estendido pelos Estados Unidos após a Segunda Guerra Mundial. O destino das crianças é moldado pelo tempo que os pais dedicam a ler para elas. Dar não diminui o bem-estar; muito frequentemente, aumenta a prosperidade. A tecnologia tem nos ensinado nas últimas duas décadas que compartilhar é muito mais poderoso do que manter a exclusividade. Todos temos mais oportunidades em um mundo com mais de cinco bilhões de telefones celulares do que teríamos de outra forma. Nossas vozes e ideias podem alcançar mais pessoas, mais rápido do que nunca.

A *Gift Economy* é um conceito que tem relevância tanto para o comportamento individual quanto para as empresas. Está sendo conduzida por poderosas tendências macroeconômicas e por um novo *ethos*, preocupado com a justiça e com a igualdade. Não é algo que se destina a beneficiar os pobres por si só, mas uma ideia que vai ajudar as empresas a se tornarem melhores inovadoras. Peter Drucker observou que as inovações que transformam indústrias tendem a vir de fora daquela indústria em particular. Essa é uma das razões mais poderosas para compartilhamento —

na medida e amplamente possível. Com tanta pressão e tantos problemas globais em larga escala para as empresas e os países enfrentarem, é difícil saber por onde começar. Mas os mesmos *gifts* que fazem uma enorme diferença na vida dos indivíduos — ouvir, apoiar e compartilhar experiências — exercem também um forte impacto na sociedade em geral. São o melhor lugar para começar a lidar com grandes problemas.

Eu estava ajudando o meu filho a se preparar para uma avaliação importante — ele estudou por conta própria e eu colaborei com uma rápida revisão, até ele me dizer com confiança que estava pronto. Quando chegamos ao carro, ele entrou em pânico e disse que esqueceu algo. Rapidamente, correu para dentro da casa e voltou segurando seu lápis favorito. Ele explicou que sabia que era bobagem, mas esse lápis foi um presente de seu amigo e isso o fez sentir-se melhor para enfrentar um novo desafio. Essa experiência solidificou para mim a ideia de que os *gifts* de todos os tipos — independentemente de seu valor monetário ou do status do doador — trazem significados muitas vezes invisíveis e pouco valorizados. Essa ideia deveria nos deixar mais dispostos a dar de nós mesmos, sabendo que isso pode fazer uma diferença maior do que se pode perceber. As mudanças são provocadas por gestos, grandes e pequenos.

Marina Pechlivanis reuniu a riqueza de sua vivência no assunto com cases contemporâneos de diversas empresas para formatar um modelo convincente para a *Gift Economy*. Tanto o momento quanto a mensagem são importantes para todos nós.

INTRODUÇÃO

APRESENTAÇÃO

GIFT ECONOMY, apesar de ser a mais arcaica de todas as formas de troca, é um assunto extremamente contemporâneo e relevante. Muita gente pratica e não sabe; outros deveriam praticar, mas não fazem ideia de como. Passou pelas mãos de antropólogos, sociólogos e filósofos; foi deixado de lado pelos economistas e financistas, possivelmente por desconhecimento de seus fundamentos associados à eficiência. Pode-se dizer que é uma versão atualizada de algo que sempre existiu, que permeia diversos processos sociais, culturais e econômicos, que envolve inúmeros pensadores e vários conceitos relacionados, e que tem como objetivo ajudar o mercado a repensar algumas fórmulas que estão gastas e precisam de um arejamento. Possivelmente, mais que um modelo econômico, é uma forma atualizada de fazer negócios buscando alguns valores humanos que ficaram esquecidos por conta da primazia de outros valores, os monetários.

Não é necessário contratar uma pesquisa específica para saber que é voz comum querer viver de forma cada vez mais sustentável, gentil e feliz — e nem por isso menos lucrativa. E o que é lucro? O que é valor? O que é economia? As trocas se processam nas palavras, se efetivam no verbo e se documentam em acordos que nada mais são do que registros de linguagem. É tempo de rever os verbetes e reavaliar o que significam, especialmente porque as pessoas já estão cobrando das empresas e das marcas nas quais confiam mudanças de postura, atitude e discurso.

Ser a marca mais lembrada no *top of mind* pode significar apenas que a empresa é um grande anunciante, nada mais. Na era do *sympathetic price*, dos negócios compartilhados, do capitalismo consciente e das *storymakers brands*, o processo de somente promover preços baixos não faz mais sentido. A partir de agora, os rankings que destacavam apenas as empresas financeiramente bem-sucedidas cedem espaço a rankings novos: de reputação, de melhor lugar para se trabalhar e de proximidade com os consumidores. Com isso, muitas fórmulas antigas, pesquisas superficiais induzidas e rótulos automáticos que separam as pessoas em profissões, regiões, religiões, idade, sexo, escolaridade, entre tantos outros diferenciais unilaterais e ultrapassados, perderão sua força e sua credibilidade. Na era das informações disponibilizadas em rede, não é preciso cursar uma universidade para ser bem-sucedido e não é necessário ter uma determinada quantidade de banheiros na casa para ter poder econômico e ser um influenciador social. Com isso, a visão rotulada de "quem é quem no mercado e qual papel exerce" será remodelada por considerar funções únicas para indivíduos que — não precisa ser um gênio para saber disso — exercem várias funções ao mesmo tempo. Traduzindo: quem disse que funcionários também não são consumidores? Quem disse que consumidores também não são produtores?

Quando se fala em gift economy, economia das dádivas, do dom, das trocas ou do compartilhamento, entre tantas outras definições que serão abordadas nas próximas páginas, as opiniões são contraditórias. Alguns pensadores propõem o término do sistema capitalista sem considerar todas as conquistas e acessos que esse sistema propôs, melhorando as condições de vida com acesso a saúde, alimentação, habitação e educação, entre outros — algo nunca visto na história da humanidade. Outros defendem o fim do dinheiro como conhecemos hoje (moeda, papel, cartão de crédito) em prol de uma sociedade mais equilibrada e harmoniosa no modelo *no money business* — como se fosse fácil reorganizar o mundo globalizado da noite para o dia. Sem contar os que idealizam um mundo de altruístas, uma sociedade em que todos têm a mesma percepção de bondade e gentileza, assim como podem e querem doar para o próximo, em busca de uma utópica equanimidade social.

Se sonhar com utopias (do grego *ou* [não] e *topos* [lugar]) não resolve as tensões sociais e econômicas que vivenciamos hoje — de um lado, a crise da falta de recursos; de outro, a crise do desperdício —, proponho um caminho do meio, como inscrito no milenar Oráculo de Delfos, um modelo perfeito para as questões de abuso, desuso e mau uso do capitalismo: "nada em excesso". Guerras ou guerrilhas, sejam elas entre países, empresas ou pessoas, se dão pela métrica do sucesso inatingível promovida pelo mercado: quem tem mais, quem faz mais, quem anuncia mais, quem vende mais, quem compra mais, quem pode mais... em uma espiral ascendente na qual nunca se chega ao topo. Será que precisamos de tudo isso? Será que passamos do limite do que é suficiente para viver bem? Onde estão os valores humanos na bolsa de valores contemporânea? Como as empresas podem fazer a sua parte nesse equilíbrio do sistema atual, que já está instalado e cuja ruína seria mais prejudicial do que benéfica na atualidade?

O propósito deste livro não é ser uma obra com foco puramente econômico — há excelentes tratados que dão conta disso com um rigor impecável. Mais que uma questão econômica, trata-se de uma questão conceitual, de conscientização, de remodelagem das formas como os negócios e todas as trocas que esses representam, materiais ou simbólicas, foram estabelecidos. São outros tempos, outros desafios, outras condições de planeta. Faz sentido trazer à tona uma nova forma de entender qual é a razão de consumir, vender, comprar, acumular, ganhar, trocar e compartilhar.

Sim, estamos em uma era de questionamento de valores, com limites confusos pela falta de parâmetros de certo ou errado, de bom ou ruim, de justo ou injusto: todo mundo, cada qual em seu sistema de crenças, quer saber "aonde iremos parar e por que estamos indo assim". Uns, muito abastados, se preocupam em acumular cada vez mais; enquanto, para outros, falta tudo: água, comida, dinheiro, educação, dignidade... Nesta instabilidade, como é comum em todos os ambientes de tensão, está sendo gerado um novo panorama onde princípios humanitários como respeito ao próximo, gentileza, reciprocidade, doação e generosidade, entre outros, podem ser soluções viáveis para um mundo melhor, descentralizando a autoridade pública como geradora única do bem-estar social e transferindo para o indivíduo, como pessoa física ou pessoa corporativa, o papel de agente transformador de um novo ambiente, com novas relações de troca, novos laços de reciprocidade e novas metas de qualidade de vida.

Talvez pela primeira vez em centenas de anos, o fator "bem-estar" entra em questão não como uma promessa publicitária, mas como uma demanda real que consumidores, fornecedores e colaboradores, entre tantos outros públicos relacionados, fazem às marcas e empresas com as quais convivem diariamente. É uma completa inversão de valores, que coloca as premissas da economia tradicional em cheque.

Hoje, a pauta da geração de valor para os negócios e para o mundo está nas lideranças de muitas empresas, assim como a questão dos impactos positivos. Afinal, o que é isso? Quando se fala em valor, as coisas valem as mesmas coisas para todas as pessoas? Como saber em que as pessoas acreditam? Todos acreditam da mesma forma? O que tem valor hoje em dia? Não adianta lançar uma nova fórmula para resolver todos os problemas do mundo se as pessoas têm entendimentos distintos do real sentido das coisas, acreditam de forma diferente e valoram as coisas com lógicas muitas vezes ilógicas.

Nas próximas páginas, você conhecerá alguns dos pensadores sobre o tema, algumas teorias que ajudam a entender o contexto, alguns cases de inspiração, novos modelos de rankings que privilegiam a doação e uma série de dicas e fórmulas para a implementação imediata dos conceitos. Conhecerá também referências mundiais de projetos corporativos que, considerando a cultura local, fizeram a diferença e agregaram o máximo de valor nas relações com a sociedade, a economia e a ecologia. E entenderá um pouco mais desse novo circuito de energia que mobiliza os negócios e pode — dependendo de como for usado — fazer bem para o relacionamento das marcas com o mercado e com a sociedade.

A proposta do livro é proporcionar às empresas e às pessoas que com elas interagem novas formas de atuar no mundo dos negócios, integrando às metas comerciais questões novas e também relevantes, que sejam pertinentes a seu *core business*, mas que estimulem trocas novas e construtivas para além do sistema de "compra-consumo-descarte" amplamente promovido nos últimos anos. Por exemplo, beneficiando a população na saúde pública (em vez de lançar mais um suco de fruta, que tal investir em pesquisas sobre as necessidades nutricionais da população e oferecer produtos que melhorem a saúde das pessoas?), na questão de habitação (que tal implementar estruturas locais para reaproveitar embalagens pós--consumo como solução de moradia para populações de baixa renda?), no estímulo ao compartilhamento (como implementar a cultura de *sharing economy* de carros, eletrodomésticos e equipamentos para lazer?), entre tantas outras possibilidades de atuação transformadora da realidade.

Em tempo: de onde surgiu essa ideia? Desde o início da estruturação do conceito *Gifting*, oficialmente lançado em um workshop que ministrei no Festival de Cannes (julho, 2008) e consolidado no livro *Gifting* (2009), a ideia de um livro que trouxesse o sentido amplificado de "economia das dádivas" foi se estruturando. Essa é a minha fala em todos os artigos e palestras (somados, mais de 400). Com o nascimento das metodologias corporativas Dádivas de Marca® e Gifting & Rituals Map®, fiz o exercício de transformar conceito em método. Assim, fui despertando para uma série de processos que ocorriam de maneira informal no mundo dos negócios e que, nos últimos anos, vêm adquirindo uma condução mais organizada e engajada. Como as trocas são efetivadas? O que de mágico existe em um modelo quase automático de "dar-receber-retribuir" que funciona desde os primórdios das socialidades humanas, nas sociedades arcaicas, e ainda se mantém hoje como um modelo de mapear trocas de objetos e sensações na humanidade? Qual é o poder dessas trocas, a ponto de gerarem poderosos vínculos entre pessoas, objetos e entidades? Como localizar a alma, o dom e a dádiva de um negócio e deixá-los transparecer, na medida certa, para dentro e para fora de uma corporação?

Esse assunto é intrigante e estimulante. Comecei a pesquisar sobre o tema em suas diversas dimensões, colecionando livros clássicos e adaptações contemporâneas; coletando artigos os mais diversos; conversando tanto com pensadores das áreas de economia, antropologia e sociologia quanto com executivos da mercadologia e da consultoria de negócios sustentáveis; e, para concluir o método de investigação, capturando cases corporativos em que o processo de troca se implementasse como um fator de diferenciação no relacionamento entre a marca e seus públicos de relacionamento, gerando novos níveis de eficiência para os negócios.

Curioso perceber que, nesses oito anos de estudos, muitas organizações e movimentos internacionais surgiram, para além do mundo acadêmico, demonstrando apropriações adaptadas do modelo teórico original, inclusive com aplicações práticas abarcando manifestos, mobilizações e eventos, tanto nas comunidades físicas como nas virtuais. A sensação era a de uma demanda mundial por um novo formato nas relações de troca, comerciais ou não, trazendo à tona determinados valores que, com o poder da monetização e da plastificação das relações, estavam esquecidos.

O que era um conceito erudito de "economia das dádivas", cuja circulação se processava nos anais acadêmicos com base nos preceitos antropológicos de estudiosos como Marcel Mauss, aos poucos foi ganhando tom de cultura popular, que o mercado, ao longo do tempo e de modo desordenado, está adaptando e traduzindo nas mais distintas instâncias socioeconômicas, gerando uma espécie de "nova economia". Os cartesianos podem chamar de uma volta ao escambo, de um futuro do pretérito. Mas acredito em um formato revigorado e carregado de expectativas de um modelo mais saudável e harmonioso para a sobrevivência da humanidade nas inter-relações que a estrutura mundial propõe no momento.

Agora é hora de transformar toda essa experiência de 25 anos de mercado em um legado compartilhável, para que você possa conhecer essa linha de raciocínio e também possa aproveitar dessa inspiração em seus negócios. Não estou sozinha nesse processo: há diversas associações, instituições, institutos e publicações que estudam, aplicam e avaliam esse modelo. Sem contar as outras tantas organizações que fazem uso desse modelo sem dar o nome de *Gift Economy*, como no circuito das startups, onde mentores e empreendedores, sem receber dinheiro por isso, investem seu tempo e seu talento assessorando empreendedores em novas soluções para o mercado.

Entrevistei dezenas de pensadores das mais diversas áreas: economistas, sociólogos, mercadólogos, antropólogos, cientistas sociais, profissionais de mercado, consultores... Participei de diversos eventos, congressos, fóruns, palestras e circuitos de startups, além de reuniões em empresas de todos os tamanhos, inclusive muitas multinacionais que ninguém imagina estarem em crise de identidade e de valores de marca, especialmente no diálogo interno com colaboradores. Vi diversos cases corporativos acontecendo e muitos deles desperdiçando grandes quantias de recursos sem ter uma fundamentação clara, apenas por aderir à onda que está na moda e que outras empresas também estão fazendo; assim como vi marcas investirem tempo, talento e muitos recursos em projetos legítimos para a sua imagem e que, por questões de ego ou de inabilidade das novas lideranças, deixaram de existir. E li muito: dos tratados eruditos comportamentais aos modelos atuais de gestão de negócios sustentáveis, eficientes e criativos.

Meu viés está ligado às marcas. Como podem, considerando o montante de recursos que mobilizam para estabelecer contato com seus públicos de interesse, realizar negócios de forma revigorada, inteligente e sustentável? Como podem se beneficiar desse processo para criar relações mais interessantes, memoráveis e consistentes com seus públicos de relacionamento (*stakeholders*)? Por que umas marcas se transformam em marcas amadas e outras, por mais que se esforcem fazendo maravilhosas campanhas com vultosos investimentos em comunicação e marketing, mesmo vendendo o que foi proposto nas metas, não conseguem obter o mesmo carisma?

A saber, não estou aqui para comprovar a conduta da marca X ou Y, promovendo sua perfeição e santidade. Um, porque seria uma heresia acreditar que há um sistema 100% perfeito e purificado. Dois, porque, como diz a frase, de perto ninguém é normal. Para sobreviver, pessoas e empresas fazem o que podem; isso nem sempre significa o melhor para seus funcionários, para a comunidade do entorno, para a memória das marcas e para o bem do mundo.

Nada como a vivência no mercado, que nos sova diariamente. Quantos cases vi nascerem e criarem repertórios discursivos de excelência para as marcas, mas que, por ansiedade de resultados, sucumbiram. Como diz a palavra, o relacionamento precisa ser vivo; caso contrário, vira memória. Por exemplo, trago memórias afetivas de diversas ações, promoções e relações com empresas que fizeram parte de minha infância. Sobreviveram porque ficaram guardadas e não receberam novos impactos comunicacionais ou noticiosos. No entanto, podem acabar em instantes se a marca em questão se associar a práticas abusivas de qualquer espécie, em qualquer nível de relacionamento: desde ingredientes que não fazem bem para a saúde e são promovidos de forma enganosa, passando por trabalho escravo ou infantil para garantir baixo custo de produção e boa margem de lucro, até posturas políticas pouco éticas de lideranças que representam a empresa. É como se o vínculo gerado nas trocas de consumo se quebrasse e a marca deixasse de fazer parte de meus objetos de afeto. Hoje, não há como esconder as informações — em instantes, qualquer notícia boa ou ruim pode mobilizar milhões de pessoas qual opinião orgânica sobre tudo aquilo que se promove e se consome. Foi-se a era da hipocrisia, em que a fala de um executivo de cabelo engomado e com vestes de alfaiataria vendia uma imagem corporativa convincente que disfarçava uma série de ineficiências, desrespeitos e dissonâncias. Hoje, tudo se investiga e, se a causa não for boa, ninguém perdoa.

O que mais me estimula em um estudo como esse é olhar para as marcas, não com um discurso piegas e repleto de fórmulas que marqueteiros mercantilistas inventaram ao longo dos anos para encapsular as condutas corporativas, mas com uma possibilidade nova extremamente pertinente em uma era de escassez generalizada: de tempo, de recursos naturais, de dinheiro e, principalmente, de um pensamento que possa ser, ao mesmo tempo, proprietário para as marcas e valoroso para as pessoas, comunidades e mundo. Como uma marca pode criar fortes vínculos com os consumidores sem necessariamente vender um produto ou serviço? Como as pessoas podem enxergar as corporações como aliadas em processos de mudança social, cultural e econômica mundo afora? Como demonstrar um processo verdadeiro de ganha-ganha-ganha, sem que apenas os resultados financeiros sejam colocados em análise? Quando apenas um ganha, a energia da troca fica prejudicada.

A crise está em todos os cantos. O mundo está revendo sua forma de fazer negócios e de estabelecer relações. A falsa esperança de que a globalização daria conta do recado e faria o mundo conectado em rede resolver todas as suas questões passa longe de um equilíbrio financeiro. Em uma mesma cidade há tanto ilhas de excelência com alta produtividade per capita quanto redutos de pobreza máxima, sem recursos de saneamento básico, porém com fatores que são comuns: a predisposição para o consumo.

Esse é um ponto importante. Abri os olhos para a ciência do consumo após um mestrado *stricto sensu* de Comunicação e Práticas de Consumo[3] e pude perceber como o mundo vulgariza e banaliza o quão relevante é essa forma de enxergar as relações entre pessoas e marcas. Meu foco é exatamente esse: o vínculo que se forma entre consumidores e marcas. Um vínculo que tem uma certa magia e cria campos de defesa, de argumentação, de proteção, de blindagem. E extrapola inclusive o racionalismo das promoções e descontos. Um morador da favela não deseja apenas saneamento básico e alimentação nutricionalmente balanceada, mas quer também acessos: tablets, smartphones, aplicativos... E o que as marcas estão fazendo? Coisas esparsas. Há um case lindo que transformou a parte interna de embalagens de transporte de determinados produtos, que certamente seriam descartadas, gerando investimentos para reciclagem, em materiais didáticos impressos para escolas carentes na Índia: ganhou prêmio em festivais publicitários, gerou grande repercussão na imprensa e mobilizou no momento em que foi lançada, mas será que a iniciativa consegue se manter? Será que inspirou outras marcas a fazerem a diferença? Será que motivou outras soluções de baixo investimento e alto resultado social? O que mais pode ser feito sem grandes impactos nos custos já contratados da cadeia produtiva, de forma que as marcas ajudem seus clientes e consumidores em suas mais diversas carências?

Estudei o que se chama corporativamente de *triple bottom line*, de *triple A*, de capitalismo consciente, de economia colaborativa, de... Não me preocupo com o anglicismo, com o acrônimo, com a sigla que foi criada para denominar cada coisa, mas sim com sua utilidade prática. Alguns valores, que estão belamente ilustrados nos portais e nas portas das empresas, não passam da parede. Se transformaram em um discurso habitual para pessoas que se acostumaram a gerar um *storytelling* — uma grande contação de histórias que podem ser tocantes e reais, assim como fabulares e ficcionais — para o mercado... Minha proposta é oferecer alguma fundamentação científica para você entender de onde isso vem, bem como cases práticos para você saber para onde isso vai e, assim, poder aplicar de forma efetiva em sua área de atuação ou colaboração no mercado.

Desconsiderando-se o cartesianismo das bases científicas que norteiam o assunto em sua forma original (sociologia das trocas) e acrescentando-se o vigor das comunidades sociais como novas redes de construção de relacionamentos, percebe-se que, aos poucos, foram agregadas ao tema temáticas paralelas, como a felicidade das nações e das pessoas, que tendem a se irradiar pelo universo corporativo. Uma passagem do PIB (Produto Interno Bruto) à FIB[4] (Felicidade Interna Bruta), com suas nove dimensões diferentes das dimensões financeiras e mercadológicas amplamente conhecidas: bem-estar psicológico, saúde, uso do tempo, vida comunitária, educação, cultura, meio ambiente, governança e padrão de vida.

Sim, é verdade que o mercado está produzindo o tempo todo esses novos aferidores de reputação, de sustentabilidade, de parcerias sociais... Mas isso não significa que medidas efetivas estejam sendo tomadas e que mudanças efetivas estejam acontecendo. Que legado as marcas querem deixar para a humanidade? Em breve, todos os consumidores que não se beneficiarem diretamente de algumas balelas mercadológicas se cansarão dessa conversa e quererão relacionamento apenas com marcas que realmente estejam fazendo alguma diferença. Fazer revitalização ambiental plantando árvores para neutralizar a pegada ecológica da empresa às custas do dinheiro do consumidor é um caminho muito longo e pouco inteligente, especialmente se a consolidação desses "grandes feitos" gerar a produção de materiais impressos (anuários, relatórios, folheteria) ou de megaeventos que causam desperdício de energia e de talento — não há nada de sustentável nisso.

Acompanhei ao longo de minha trajetória vários discursos de marcas — sou fanática por isso — para ver onde a oferta se choca com a entrega. Não basta comprar espaço de imprensa para publicar na mídia que faz campanhas milionárias e bem produzidas, com as mais badaladas agências de comunicação; isso já não engana ninguém. É tempo de repensar processos:

da geração de um produto à forma como o mesmo deve circular sociedade afora. É essa a troca que eu proponho na economia das dádivas. Em troca, peço que você reflita e, se tiver possibilidade, faça alguma coisa. Não é por mim e nem por você. É por todos nós que vivemos uma economia de mercado que merece ser revigorada urgentemente para continuar viva.

Para dar mais riqueza de pontos de vista — o assunto parece simples (ora, ora, são apenas rituais de troca!), mas é polêmico —, transformei em textos as entrevistas com economistas, empreendedores, consultores e pensadores em um capítulo especial. E também convidei duas profissionais de atuação internacional que estão fazendo a diferença no mundo da base da pirâmide (BoP, *Base of the Pyramid*), possivelmente um dos que mais careça de soluções alternativas corporativas da *Gift Economy*: Deepa Prahalad e Gisele Gurgel.

Acredito que o segredo do sucesso está em compartilhar; ninguém ganha sozinho. Juntos, podemos gerar boas e dadivosas fórmulas para reenergizar as relações de troca propostas pelo mercado. Eis o desafio: fazer bons negócios, ajudar o próximo e melhorar o mundo. Faça a sua parte.

BOA LEITURA, **GIFTED INSPIRATIONS.**
MARINA PECHLIVANIS

SOBRE ESTE LIVRO

Objetivos: introduzir o tema e apresentar as fundações da economia das dádivas.

Palavras-chave: dom, organização social, contratos, reciprocidade.

> As teorias são redes, lançadas para capturar aquilo que denominamos "o mundo": para racionalizá-lo, explicá-lo, dominá-lo. [...] Tudo o que sabemos acerca do mundo dos fatos deve, pois, ser suscetível de expressão acerca de nossas experiências. [...] A ciência não passa de uma tentativa de classificar e descrever esse conhecimento perceptual, essas experiências imediatas, de cuja verdade não podemos duvidar; ela é a apresentação sistemática de nossas convicções imediatas.
>
> Karl Popper

O ESTUDO ECONOMIA DAS DÁDIVAS: *o novo milagre econômico* tem como norteador conceitual e metodológico o estudo das trocas que se efetivam no mundo dos negócios e das relações sociais.

Em sua acepção clássica, trata-se de conceito amplamente utilizado em pesquisas científicas, com base no tratado *Essai sur le don* (Ensaio sobre a dádiva ou Ensaio sobre o dom), de 1924, escrito pelo antropólogo e sociólogo francês Marcel Mauss, e de seus inúmeros adeptos; estuda as relações complexas do dom ou da dádiva que circulam nas relações de trocas que balizam sistemas econômicos, morais, jurídicos e sociais: "no quadro da tríplice obrigação de dar, receber e retribuir é que uma coisa pode valer pela outra. É pelo fato de ser dada ou poder ser dada que uma coisa faz sentido. Só há sentido quando há dom."[5]

Investigando sociedades arcaicas ou selvagens, Mauss percebeu que as trocas não se balizavam nos mesmos moldes de negócios e de contratos que o mercado instituiu, considerando que não existe a simetria do "toma lá, dá cá". Outro ponto importante: em vez das demandas utilitaristas — produzidas para satisfazer utilidades com funcionalidades —, o grande valor estava nas trocas não utilitaristas, moldadas pelo dom original que é o laço social; afinal, o laço é mais importante que o bem material. O mais intrigante, se comparado aos moldes contratuais que o mercado adotou, é o fato de o dom ser, ao mesmo tempo, interessado e desinteressado, livre e obrigatório — uma espécie de obrigação que se tem como herança ou compromisso —, mas com um intuito claro: "alcançar a espontaneidade, testemunhar a liberdade e forçar o outro a afirmá-la também", uma surpreendente obrigação de criação e inovação. Essa forma de pensar e agir inspiradora pode ser uma boa alternativa de pensamento e atitude para pessoas que já estão saturadas das relações frias, mecanicistas e interesseiras que o mercado — com suas raras exceções — proporciona hoje. Trata-se de um novo — velho — paradigma que, se bem estruturado, absorvido e implementado, pode fazer a diferença no futuro das relações entre pessoas, marcas, culturas e mundo.

> Antiutilitário não quer dizer não utilitário, inútil, gratuito (no sentido de sem motivo), sem razão de ser. Muito pelo contrário, nada é mais precioso que a aliança selada pelo dom, visto que ela permite a passagem, sempre revogável, da guerra à paz e da aliança à desconfiança. Condição primeira de todo empreendimento, de toda prosperidade e de toda felicidade, a aliança representa em certo sentido aquilo que há de mais "útil" neste mundo. Mas ninguém pode ter acesso a este tipo de utilidade — a utilidade transcendental, em suma —, se não for capaz de sair do registro do utilitário. O laço deve ser querido por ele mesmo e não pelo bem. [...]
>
> A pessoa que dá não é capaz de satisfazer seu interesse próprio a não ser pelo rodeio da satisfação do interesse do outro — de seguir o seu desejo próprio a não ser se submetendo à lei do desejo do outro — e, de modo mais geral, a não ser observando a regra do dom que postula, de maneira lógica, que a relação deve ser construída pelos indivíduos que nela entram antes mesmo que estes possam pensar em tirar proveito dela.
>
> Alain Caillé

No contexto deste estudo, às trocas estão conectadas significações comunicacionais, simbólicas e imaginárias que articulam não apenas os rituais arcaicos de geração de vínculos entre pessoas, objetos e crenças, mas também as redes contemporâneas de relacionamento. A verdade é que tudo — empresas privadas ou públicas, empreendimentos científicos, associações e organizações — funciona, em uma primeira instância, pelas redes primárias do dom, sem as quais as demais sequer teriam sustentabilidade para existir. A questão é que nem todo mundo percebe ou reconhece essa constatação, pois as lentes com as quais o mercado enxerga as relações de trabalho não estão calibradas para esse ponto de vista.

São as trocas — de ideias, conceitos, objetos, vontades, vantagens, entre outras inúmeras possibilidades — conflitantes da vida social que estruturam as comunidades, reais ou imaginadas, essenciais para o processo que nos permite reconhecer o outro e definir nossa própria distinguibilidade. Especialmente em um mundo de "experiência fraturada, cultura fragmentária e mobilidade social e geográfica"[6] no qual as comunidades se constroem e se ressignificam por intermédio da mídia, propondo, no espaço eletrônico, novas formas plurais de relação social, de participação e de cidadania. Assim, as trocas, associações, acordos e combinações fazem parte da tessitura dos rituais que se processam para estabelecer limites e estruturar interesses comuns que criam e sustentam a ordem de nossas rotinas e vidas, e que norteiam as inúmeras relações de mercado que, a partir daí, se processam.

> A troca é o triunfo da razão, mas há que haver o espírito encarnado do doador para que o dom seja pago em retorno.
>
> Claude Lévi-Strauss

A *Gift Economy*, traduzida como economia das dádivas, economia do dom, economia dos presentes, economia das trocas, economia da doação ou economia do compartilhamento, proporciona uma reflexão sobre princípios de formação de alianças, geração de respeito e de vínculos que existem nas sociedades ditas arcaicas, primitivas ou indígenas e que coexistem em economias planificadas, de mercado ou de escambo. Considera que as obrigações e liberdades fazem parte das trocas originárias, integrais, totais (economia tradicional/comunal/solidária); e que estas diferem dos direitos e deveres das trocas fragmentárias, mercantilistas e capitalistas (economia de mercado/capitalista/global). Nestas, impera o individualismo e a impessoalidade; naquelas, a solidariedade, a reciprocidade e o dom.

O dom representa as relações ambivalentes e inter-relacionadas de um sistema de trocas que ultrapassa o benefício econômico da transação por envolver relações humanas dicotômicas como equilíbrio e desequilíbrio, obrigação e respeito, poder e submissão, igualdade e diferença, dependência e independência, crença e obediência. As trocas estabelecidas pelo dom pressupõem reciprocidade; é como se parte do dom devolvido cancelasse a dívida original, e outra parte gerasse uma nova dívida, impulsionando a circularidade incessante das trocas — o sistema de "dom e contradom". A dívida, nesse caso, é vista de forma positiva; endividar-se é fazer parte do jogo social, que constrói vínculos e relações duráveis, e que incorre em vergonha e em desonra para quem não a cumpre. Já as trocas balizadas pelas mercadorias formatam relações entre coisas, mediadas por lastros monetários e sem a necessidade da reciprocidade (a dívida se esgota com o pagamento da mercadoria); em vez da vergonha, a dívida significa culpa para os devedores, que serão cobrados com juros e arcarão com as devidas consequências e punições.

> [Dom significa] sacrificar uma satisfação material para satisfazer uma relação pessoal. [...] Haverá dom autêntico e não troca disfarçada se os laços que tenho ou que crio como parceiro me importam mais que seu contradom. É em virtude desses laços que dou meu presente. [...] O dom verdadeiro é o episódio de uma relação de amizade, de deferência, de proteção, de respeito.
>
> Paul Veyne[7]

Em vez de um contrato formal, essa economia se efetiva pela organização social de uma corrente contínua de trocas voluntárias que pressupõem uma reciprocidade obrigatória, com características especiais: retorno indireto e sem equivalência nos valores do que foi trocado; e reconhecimento imediato de dívida para com o outro. Antes da troca, que prevê um contrato de reciprocidade, existe um dom — o dom recebido de presente de um doador cria a obrigação por parte do donatário que o recebe de retribuir com outro dom (o que é diferente de apenas devolver o presente); e o laço social não termina com a retribuição do dom; prossegue como uma relação interminável.

A troca de bens e riquezas úteis economicamente é apenas uma parte da transação, cuja totalidade ou prestação total envolve rituais, danças, afetos, solenidades, cultos, iniciações, gentilezas, hospitalidade, entre outros, que caracterizam a forma mais antiga de dom. Esse sistema de prestações totais é que produz os valores, as comunhões, as alianças, os vínculos e os combates, assim como o crédito, a honra e a moral vigente nas comunidades ou clãs onde atua.

Nesse sistema moral, para além das coisas trocadas, são consideradas e valoradas as relações de troca estabelecidas, modificando a visão mercantil de lastros econômicos para atos recíprocos e afetivos. Essa lógica vale para objetos e serviços, mas serve também para favores, elogios e indicações. Quem recebe algo fica em dívida, e quem concede algo — de forma voluntária e sem esperar uma contrapartida direta — ganha créditos no status e no prestígio social, potencializando suas relações de poder político e influência junto ao grupo.

Nessas relações recíprocas que promovem os valores humanos — sociais, afetivos e simbólicos —, são fortalecidas a confiança, a ética e a credibilidade, que, por sua vez, fortalecem o tecido social e promovem a coesão do grupo em busca de sobrevivência e prosperidade; daí seu poder de instituição econômica, social e política.

> À guerra de cada homem contra cada homem, Mauss substitui a troca de todos entre todos. O *hau*, espírito do doador no dom, não seria a razão última da reciprocidade, mas apenas uma proposição particular que se inscreve no contexto de uma concepção histórica dada [...] nova versão do diálogo entre caos e contrato. [...] O acordo primeiro foi consentido não à autoridade, nem mesmo à unidade. O análogo primitivo do contrato social não é o Estado, é o dom.
>
> M. Sahlins[8]

Essa reciprocidade indireta está presente hoje não apenas nas relações familiares e de cooperativas, mas nas atitudes de adoção, doação e compartilhamento (tempo, dinheiro, objetos, órgãos, conhecimento, experiência), ganhando cada vez mais força com as novas oportunidades de conectar e aproximar pessoas proporcionadas pelas redes sociais virtuais. Os mutirões de ajuda a necessitados são um bom exemplo. De forma desvirtuada, aparece também nas compras de votos, trocas de favores e demais manipulações políticas; e na filantropia autopromocional. Essa teoria, por sua visão integral (política, economia, direito e sociedade), também dotou de sentido diversos sistemas de bem-estar social no século passado, com seu ideal de redistribuição de bens para o equilíbrio social.

Essai sur le don, um marco que define a nova era das ciências sociais, pode ser considerado uma crítica à necessidade contemporânea de classificar coisas como primitivas ou evoluídas, dependendo dos interesses do capitalismo. Essa análise criou uma separação entre quem está e quem não está no sistema, estereotipando — com o arcaico, o primitivo, o selvagem e o indígena — inclusive a forma de relações estabelecidas. Ou melhor, desvalorizando as trocas que não estão pautadas nas escalas de valor que a visão mercantilista impõe. O senso de responsabilidade coletiva e o poder que a economia do dom ou das dádivas tinha de organizar o todo — vida social, política, religiosa, econômica, cultural — por muito tempo foi visto como arqueologia social, objeto de estudo da antropologia que não fazia muito sentido com o *lifestyle* dos novos tempos. O poder do coletivo ficou esquecido, e hoje, com o raciocínio do *peer to peer* (PtoP ou pessoas negociando com pessoas), volta à pauta como caminho alternativo de reequilíbrio para uma humanidade que desequilibrou o ambiente ao seu redor por também ter se desequilibrado internamente. É preciso repensar os vínculos de confiança e credibilidade. Quais são os verdadeiros valores? Que vínculos a sociedade quer gerar, e com quem?

> A teoria do dom permite compreender a articulação entre essas dimensões gerando valores éticos e sociais, mostrando que, mediante a circulação de produtos ou serviços, pode-se criar um sentimento compartilhado e mútuo entre participantes desse vínculo que se expressa em diferentes valores humanos, como a equidade, a amizade, a confiança, etc.
>
> Segundo a perspectiva neoliberal clássica, a esfera econômica é tida como um campo que subordina as outras esferas, incluindo a política, cultural, entre outras. Considera-se que as políticas sociais compensatórias dos efeitos dos processos de mercado autorregulável deveriam ser transformadas em políticas socioeconômicas, que reconhecessem nos seus modelos econômicos os aspectos culturais, qualidade de vida, relações sociais, como parte constitutiva do desenvolvimento com base na sociedade.
>
> Porém, os organismos internacionais, como o FMI, BID e Banco Mundial, que visam fomentar o desenvolvimento admitem no seu discurso as dimensões culturais, políticas e ambientais, mas na prática são relegadas. Esta política

> pode ser observada quando da imposição de condições para a destinação dos recursos e dos critérios de avaliação que essas entidades realizam nas quais predomina uma visão economicista.
>
> Victoria Puntriano Zuñiga[9]

Para inspirar as próximas páginas e trazer novas formas de pensar sobre o mesmo tema, merece destaque a reflexão proposta por Roberto Esposito[10], filósofo italiano contemporâneo que trabalha com o conceito de biopolítica e o paradigma da imunização como pressuposto para a conservação da vida. Seus conceitos de *Communitas* e *Immunitas* atualizam o dom e o contradom de Mauss. "Se a *Communitas* é aquela relação que, vinculando seus membros a um empenho de doação recíproca, põe em perigo a identidade individual, a *Immunitas* é a condição de dispensa de tal obrigação e então de defesa nos confrontos com seus efeitos expropriativos." O homem moderno representa o "eu" *Immunitas*, está imune às dívidas e pode ficar isento de pagá-las. O homem contemporâneo deveria ser "muitos"; *Communitas: com* (exposto a, aberto a) e *munus* (dom ou doação compulsória; dever que se tem com ou para alguém) — aberto ao outro/outrem e ao pagamento da dívida para com aqueles que estão em necessidade: pobres, refugiados, marginalizados, desnutridos e desempregados. Pode ser uma ilusão; pode ser o horizonte para o mundo novo.

O PODER DOS VÍNCULOS

Objetivos: apresentar o papel e a força dos vínculos na estruturação do relacionamento "marcas-pessoas".

Palavras-chave: marcas, mitologia, símbolos, consumo, redes de comunicação.

> Apoderar-se de um anel (ou estabelecer uma aliança) é, de certo modo, abrir uma porta, entrar em um castelo, numa caverna, no paraíso. Colocar um anel no próprio dedo ou no de outra pessoa significa reservar para si mesmo ou aceitar o dom de outrem, como um tesouro exclusivo ou recíproco.
>
> Jean Chevalier e Alain Gheerbrant

NAS PALAVRAS DE JOSEPH CAMPBELL, em sua obra *Mito e Transformação*, "as mitologias fazem sua mágica por meio de símbolos. O símbolo atua como um botão automático que libera energia e a canaliza", qual um mecanismo liberador inato, qual uma reação estereotipada. Para Jung, são os arquétipos um "símbolo que libera energia relacionada a uma imagem coletiva".

Segundo a *Ilíada* (Homero, 750 a.C.), Hefesto, filho de Zeus e Hera, respectivamente o grande deus masculino e a grande divindade feminina do panteão grego, nasceu muito deformado. Hera, em cólera e muito humilhada, não quis criar vínculos com o filho e o arremessou do alto do Olimpo, fazendo-o rolar por um dia inteirinho. O pequeno desamparado foi parar no oceano. Recolhido por Tétis (a mais bela das nereidas) e Eurínome (deusa metade mulher, metade peixe), que o mantiveram em uma gruta submarina, aprendeu a manipular o fogo para forjar diversos metais preciosos, como o ferro e o bronze.

Com muito treino e um dom divino, Hefesto se transformou no mais engenhoso de todos os ourives, capaz de criar as mais belas obras de arte. Fabricou joias preciosas, armas poderosas e até modelou em argila a mais fascinante das mulheres: Pandora (a que tem todas as dádivas, todos os dons).

Ardiloso, queria mesmo era voltar ao Olimpo e ser reconhecido como uma divindade. Para tal, decidiu vingar-se da mãe em grande estilo: enviando-lhe um presente. Mas não era um presente qualquer. Era o mais magnífico de todos os tronos, digno de uma deusa-rainha, inteiro de ouro e delicadamente trabalhado, como nunca se havia visto. Oras, assim que Hera o recebeu, nem se preocupou com quem o havia enviado e por qual motivo. Seduzida pelo objeto, sentiu-se tão valorizada e digna daquela regalia que imediatamente sentou-se. Só que não conseguiu mais sair; ficou entalada, amarrada. O único que poderia tirá-la dessa situação era o filho, Hefesto, que havia construído o trono usando não apenas a mais alta tecnologia, mas também magia. E foi assim que o ourives, deus ferreiro, do fogo, dos nós, das amarrações e também das forjas — reflitam sobre o duplo sentido de forjar: tanto para fabricar, inventar e trabalhar na forja quanto para arranjar e falsificar —, voltou ao Olimpo.

"A soberania de um Deus está em seu saber e poder ligar e desligar, pela manifestação da magia, nós, laços, redes, anéis, tanto de forma material como figurada. Um poder assim extraordinário lhes permite governar, equilibrar e administrar o mundo."[11] Por conseguinte, os laços mágicos fazem parte de todas as culturas, nos mais diversos momentos, do começo ao fim da vida. Celebram nascimentos, aniversários, uniões, partidas, retornos, evoluções, conquistas e reconhecimentos, atando e desatando a grande teia das relações humanas.

Saindo da mitologia e fazendo uma comparação com a mercadologia contemporânea, a história continua a mesma. Todas as marcas almejam atar laços com seus clientes, estabelecer vínculos, manter uma relação estável e contínua e ser reconhecidas por seus dons e dádivas — tal qual semideuses garantindo seu espaço no Olimpo —, e para isso fazem uso da simbologia da aliança aplicada nas mais diversas formas.

Por exemplo, criam produtos associados a outros e estes associados a serviços que se desdobram em eventos que promovem gadgets, que, por sua vez, estão vinculados a programas de benefícios que oferecem vantagens exclusivas, além de modelos de pertencimento que a sociedade valoriza e as pessoas também, já que esse é o moto-contínuo do mercado. Qual Hera seduzida pelo brilho inebriante do trono que acredita ter sido um merecimento — ora, todos sempre achamos que merecemos! —, nos apossamos de determinados objetos de desejo e nos enlaçamos de tal forma que ficamos conceitualmente presos. As pessoas criam vínculos com as coisas, com os acessos, com os sites, com os cartões, com as grifes, e ficam amarradas. Amarradas em seus múltiplos sentidos.

> Toda civilização é sempre uma troca. Você dá algo de um valor para receber algo de outro valor.
>
> Zygmunt Bauman[12]

Estamos ligados por imensas redes de comunicação verbal e não verbal transnacionais, por rituais incessantes de dar, receber, ressignificar e contribuir, por laços de reciprocidade. Esses laços formatam o nosso imaginário coletivo, espaço de interações no qual a cultura rege normas que organizam a sociedade e governam os comportamentos individuais, em uma relação geradora mútua (conceito de Edgar Morin).

Por questões socioeconômicas, fazemos parte de uma imensa cadeia produtiva. Estamos, na verdade, presos a essa cadeia que oferece, de um lado, a segurança da sobrevivência; de outro, uma liberdade de escolha planejada.

Para fazer parte das tribos que a extensa aldeia global abarca, no mundo real e no mundo virtual, com seus gostos e afinidades, precisamos consumir. Vivemos de consumir.

Consumimos para nós e para os outros o tempo todo. São objetos, acessórios, utilitários, inutilidades e necessidades básicas. São ideias, ideais, conceitos, histórias e memórias. São vínculos, acessos, sucessos e pertencimentos. No fundo, estamos adquirindo uma certa qualidade de vida peculiarmente nossa em um universo de tantas opções produzidas em série. Para além de cereais, sapatos, conexões virtuais e spas, no fundo queremos felicidade. Queremos viver bem. Queremos uma vida bem-sucedida.

Luc Ferry encerra a obra *O que é uma vida bem-sucedida?* (2002) com uma possível resposta: uma vida de grandeza, um brilho nos olhos, uma frágil felicidade.

Edgar Morin critica a noção contemporânea de bem-estar muito associada à aquisição material, conclamando a uma mudança de noção, não de bem-estar, mas de bem viver. Já para o sociólogo polonês Zygmunt Bauman (2011), não há uma forma só de ser feliz e, considerando que a arte da vida é moldada não só pelo destino (está dado), mas também pelo caráter (você pode controlar), há sempre uma gama de opções para escolher. Felicidade é criar seu próprio estilo de vida, como defendeu Sócrates.

As possibilidades estão postas: as modas, as vitrines, os reality shows, as campanhas publicitárias, as ações promocionais, os noticiários e os virais de web nos sinalizam o que pode ser *trend*, o que pode nos ajudar a adquirir uma identidade de felicidade em um novo mundo de tantos possíveis pertencimentos. O consumidor glocal, pertencente aos diferentes contextos geográficos no cenário mundial do consumo cultural, exprime interpretações próprias para localizar e interpretar o consumo com base em seus contextos, fazendo com que o sentido das coisas seja descentralizado em face da produção cultural mundializada. Assim, o padrão de produtos e serviços adquire múltiplas interpretações de acordo com quem o consome, comportamento que, por si, desestrutura a solidez de quem ainda considera uníssona a eficiência da mundialização dos gostos. Esses são nossos novos espaços para a socialização, para definir, conter e distinguir, por meio da fronteira simbólica da cultura e pela dramatização performática dessas fronteiras, comunidades que criam e sustentam a ordem de nossas rotinas e vidas, novas formas plurais de relação social, de participação e de cidadania. E quem fabrica e disponibiliza essas experiências é o mercado.

Por isso precisamos das ofertas, das promoções, das liquidações, dos descontos, dos parcelamentos para criar nosso próprio *lifestyle* — vale para *vegans, hippies, cults, noveau riches, pattys, indies, cools*... Precisamos das trocas que as marcas proporcionam. Precisamos também de ideologias de "qualidade de vida", "saudabilidade", "proteção ambiental", "respeito pelas diferenças", "harmonia entre os povos", entre tantos outros discursos que mantêm unidas as imagens e a coerência das múltiplas crenças comuns, nas mais diversas tribos. Precisamos de produtos e símbolos; de QR Codes; de cupons e de sorteios; de ingresso para eventos especiais; de links, tweets, perfis no Facebook; da impressão de pertencer a uma espécie comum. Tudo isso para pertencer, para ter e manter vínculos, para poder efetivar trocas que sejam reconhecidas e, em algum momento, reciprocadas.

E pagamos por isso. O preço? Muitas vezes, Tarifa "Z"[13], que sustenta os nossos desejos a um valor "acessível" de mercado graças a uma certa escravidão nos processos. E ninguém está imune e nem é impune; todos, produtores, distribuidores, comercializadores ou consumidores, seja lá qual for o seu lugar na cadeia produtiva, de alguma forma somos seus servos — "servir[14]: do latim *servire*, ligado a *servus*, servo, escravo, do mesmo étimo de *servitium*, serviço, e de serventuário, serventia".

Nossa liberdade é planejada. Damos e recebemos não apenas o que queremos, mas o que está disponível, física e ideologicamente, para ser compartilhado. As cartas mercadológicas estão marcadas, mas você tem escolha: por exemplo, fazendo *buycote* (boicotar as marcas), praticando o *culture jamming* (parodiar peças publicitárias), entrando para as militâncias corporativas (fazendo valer os direitos do consumidor), entre outras formas.

Se a marca não é ética em direitos humanos, causas ambientais, valorização cultural, processos sustentáveis, respeito aos funcionários, colaboradores e fornecedores... todo mundo pode deixar de comprar, de ter, de usar. De expor, de divulgar, de desejar. Novamente: há opções; consumir (ou deixar de) é também pertencer. O fato é que, nas palavras de Bauman, "para cada ser humano há um mundo perfeito feito sob medida".

Que mundo é esse que queremos para nós e para as pessoas que queremos bem? Que tipo de trocas queremos que as marcas estabeleçam conosco, e que tipo de trocas estamos dispostos a efetivar com o próximo? Em uma sociedade com tantas carências — afetivas, financeiras, nutricionais, intelectuais, sociais... —, é tempo de estudar uma nova mercadologia, uma nova economia, uma nova sociologia, pois vem aí uma nova forma de pensar e fazer negócios de forma sustentável e contemporânea. Vem aí uma nova filosofia.

PRIMEIRAS NOÇÕES SOBRE A ECONOMIA DAS TROCAS

Objetivos: explicar as origens e as fundações da Gift Economy ou economia das trocas, dons ou dádivas.

Palavras-chave: rituais de troca, presentes, relações sociais, cultura arcaica.

> São signos e símbolos as exclamações e as palavras, os gestos e os ritos, por exemplo, da etiqueta e da moral. Etiqueta e moral que são traduções: traduzem a presença do grupo, mas exprimem também as ações e reações dos instintos de seus membros, as necessidades diretas de cada um e de todos, de sua personalidade, de suas relações recíprocas.
>
> Marcel Mauss

NÃO HÁ TROCA SEM RELAÇÕES SOCIAIS, e vice-versa. Claude Lévi-Strauss, mentor da teoria estruturalista na antropologia, define que "as relações sociais são a matéria-prima para construir modelos que tornam manifesta a própria estrutura social". Essas relações se processam pela lei das trocas simbólicas. Segundo Marcel Mauss, "as palavras, as saudações, os presentes solenemente trocados e recebidos — e retribuídos obrigatoriamente sobre a pena de guerra —, que outra coisa são senão símbolos? Assim como as crenças que animam a fé, que inspiram as confusões de certas coisas entre si e as interdições que separam certas coisas umas das outras?" É a partir dessa métrica que estabelecemos nossa vida social e definimos o seu relacionamento com as demais sociedades, pois com as coisas dadas e retribuídas também se dão e se retribuem respeitos e cortesias.

Essas trocas simbólicas operam mediante a criação de crenças coletivas, que permitem um fluxo de trocas que faça sentido entre as partes envolvidas. "O poder das palavras não reside nas próprias palavras, mas nas condições que dão poder às palavras criando a crença coletiva, ou seja, o desconhecimento coletivo do arbitrário da criação de valor que se consuma através de determinado uso das palavras."[15] Esse desconhecimento coletivo está na origem da chamada "moral da honra", uma denegação coletiva da verdade econômica da troca, uma espécie de mentira do grupo para com ele mesmo por questões de costume e honra comumente aceitos. Trata-se de um empreendimento coletivo para manter a chamada "alquimia social", com a cumplicidade do grupo.

Por sua vez, a alquimia social é o ambiente perfeito para o exercício da economia do dom ou das dádivas, a *Gift Economy*. "O que separa o dom do simples 'toma lá, dá cá' é o trabalho necessário para utilizar formalidades, para transformar a maneira de agir e as formas exteriores da ação da denegação prática do conteúdo da ação e, assim, transmutar simbolicamente a troca interesseira ou a simples relação de força em uma relação efetuada por 'pura formalidade' e 'conforme as regras estabelecidas', isto é, por respeito puro e desinteressado dos usos e convenções reconhecidos pelo grupo."

Na efetivação desse modelo econômico, fica clara a imposição de valores e o desconhecimento em relação ao que foi arbitrado — as pessoas repetem o que as demais fazem, o que seus pais faziam, o que a comunidade instituiu que é certo e que deve ser feito. Além do capital que tem lastro em mercadorias, opera um outro capital: o capital simbólico da legitimidade, responsável pela alquimia social. São os chamados ciclos de consagração onde autoelogios ou a troca direta de elogios criam uma "moeda falsa", que permite a existência da "mais valia simbólica", que, por sua vez, gera lucro simbólico, que pode se traduzir em lucro material. Dessa forma, as relações arbitrárias se transformam em relações legítimas, reconhecendo determinadas formas de poder. Para Pierre Bourdieu, as estruturas de troca material (circulação) e simbólica (comunicação) funcionam como máquinas ideológicas quando transformam uma relação social contingente em uma relação reconhecida, em uma relação de força assimétrica. Por isso são chamadas de "legítimas": quem domina se assenhora de um certo capital "de crédito" que muito se assemelha à lógica da exploração, do acúmulo e do entesouramento dos bens de luxo que diferenciam e qualificam aquele que os possui.

O capital simbólico é a base da existência do capital econômico por ser a forma com a qual este pode ser reconhecido como fonte de poder e riqueza. Pensando na tribo arcaica, o chefe é um banqueiro tribal com o papel de acumular mantimentos para distribuir a todos e com a habilidade para "entesourar um capital de obrigações e dívidas que serão quitadas sob a forma de homenagens, respeito, fidelidade e, em caso eventual, de trabalhos e serviços, bases possíveis de uma nova acumulação de bens materiais". São as chamadas contraprestações: as homenagens, as obrigações, o respeito, as dívidas morais que se afastam da simetria das trocas de dons e se aproximam da assimetria da autoridade política com suas redistribuições ostentatórias. Assim, essa acumulação e redistribuição que se processa na economia tribal não difere das funções do Estado e das finanças públicas em uma estrutura amplificada, especialmente ao reconverterem capital econômico em capital simbólico e, dessa forma, produzirem relações duradouras de dependência que se dissimulam nas chamadas relações morais.

Nas sociedades arcaicas ou primitivas, pré-capitalistas, a economia que impera é a da "boa-fé". Pessoas respeitáveis não vendem objetos, alimentos e serviços para seus vizinhos, e sim compartilham e trocam. Nesse contexto, as trocas entre parentes e amigos respeitam o que se chama de "lógica do dom e do contradom" ou *Gift Economy*, associada a uma lógica mítico-ritual que é aceita e repetida pelo grupo, e a um sistema de solidariedade coletiva que propõe uma certa recusa do comercial e uma denegação coletiva dos interesses e ganhos comerciais.

Um exemplo curioso é o *potlatch*, uma luta de generosidade pela riqueza praticada por índios Kwakiutl (nordeste do Canadá). Nessa cultura, mais generoso não é quem doa a maior quantidade de riquezas quando comparado aos seus rivais, e sim quem dilapida as próprias riquezas, demonstrando que não está em situação de necessidade. Condutas generosas como estas, em que nada se troca por nada — ou nas quais o dar é por dar, assim como o dizer é por dizer, e não para dizer alguma coisa; ou, ainda, nas quais a maneira de dar vale mais que o que se dá em troca —, intrigam os estudiosos.

A lei da economia das trocas é um comércio das coisas de que não se faz comércio, contrariando o que conhecemos por modelo econômico e economicista. Nesse processo está a força aparentemente "desinteressada" das trocas, que satisfazem interesses mostrando — em palavras, em gestos — que não satisfazem; dizendo o que não dizem. É a força do que está implícito, e seu poder sobre os processos explícitos; ao olhar raso, trata-se de uma operação mecânica; ao olhar estratégico, um modelo rico capaz de estabelecer vínculos complexos. Por isso as regras de reciprocidade, gratuidade e empréstimos entre agentes próximos (familiares, amigos, vizinhos) valem para tudo, em um jogo no qual o sentimento de generosidade e a sensação de equidade escondem qualquer possível intenção comercial no processo por meio de estratégias de honra que regem as trocas habituais chamadas de *ordinaires*[16] (ordinárias).

Em contrapartida, nas trocas *extraordinárias* do mercado capitalista, quanto mais afastados os agentes envolvidos em uma troca, mais vinculada aos processos econômicos esta se torna, valorizando aspectos como o interesse e o cálculo. Essas relações impessoais e anônimas, puramente econômicas, são consideradas relações de guerra econômica, que acontecem no espaço do mercado. É nesse espaço que desconhecidos se confrontam para negociar, e onde podem ser enganados e também enganar, pois a lógica de direitos e de valores emocionais do mercado pode envolver uma rede de intermediários (desconhecidos) que precisam validar as garantias das trocas em questão com fiadores e testemunhas — diferentemente dos vínculos de extrema confiança que se estabelecem nas trocas pré-capitalistas, onde as pessoas de uma certa forma ou têm vínculos entre si ou se conhecem. As relações comerciais impessoais são inseguras, pontuais e efêmeras; não têm passado e nem futuro. Porém, com os mediadores, fiadores e testemunhas, há a possibilidade de tentar recriar o ambiente de redes tradicionais de relações e de reciprocidade.

Um modelo não substituiu o outro e ainda hoje convivem. Por exemplo, na estrutura das comunidades por afinidade (religiosas, culturais, educacionais) ou das cooperativas, que estão inseridas na infraestrutura do sistema econômico. Alguns estudiosos da história da economia chamam o processo de "evolução", que se deu com a passagem das sociedades agrícolas para as sociedades pré-industriais. Assim, tecnologias até então herdadas (exemplo: uma colheitadeira manual) caíram em certo desuso e passaram a ser compradas (exemplo: uma colheitadeira com motor) para acompanhar a velocidade e a escala de uma nova demanda de consumo. Essa mudança delineou não apenas a introdução dos meios de produção, como também a lógica dos investimentos, dos cálculos, dos custos e dos ganhos. Nessa época, a existência do comércio, na forma de lojas, ainda estava associada às temporalidades do campo (as pessoas visitavam antes ou depois do trabalho no campo), era uma atividade complementar (não substituía a agricultura) e acontecia quase sempre na casa das pessoas (informalmente, de forma receptiva).

Aos poucos começa a surgir uma nova função, a do comerciante em tempo integral, que se veste de forma diferente do camponês e que abre um espaço fora do seu lar onde são ofertados não apenas produtos e serviços, mas um espaço de encontro e reunião para onde se vai mesmo quando não se pretende oficialmente consumir. Com isso, os intermediários passam a ganhar espaço, cobrando comissões e fazendo um papel de mediadores daquilo que, antes, era trocado de forma direta e informal.

Se no sistema das trocas havia crenças e rituais estabelecidos[17], associados à honra e ao sagrado, esse novo modelo trouxe um novo sistema de crenças e rituais, disponibilizado pela "lógica" mercado. Assim, ganhou força com um aparato de disposições tais como poupança, crédito, investimento, juros, trabalho e seguro. Este último, inclusive, faturou muito quando transformou em negócios a "morte", a grande viabilizadora do rentável mercado de seguros de vida no final do século XIX na América.

Comparando os sistemas, a diferença mais marcante foi romper com a lógica aristotélica da *filia* (amizade, em grego) ou boa-fé, inserida em relações familiares de confiança, parceria, equidade, simplicidade e transparência, para uma proposta diametralmente oposta de valores regida pela racionalidade calculadora da economia, com suas leis frias, interessadas e utilitaristas. Como modificar a cultura de uma sociedade na qual um empréstimo equivale a uma manutenção de honra, que pode tanto ser negado quanto ser aceito na forma de esmola (um dom sem contradom) ou, ainda, como na forma de um crédito que pressupõe uma restituição?

Um exemplo para visualizar essas diferenças é o da antiga Cabília[18], onde a delimitação territorial ou física entre aldeia e mercado era clara. As relações de trocas de boa-fé e regidas pela moral tradicional entre parentes e familiares se davam no território da aldeia, do lugar de residência; já as transações comerciais regidas pelas transações ou pela malícia se davam em um espaço isolado, o dos mercados, onde aconteciam as relações comerciais. Um espaço estava imerso em relações sociais (*embedded in social relationship*); o outro, em um modo dominante de transação (*the dominant transactional mode*)[19]. Para a população de Cabília, a razão de ser rico é dar aos pobres; a razão de possuir bens é doá-los. "Concede-me bens, ó meu Deus, para que eu possa dar"; para obter e manter riquezas, é preciso saber dar; caso contrário, estas serão — segundo crenças religiosas — retiradas. Essa é uma forma espetacular de denegação: quem doa também demonstra sua capacidade de posse. E uma forma surpreendente e potente de criação de laços de reciprocidade: "uma dádiva que não é restituída cria um vínculo duradouro, uma obrigação, limitando a atividade do devedor, que está condenado a uma atitude pacífica, cooperativa, prudente".

Aqui está o mecanismo do dom ou da dádiva: "na falta de qualquer garantia jurídica e de toda força de coerção externa, uma das únicas maneiras de 'segurar alguém' de forma duradoura consiste em fazer durar uma relação assimétrica, tal como a dívida; porque a única posse reconhecida, legítima, é aquela de que nos assenhoreamos ao nos desapossarmos dela, isto é, a obrigação, o reconhecimento, o prestígio ou a fidelidade da pessoa".

Uma das formas de explicar essa geração de vínculos ou laços sociais que se formam entre doador e receptor é o conceito de *tie-signs*, estruturado por Goffman, para quem um *gift* é intencional, e objetiva uma imagem de si e do outro, expressando emoções, interesses, objetivos e, especialmente, afetos. A troca também prevê tensão de expectativas e manipulação de interesses, deixando tênue a linha que separa as dimensões do "espontâneo" e do "obrigatório", que se estabelece quando alguém oferece algo a outra pessoa. Especialmente quando esse algo é um objeto, tridimensionalizado e interessado, materializando e marcando fisicamente a necessidade de uma retribuição — seja por questões políticas, afetivas, econômicas, estratégicas, por educação ou mesmo por oportunidade. Assim, estrutura-se um feedback de "dádivas" ou gentilezas envolvendo formas distintas de valores: os fixos, lastreados em um sistema econômico ("têm preço"), e os voláteis, relacionados a processos interpretativos subjetivos ("não têm preço").[20]

Qual é a grande diferença das relações de troca na tribo arcaica e na a tribo contemporânea? A substituição da confiança pelo crédito, e da troca social pela troca monetária. O crédito substitui a legitimidade moral herdada pela família e reconhecida em um território delimitado por uma credibilidade financeira reconhecida pelo mercado (para além das fronteiras da aldeia) na forma de notas ou moedas que documentam a posse e a capacidade de compra de cada pessoa. São modos diferentes de produzir, fazer circular, consumir e reproduzir: um produz dons; o outro, mercadorias.

> A dualidade entre aldeia e mercado é, sem dúvida, uma forma de manter, fora do universo das relações de reciprocidade, as disposições calculistas de serem instauradas pelas trocas impessoais do mercado. De fato, o *suq*, quer se trate do pequeno mercado tribal ou dos grandes mercados regionais, representa um modelo de transação intermediário entre dois extremos, jamais completamente realizados: de um lado, as trocas do universo familiar, fundadas na confiança e boa-fé permitidas pelo fato de que dispomos de uma informação quase total sobre os produtos trocados e sobre as estratégias do vendedor, além de que a relação entre os responsáveis pela troca preexiste e deve sobreviver a tal operação; do outro, as estratégias racionais do *self-regulating market* tornadas possíveis pela padronização dos produtos e pela necessidade quase mecânica dos processos.[21]
>
> Pierre Bourdieu

CONVENÇÕES USADAS NO LIVRO

- **De forma a facilitar e direcionar a leitura**, todo o material foi organizado em grandes temas que se subdividem para dar conta da extensão que o conceito abarca, dos sistemas de crenças até as perspectivas para o futuro.

- **Em cada abertura de capítulo** há sempre um destaque com Objetivos e Palavras-chave, o que direciona a consulta por pautas específicas.

- **Foram catalogadas e organizadas informações** relacionadas a alguns dos capítulos, em forma de glossário, para ampliar o repertório do leitor e facilitar o entendimento dos assuntos em análise.

- **Quando necessário**, há boxes de informações complementares ao conteúdo apresentado, servindo de apoio à leitura em questão.

- **As notas de rodapé** contêm fontes de pesquisa e referências de leitura, permitindo a expansão da temática para além do livro.

- **Sempre que oportuno e necessário**, infográficos explicativos estarão inseridos nos capítulos, facilitando a compreensão de determinadas teorizações.

COMO ESTE LIVRO ESTÁ ORGANIZADO

O LIVRO ESTÁ ORGANIZADO EM SEIS CAPÍTULOS, dois apêndices, bibliografia e índice.

Foi planejado para apresentar ao leitor um fluxo estrutural que começa com crenças e valores, primordiais para o entendimento das trocas, e culmina com novas visões para a aplicação da economia das trocas na era das relações sociais em rede instantânea.

Na primeira parte ("Modelos de Crença, Modelos de Valor"), o que vale para cada um depende daquilo em que se acredita; logo, para uma troca ter significado, ou se tem sinergia entre as partes ou não há a percepção da troca, nem dos vínculos sociais e muito menos da reciprocidade. Na segunda parte ("Dons e Dádivas: Origens"), são abordadas as origens dos dons e das dádivas, demonstrando a força dessa reciprocidade em um sistema de poder e mobilização social que possibilita todas as relações sociais; logo, a vida em sociedade, das tribos arcaicas às tribos contemporâneas. Com essa base, inicia-se a imersão na terceira parte ("As Trocas na Economia"), que estuda as leis da economia das trocas, detalhando as origens do excesso e do acúmulo de bens materiais em uma era de escassez de recursos que interfere na sobrevivência do planeta. A quarta parte ("Economia das Trocas Humanitárias") apresenta um panorama internacional de conscientização sobre trocas visando o bem do próximo, assim como a própria satisfação, tanto no âmbito pessoal quanto no profissional, corporativo. Destaca também a evolução do modelo de negócios sociais no Brasil, mostrando a força desse fenômeno junto à "base da pirâmide".

A quinta parte ("Perspectivas Mundiais") traz conceitos atualizados sobre a sociedade das trocas, assim como o papel importante que cada um tem de mudar o seu entorno e implementar a transformação, com métricas sustentáveis. Na sexta parte ("Novas Visões"), exercícios de perspectivas e panoramas para enxergar por onde estamos indo e aonde chegaremos com a economia das dádivas, na visão de três grandes pensadores, seguidos de uma conclusão.

Como apêndices, um texto (A) da executiva de mercado Gisele Gurgel, relatando suas experiências práticas de *Gift Economy* em diversos mercados da base da pirâmide. E um painel (B) resultante de mais de 30 entrevistas com economistas, filósofos, pensadores, executivos, empreendedores... sobre o que sabem a respeito da economia das dádivas, ajudando o leitor a compor seu próprio repertório de informações sobre o assunto.

Concluindo, a bibliografia e o índice.

Notas

1. Deepa Prahalad é autora e estrategista de negócios. Apaixonada por mercados emergentes e inovação, tem trabalhado como consultora de gestão para diversas empresas, de start ups a grandes multinacionais. É pesquisadora e coautora do livro *Predictable Magic: Unleash the Power of Design Strategy to Transform Your Business* (Wharton School Publishing, selecionado pela Fast Company como um dos "Melhores Livros de Design do Ano" em 2010). Além de blogueira frequente no *Huffington Post* e no *Harvard Business Review*, também tem escrito sobre cases de negócios em design para a *Bloomberg Businessweek*, entre outras revistas. Deepa desenvolveu o framework EMPOWER, sobre estratégias de design, e o aplica tanto para alunos de escolas de negócios como USC e Harvard quanto em workshops junto a executivos. De acordo com Deepa, os esforços de execução das estratégias tendem a ser focados internamente, e os consumidores são muitas vezes esquecidos no processo; por isso, acredita que a estratégia deve focar na construção de conexões com os consumidores, uma vez que essas relações geram valor significativo em todos os setores. Em suas palavras, "o design é um ingrediente cada vez mais importante na execução da estratégia e também pode ser uma ferramenta poderosa para mitigar o risco inerente em trazer inovações ao mercado". Deepa é BA em Economia e Ciência Política pela Universidade de Michigan e tem MBA pela Tuck School of Business, em Dartmouth. Atualmente é mentora de empreendedores sociais e presta consultoria para diversas multinacionais. É membro da Academia Internacional de Gestão e do Centro de Transformação Digital da UC Irvine e foi recentemente classificada em 34º lugar no ranking "Thinkers 50 India".

2. http://givingpledge.org

3. ESPM, Escola Superior de Propaganda e Marketing, 2006 a 2008.

4. http://www.visaofuturo.org.br/pdfs2/O%20Que%20%E9%20o%20FIB%20-%20pdf.pdf

5. CAILLÉ, Alain. *Antropologia do dom: o terceiro paradigma*. Rio de Janeiro: Vozes, 2002. p. 250.

6. SILVERSTONE, Roger. *Por que estudar a mídia?* São Paulo: Loyola, 2002. p. 183.

7. VEYNE, Paul. *Le pain et le cirque. Sociologie historique d'un pluralisme politique.* Paris: Seuil/Points Histoire, 1995. p. 83 e 84.

8. SAHLINS, M. L'esprit du don. In: *Âge de Pierre, âge d'Abondance.* Paris: Gallimard, Sciences Humaines. 1976. p. 221.

9. Jornal do M.A.U.S.S. Iberolatinoamericano. Notas sobre o Dom e Reciprocidade a Partir dos Estudos de Ferraro: uma Visão da Comunidade Andina de Pesillo — Equador.

10. ESPOSITO, Roberto. *Communitas — origen y destino de la comunidad.* Buenos Aires: Amorrortu Ed., 2013. p. 27.

11. Segundo Georges Dumézil e Mircea Eliade, citados no Dicionário Mítico-Etimológico de Junito Brandão.

12. Entrevista Fronteiras do Pensamento, julho/11, referindo-se a Freud (*O mal-estar na civilização*, 1930).

13. Letra inicial de uma marca como sinônimo de uma extensa categoria de escândalos na indústria têxtil vinculados às condições de trabalho, saúde e segurança de seus fornecedores e terceiros, por exemplo; poderiam ser de indústrias de tecnologia, de alimentos, de construção, etc. http://www1.folha.uol.com.br/mercado/2015/05/1627237-ministerio-do-trabalho-autuazara-por-descumprir-compromisso.shtml

14. Fonte: Deonísio da Silva, etimologista.

15. BOURDIEU, Pierre. *A produção da crença. Contribuição para uma economia de bens simbólicos.* Porto Alegre: Editora Zouk, 2001. p. 162.

16. BOURDIEU, Pierre. *A formação do habitus econômico.*

17. http://ler.letras.up.pt/uploads/ficheiros/266.pdf. Entre os diversos rituais da economia das trocas está a tradição de devolver utensílios que foram emprestados cheios (com produtos) também cheios, porque toda entrega é sinônimo de *el fel*, que significa "o que traz felicidade".

18. Cabília, sociedade camponesa, originária dos Kabiles, tribo integrante dos povos berberes que ocupavam as montanhas Atlas, localizadas ao Norte da África.

19. POLANYI, K. *Primitive Archaic and Modern Economics.* Nova York: Doubleday and Co., 1968.

20. PECHLIVANIS, Marina. *Gifting.* São Paulo: Campus Elsevier, 2009. p. 45.

21. BOURDIEU, Pierre. *A produção da crença. Contribuição para uma economia de bens simbólicos.* Porto Alegre: Editora Zouk, 2001. p. 196.

LVIII   INTRODUÇÃO

I.
MODELOS DE CRENÇA, MODELOS DE VALOR

ABERTURA

Objetivos: apresentar a importância dos conceitos de crenças e de valores na economia das trocas.

Palavras-chave: dom, organização social, contratos, reciprocidade.

> A questão não é tanto saber quais são as propriedades específicas do mago, nem sequer as operações e representações mágicas, mas determinar os fundamentos da crença coletiva ou, ainda melhor, do irreconhecimento coletivo, coletivamente produzido e mantido, que se encontra na origem do poder do qual o mago se apropria. Se é "impossível compreender a magia sem o grupo mágico", é porque o poder do mago, cuja assinatura ou grife miraculosa não é senão uma manifestação exemplar, é uma impostura bem fundamentada, um abuso do poder legítimo, coletivamente irreconhecido, portanto, reconhecido.
>
> Pierre Bourdieu[1]

QUAL É A FÓRMULA que transforma um pedaço de tecido, vidro, plástico ou papel em um objeto de alto valor acrescentando apenas uma estampa ou uma marca? Para Georg Simmel[2], o valor não é uma propriedade inerente aos objetos, e sim um julgamento sobre eles efetuado por sujeitos — um paralelo entre subjetivo e objetivo, sendo que o subjetivo é provisório e não essencial. Oras, as coisas não têm sentido apartadas das transações, atribuições e motivações sociais da circulação econômica que lhes são dadas, pois o desejo pelos objetos está impregnado de fatores socioculturais mediadores de uma cultura (valores, riquezas, conquistas, tesouros, status e prestígio, tecnologia, educação, crenças, rituais, entre outros). Esses objetos em circulação descrevem muito sobre contextos sociais e humanos — verdadeiros legados ou materiais culturais passíveis de análise de arqueólogos, antropólogos e historiadores, com muitos significados descritos em suas formas, usos e trajetórias.

Logo, a entronização de determinados ícones que modificam o valor de certos objetos para certos grupos sociais não é uma emanação misteriosa das necessidades humanas, e sim uma resposta à estimulação social com seus modelos políticos, econômicos, religiosos e mercadológicos. Some-se a estes os modismos ditados pela mídia, apresentando comportamentos e posturas com prazos de validade efêmeros e com a promessa circunloquial da próxima coleção. Com a evolução dos processos industriais e a necessidade de dar vazão aos produtos produzidos, a utilização do design, assim como da moda, se tornaram alavancas essenciais à movimentação do comércio — trocas de coleções, estilos novos, desenhos associados a estações do ano —, fazendo com que fabricantes, sempre que possível, investissem na variedade das mercadorias produzidas.

Além disso, os objetos são mais ou menos desejáveis, mais ou menos valiosos, de acordo com sua posição em um sistema simbólico. Cada um deles traz signos e símbolos encarnados, com significantes e significados que podem mudar por completo para cada civilização e cultura, para cada tribo, para cada pessoa. Desse fato deriva a complexidade de se criar uma taxonomia estruturada que organize e encerre o mundo das coisas, categorizado, gerando regras universais de valoração de mercadorias. O segredo é a mundialização. Padrões internacionalmente aceitos tendem a performar melhor: quanto mais as pessoas conhecem, mais querem se aproximar, aderir, comprar, usar. Especialmente se a promoção oferecer bons preços ou bons *gifts*.

Marcel Mauss define que, "no fundo, são misturas. Misturam-se as almas nas coisas. Misturam-se as coisas nas almas. Misturam-se as vidas, e é assim que as pessoas e as coisas misturadas saem cada qual da sua esfera e se misturam: o que é precisamente o contrato e a troca."

Os objetos não estão separados da capacidade das pessoas de agir e do poder das palavras de comunicar. E, mesmo mudos, falam em códigos que apenas os iniciados podem entender, de forma a poder valorizá-los. Como diz Godelier[3], "ao invés de atores, homens são atuados pelos objetos".

Não existe troca sem a percepção de valor. E não existe percepção de valor sem crenças. O objetivo, neste capítulo, é tecer uma breve explanação sobre o poder de interferência das convenções a respeito do "quanto vale o que" e também do "acredito, logo é verdade" que interferem sobremaneira nas transações, negociações e relações tanto no universo de "pessoas físicas" quanto de "pessoas jurídicas".

Pressupor que todo mundo entende a mesma coisa é um demonstrativo de desconhecimento das inúmeras instâncias sociais, culturais, educacionais, econômicas, religiosas, políticas, entre tantas outras, que interferem sobre a índole humana. Há determinadas padronizações culturais nas quais certas posturas e certos rituais de compartilhamento fazem todo o sentido. Em outras culturas, esses atos podem ser condenáveis, especialmente pelo delicado e potente discurso do sagrado, desprovido de respostas lógicas. Há inúmeras atitudes de determinadas comunidades que precisam ser conhecidas, mas não necessariamente serão modificadas.

Pensar em ações de marca que efetivarão trocas em âmbito local, regional, nacional e global significa entender as especificidades de cada grupo para criar sinergia e interação. E, cabe destacar, isso ainda não é o suficiente: para além das estatísticas e das pesquisas que esquadrinham populações em classes socioeconômicas, étnicas e culturais, há ainda um espaço desconhecido de como cada pessoa lida com seus credos e seus valores.

Muitas marcas desperdiçam grandes quantias de dinheiro investindo em ações de comunicação e relacionamento genéricas, que falam com todos ou que falam o que as outras marcas já estão falando. O segredo de se fazer percebido e reconhecido como alguém que tem interesse em compartilhar (produtos, histórias, conhecimentos, know-how, soluções...) é ter um território de marca claro, objetivo, reconhecível. Apenas dessa forma pode haver permeabilidade, aceitação, geração de valor e crença nos players de mercado, integrando o sistema de crenças e valores de todos os que se relacionam com as empresas: consumidores, fornecedores, funcionários, colaboradores, advogados da marca, semeadores, *early adopters*, fãs, críticos, *prospects*... Quem achava que era fácil e que todo mundo acredita cegamente no "conto da carochinha", ¼ de página, "viral" e "top 10" que a mídia veicula, precisa rever seus conceitos.

Segundo estudos de comportamento, a geração de valores e a formatação de crenças é maior quanto menor for o grupo de relacionamento. O poder do boca a boca, do "eu tenho, você não tem", em microgrupos de interesse merece ser considerado como microestratégia de atuação.

> Acreditamos com facilidade no que desejamos.
>
> César

Precisamos desses objetos comprados, trocados, ganhados... para ter fé? Ou precisamos disso apenas para ter acesso a uma certa tribo de pertencimentos e crenças na qual precisamos mostrar determinados códigos para garantir a nossa inclusão? Michel Maffesoli fala em *glutinum mundi*, o grude das coisas. "Adesão aos outros, em função dos gostos, das origens, das histórias ou dos mitos comuns. Adesão a um território, a uma natureza, a uma paisagem compartilhada." Quando se adere a uma cultura comum, comportamentos e rituais passam a ter um sentido, mesmo que ilógico.

CRENÇAS: EM QUE VOCÊ ACREDITA?

Afinal, o que São as Crenças?

Objetivos: explanar sobre a função social das crenças como pilar das relações de troca.

Palavras-chave: crenças ativas, crenças passivas, palavras, imaginário, crendices.

> A compreensão humana, após ter adotado uma opinião, coleciona quaisquer instâncias que a confirmem, e ainda que as instâncias contrárias possam ser muito mais numerosas e influentes, ela não as percebe ou então as rejeita, de modo que sua opinião permaneça inabalada.
>
> Francis Bacon

O QUE SE TROCA OU SE PERMUTA DEPENDE daquilo em que se acredita. Nas palavras de Paul Valéry, "não se deve crer — porque não se deve dar às afirmações que são feitas ou que nos são propostas valores diferentes dos próprios valores". De forma prática, "crer significa dar mais que receber — receber palavras, retribuir em atos [...]".

Na dinâmica do crer e do saber é que se estabelece o equilíbrio das trocas.

Efetivo uma troca pelo que acredito ou pelo que sei? Quais são as certezas? Como se medem os acertos e os erros? Quem efetivamente ganha?

A crença não é o oposto da certeza, mas um estímulo para a criação e a imaginação. Palavras, imaginação e atos formam as crenças, estabelecendo fortes relações e vínculos com objetos ausentes. Quando se fala em invisível, aquele que não apenas acompanha, como também motiva as trocas, ei-lo: a verdade além da verdade que propõe inúmeras relações, por vezes invisíveis, mas ativas, fortes, presentes, respeitadas, consideradas e reconhecidas — os atos de fé, as presunções, as conjecturas e as suposições. Traduzindo: rituais de troca se processam porque as pessoas acreditam em sua existência e atribuem valores que fortalecem o processo. Mais que mecanismos automáticos, são verdadeiros ritos de reconhecimento, hábitos ancestrais da humanidade que sempre existiram e precisam ser reavivados. Se não houvesse crença na economia das trocas, possivelmente o processo não existiria. E, o que é mais curioso:

> O certo é que pequenas crenças cotidianas — e também as grandes — modificam nossas relações com o mundo, relações tão mais complicadas quanto destituídas de qualquer mediação com o pensamento. Relações, portanto, irracionais.
>
> Adauto Novaes

As crenças se concretizam pelas palavras. E o que dá sentido às palavras, para que não sejam vazias, é a prática. As palavras têm o poder de fazer a diferença, de mobilizar as pessoas. Diferentemente das coisas, que por si representam símbolos, mas, despidas das intenções de troca, são apenas objetos — podem inclusive ter uma história, mas esta só faz sentido na mente e na alma daqueles que os possuem, trocam, colecionam ou apenas observam.

> O que seríamos nós sem o socorro daquilo que não existe? Pouca coisa, e nossos espíritos desocupados se desfaleceriam se as fábulas, as abstrações, as crenças, os monstros, as hipóteses e os pretensos problemas metafísicos não preenchessem com seres e imagens sem objetos nossas profundezas e nossas trevas naturais. Os mitos são as almas de nossas ações e de nossos amores. Só podemos agir movendo-nos em direção a um fantasma. Só podemos amar aquilo que criamos.
>
> Paul Valéry

Podemos separar as crenças em dois grupos: as ativas e as passivas[4].

As **crenças ativas** são as que estruturam e organizam a sociedade, não em oposição à evidência ou certeza, mas unindo o homem à sua imaginação criadora; é a invenção permanente. Assim, as sensações do espírito separam ideias em julgamento de ficções da imaginação.

> Toda estrutura social é fundada sobre a crença ou sobre a confiança. Todo poder se estabelece sobre estas propriedades psicológicas. Pode-se dizer que o mundo social, o mundo jurídico, o mundo político são essencialmente mundos míticos, isto é, mundos dos quais as leis, as bases, as relações que os constituem não são dadas, propostas pela observação das coisas, por uma constatação, uma percepção direta; mas, ao contrário, ganham existência, força, ação a partir de impulsão e repressão; tanto esta existência quanto esta ação são tão mais potentes quanto mais ignoramos que elas vêm de nós, de nosso espírito.
>
> Paul Valéry

Na visão de Gustave Le Bon, saber e acreditar são atividades mentais diferentes, de origens diferentes. Crenças estão relacionadas com sentidos, com sentimentos; logo, são fenômenos afetivos (sentimentos, paixões). Preexistem aos fenômenos do conhecimento, que são intelectuais (reflexão, pensamento, razão). E o mais importante: nenhuma crença pode ser justificada pela razão.

> Uma crença é um ato de fé de origem inconsciente que nos força a admitir em bloco uma ideia, uma opinião, uma explicação, uma doutrina. A razão é estrangeira à sua formação. Quando ela tenta justificar uma crença, já está formada. Tudo o que é aceito como um simples ato de fé deve ser definido como crença. Se a exatidão da crença é verificada mais tarde pela observação e pela experiência, ela cessa de ser uma crença e torna-se um conhecimento.
>
> Gustave Le Bon

Em seu *Tratado da natureza humana*, Hume argumenta que as crenças não podem ser justificadas pela razão por não serem resultado de decisões voluntárias submetidas à racionalidade do espírito. "A crença consiste não na natureza nem na ordem de nossas ideias, mas na maneira pela qual a concebemos e de como a sentimos no espírito."

Já para Montaigne, crenças são contagiosas, associadas às paixões e ao mundo da imaginação, de onde vêm os milagres, as visões, as aparições, os encantamentos, fazendo as pessoas verem o que não necessariamente veem. O saber é solitário, lento, paciente; e exige trabalho. "O homem é um animal que crê", e o faz coletivamente.

Musil considera que "o homem é movido, governado por afetos e ideias, mas, como ponto de partida, a vida se regra sobre afetos e não sobre ideias. O espírito desregrado das crenças é capaz de tudo, apenas o pensamento e saber definem limites". E completa: "é impossível construir uma teoria apenas com a indução, a partir dos fatos apenas".

Se as crenças ativas estão relacionadas ao imaginário, com poderes de fato ou verdade, as **crenças passivas** estão associadas aos costumes — práticas sem julgamento, sem necessidade de aprovação ou persuasão. São a fonte de superstições e formas de intolerância, especialmente quando se consideram os cultos à ciência e à técnica, com os quais as pessoas não interagem; apenas esperam as consequências desses saberes definitivos. As pessoas acreditam em enunciados científicos mesmo sem compreendê-los ou testá-los; e fazem o mesmo com símbolos e emblemas que geram atração ou repelência imediata apenas de olhar, desconsiderando o contexto e antecipando conclusões que nem sempre são as verdadeiras. Exemplificando, mesmo dentro de uma mesma comunidade de interesses, na qual os códigos comunicacionais são similares e as necessidades básicas possivelmente as mesmas, alguém com determinada camiseta de time de futebol pode gerar reações adversas no outro e colocar uma relação comercial ou social em cheque.

Em contrapartida a Montaigne, que define as crenças como produção enigmática de fatos isolados que não estão em redes de causalidade, Bernard Sève coloca em pauta o costume: uma crença fácil que permite acreditar nas coisas sem violência, sem arte, sem argumento; e que dispensa o pensar, fazendo as pessoas acreditarem em signos, palavras, metáforas. Defende que é mais fácil persuadir as massas com signos do que com argumentos. Daí a força do costume com base no hábito.

> O costume permite compreender como o espírito individual é moldado segundo o espírito coletivo já existente; mas ele não permite evidentemente compreender como a invenção individual se generaliza para dar conta de sua própria existência como costume.
>
> Bernard Sève

Na concepção de Nietzsche, o hábito luta contra as transformações, quer permanecer idêntico, vira um obstáculo para a mudança. Apagando toda a história, resta a estrutura, o instinto.

> Todo hábito urde em torno de nós uma rede cada vez mais sólida de fios de aranha; e logo percebemos que os fios tornaram-se lagos e que nós mesmos permanecemos no meio como uma aranha presa e que deve alimentar-se do próprio sangue. Eis por que o espírito livre odeia todos os hábitos e as regras, tudo aquilo que dura e torna-se definitivo... ainda que ele deva sofrer as consequências com pequenas e grandes feridas, é dele mesmo, de seu corpo, de sua alma, que ele deve arrancar estes fios.
>
> Nietzsche

Para Alain, em sua definição de "ideia funesta", os hábitos envolvem nossos pensamentos, que são estruturas, costumes e instituições para as quais criamos signos e emblemas, mas que nos impedem de transformações, de mudanças. Trata-se de um "determinismo de fórmulas aceitas com alegria selvagem por homens que as amam sem nem mesmo conhecê-las". E sempre acreditamos que deve existir uma razão para as coisas serem da forma como são — as leis necessárias da natureza. Na verdade, dificilmente descobriremos ou compreenderemos a razão de todas as coisas; podemos apenas crer — ou pensar que cremos — que elas existem.

Se essa é a opinião dos filósofos e sociólogos, o que dizem os psicólogos sobre isso? Segundo o artigo *Crenças no paranormal e estilos de pensamento racional versus experiencial*[5], existem dois sistemas de processamento humano: o experiencial e o racional, que trabalham em paralelo e se influenciam reciprocamente.

O sistema racional é consciente, analítico, mais lento e relativamente livre de emoção; opera com base nas regras de raciocínio transmitidas culturalmente.

Já o sistema de pensamento experiencial é pré-consciente, rápido, automático, holístico, associado ao afeto e às emoções; é onde se enquadra o pensamento supersticioso[6]. Resultados de pesquisas[7] com a Escala Brasileira de Superstições e Crenças (ECES), as pessoas com maiores índices de crença nas dimensões de superstições envolvendo sorte e azar também relatam maior habilidade e preferência pelo pensamento experiencial, enquanto as dimensões do pensamento racional não apresentaram nenhuma correlação significativa com as dimensões da ECES. As mulheres foram significativamente mais crédulas quanto a superstições associadas à sorte e ao azar; os estudantes de ciências exatas, menos supersticiosos que os estudantes das ciências médicas/biológicas e das ciências humanas/sociais; e os protestantes, menos supersticiosos que católicos, espíritas e sem religião.

Cientificamente falando, crenças supersticiosas comuns e crenças no paranormal são "resultados altamente previsíveis de processos que controlam a aprendizagem e a cognição humana. O comportamento supersticioso tende a surgir como uma resposta a eventos incontroláveis, levando o indivíduo a acreditar que mantém o controle da situação ou que pode prevê-la, reduzindo a ansiedade"[8], ou pode se constituir em um erro de interpretação de eventos normais considerados como eventos paranormais.

Em geral, as crenças aparecem associadas com características negativas de personalidade, tais como dogmatismo, alienação e anomia, dissociação e maior propensão a sugestionabilidade, preferência por jogos de azar, menor autoeficácia, maior instabilidade emocional, depressão, ansiedade, baixa autoestima, dificuldade em enfrentar eventos estressores e até mesmo esquizofrenia.

Estudo recente[9] de Harvard publicado no *Journal of Experimental Psychology*, coordenado por Amitai Shenhav, demonstra que as pessoas religiosas são mais intuitivas e menos lógicas, podendo cometer falhas de raciocínio reflexivo. Não significa que sejam menos inteligentes, e sim que foram educadas a pensar de uma forma diferente. Assim, ateus são mais analíticos e racionais. E religiosos, espontâneos e intuitivos.

CRENÇAS: EM QUE VOCÊ ACREDITA?   13

Por exemplo, em abril de 2011, quando os cambojanos enfrentaram o exército tailandês com balas, bombas e... tatuagens escritas em pali, antigo idioma de origem indiana, feitas por tatuadores entendidos na arte de imprimir magia na pele, trazendo a promessa ancestral e mítica de segurança e proteção.

No nordeste brasileiro, a proteção preferida é a figa, que conjura o mal, o contratempo e a inveja, e provoca bons fados. E serve para tudo: de mau-olhado a dor de barriga. Dependendo de como é feita, ganha mais valor: de chifre preto, por exemplo, é força pura; e de como é recebida: recebida de quem, comprada onde, achada como. Há diversos dentes também: boto, peba, pitu, cavalo, aranha-caranguejeira e até o primeiro dente de leite do irmão mais velho. Para a boa dentição de uma menina, basta usar colar de dente de capivara. Sem contar o botão, especialmente o retirado da cueca do pai, que protege os dentes e contra mal-estares intestinais, e serve também para a criança parar de chorar. Há quem acredite. E há quem duvide, mas, por garantia, reproduza por tradição.

Não estamos falando apenas de amuletos, uma constante etnográfica em todos os povos e épocas, sejam eles persas, assírios, egípcios, norte-americanos, brasileiros, chineses ou australianos. Ou de talismãs, costume milenar no Egito, na civilização pré-helênica, para os etruscos, incas, astecas, maias... Estes seriam apenas objetos se não houvesse rituais para dotá-los de poderes sobrenaturais, gerando o imaginário de proteção, ativa ou passiva, diante dos mais diversos sortilégios.

O folclorista Câmara Cascudo, ao se referir a muitas destas crenças que, completamente extraídas de seu contexto original de tradição de um povo, foram ressignificadas e transformadas em crendices, nos direciona à abusão. Que quer dizer "superstições dos que abusam ou usam mal várias coisas por natureza desproporcionadas para o fim que intentam. Como benzer com uma espada que já matou alguém, ou ter mandrágoras na casa com a esperança de ter valimento com pessoas poderosas." Faz sentido? Os homens dão mais fé àquilo que não entendem, pontuou outrora o historiador Tácito.

Mesmo a era de descrenças tem como base as crenças. Esta permanente revolução das ciências e da tecnologia é também revolução das crenças. E crenças são ideais políticos, valores morais e éticos, novas visões de mundo, construções imaginárias nas artes, e tudo o mais que se opõe aos fatos ou à realidade. Estas crenças servem às ciências como servem às religiões — em ambas pode-se afirmar sem ter certeza.

Em resumo, todas as estruturas sociais são formadas com base na crença e na confiança. E todas as relações de troca — de dinheiro, de dádivas, de experiências — também. O convite agora é para conhecer três outras importantes estruturas da crença: a da linguagem, a econômica e a política, sem as quais o entendimento fica, no mínimo, restrito.

Alguns Conceitos sobre
Crença e Linguagem

Objetivos: abordar a construção das crenças a partir da palavra e da linguagem.

Palavras-chave: leis econômicas, capitalismo financeiro, aparências móveis.

> A palavra possibilita que se estruture uma forma superior de linguagem. Ela não serve apenas para indicar as coisas. Estabelece os mais variados tipos de relação entre as coisas. Só a palavra é capaz de instaurar entre as coisas que ela designa complexas relações temporais, espaciais, causais, paradoxais.
>
> Maria Rita Kehl

As palavras não são neutras nem ingênuas. Na visão de Mikhail Bakhtin, pensador russo que revolucionou a linguística no século XX, palavras são fenômenos ideológicos por excelência, tecidos em uma multidão de fios ideológicos que representam o horizonte social de épocas e de grupos sociais determinados — o mais sensível indicador das realidades sociais, políticas e econômicas. Das palavras estruturadas em linguagem socialmente transmitida se forma o pensamento, que liga os integrantes de uma mesma comunidade e influencia o modo de cada indivíduo perceber a realidade — comportamentos tão enraizados que até são tomados por naturais, dada a dificuldade de identificá-los e questioná-los. Paulo Freire, com seu conceito de "leitura da palavramundo encarnada no canto dos pássaros", mostra que esses textos de palavras e letras só existem nos contextos, pois a leitura da palavra depende da leitura do mundo — e limites da linguagem de cada um são os limites do seu mundo. Que mundo? Um mundo de nacionalidades associadas à identidade de um povo, com hino, bandeira, cores, riquezas, sabores e sonhos de consumo.

Todas as crenças passam por formulações verbais: "são sempre sustentadas por algum elemento imaginário que se transmite através de narrativas. Estas, por sua vez, dependem de que a própria palavra seja confiável."[10] A palavra gera condições de sua própria credibilidade, não só pela veracidade da informação, mas também pela forma como é feita a articulação do real abordado pela palavra. Assim, o homem constrói, com sua teia de palavras, uma série de projetos, seitas, ordens, reinos e até formas eficientes de magia[11] tendo como lastro regras que calibram valores morais, estéticos e políticos — tanto regulativas (regulam formas de comportamento que existem anterior e independentemente de tais regras) quanto constitutivas (que criam ou definem nova formas de comportamento).

> Nós, os homens, qualquer que seja nossa civilização futura, e mesmo que formemos em breve apenas uma cultura planetária única, "pós-humana e relativamente homogênea, acho que, mesmo se por esquisitice, ainda precisaremos inventar e praticar ritos, sejam eles minúsculos e pouco variados", qualquer que seja o rito, ele deve ser preciso, completa "seus gestos e as palavras que o acompanham requerem minúcia e exatidão, a fim de evitar qualquer variação na operação mágica".
>
> Pascal Dibie[12]

Nenhuma sociedade humana sobrevive sem os ritos coletivos, uma forma de exaltar a solidariedade social e manter a união do grupo. Não à toa são documentos etnográficos insubstituíveis para se analisar o passado da humanidade, compreendendo a relação de cada cultura com o universo. Existem ritos de passagem, de aproximação, de defesa, de superação, de separação, de transferência, de agregação, todos extremamente simbólicos. E existem ritos de troca — vinculados a crenças econômicas e políticas essenciais para o funcionamento e coesão dos dispositivos de controle social. A linguagem é a estrutura que tece todas as conexões entre fatos, mitos, ritos; é o veículo da crença. É a linguagem que estabelece a valoração das coisas trocadas, em todos os seus âmbitos.

Estruturações sobre a
Crença Econômica

Objetivos: fundamentar o sistema de crenças econômicas como alicerce na economia das trocas.

Palavras-chave: leis econômicas, capitalismo financeiro, aparências móveis.

> Não acreditem que a religião e a ciência sejam contrárias. Esta oposição é superficial, porque ambas acreditam que a verdade existe.
>
> Nietzsche

Há crenças para tudo: liderança, poder público, religião... Crenças científicas para justificar o verdadeiro do falso com metodologias de verificação; crenças políticas para ditar a cada um a sua conduta com base em contratos sociais; crenças econômicas para partilhar riquezas com justiça. Para quem acredita que economia é só economia, lógica e exata, atenção: as coisas não são tão simples quanto aparentam. "De um lado, uma crença nutre a aceitação das leis econômicas, das verdades científicas, dos decretos políticos. Por outro lado, para poder transformar o mundo é preciso ainda crer, desta vez, porém, crer que nada é dado para sempre e que tudo resta a ser construído."[13] Trata-se de uma crença econômica na qual existe uma lógica econômica de produção, de apropriação e de distribuição de riquezas que são sustentadas nas crenças de bondade, justiça e solicitude; existe a alegria de receber; o prazer da gratidão.

Um exemplo clássico é a teoria da compensação, quando se oferece aos homens pão em troca de liberdade. Eis a fórmula: os homens trabalham na produção do pão; apropriam-se do fruto de seu trabalho; devolvem pequena parte das riquezas produzidas para eles; agradecem pela submissão e por não ter que organizar a partilha; e, para tal, dependem de um mestre de justiça. Aqui, o que nutre, mais que o pão, é a mão que dá. O que alguns enxergam como prosperidade material e divisão equilibrada de bens, outros reconhecem como uma crítica ao materialismo, ao capitalismo e ao socialismo. É uma avalanche de mercadorias que coloca a prosperidade material acima da felicidade e da prosperidade espiritual.

Esse raciocínio se integra com o estudo do "fetichismo da mercadoria", de Karl Marx[14]. Nessa crença econômica, os objetos têm um valor em si, e a riqueza intrínseca das mercadorias é que permite remunerar o trabalho humano; a verdadeira fonte de riqueza, na verdade, é a atividade dessas pessoas, que gera valor nas coisas que produzem e fazem circular.

> O modo de produção capitalista representa o momento em que a organização das atividades humanas e as relações entre as pessoas são quase que exclusivamente determinadas pela troca geral das mercadorias, onde o valor de uso das coisas e sua relação com a vida concreta acabam sumindo, ocultados pelo seu puro valor mercantil, pelo seu preço. Na sociedade capitalista, o homem só começa a existir socialmente, na sua relação consigo mesmo e com os outros, quando se apresenta sob a forma de mercadoria. E o valor desta mercadoria representada no jogo social não depende dele, mas do jogo das concorrências.
>
> Frédéric Groz

Quanto vale cada pessoa? Quanto vale cada coisa?

Os valores em questão são determinados por uma estrutura externa, não pelas pessoas; estas, por sua vez, se iludem acreditando que o capital é quem paga seus salários, quando, na verdade, são eles mesmos quem enriquecem o capital.

Isso gera a crença religiosa: o sentimento de não ser dono de seu destino e a ilusão de que a mercadoria tem um valor em si; um processo racional, frio, calculista.

Nesse espaço de crenças econômicas, entra em cena o capitalismo financeiro: a mistificação do mercado, fonte maravilhosa de enriquecimento e causa fatal do empobrecimento, trazendo menos lógicas de exploração e mais lógicas de endividamento. E o neoliberalismo: se impõe de fora aos indivíduos, rege seus destinos, fonte inesgotável de riquezas, retribui o trabalho — instância não dominável e, fatalidade externa, divindade mimada.

Aqui, as crenças estão associadas às cotações da bolsa, que funcionam como as respostas de um oráculo; "são sinais que devem sentenciar nossa prosperidade ou nossa infelicidade, e nossas existências são tributárias das flutuações do mercado como antigamente eram das curvas da providência."[15] As crenças nada mais são que "enunciados cuja validade foi demonstrada por especialistas da verificação". E mais, resultam de certas verdades fixas e estáveis além das aparências móveis — sejam enunciados científicos ou religiosos.

> Nos Estados Unidos, uma cultura do "tempo é dinheiro", as pessoas expressam explicitamente a motivação remunerativa da reciprocidade delas [...]. Ou o fazem de modo ainda mais indelicado, dizendo "deixe-me te recompensar" ou, pior ainda, "faço questão de te recompensar". Nesta cultura mais cordial, as pessoas disfarçam o motivo da reciprocidade, expressando-o implicitamente. Um brasileiro, na minha condição, poderia ter convertido uma troca de favores em uma contabilidade mais informal. [...] Aqui, uma gorjeta também é um gesto implícito. [...] Nos EUA, um caldeirão de individualistas, este tipo de solidariedade é menos comum. Por isso, uma gorjeta é um gesto explícito, um desejo verbalizado de que seja feita uma troca. Essa contabilidade mais formal dificulta uma recusa, especialmente quando se está diante de alguém que insiste: faço questão de te recompensar.
>
> Michael Kepp[16]

Linhas Gerais sobre as Crenças Políticas

Objetivos: fundamentar o sistema de crenças políticas como alicerce na economia das trocas.

Palavras-chave: direito, autoridade, sobrevivência, obrigação.

> O poder da obrigação não está tanto na força com que age sobre nós, mas na forma como age: a introjeção que produz o hábito de obedecer, através do qual vivenciamos um acordo entre o que devemos fazer e o que queremos fazer. Para isso contribui muito o fato de que a obrigação social, em seu modo, é abstrata: concretas são as regras que a manifestam e que cumprimos sem grande esforço; esta dispersão oculta o peso da obrigação e sua força coercitiva.
>
> Franklin Leopoldo e Silva

Existe um mito milenarista de paraíso político na Terra, com equilíbrio, segurança e paz universal. A modernidade política considera uma sociedade política, que prevê contratos sociais e uma decisão comum de compartilhar direitos e deveres, a partir de um consentimento unânime de dividir o mesmo destino, uma vontade comum de convivência. Quando isso não existe, a política se transforma em uma relação de forças de comando, de opressão e de violência. O processo funciona com base na submissão desejada ou na servidão voluntária, que oferece em troca da execução das ordens e demandas a isenção de responsabilidades.

O sociólogo Max Weber analisa três formas de autoridade: a tradicional do costume (caráter sagrado da tradição), a baseada no poder carismático do chefe (necessidade de proteção: potência do líder — adoramos o ideal que não conseguimos realizar em nossas vidas; renunciamos nossa personalidade e nos fantasiamos no líder) e a autoridade racional da legalidade (eficácia da lei pública; fascinação diante do poder paterno) — assim, a política deixa de ser a construção de um bem comum ou um cálculo interessado para se tornar uma crença irracional fundamentada na autoridade política.

Há uma série de crenças que se articulam na existência humana. Todas associadas à sobrevivência, à necessidade de estabelecer uma relação eficaz com o meio. Dessa forma, percepção e inteligência não são formas eruditizadas de gerar conhecimento — especulativo e desinteressado —, e sim mecanismos de defesa em ambiente permanentemente ameaçador.

Não existe visão teoria da realidade sem considerar sua utilidade prática. "A adequação dos animais à realidade se dá diretamente, por via do instinto; a adequação do ser humano à realidade se dá indiretamente, através da flexibilidade da inteligência, que não é um utensílio específico, mas a possibilidade de produzir qualquer instrumento, vencendo assim os desafios da sobrevivência não através da fixidez do instinto, mas da mobilidade do intelecto. Por isso, o homem é o animal que progride, transforma a natureza e transforma a si mesmo."

Falando de sobrevivência, estabelecer trocas eficientes não apenas com o meio, mas também com o próximo são demonstrativos de capacidade adaptativa, de aplicação da inteligência de forma prática, visando o sustento. Nossa representação de realidade tem dois aspectos fundamentais: "as disposições estruturais da percepção e da inteligência tais como a evolução fez surgir em nós; em segundo lugar, os hábitos de pensamento a que estas disposições deram lugar, na medida em que a estrutura natural é reiterada historicamente, nas sucessivas sistematizações teórico-formais".[17]

Cumprimos as leis, no sentido ético e no de direito, porque acreditamos em suas estruturas? Segundo Henri Bergson, em seu estudo Plano da Moral Social Fechada, "a vida em sociedade supõe uma obrigação moral de respeitar as regras de sociabilidade que é, a bem dizer, inescapável. Mesmo aqueles que as violam percebem, ainda que confusamente, que, ao fazê-lo, excluem-se da sociedade e passam a viver uma situação que não se configura tanto por eles próprios negarem o convívio social normatizado, mas antes por ser a sociedade que os nega, suspendendo os laços que os atavam aos demais. Em segundo lugar, o caráter coercitivo da obrigação social não é, de maneira geral, percebido como algo que nos tolhe em nossas ações ou que nega nossa liberdade, mas como o modo natural de orientar a vida."[18] Para o autor, é complexo nos livrarmos da pressão social a que somos impelidos, na forma de um sistema de hábitos que nos são impostos e dos quais não sabemos nos libertar.

> Com efeito, observamos que todos os hábitos desse gênero prestam-se a um apoio mútuo. De nada vale deixarmos de especular sobre sua essência e origem; sentimos que eles têm relação entre si e que são exigidos de nós pelo círculo das nossas relações próximas, ou pelo círculo que envolve-nos, e assim por diante até o limite extremo, que seria a sociedade. Cada um desses círculos corresponde, direta ou indiretamente, a certa exigência social; a partir do momento em que todos se entrosam, constituem um bloco. Muitos desses hábitos não passariam de pequenas obrigações caso se apresentassem isoladamente. Mas eles fazem parte integrante da obrigação em geral; e esse todo que deve ser o que é graças às suas partes, confere a cada um, em recíproca, a autoridade global do conjunto. Assim é que o coletivo vem reforçar o singular, e a fórmula "é o dever" triunfa sobre as hesitações que pudéssemos ter frente a um dever isolado.
>
> Henri Bergson

Na origem da obrigação está a liberdade. É preciso ser livre para sentir-se obrigado. Nesse raciocínio, quanto menor a singularidade individual, maior a inserção social. Quanto maior a liberdade ou a singularidade, maior o risco de se romper a normatividade social. Novas regras propõem novos valores e novo entendimento social, que traz uma revisão nas obrigações. Isso quebra o status quo e os hábitos que o sustentam.

Conclusões para o Mercado

- **A economia das trocas** se processa com mais êxito em comunidades menores, onde pode haver o vínculo de confiança.

- **Quando se processa em larga escala**, a percepção de "dons" ou "dádivas" pode se perder por descompensação no sistema de crenças. Uma campanha internacional de mobilização para a economia do dom deve considerar o que é global e o que é local para se comunicar de forma eficiente e também obter resultados eficientes.

- **Para se caracterizar uma troca ou transação**, é primordial estabelecer a calibragem de parâmetros em busca de certo equilíbrio nos valores de troca. As empresas precisam estudar seus *targets* antes de implementar e divulgar uma ação, de modo a garantir sua consistência.

- **A equivalência de interesses** facilita a implementação de modelos de economia sem o uso de dinheiro, utilizando serviços e objetos cuja utilidade seja reconhecidamente comum entre as partes. Uma campanha promovida ou patrocinada por certa marca deve ser explícita.

- **Cada marca**, cor, símbolo, ritual e palavra pode dizer muito a respeito de uma empresa, com poder de interferir nas relações e no processo de troca. Tudo deve ser cuidadosamente planejado para passar a mensagem correta, usando os códigos corretos.

- **As pessoas acreditam** em determinados valores que as marcas divulgam e, caso as ações efetivadas pelas empresas não sejam condizentes aos códigos que a marca veicula e emana, a operação pode sofrer riscos.

VALORES: QUANTO VALEM PARA VOCÊ?

Quanto Valem os Valores?

Objetivos: definir a base de valoração para entender a economia das trocas.
Palavras-chave: ciência, valores, subjetividade.

> A vida de uma pessoa não é o que lhe aconteceu, mas o que ela recorda, e como ela recorda.
>
> Gabriel García Márquez

O VALOR DAS COISAS NÃO ESTÁ NELAS, E SIM EM NÓS.

As coisas não são aquilo que são; são o que significam para aqueles que as consomem. Pela mídia, as pessoas se relacionam com o que está no ar, em voga, na moda. E passam a desejar; a querer possuir; a exibir essas coisas como forma de discurso, de pertencimento, de distinção.

De modo oportuno, o comércio traduz essas sensações efêmeras em produtos e serviços, que são empacotados para pronta entrega, efetivando o moto-contínuo do mercado. Parece lógico, mas, se considerarmos que cada um ressignifica cada coisa de acordo com o que lhe convém, a brincadeira fica mais complexa. O jogo de "isso não é um…" ganha força e é surpreendente observar como valores por vezes são uma ilusão de ótica, voláteis, volúveis, efêmeros.

Julgamentos de valor são ilusões. Não fomos nós que os inventamos, mas a eles sucumbimos. Nas palavras de Nietzsche, "os valores são interpretações e não são mais passíveis de uma apreciação em termos de verdade ou falsidade que qualquer outro gênero de interpretação", e sua caracterização se dá de acordo com a posição particular que possuem em determinada cultura[19], doutrina ou sistema de pensamento moral, religioso, filosófico, educacional — o que confirma a não existência de uma verdade única, e sim de convenções sobre o verdadeiro e o falso, o certo e o errado, dependendo do código de crenças comumente aceito. O valor também traz um ponto de vista associado a condições de conservação e intensificação, uma promessa de futuro, uma vontade de poder. E como se mede de forma objetiva o valor das coisas? "Unicamente pelo quantum de poder intensificado e organizado, de acordo com o que se produz em qualquer evento, qual seja, uma vontade do mais..."

> O valor, em Nietzsche, opõe-se à simples representação. De fato não há divisão entre o teórico e o prático: os valores são crenças interiorizadas que traduzem as preferências fundamentais de um tipo dado de vivente, o modo como ele hierarquiza a realidade fixando o que sente (equivocadamente, às vezes) como proprietário, necessário, benéfico ou, ao contrário, nocivo. Este trabalho de apreciação é o termo avaliação ou estimativa de valor (*Wertschätzung*) que destaca claramente.[20]
>
> Patrick Wotling

Ainda segundo Nietzsche, a Teoria do Valor inclui também os afetos, violentas potências naturais humanas associadas aos instintos e à pulsão, relevando um aspecto passional nas avaliações interpretativas de valor. O afeto está associado à memória e à seleção natural que se faz de todas as escolhas proporcionadas pela vida; logo, atua no campo dos símbolos — uma linguagem semiológica que dá sentido a cada coisa de acordo com o repertório e os interesses de cada um.

Há uma longa história sobre esse processo e, se a economia trabalha os sistemas de troca monetária que se efetivam ao longo dos tempos, é importante compreender o processamento mental que direcionou a humanidade nas diversas idades do conhecimento.

No princípio, era a *theoria* grega: para os gregos, a ordem perfeita é o próprio universo (a imanência). O divino não é um ser exterior ao mundo, mas a sua própria ordem, que é transcendente em relação aos humanos, pois eles não o criaram ou inventaram: tudo já existia assim e a humanidade apenas descobriu.

Conhecimento e valores estão ligados, e a descoberta da natureza cósmica (compreensão da estrutura do cosmos) implica em finalidades morais para a existência humana.

Para o direito romano, a natureza é justa e boa, e "faz justiça a cada um, tendo em vista que ela nos dota, quanto ao essencial, daquilo de que precisamos: um corpo que permite que nos movamos no mundo, uma inteligência que possibilita nossa adaptação a ele, e riquezas naturais que nos bastam para nele viver. De modo que, nesta grande partilha cósmica, cada um recebe o que lhe é devido"[21], nas palavras de Marco Aurélio (*Meditações*). É exatamente essa teoria do justo que modela todo o direito romano, colocando cada um seu lugar, um lugar natural, e dando a cada um o que lhe pertence, o que é seu por direito. Ao encontrar seu lugar justo na ordem cósmica, você conquista a felicidade e a vida boa, razão final da existência.

> Uma observação a respeito de terminologia, para que se evitem mal-entendidos. Deve-se dizer "moral" ou "ética", e que diferença existe entre os dois termos? A palavra "moral" vem da palavra latina que significa "costumes", e a palavra "ética", da palavra grega que também significa "costumes". São, pois, sinônimos perfeitos e só diferem pela língua de origem. Apesar disso, alguns filósofos aproveitaram o fato de que havia dois termos e lhes deram sentidos diferentes. Em Kant, a moral designa o conjunto dos princípios gerais, e a ética, sua aplicação concreta. Outros filósofos ainda concordarão em designar por "moral" a teoria dos deveres para com os outros, e por "ética", a doutrina da salvação e sabedoria.
>
> Luc Ferry

Com a revolução científica moderna, o conhecimento fica indiferente à questão dos valores: a natureza não indica nada no plano ético e sequer é modelo para os homens. A ciência descreve o que é, e não o que deve ser ou o que a moral recomenda. No sistema monoteísta, o Deus é supranatural, um ser supremo que está além da humanidade, em outro tempo e em outro espaço.

Na fase do humanismo, que surge no pós-guerra como questionamento sobre as consequências morais e políticas da ciência (bombas, arsenal de guerra...), especialmente nos campos da ecologia e bioética (meados do século XX), a ciência passa a se tornar mais autocrítica, trabalhando a autorreflexão em detrimento da fase anterior, dogmática e autoritária. E a questão da moral volta à pauta, assim como valores que são considerados "superiores à vida", elevados, sagrados, que vale a pena arriscar. "Nada na vida vale mais que o grau de poder"[22], disse Nietzsche — um grande questionador do "valor dos valores"[23].

O chamado progresso atual, no qual a globalização ocupa significativo espaço, remodelou os valores no território da concorrência generalizada. Os valores estão definidos em um processo de permanente comparação chamado *benchmarking*, no qual os objetivos (de empresas e de pessoas) se tornaram mecânicos e técnicos, uma concorrência pela concorrência que aumenta volumes de produtividade, índices de consumo e rankings de visibilidade, sem necessariamente trazer reflexões, preocupações e muito menos benefícios para a sociedade.

> Neste cenário, o que então era um processo de fetiche e de encantamento pelas forças da natureza se transformou em uma demonstração de poder automática, incontrolável e cega. Se a época das Luzes (século VXIII) almejava a emancipação e a felicidade das pessoas, a época atual reforça a ambição e a competitividade, condição *si ne qua non* de sobrevivência, pois a economia moderna funciona como a seleção natural em Darwin: de acordo com uma lógica de competição globalizada, uma empresa que não progrida todos os dias é uma empresa simplesmente destinada à morte. Mas o progresso não tem outro fim além de si mesmo, ele não visa nada além de se manter no páreo com outros concorrentes.[24]
>
> Luc Ferry

E não adianta listar valores humanos se os valores da bolsa de valores estão abaixo das expectativas do mercado. Hoje, o mundo é mecanicamente produzido pela competição e não é de modo algum dirigido pela consciência dos homens agrupados coletivamente em torno de um projeto, no seio de uma sociedade que, ainda no século passado, podia se chamar de *res publica*, república: etimologicamente, negócio ou causa comum.

Esse processo está associado à tecnicização do planeta, uma racionalidade instrumental na qual o progresso científico se torna um fim em si, valorizando a lógica dos meios e deixando de lado quaisquer finalidades exteriores e superiores. Há uma preocupação com a eficiência do processo sem questionar a relevância ou a real necessidade do mesmo. Será que todas essas revoluções fervilhantes e desordenadas, esses movimentos incessantes que não são mais ligados por nenhum projeto comum, nos conduzirão para o melhor?

Vale para o cenário econômico, com o sistema liberal de concorrência entre as empresas em uma progressão ilimitada e mecânica de forças produtivas. E para o cenário político, de competição organizada entre forças de poder em busca de pontos de audiência.

Sobre o valor mercantil das coisas, Pierre Bourdieu, em um ensaio sobre o valor da obra de arte, traz uma inspiração cabível aos estudos de economia das trocas: existe uma alquimia social que transmuta valores, objetivando a conservação da energia social. Como a economia pode esquadrinhar e mensurar essa transmutação? Como mapear e explicar a "liga", mágica e ilógica, de valor afetivo, que modifica preços, descaracteriza produtos de sua funcionalidade e estabelece laços, conectando e integrando pessoas? A questão do valor é complexa. Quando se estabelece uma troca, certamente trocam-se valores — materiais, monetários, simbólicos —, mesmo que subjetivos, incutidos nos objetos trocados. Como calibrar o que vale o que e quanto para quem?

Novos Valores Econômicos:
Paisa Vasool

Objetivos: apresentar novas formas de valorizar as trocas.

Palavras-chave: inteligência, custo-benefício, kaizen, jugaad, paisa vasool.

Como agregar valor ao dinheiro em uma época de comedimento? Como obter mais de fornecedores e comerciantes que aparentam preocupação apenas com os próprios interesses? Uma proposta eficiente é a do **Paisa Vasool**[25], conceito desenvolvido nas barracas e bazares da Índia que está revolucionando o mercado com uma exigência sensata: produtos melhores a preços mais baixos.

> O conceito de Paisa Vasool está se transformando na palavra-chave para a criação de mais valor, mais atributos por um custo menor e consumidores que se tornem defensores de sua marca.
>
> Michael J. Silverstein

Paisa Vasool é uma forma de gastar o dinheiro de forma inteligente, aprendendo a negociar e a pechinchar para obter alta qualidade e grande valor, pagando um preço baixo. E se origina no cotidiano de indianos e chineses que cresceram em um cenário de privações e aprenderam a valorizar ao máximo seus rendimentos, inclusive reclamando e desacreditando fornecedores por pouco valor, baixa qualidade ou adulterações de produtos. Os consumidores aprenderam a negociar nos bazares, a fazer boas trocas de bens e a não pagar diretamente pelo preço pedido, fazendo boas exigências: tecnologia e desempenhos funcionais ocidentais a custos, por hora, de China e Índia.

> Paisa Vasool irá se tornar um quadro de referência ainda mais importante à medida que os consumidores ocidentais envolvidos na guerra global por empregos de altos salários experimentarem os declínios reais de renda. Neste momento, eles também irão querer mais por menos, e mais recursos pelo mesmo preço. Os produtos de preço baixo, mas ricos em recursos, vão se tornar a categoria de mais rápido crescimento em todos os mercados, tendo em vista que os consumidores de todos os lugares lutam para sobrepujar suas despesas. Paisa Vasool pode ser um conceito indiano, mas, em breve, ele será tão exigido em Nova York, Londres e Paris quanto nas áreas rurais da Índia e da China.[26]
>
> Michael J. Silverstein

Paisa Vasool será primordial para a sobrevivência do mercado e das empresas na era em que as ponderações sobre valor e dinheiro pago serão mais críticas que nunca. Segundo estudo feito pela BCG[27], esta é uma época com diversas ameaças políticas para o crescimento e prosperidade da humanidade — suborno, burocracia, corrupção e impunidade estão em alta. Há inúmeras bolhas de ativos, que virtualizam o capital circulante no mundo; em todos os cantos, desarmonia política e social: guerras, guerrilhas, manifestações. Tem a poluição, atingindo níveis críticos e evidenciando as mazelas do "desenvolvimento mundial" com a falta de água, de energia, de recursos naturais. E os desastres naturais causados pela própria ambição humana, que subestima a força da natureza. Para além das placas tectônicas da terra, as placas religiosas, políticas e culturais do mundo estão em movimento, causando guerras, destruição, mortes, fome e dor.

Historicamente, e por mais de mil anos, houve uma intensa **troca** de ideias e tecnologias entre Oriente e Ocidente lideradas pela China até

1500, com inúmeras inovações. O posto foi substituído pelo Ocidente, especialmente no período da Revolução Industrial. Aprendendo com as indústrias ocidentais, o Japão despontou por volta de 1950 com a produção de equipamentos eletrônicos e automóveis, ganhando o mercado e influenciando empresas europeias e norte-americanas com o conceito de **kaizen**: aprimoramento contínuo, produção enxuta. Atualmente, o eixo China e Índia estimula a competitividade intensa, uma verdadeira guerra comercial rígida, precisa e implacável usando ao máximo a ambição, o impulso, a determinação e a criatividade das empresas para garantir seu crescimento — tanto no mercado interno quanto na expansão internacional. É a era do **jugaad**, conceito para se fazer mais com menos em plena escassez de recursos e preocupação com a sustentabilidade.

Não existe pensamento econômico hoje que não passe pela gestão sustentável dos recursos. É voz corrente nas empresas fazer mais com menos; negociar o melhor custo-benefício; investir em melhor capacitação e novas tecnologias. O que valia muito antes está sendo revisto para o que vale mais e da melhor forma. E valorizar o ambiente, o entorno, passou a fazer uma grande diferença no balanceamento desses valores. Isso sem contar aquelas coisas todas que não têm valor, mas que valem muito — as coisas grátis.

O Valor do Grátis

Objetivos: organizar uma visão contemporânea sobre o free.
Palavras-chave: commodities, gratuidade, reciprocidade, desejo mimético.

> O *gift* de hoje é a *commodity* de amanhã. A *commodity* de ontem é o objeto *found art* de amanhã. O *found art* de hoje é o *junk* de amanhã. E o *junk* de ontem é a herança do amanhã.
>
> Arjun Appadurai

No passado, grátis era a fartura com a qual éramos servidos pela natureza: os recursos naturais por si davam conta da subsistência humana. Curiosamente, é o momento atual que recebe o nome oficial de "era do grátis". Em um mundo de valores que se dissipam a cada segundo, não seria o grátis relativo? O que é *gift* para esta nova geração, para outras não poderia ser *junk*? Para o antropólogo sociocultural indiano Arjun Appadurai, a questão pode ser elucidada se considerarmos a diferenciação entre duas formas de trocas: as permutas e os *gifts*.

As permutas de objetos não consideram o dinheiro como referência, reduzindo os custos sociais, culturais, políticos e pessoais a uma economia alternativa de troca de bens. Já os dons ou *gifts* consideram o espírito de reciprocidade, socialidade e espontaneidade no qual as trocas são efetivadas, e estão, em muitos casos, distantes das questões de lucro e de intencionalidade, tal como se observa na circulação de *commodities* — "coisas com um tipo particular de potencial social, qualidade que as distingue dos demais 'produtos', 'objetos', 'bens', 'artefatos' e outras tantas variedades de coisas" existentes nas mais distintas sociedades em todos os tempos e espaços, reais ou virtuais. Assim, enquanto os dons ou *gifts* criam links entre pessoas por meio da circulação de objetos e de relações sociais, as *commodities* representam a troca de objetos entre pessoas movida pelo dinheiro, e não pela socialidade.

Então, nesse silogismo, aplicativos para downloads que são entregues para degustação em suas edições básicas e depois comercializados em versões mais avançadas não são *gifts*?

> O grátis não é o que costumava ser, especialmente na internet, cuja própria história e tecnologia se baseiam na noção de que as informações e praticamente todo o resto online quer ser grátis. Os presentes na web sempre vêm acompanhados de um alto preço...
>
> John Schwartz

"Hoje em dia, qualquer pessoa que cresça em uma casa com banda larga provavelmente terá como pressuposto que tudo o que for digital deve ser grátis", pontua Chris Anderson[28], destacando que esta geração dos que têm menos de 20 anos e já nasceram nas plataformas digitais "também espera que as informações sejam infinitas e imediatas". São tantas alternativas grátis que essa grande população descobre caminhos alternativos para dispor de entretenimento e informação sem ter que pagar por isso. Quem compreender as estruturas do novo grátis pode dominar o mercado no futuro, e abalar os mercados de hoje.

"É grátis? Eu também quero!" Em psicologia, o processo se chama desejo mimético — se um quer, todos querem, pois as decisões dos outros validam as nossas.

> Zero é um poderoso botão emocional — uma fonte de empolgação irracional. Boa parte das transações prevê vantagens e desvantagens, mas quando o negócio é grátis, as desvantagens desaparecem, pois as pessoas não têm medo de errar na escolha. O grátis é uma garantia de não perder.
>
> Dan Ariely[29]

No mundo dos objetos, um dos grandes riscos do *free* é o desperdício. Todos se sentem no direito de pegar à vontade, pois, "se estão dando, pegue". Ao mesmo tempo, desvalorizam o processo, pois, se é dado, talvez não tenha valor. "Pegamos as coisas porque estão lá, não necessariamente porque as queremos. Cobrar um preço, por menor que seja, pode incentivar um comportamento muito mais responsável", destaca Chris Anderson. Para Stewart Brand[30], a informação comoditizada (todo mundo recebe a mesma versão) tende a ser grátis; já a informação customizada (você recebe algo único e que faz sentido para você) tende a ser cara. "No mercado digital, o grátis quase sempre é uma escolha", e "o fato de haver uma versão grátis e uma versão livre disponível do produto significa que você pode testá-las sem risco".

Doutoras em psicologia e especialistas no estudo e comportamento da geração Y, Nicole Lipkin e April Perrymore estudaram a cultura dessa nova geração e seu impacto no mundo dos negócios, especialmente considerando que são a primeira geração de falantes dessa língua digital e que, para fazê-la vigorar, construíram (e ainda estão construindo) regras, estruturas, gramática e até princípios de comunicação. "A geração Y sempre viveu em redes sociais da internet. Graças à tecnologia, podemos manter contato com quem quisermos, em qualquer lugar, em qualquer hora. E construir novas redes sociais." Tudo disponível, acessível, sem barreiras e tarifas, resultado do imediatismo na comunicação e informação. E a cultura do grátis está associada à gratificação instantânea que todo esse processo de comunicação propõe, cultuando prazeres imediatos e fáceis de se obter.

Para essa geração multitarefas por natureza que vive em multiplataformas de comunicação, o grátis tridimensional do passado teve seu sentido ressignificado. Especialmente porque esses indivíduos são diferentes na forma de pertencer e se relacionar com o mundo. Sozinhos, são *multivíduos* com a possibilidade de viver muitas vidas à distância[31]; e também *multivídeos*, editando e publicando imagens de suas memórias que se transformam instantaneamente em ícones, referências, celebridades — o YouTube confirma essa premissa. Organizados em grupos, compõem a nova multidão chamada de *crowdsourcing*, "número de pessoas no mundo todo com acesso à internet", segundo Jeff Howe[32], com poder participativo para construir — ou destruir — conceitos, produtos e serviços.

Assim, *multivíduos* em *crowdsourcing* arquitetam um futuro permanentemente efêmero publicado em tweets, "uma janela para os desejos, necessidades e experiências de atuais e potenciais clientes", nas palavras de Brian Solis[33]. E ditam as tendências do consumo, que podem ser quantificáveis e qualificáveis para quem quiser comprovar, elegendo o que deve ou não fazer parte dos rankings de audiência, que estabelecem a nova relação de valores — completamente efêmera, volátil e inconsistente.

> Conseguiram convencer muita gente de que na internet tudo é de graça, o que prejudica os produtores de conteúdo. Mas nada é de graça. O modelo de negócios destes sites é você. Cada vez que você busca algo, você está dando audiência para eles. Está dando suas informações, seus gostos e hábitos, e serão vendidos. Não se iluda, não é caridade. Eles vendem publicidade com seus hábitos.
>
> Chris Dodd[34]

O que vale tem valor para esses indivíduos? Engana-se quem pensa apenas em mais objetos, mais tecnologia, mais experiências. O que todos querem é acesso. Acesso a objetos de desejo, à informação, à cultura. Acesso ao dinheiro de uma forma nunca antes vista na história, com financiamentos coletivos (*crowdfunding*). Acesso a determinados grupos de pertencimento com seus códigos de conduta e rituais, qual *petits comités* de líderes empresariais, de executivas bem-sucedidas, de *flaneurs* da moda, de *voyeurs* da arte, de *connoisseurs* da cultura. E a todas as tridimensionalidades e sensorialidades que daí derivam. O valor das coisas (e dos desejos) na geração do grátis surpreende cálculos e fórmulas da economia tradicional quando esbarra na métrica do "não tem preço", do intangível, do essencial e até mesmo do espiritual — mesmo os pensadores mais clássicos de marketing como Kotler, em seu *Marketing 3.0*, confirmam essa mudança nunca vista de valores.

> O grátis não é novo, mas está mudando. E isso está acontecendo de maneiras que nos forçam a repensar algumas de nossas premissas mais básicas em relação ao comportamento humano e incentivos econômicos. As pessoas que

compreenderem o novo grátis dominarão os mercados de amanhã e abalarão os mercados de hoje.

Chris Anderson[35]

As Tendências de Valores

Objetivos: verbalizações sobre tendências de valores na ótica da sustentabilidade.

Palavras-chave: sympathetic price, valores humanos.

Nas novas estruturas de negócios, se o "grátis" já é um campo de estudos e práticas desafiador, o *Sympathetic Pricing*[36] não fica para trás. Neste caso, os consumidores querem a ajuda das marcas, valorizando descontos e preços flexíveis para enfrentar seus problemas diários.

O que fortalece essa tendência são quatro pontos. Os **valores humanos**, pois, quando se fala em "marcas humanas", os consumidores esperam mais que senso de humor em campanhas e ações promocionais divertidas; esperam que as marcas sejam autênticas, demonstrem compaixão, promovam a empatia. Alívio, compaixão e propósito são iniciativas respeitadas pelos consumidores, que podem gerar recompensas para as marcas. O **foco no indivíduo**, considerando que as pessoas percebem o valor das iniciativas coletivas — sociais, ecológicas, políticas, educacionais — promovidas pelas marcas, mas esperam que também sejam consideradas em suas necessidades individuais. A **presença em todos os momentos**: muitas campanhas só retratam os momentos de alegria e celebração, as festas, as conquistas, os sucessos, as férias. E os momentos de tensão, preocupação, stress e tristeza também não poderiam ser espaços de relacionamento das marcas? Possivelmente são aqueles em que mais se precisa de ajuda e apoio. Por fim, a **diferenciação na relação da política de promoção** de preços, onde descontos e mais descontos não fazem mais sentido. O boom das compras coletivas passou; agora é tempo de fazer as promoções e ofertas de forma mais empática, reanimando os consumidores que estão descrentes das formas óbvias de comunicação das marcas.

Pessoas vivem suas dores, seus sofrimentos, suas dificuldades: *Empathetic Pricing* é estar por perto, oferecendo suporte em forma de descontos. A estratégica das marcas é localizar o que causa dor ou desconforto e oferecer um curativo. Pode ser uma excelente abordagem de implementação para a economia das dádivas ou trocas. Pode ser uma solução para a saúde pública e para a saúde física e mental.

PESQUISAS: Necessidades Sociais

Segundo estudos da Edelman Brandshare[37], "as necessidades sociais, apontadas como um novo tipo de necessidade do consumidor, vão além das definições tradicionais de responsabilidade social corporativa e sustentabilidade. As marcas precisam compartilhar suas convicções e assegurar que os consumidores enxerguem seus propósitos e visões de futuro, além do fato de que elas estão usando recursos próprios para estimular mudanças no mundo. Ir ao encontro das necessidades sociais potencializa os resultados atingidos por meio do comportamento das marcas, e aumenta a probabilidade de os consumidores dividirem informações pessoais e compartilharem conteúdos da marca. A troca de valor entre pessoas e marcas começa com o entendimento profundo das demandas dos consumidores/cidadãos. E elas têm se transformado rapidamente, ganhando maior complexidade. Atender às necessidades racionais e emocionais dos consumidores é vital; mas não é suficiente. As necessidades sociais também precisam ser atendidas. E quando isso acontece ocorre um impacto quantitativo na relação entre a marca e o consumidor."

- **87% dos consumidores** brasileiros valorizam marcas que os ajudem a atingir suas metas;

- **para 5% dos consumidores** europeus e 9% dos norte-americanos, as marcas fazem diferenças significativas em suas vidas; ampliando para os consumidores globais, a porcentagem sobe para 20%;

- **apenas 30% dos consumidores** globais acreditam que as marcas estão seriamente comprometidas com seus consumidores;

- **oito a cada dez consumidores** preferem comprar produtos de empresas que apoiam boas causas e cobram preços justos a comprar de outras que apenas oferecem descontos.

As questões humanas estão em alta, mas outra grande tendência também está fazendo pessoas e empresas repensarem alguns de seus valores. São as moedas digitais ou Bitcoins. Construídos no sistema de fonte abertas — uma rede descentralizada de contribuintes e uma base transparente de códigos —, os Bitcoins não dependem dos bancos centrais e nem de empresas, e são controlados por redes P2P (peer-to-peer: de pessoas para pessoas, sem intermediações). Desta forma, as transações ficam rápidas e sem custo, e podem ser feitas para todas as pessoas, de qualquer lugar do mundo, sem a cobrança de taxas por transação — como o IOF, imposto sobre operações financeiras — diferindo dos cartões de crédito e boletos bancários. Ao invés de bancos convencionais, são os bancos de dados que registram as transações e garantem a sua segurança por meio de criptografia. Todas as transações são armazenadas e validadas em uma central chamada de Blockchain, que verifica a propriedade e a originalidade das moedas evitando fraudes. A aquisição das moedas se dá nos sites especializados e nas casas de câmbio online, onde são compradas de outras pessoas e armazenadas, sem prazo de validade, em uma carteira virtual.

Em 2016, segundo o portal BitcoinBrasil[38], a soma de valores de todos os Bitcoins existentes chega à marca de 3,5 bilhões de dólares. Diversos bancos estão estudando os usos da moeda digital em suas rotinas, dentre eles UBS, Citi, Barclays e Santander. E muitas empresas multimilionárias estão trabalhando para ter a cotação digital como um lastro sólido para suas transações financeiras, investindo tanto em tecnologia de segurança como em mudança de hábito de consumo das pessoas, como a Microsoft, a Dell Computer e a Virgin Airways. A ferramenta ainda está associada aos early adopters, mas especialistas dizem é questão de tempo para a democratização dos Bitcoins.

> Para as instituições financeiras, assim como entidades de regulação como a Comissão de Valores Mobiliários (CVM) ou o Banco Central, o fenômeno tecnológico estrutural é a desintermediação produtiva e comercial que inevitavelmente afeta os elos da intermediação financeira, tanto na sua materialidade (papel, metal, cheque, cartão, ícone num terminal, etc.) quanto na sua territorialidade (local, nacional, internacional, offshore ou atrelado a um algoritmo). Para os observadores atentos à dimensão intangível da revolução digital na teoria do valor e da moeda, é mais que desintermediação, é ressignificação da própria sociabilidade e emergência de novas vozes, mercados e modelos de vida.

> Ou será que o Facebook será o novo Leviatã, mistura de Big Brother com Banco Central Mundial?
>
> [...] Já não se trata de aumentar a eficiência da arbitragem, mas de identificar e lidar com a desintermediação financeira, ou seja, a destruição do próprio negócio bancário tal como o conhecemos desde a aurora da Idade Moderna.[39]
>
> Gilson Schwartz

No Brasil, os Bitcoins já são vistos como moeda forte, aceitos em centenas de estabelecimentos e no pagamento de serviços, que podem ser localizados por ferramentas como o Mapa Bitcoin (mapabitcoin.com.br). Há também diversos órgãos fomentando estudos de implementação eficiente dos Bitcoins, como a Fundação BitcoinBrasil[40], reconhecida pela Bitcoin Foundation, que tem como missão promover (explicar o seu propósito), proteger (criptografia para evitar cópia, falsificação ou inflação) e padronizar (leis, regulamentações e melhores práticas). E aceita doações pelo site para manter a causa ativa: "O Brasil precisa de mais usuários, mais projetos, empreendedores, mais startups. Ajude-nos a fortelecer a imagem do Bitcoin no Brasil. Todas as doações serão convertidas em patrocínio de projetos, eventos e materiais que ajudem a fortalecer e dar mais visibilidade a toda nossa comunidade." Para o portal, este pode ser o início de uma revolução social que pode mudar o comportamento de toda a sociedade.

> Todas as pessoas precisam conhecer o Bitcoin porque ele pode ser um dos acontecimentos mais importantes do mundo.
>
> Leon Louw, indicado ao prêmio Nobel da Paz

> O Bitcoin representa não só o futuro dos pagamentos, mas também o futuro da governança.
>
> Dee Hock, fundador da Visa

> O Bitcoin talvez seja o TCP/IP do dinheiro.
>
> Paul Buchheit, criador do Gmail e do Google Adsense

O Valor dos Hábitos

Objetivos: definir a força dos hábitos na estruturação e repetição dos valores.

Palavras-chave: comportamento, repetições, decisões, memória.

> Nada mais curioso do que os hábitos. Quase ninguém sabe que os tem.
>
> Agatha Christie

Entender o processo de valoração que se efetiva nas trocas é compreender os hábitos aos quais as pessoas são condicionadas em sociedade, determinantes de muitas de suas condutas. Segundo o estudo *Habits — A repeat performance*[41], 45% de nossos comportamentos diários são hábitos e não decisões de livre arbítrio, desde que efetivadas nos mesmos contextos: ler jornal, fazer exercícios, se alimentar. São rotinas neurológicas que nos permitem executar tarefas de forma repetitiva, sem precisar pensar. "Hábitos nos mantêm fazendo o que sempre fizemos, apesar de nossas boas intenções de fazer de outra forma", dizem os autores.

Segundo Charles Duhigg[42], hábitos "podem ser ignorados, modificados e substituídos"; porém, uma vez que o sulco é registrado e o hábito é implementado, o cérebro reduz sua participação no processo de decisão e, a não ser que a pessoa brigue com o hábito, encontrando novos desafios e novas recompensas, o padrão antigo registrado será seguido automaticamente. Os comportamentos ficam registrados em nossa memória em uma espécie de circuito: certa situação gera um gatilho, que ativa as rotinas gravadas nos gânglios basais e que estimula a produção de dopamina, a molécula do prazer, que traz uma sensação de conforto, de ter feito a coisa certa, de felicidade. Quanto mais a situação se repete, mais sulcada fica a memória e menos temos que pensar, economizando energia. No mundo das trocas, esse hábito pode se transformar em fidelização — uma determinada transação se transforma em rotina porque resulta em uma recompensa, gerando prazer e a vontade de repetir a sensação que a transação proporciona. Essa métrica serve tanto para a troca de dons quanto de mercadorias — situações familiares e reconfortantes que despertam os mesmos comportamentos das pessoas, em especial quando consideradas consumidores, fazendo parte automática de seus rituais diários.

> O homem é um animal de hábitos.
>
> Charles Dickens

Segundo Hélio Schwartsman[43], "hábitos não estão limitados a pessoas. Eles também estão presentes na vida de empresas e organizações. Pior ainda, empresas e organizações tentam explorar o hábito das pessoas, mais especificamente de consumidores, para aumentar seu faturamento; moral da história, que dá razão aos paranoicos: é que é preciso ter cuidado ao passar o cartão de fidelidade no caixa. Sua loja favorita pode estar descobrindo seus segredos mais íntimos."

> O consumidor não acredita nisso, o publicitário sabe que o consumidor não acredita e o consumidor, em retorno, sabe que o publicitário sabe que ele não acredita. O que liga um ao outro com a força de um ímã imperioso não é a credibilidade, crédito ou confiança; o que os une é uma cumplicidade da ordem da fantasia. A publicidade dá a forma visível, ainda que absurda, às fantasias que tiranizam o consumo. Por isso, para que possa cumprir essa função, a publicidade precisa deste espaço ritual, o espaço em que está autorizada a delirar à vontade. Em outras sociedades, esse espaço costuma ocorrer nos ritos religiosos. Na nossa, o mesmo espaço está na publicidade.
>
> Eugênio Bucci[44]

Análises persecutórias à parte, é preciso considerar a realidade midiática em que vivemos, que modifica temporalidades e reestrutura hábitos com velocidade nunca vista, estimulando permanentemente novas trocas e experimentações: o mercado lança novidades incessantemente, que circulam instantaneamente na mídia convencional (televisão, revista, rádio, jornal, outdoor, entre outros) e nas novas mídias (Facebook, YouTube, Instagram, entre outros de cuja existência nem desconfiamos), que mobilizam os consumidores; que desejam imediatamente a ideia da posse de determinado produto ou serviço; que os adquirem virtualmente e divulgam suas aquisições; que deixam de ter sentido com outras novidades que se tornam o *happening* do momento; e tudo se repete num moto-contínuo mercantilista e automático, que movimenta negócios globais e bilionários, para bilhões de pessoas que se acostumaram a viver dessa forma. É o império do mais e mais, cada vez mais rápido, gerando mais e mais desperdício também cada vez mais rápido.

Um bom exemplo dessa efemeridade são os modismos das novelas (brasileiras, mexicanas, turcas, sul-coreanas, bíblicas...). Apareceu — pode ser um produto, um ritual ou um bordão —, as pessoas querem: vira *meme*, vira moda, quiçá hábito também. Essa métrica vale em qualquer lugar do mundo, gerando manias e modismos que movimentam o mercado dos novos possíveis hábitos, esperando quem os adote.

> Ao fim da cota inteira de publicidade absorvida diariamente pelo indivíduo, e ainda mais, da anual, esse puro receptor se encontrará vinculado por uma série infinita de produtos em contraposição ou em justaposição entre si, imersos na sua mente, sem que o seu "corpo" tenha a possibilidade de satisfazer-se, não certamente, com a totalidade, mas nem mesmo com a possibilidade de investimento visual. E então geram-se a ansiedade e o rancor nessa tesoura que vincula e, ao mesmo tempo, não resolve a ligação.
>
> Massimo Canevacci[45]

Somos apenas criaturas do hábito? Dado o interesse que o tema tem despertado nos cientistas sociais, pesquisas multidisciplinares recentes demonstram que não — mesmo os sulcos mais profundos podem ser revertidos por conta da plasticidade cerebral, capacidade que os neurônios têm de formar novas conexões a cada momento, permitindo ao cérebro reformulá-las, considerando novas reações às situações rotineiras. Para o Dr. Cláudio Guimarães dos Santos[46], para estimular a plasticidade cerebral, o melhor é utilizar bem o encéfalo. "Mas é preciso fazê-lo da melhor maneira possível: pensar, raciocinar, escrever, desenhar, pintar. A melhor estimulação que se pode oferecer-lhe é fazer com que trabalhe de forma criativa. O que é repetitivo, monótono, sem graça não estimula o funcionamento do encéfalo." Qualquer hábito torna a nossa mão mais engenhosa e o nosso gênio mais desajeitado, segundo Friedrich Nietzsche. Para Erasmo, não há nada de tão absurdo que o hábito não torne aceitável. Para Ovídio, nada é mais forte do que o hábito. Mark Twain defende que não se larga um hábito arremessando-o pela janela; é preciso fazê-lo descer a escada degrau a degrau. Já Georges Courteline defende que é mais fácil trocar de religião que de marca de café.

> As cadeias do hábito são, em geral, pouco sólidas para se-
> rem sentidas, até que se tornem fortes demais para serem
> partidas.
>
> Samuel Johnson

Em tempo, atenção: nossa mente pode ser facilmente enganada[47]. Afinal, a percepção humana não é uma consequência direta da realidade, e sim um ato imaginativo, teoriza o físico Michael Faraday. E temos a tendência de interpretar as coisas de modo a favorecer as nossas ideias, completa Ellen Langer (pioneira na psicologia do controle e professora de Harvard). Ziv Carmon (professor de marketing da Insead) e Daniel Kahneman (economista e estudioso do comportamento) demonstram que a memória é muito influenciada pelos últimos minutos: se a finalização for boa, a memória tende a ficar positiva. Boa oportunidade para trabalhar a qualidade no atendimento: atenção, carinho, respeito e um sorriso no rosto — além da entrega adequada do produto e do serviço que motivaram a espera — podem modificar toda a experiência do cliente.

É complexo compreender como as pessoas veem as coisas para tentar antecipar suas ações, pois o comportamento humano é imprevisível e irracional — porém movido a expectativas. No sistema da economia das dádivas, definitivamente novas motivações precisam ser apresentadas às pessoas de forma que criem boas novas experiências e que, uma vez absorvidas, sejam repetidas. É uma esperança para que as atitudes envolvendo gentileza, respeito, amizade, hospitalidade, preocupação com o próximo, altruísmo... voltem à pauta como novas modas, manias e tendências.

Considerando que os hábitos têm valor, é importante explorá-los.

Notas

1. BOURDIEU, Pierre. *A produção da crença. Contribuição para uma economia de bens simbólicos.* Porto Alegre: Editora Zouk, 2001. p. 28.

2. *The Philosophy of Money.*

3. GODELIER, Maurice. *O enigma do dom.* São Paulo: Editora Record, 2001.

4. NOVAES, Adauto (Org.). *Mutações. A invenção das crenças.* São Paulo: Edições Sesc, 2011.

5. http://www.scielo.br/scielo.php?script=sci_arttext&pid=S1413-82712004000200006. Publicado em 2004 por Tatiana Severino de Vasconcelos (mestre em Psicologia Social e do Trabalho e doutoranda em Psicologia pela Universidade de Brasília, vinculada ao Laboratório de Pesquisa em Avaliação e Medida) e Bartholomeu Tôrres Tróccoli (doutor pela Universidade

de Madison, Wisconsin, professor do Departamento de Psicologia Social e do Trabalho e desenvolve suas pesquisas no Laboratório de Pesquisa em Avaliação e Medida na Universidade de Brasília).

6. Pesquisa feita no Brasil, por Tróccoli e Santos (1997), encontrou evidências, em estudantes universitários, da relação entre crenças supersticiosas comuns e o estilo de pensamento experiencial.

7. Escala desenvolvida por Tróccoli e Santos (1997), com a qual foram verificadas correlações significativas entre as crenças em superstições comuns e estilos de pensamento mensurados pelo Inventário do Pensamento Racional versus Experiencial (RVEI-S) de Epstein, Norris e Pacini (1995).

8. MATUTE, 1995; Tobacyk & Shrader, 1991

9. http://www1.folha.uol.com.br/fsp/ciencia/fe2209201102.htm

10. KEHL, Maria Rita. In: NOVAES, Adauto (Org.). *Mutações. A invenção das crenças*. São Paulo: Edições Sesc, 2011. p. 249-250.

11. Tais como as relatadas por Lévi-Strauss em seu clássico *A eficácia simbólica*.

12. DIBIE, Pascal. In: NOVAES, Adauto (Org.). *Mutações. A invenção das crenças*. São Paulo: Edições Sesc, 2011. p. 503-509.

13. Frédéric Groz, em *A invenção das crenças* (p. 83), fazendo referência a Dostoiévski.

14. *O capital*, livro 1, 1867.

15. GROZ, Frédéric. In: NOVAES, Adauto (Org.). *Mutações. A invenção das crenças*. São Paulo: Edições Sesc, 2011. p. 76.

16. KEPP, M. Contabilidade informal. *Folha de S. Paulo*, Equilíbrio, 2, 6 mar. 2012.

17. SILVA, Franklin Leopoldo e. In: NOVAES, Adauto (Org.). *Mutações. A invenção das crenças*. São Paulo: Edições Sesc, 2011. p. 126-129.

18. BERGSON, *Les Deux Sources de la Morale et de la Religion*, 1991, p. 982.

19. Na visão de Nietzsche, a cultura não tem como objetivo a formação intelectual ou o saber, mas abarca as atividades humanas e suas produções: moral, religião, arte, filosofia, estrutura política, entre outras — características simbólicas para interpretar comunidades em certo tempo-espaço determinado de história.

20. WOTLING, Patrick. *Vocabulário de Friedrich Nietzsche*. São Paulo: WMF Martins Fontes, 2011. p. 54-56.

21. FERRY, Luc. *Aprender a viver: filosofia para os novos tempos*. Rio de Janeiro: Objetiva, 2010. p. 35.

22. NIETZSCHE, F. Introdução. In: _____. *A vontade do poder*. Rio de Janeiro: Contraponto, 2008.

23. NOVAES, Adauto (Org.). *Mutações. A invenção das crenças*. São Paulo: Edições Sesc, 2011. p. 28.

24. FERRY, Luc. *Aprender a viver: filosofia para os novos tempos*. Rio de Janeiro: Objetiva, 2010. p. 195.

25. SILVERSTEIN, Michael J.; SINGHI, Abheek; LIAO, Carol; MICHAEL, David. *O prêmio de 10 trilhões de dólares. Cativando a classe emergente da China e da Índia*. São Paulo: DVS Editora, 2013.

26. SILVERSTEIN, Michael J.; SINGHI, Abheek; LIAO, Carol; MICHAEL, David. *O prêmio de 10 trilhões de dólares. Cativando a classe emergente da China e da Índia*. São Paulo: DVS Editora, 2013. p. 254-258.

27. Estudo da Boston Consulting Group com 24 mil consumidores pelo mundo em 2012.

28. ANDERSON, Chris. *Free. O futuro dos preços*. Rio de Janeiro: Elsevier Editora, 2011.

29. ARIELY, Dan. *Previsivelmente irracional*. Rio de Janeiro: Elsevier Editora, 2008.

30. Criador do Whole Earth Catalog (http://www.wholeearth.com/index.php).

31. Conceito do antropólogo italiano Massimo Canevacci, que se completa com a frase "e de sermos vividos por muitos numa única existência".

32. *O poder das multidões.*

33. *Engage: the complete guide for brands and business to build, cultivate, and measure success in the new web.*

34. Presidente da Motion Pictures Association of America. *Folha de S. Paulo*. A16, 13 abr. 2015.

35. ANDERSON, Chris. *Free. O futuro dos preços*. Rio de Janeiro: Elsevier Editora, 2011.

36. trendwatching.com, *Empathetic Price*.

37. http://www.edelman.com.br/propriedades/brandshare/

38. https://www.bitcoinbrasil.com.br, referindo-se a julho de 2015.

39. Gilson Schwartz, http://blogs.estadao.com.br/link/temas-de-2014-facebank-ou-selfienancas/

40. http://institutobitcoin.org

41. David T. Neal, Wendy Wood e Jeffrey M. Quinn, da Duke University.

42. Em *How Companies Learn Your Secrets*, artigo para o *The New York Times*, publicado em 16/02/2012. Autor de *O poder do hábito: por que fazemos o que fazemos na vida e nos negócios?*

43. FSP 10/06/12, http://www1.folha.uol.com.br/fsp/ilustrissima/47879-a-forca-do-habito.shtml

44. BUCCI, Eugênio. A mitologia da revolução. *O Estado de S. Paulo*, A2, 30 abr. 2015.

45. CANEVACCI, Massimo. *Antropologia da comuniação visual*, São Paulo: Brasiliense, 1990. p.49-50.

46. Neurocientista da Universidade Federal de São Paulo, em entrevista ao site do Dr. Drauzio Varella.

47. Alex Stone (autor de *Fooling Houdini: Magicians, Mentalists, Math Geeks and the Hidden Powers of the Mind*) para o *The New York Times*.

II.
DONS E DÁDIVAS: ORIGENS

A FORÇA DA RECIPROCIDADE: ENTENDENDO O SISTEMA PRIMORDIAL DAS TROCAS

Objetivos: organizar o raciocínio sobre a força da reciprocidade como organizador social.

Palavras-chave: retribuição, reciprocidade, relacionamento.

DAR ALGO A ALGUÉM PORQUE ALGUÉM deu algo para você foi chamado de "reciprocidade" por Adam Smith (1755), de "conduta social universal" por L. T. Hobhouse (1906) e de "pedras humanas nas quais a sociedade é construída" por Marcel Mauss (1924). Os favores de ambos os lados diferem dos "intercâmbios", associados às trocas de mercado. E, considerando que o mérito do doador frente seu sacrifício voluntário para com o receptor é a razão de sua recompensa — uma espécie de sentimento de motivação com senso de justiça —, difere também da "retribuição", que pode envolver vingança e retaliação.

Para compreender com clareza as relações de troca, um bom começo é entender as instâncias da reciprocidade, base das relações sociais. Essência da família e das comunidades, a reciprocidade viabiliza uma sociedade pacífica e livre na qual as pessoas e seus direitos são respeitados. É a base das políticas sociais por meio de suas condutas e efeitos — os relacionamentos recíprocos —, importantes não apenas para o funcionamento social, como também para a manutenção e aperfeiçoamento de mercados e organizações, tornando-os mais humanizados e justos. Sua importância, muito reconhecida em diversas ciências sociais, sempre foi associada à antropologia econômica e a modelos tradicionais, como o das tribos arcaicas, das comunidades pequenas e das cooperativas, onde a confiança, a gentileza, a gratidão e o afeto — e não as sofisticadas análises financeiras — exercem papel fundamental no desenvolvimento do bem comum.

Famílias são redes de reciprocidade; e tudo é reciprocidade, incluindo o respeito que as pessoas têm por elas mesmas. De geração em geração, as crianças dão aos demais o que receberam de seus pais e assim por diante; um sistema de reciprocidades que promovem um complexo circuito de interações.

Um *gift* ou "favor motivado" por um outro *gift* constitui a importante relação social da reciprocidade. É bem diferente de uma troca interesseira, onde transferências ou favores são oferecidos nas mesmas condições de que outros são fornecidos — o que não caracteriza um *gift*, e sim uma retribuição ou intercâmbio. As trocas são doações, foram dadas, resultam de atos livres; já os intercâmbios são mutuamente condicionais, cumpridos por obrigações externas ou promessas.

Níveis de Reciprocidade

Há muitos níveis da reciprocidade, relação penetrante e essencial na vida das pessoas, nos mais distintos grupos de relacionamento:

- **De balanço:** balanço entre os *gifts* (sentimento de justiça); evita endividamentos morais;

- **De gosto:** troca efetivada quando o receptor inicial gosta do doador inicial, ou por benevolência (reciprocidade de sentimentos);

- **De continuidade:** o *gift* de retribuição induz a entrega de outros *gifts*; não deve ser interesseira, se bem planejada;

- **De extensão:** A dar para B acarreta em B dar para A;

- **Generalizada:** A dar para B acarreta em B dar para C (comportamento de sobrevivência da psicologia social). Alguém que foi ajudado tende a ajudar os outros, mesmo que não seja quem o ajudou;

- **De reversão:** A dar para B acarreta em C dar para A; dar a alguém por agentes que não são os beneficiários do *gift* inicial. É a métrica das religiões;

- **Em cadeia:** A dá para B que dá para C que dá para D. Uma pessoa doa para ou ajuda outra na esperança de que a corrente não se quebre e a sequência de ajuda continue.

No mercado, a reciprocidade com base na confiança é um importante fator tanto na eficiência econômica quanto na produtividade, considerando que as negociações são efetivadas e seladas com concessões recíprocas. As relações de trabalho também são o espaço de reciprocidade quando pautadas na boa vontade, na benevolência, no esforço e na lealdade. Por outro lado, a reciprocidade pode representar a coerção (quando há desalinhamento de informações e de interesses), a falsidade (quando é implementada como autoajuda benevolente) e a mentira (quando serve apenas para a autopromoção de quem a efetiva), atitudes que servem para pessoas, assim como para empresas. Por exemplo, quando as marcas vendem em seus slogans promessas inalcançáveis em qualquer de suas instâncias de atuação, tornando-as vazias: "viver bem", "o bom da vida é aqui", "mais por você", entre tantas outras, que não necessariamente se revertem em recíprocas verdadeiras para com os funcionários, os *stakeholders*, os consumidores e a sociedade em geral.

> De todas as pessoas, no entanto, que a natureza aponta para a nossa beneficência peculiar, não há ninguém que pareça mais apropriadamente direcionado que aqueles cuja beneficência nós mesmos já experimentamos. A natureza, que formou os homens para a bondade mútua, tão necessária para a sua felicidade, torna cada um o objeto peculiar de gentileza junto às pessoas a quem ele próprio tem sido gentil. Embora a sua gratidão não deva sempre corresponder à sua beneficência, a sensação de seu mérito, gratidão simpática do espectador imparcial, corresponderá sempre a ele.
>
> A teoria dos sentimentos morais, Adam Smith

ECONOMIA DAS DÁDIVAS: AS ORIGENS

Objetivos: apresentar as fundamentações da economia das trocas com base em pesquisas etnográficas.

Palavras-chave: tribo, alma, riqueza, sistema, interesse, presente.

> É sempre com estranhos que se negocia, mesmo quando se é um aliado.
>
> Marcel Mauss

O QUE NOS MOVE PARA AS RECIPROCIDADES, compartilhamentos e trocas? Mais que teorizar definindo a qual campo de estudo — antropologia, sociologia, psicologia, economia, filosofia... — pertence essa discussão sobre sociedades e suas infraestruturas, a proposta é trazer pontos de vista, com suas dissonâncias e similaridades, para a discussão.

A regra social primordial que impera nas culturas chamadas de arcaicas é a tríplice obrigação de dar, receber e retribuir. Diferentemente da simbologia que palavras como dom, presente, dádiva, oferta ou oferenda possuem para nós, como trocas desinteressadas e voluntárias, esse processo está vinculado a um complexo circuito de obrigações e interesses que organizam relações sociais e econômicas, assim como a compra e a venda o são para o mercado. Em diversas tribos, impera o que se chama de fato social total, em que as trocas — circulação de dons e contradons — desempenham funções sociais, culturais, religiosas, morais, econômicas; e em que as relações são estabelecidas com base em contratos que preveem a reciprocidade das obrigações.

Receber algo, mais que uma oferta voluntária, é o início de um pacto; significa estar em dívida — ofertar é pedir; aceitar a oferta é endividar-se. A partir daí, a circulação de bens se estabelece, considerando não o valor intrínseco de cada objeto, mas valores simbólicos e culturais. Para nós, por exemplo, o ouro é uma *commodity*; seu peso tem um lastro, seu valor é estabelecido por um mercado internacional e pode-se adquiri-lo em relações de compra e venda. Para essas sociedades, colares de conchas podem ser mais valiosos que o mais precioso dos metais para nós, dependendo de quem entrega, do ritual que envolve essa troca, dos interesses nesse processo. Não adianta querer ter; você precisa ter prestígio e reputação para poder obter e ser reconhecido por essa posse. Esse sistema estabelece fortes vínculos entre as pessoas, encurta os processos, facilita a conciliação em conflitos e cria uma cidadania — diferente do que conhecemos por cidadania —, que estrutura os direitos básicos e organiza as regras de trocas primordiais para a sobrevivência das sociedades.

Os *gifts* sempre foram, na história e no mercado, na política e na fé, ferramentas geradoras de informação (divulgando crenças, filosofias, literatura, design, moda, estilo, história...), mobilizadores sociais (criando seitas, clãs, tribos e comunidades nas diferentes esferas do relacionamento) e transformadores culturais (formatando certa realidade e proporcionando novos cenários para a satisfação pessoal, material e intelectual dos seres humanos).

Uma coisa é fato: seja nos rituais de trocas ancestrais ou nos contemporâneos, objetos, experiências e sensações não se trocam por si, e não se distribuem sozinhos. São pessoas que promovem essas trocas; e são essas trocas que proporcionam rituais que geram afetos, desafetos, obrigações, relacionamento, vínculos, memórias e histórias — a grande teia de intenções, ações e reações da reciprocidade. Como algo que não está registrado, formalizado e documentado pode ser obedecido e respeitado a ponto de estabelecer e manter a coesão de determinada sociedade? Eis o segredo: junto com o que se troca segue um lastro invisível, de significado específico para o grupo que constrói e compreende esses códigos, gerando valores inestimáveis e ao mesmo tempo muito precisos para a satisfação individual e para a sobrevivência do grupo. Estudar essas relações é um laboratório de pesquisas para a formulação de teorias sobre a natureza da vida social e da diversidade cultural, fundamentando o lastro relacional da humanidade, com sua diversidade de tradições e crenças nas mais variadas civilizações.

Esse sistema é orgânico: não vive de regras, mas de sentimentos e emoções, dramatizando os vínculos existentes entre quem dá algo para alguém (doador) e quem recebe algo de alguém (receptor) e especificando determinados roteiros de comportamento (como, quando, de que forma, por quê). Vale destacar que troca não é cartesiana e objetiva como um sistema de "emissor-codificação-mensagem-decodificação-receptor"; é interativa, estruturando um universo complexo de relações em permanente movimento, inseridas em contextos tanto culturais quanto individuais. E também pressupõe tensão de expectativas e manipulação de interesses, dificultando a percepção entre o que é espontâneo e o que é obrigatório em meio a questões políticas, afetivas, econômicas, estratégicas, por educação ou até mesmo por oportunidade regidas por uma valoração bem diferente do binômio "têm preço" e "não têm preço"[1].

Na visão de Douglas e Isherwood[2], existe um sistema social composto por trabalho, consumo e bens, sendo os bens o vínculo de pessoas entre si e também com outras instituições sociais. O que define e diferencia os grupos são os produtos, "marcadores de categorias sociais" cujo valor simbólico depende da forma pela qual são ritualizados — produção, circulação, aquisição, fruição, coleção e descarte. E é a estruturação desses valores que dá o sentido da vida em grupo. Goffman[3] chama de *tie-signs* essa geração de vínculos ou laços sociais entre doador e receptor, considerando que cada troca, assim como o *gift* (objeto, serviço, conhecimento) que tangibiliza essa troca, são intencionais e objetivam uma imagem de si e do outro, expressando emoções, interesses, objetivos e, especialmente, afetos. Para Godbout[4], o "valor de vínculo" afere valor a objetos, serviços, gestos e outras representações no universo dos relacionamentos para considerar o quanto efetivamente valem no fortalecimento dos laços entre as pessoas. Trata-se de uma dimensão subjetiva, com base na dualidade entre valor de uso e valor de troca estudada por Marx: escapa ao cálculo e gera um complexo sistema envolvendo a retribuição de emoções, sentimentos e gratidão, para além dos objetos. Mais que reações de apreciação ou aceitação, consideram-se os fenômenos químicos e físicos despertados com a troca, que estimulam novas ações: de status aspiracional, quando há o interesse de retribuir para demonstrar o que se sentiu ao receber; de imposição pessoal, quando a pessoa se projeta no objeto da troca; e de lógica do consumo, quando a retribuição proporciona uma experimentação equivalente. Na visão de Simmel[5], a gratidão é o suplemento emocional da obrigação de retribuir, proporcionando laços de interação. Já Hobbes[6], inspirado na obra *Leviatã*, debate a disparidade ou a desproporcionalidade que pode ser gerada pelas trocas: "os benefícios criam obrigações, e as obrigações são uma servidão, e as obrigações que não podemos quitar são uma servidão perpétua, o que, para um igual, é odioso". Traduzindo, para aqueles que recebem algo com valor maior do que podem retribuir, a sensação não é de alegria, e sim de obrigação. A percepção clássica considera a vida social "uma totalidade coesa" ou "fato social total"; já os estudos contemporâneos avaliam um outro aspecto: a dimensão interacional das trocas, considerando a individualidade de cada um daqueles que as praticam.

Um aspecto relevante no sistema de trocas das sociedades ditas arcaicas é que a circulação de objetos proporciona, mais que regras de reciprocidade, verdadeiras práticas de fé: os objetos são dotados de uma "alma" com poder de interferir na vida das pessoas. Um exemplo é o *kula*, um sofisticado sistema de trocas que é o eixo cultural, mitológico, genealógico e tecnológico das ilhas Trobriand. Essa "construção social organizada" tem a capacidade de integrar a todos, gerando vínculos e interações relacionais[7] não com um sistema comercial ou mercantil, mas sim com a troca permanente de objetos sem utilidade prática em um incessante ritual no qual doadores e donatários são predefinidos e vitalícios, mantêm papéis para com os diversos parceiros e são livres para escolher o que distribuir a quem. A circulação do *kula* pelas trocas se dá em um "sistema de prestígio" que envolve hierarquia, poder, tradição e no qual o que importa é dar; dar é uma maneira de mostrar riqueza e obter prestígio, renome, poder; logo, possuir é dar.

Já no "sistema da dádiva" estudado por Marcel Mauss[8], base da *Gift Economy*, a alma de quem presenteia — etiqueta da virtude espiritual — se mistura com os objetos trocados e com a vida das pessoas, estabelecendo contratos fundamentais para as relações sociais, morais, econômicas, religiosas, financeiras, sociais e jurídicas; além da manutenção do prestígio, da honra e da autoridade. As coisas trocadas são veículos para expressão das pessoas que as trocam; logo, todas as relações sociais e econômicas são de reciprocidade, considerando bens (economia), mulheres (alianças matrimoniais entre clãs) e palavras (poder político). A regra de direito e de interesse que faz com que o presente recebido seja obrigatoriamente retribuído é o "dar, receber e retribuir", um sistema de direitos e deveres norteado por trocas não mercantis (sem valor monetário) e não utilitaristas (inclui os favores, os elogios, as saudações, os respeitos e as gentilezas, entre outros).

O *mana*, para as sociedades polinésias em Samoa, é a "alma do presente", uma força mágica, religiosa e espiritual que sai de uma pessoa e segue para outra, e que é objeto de desejo, posse e domínio. Na forma de oferendas contratuais, rege ciclos de passagem como nascimento, puberdade e casamento mediante a troca de dádivas obrigatórias, como os *oloa*, bens de natureza estrangeira e material; e os *taonga*, bens uterinos que escoam pela família como "tesouros, talismãs, brasões, esteias, ídolos sagrados, às vezes também tradições, cultos e rituais mágicos"[9] diretamente ligados à pessoa, ao clã e ao solo. Já os melanésios de religião Maori acreditam que esses *taonga* têm *hau*, alma ou poder espiritual de seu território de origem, que circula com as trocas e, na obrigação da retribuição, sempre volta. Como as coisas dadas são animadas com a energia de quem as deu, geram um vínculo de direito pela essência espiritual; uma ligação de almas por intermédio de "coisas". Nesse modelo, a regra das trocas prevê uma certa paridade que pressupõe o equilíbrio econômico e calibra as expectativas individuais: "o que você receber é o que deve dar, e é apenas disso que você vai precisar" (*Ko Maru kai atu. Ko Marua kai mai. Ka ngohe ngohe*).

> Você me dá um, eu dou um a um terceiro; este me retribui outro, porque ele é movido pelo *hau* de minha dádiva; e eu sou obrigado a dar-lhe essa coisa porque devo devolver-lhe o que na verdade é o produto do *hau* de seu *taonga*.[10]
>
> Marcel Mauss

O *Angebinde*, espécie de *mana* presente nas sociedades germânicas, é um elo forte que rege as obrigações de troca, oferta e aceitação considerando um outro tipo de vínculo: o de direito de sucessão à coisa, que se mistura com a pessoa e gera uma aliança de perpétua dependência — aceitar um presente é sempre perigoso, pois a caução não só obriga e vincula, como compromete a honra, a autoridade, o *mana* daquele que a entrega. Falando em sucessão, na Índia antiga (onde a terra, o alimento, tudo que se dá é personificado), o direito hindu previa que qualquer coisa dada produz sua recompensa nesta vida ou na outra, propondo um circuito de reciclagem ou de retorno eterno: "recebe-me (donatário), dá-me (doador), dando-me obter-me-ás de novo".

Com o conceito de princípio mágico, o *potlatch* — cuja tradução também é dádiva — demonstra o poder dos espíritos misturado às coisas, gerando a virtude sobrenatural de produzir riqueza, comida e posição social para as sociedades indígenas dos Kwakiutl e dos Tsimshian (nordeste americano). Nessa fusão de poder político, magia e religião vistos como totens de clã, todos os objetos, incluindo as colheres e os pratos, são talismãs; logo, são "aumentadores do passado de propriedade".

> Sabes isto, se tens um amigo em quem confias e se queres obter um bom resultado, convém misturar tua alma à dele e trocar presentes e visitá-lo com frequência. [...] É assim com aquele em quem não confias e de quem suspeitas os sentimentos, convém sorrir-lhe , mas falar contra a vontade; os presentes dados devem ser semelhantes aos presentes recebidos. [...] Um presente dado espera sempre um presente de volta. Mais vale não levar oferenda do que gastar demais com ela.[11]
>
> Havamál

Nessas e em outras civilizações, do passado ou contemporâneas, uma coisa é certa: contratos e trocas se dão em forma de presentes, que, teoricamente, deveriam ser voluntários, mas significam regras complexas do ritual de dar e receber e do circuito de interesses que daí deriva. Em seu conceito de *homo oeconomicus*, Marcel Mauss descreve que "a própria palavra interesse é recente, de origem técnica contábil: *interest*, em latim, que se escrevia nos livros de contabilidade referindo-se aos rendimentos a receber. Nas morais antigas mais epicurianas, é o bem e o prazer que se busca, e não a utilidade material."[12]

Referindo-se às sociedades arcaicas e à construção de alianças tribais, intertribais e internacionais, Mauss destaca que "todos estes fenômenos são ao mesmo tempo jurídicos, econômicos, religiosos, e mesmo estéticos, morfológicos, etc. São jurídicos, de direito privado e público, de moralidade organizada e difusa, estritamente obrigatórios ou simplesmente aprovados e reprovados, políticos e domésticos simultaneamente, interessando tanto a classes sociais quanto aos clãs e famílias. São religiosos: de religião estrita, de magia, de animismo, de mentalidade religiosa difusa. São econômicos, pois as ideias do valor, do útil, do ganho, do luxo, da riqueza, da aquisição, da acumulação e, de outro lado, a do consumo e mesmo a de dispêndio puro, puramente suntuário, estão presentes em toda parte, embora sejam entendidas diferentemente de como as entendemos hoje."[13]

Após diversas pesquisas, Mauss chega à conclusão de que as sociedades progrediram quando aprenderam a estabilizar suas relações de dar, receber e, enfim, retribuir, substituindo "a guerra, o isolamento e a estagnação pela aliança, pela dádiva e pelo comércio". Como proposição para um mundo melhor, primeiro depor as lanças e desejar a paz para, a partir daí, estabelecer novas relações de trocas intertribais: "trocar os bens e as pessoas, não mais apenas de clãs a clãs, mas de tribos a tribos, de nações a nações e, sobretudo, de indivíduos a indivíduos. Só então as pessoas saberão criar e satisfazer interesses mútuos, e, finalmente, defendê-los sem precisar recorrer às armas. Foi assim que o clã, a tribo, os povos souberam — e é assim que amanhã, em nosso mundo dito civilizado, as classes e as nações e também os indivíduos deverão saber — se opor sem se massacrar, dando-se uns aos outros sem se sacrificar. Esse é um dos segredos permanentes de sua sabedoria e de sua solidariedade."[14]

Esse é o eixo que dá sentido à nova economia que se desenha. Pensadores contemporâneos consideram a economia de oferta como uma alternativa para a pobreza que assola 1,6 bilhões[15] de pessoas pelo planeta, revolucionando o formato capitalista em que o mundo se organizou. Já pensou em uma sociedade sem dinheiro tal como conhecemos hoje (moeda, papel, plástico), sem dívidas, sem FMI, sem fundamentações monetárias? Como formas de aplicação prática, para além das relações familiares em que as trocas de tempo, atenção e proteção circulam livremente sem a negociação prévia de retribuição, considera-se a adoção de crianças, a doação de órgãos e de sangue, a circulação de informações e de conteúdo científico, de conteúdo na internet, de softwares livres para download[16]. Quanto à informação, considera-se a questão de ser um "bem não rival": quando se dá, não se perde, ao menos que se considerem as questões de direitos autorais vigentes na economia de mercado (direitos autorais e patrimoniais).

Segundo o relatório *Work Place 2030: Build for Us*[17], cerca de 90% da população mundial terá educação primária completa e metade terá acesso à internet; essas pessoas mais conectadas e com melhor base educacional terão mais poder de escolha: de quem comprar, a quem associar sua marca pessoal, para quem e onde trabalhar. Para a mesma época, conforme estudo da World Future Society[18], dentre as novas opções de carreiras previstas para 2030 está o "banqueiro de moedas alternativas"[19]. Quem sabe a economia das dádivas retome seus *manas* e seus *haus*, entre tantas outras energias, e ganhe uma nova versão digital, atualizada e revisada? Seria esse o novo milagre econômico?

ENTRE DÍVIDAS E DÁDIVAS

Objetivos: definir a economia das trocas nos moldes contemporâneos.

Palavras-chave: gratidão, gratuidade, sagrado.

> Na economia da dádiva, quanto mais você dá, mais rico você fica. E neste modelo a paixão faz os negócios circularem, ao invés da coerção do dinheiro e dos lucros.
>
> Charles Eisenstein

ECONOMIA SAGRADA, Teoria da Gratidão e modelo de Subsídios Cruzados: é hora para repensar os conceitos e integrar novas reflexões no planejamento das marcas. Ora, se uma marca é tudo aquilo que ela oferece, será que a oferta está de acordo com as tendências da economia, com as novidades do mercado e com as expectativas dos consumidores?

Em seus estudos, Charles Eisenstein[20], um proeminente representante da *Gift Economy* contemporânea, constatou que o que antes era um dom e circulava livremente entre as pessoas, hoje virou *commodity*, pois tudo tem um preço. No conceito de Economia Sagrada, afirma que "o dinheiro tem valor porque as pessoas acordaram que ele tem valor"; mas é um lastro de poder (papel, metal ou plástico) que ao mesmo tempo dá acessos e segrega. Diante da pressão de gerar mais e mais dinheiro, as pessoas acabam satisfazendo suas necessidades adquirindo e almejando mais e mais coisas — se endividam, enquanto a economia também se transforma em uma grande dívida. Sua proposta, de forma simplificada, é retomar o sistema de dádivas e dons sagrados em *gift transactions*, que estabelecem algum tipo de laço entre quem doa e quem recebe ou entre suas comunidades. Isso difere de uma transação financeira, na qual uma vez que alguém paga em dinheiro e o outro entrega os bens, o processo está finalizado. Na *gift economy*, se alguém der um presente para outra pessoa, o processo não se

58 DONS E DÁDIVAS: ORIGENS

encerra por aí; continua com outra troca de presentes ou mesmo com um favor, por direito. Em outras palavras, um vínculo foi criado, e a economia da dádiva envolve a criação de muitos deste tipo de vínculo, diferentes da maioria das economias monetárias, que substituem as conexões humanas por relações comerciais. Utilizando as trocas de acordo com as necessidades de cada um, certas dádivas, como a gentileza, o respeito e a benevolência, conduzidas pela preservação do meio ambiente e pela prosperidade do outro (em vez da sua própria e egoísta prosperidade), podem voltar ao dia a dia da sociedade e, em especial, fazer parte das atitudes e iniciativas do mundo corporativo — hoje tão economicamente poderoso que interfere diretamente na gestão pública.

Gary Vaynerchuk[21], expert em gratidão, traz a preocupação de utilizar a comunicação para tornar as pessoas mais felizes e, com isso, gratas. "Estamos fazendo a mesma coisa há muito tempo; uma forte campanha de marketing já não é suficiente para fazer com que os consumidores engulam nossas mensagens publicitárias." Para impactá-los, é necessária uma interação emocional aberta e honesta, estimulando o relacionamento interpessoal. A proposta, por mais personificada que pareça, é abrir o coração da empresa: "há um limite para diminuir o preço; há um máximo de excelência que você pode obter com seu produto ou serviço; há um limite no orçamento de marketing. Todavia, seu coração é infinito." Os relacionamentos ganham força com a troca de atenções, estimulando a satisfação para dentro e para fora da empresa.

Outra possibilidade é repensar os valores, a posse e o acúmulo estabelecidos pelo sistema mercantil. Chris Anderson[22] traz à pauta o ponto de vista do *free*. Propõe que o futuro dos preços é ganhar em função do grátis; afinal, "o mundo todo é um subsídio cruzado". Para exemplificar, define modelos, como o "compre um e leve o outro grátis", em que um produto induz o consumidor a pagar, em algum momento, por outro. E também o de "mercados bilaterais", onde um paga para participar do comércio livre de outros dois, como nas negociações de mídia: o serviço é vendido aos anunciantes, porém aberto aos consumidores, que sustentam os investimentos em mídia ao consumir os produtos anunciados. Outro é o *freemium*, espécie de *sampling* comum na web por oferecer versões, do *free* ao *premium*, com acessos e serviços proporcionais ao tanto que se paga: o investimento com a amostra grátis é compensado pela compra das versões mais completas. E, para concluir, o compartilhamento, onde "o dinheiro não é o único motivador" e as trocas se estabelecem gerando valores como realização, satisfação e alegria, com ganhos para todos os envolvidos — uma nova forma de enxergar o lucro.

Ter contato com todas essas tendências ajuda a repensar as fórmulas convencionais para ativar os negócios. Por exemplo, criando um ritual que faça as pessoas se sentirem reconhecidas e prestigiadas sem ter que, de forma explícita, pagar por isso. E se o ritual tiver uma função sustentável, fazendo o bem para a sociedade, tanto melhor. Foi-se o tempo em que apenas produzir lindas fotos, filmes emocionantes, virais descolados, *happenings* contagiantes e materiais espetaculares de PDV, tudo ornando com o manual de marca, resolvia. É preciso ornar no conceito, nas atitudes, pois, se o consumidor percebe que o ritual não é legítimo e nem pertinente, a marca perde o dinheiro investido em todas essas ações. E o pior: perde também sua credibilidade e sua reputação.

É importante destacar que rituais não são para sempre; podem e devem ser renovados, desde que com critério. E deve-se tomar cuidado com o que se entrega e o que se retira; e com a forma como são comunicadas essas mudanças. Pessoas se acostumam, desenvolvem hábitos e se sentem confortáveis com a expectativa de repetição dos mesmos, especialmente quando são gostosos, prazerosos. Esses mesmos clientes podem ficar frustrados não apenas com a interrupção do processo, mas com a dúvida: não era uma gentileza, e sim um gasto? Foi-se a magia. Gestão de risco à parte, com as mudanças na economia, muitas das ações que as marcas mantinham na mídia tornaram-se insustentáveis. Como explicar para o cliente que ficou na expectativa, esperando e acreditando ser também merecedor dessa dádiva da marca, sua ausência?

É o mesmo caso da política de cortar o cafezinho dos funcionários buscando economia. A medida pode trazer resultados a curto prazo, mas, com o tempo, gera insatisfação com o ambiente, com os líderes, com o método de valorização da equipe. O que aparentava ser um corte de gastos passa a ser um provável gasto com ações motivacionais, novas contratações e treinamentos. Por isso, é importante pensar nas consequências que cada ação pode gerar, não apenas em resultados de vendas, mas em relacionamentos com pessoas. É importante ter em mente que cada ponto de contato da marca é um espaço para ofertar o que essa marca tem de melhor — é o território do *mana* das marcas, que circula, envolve as pessoas, cria afeições e afetos, interfere na sociedade e, depois, certamente volta para as marcas em forma de preferência, fidelidade, respeito, reputação, vendas, respeito e admiração.

O importante é não apenas desenvolver novas ações de comunicação e novas campanhas (promocionais, de endomarketing, de fidelização), mas matrizes que estimulem boas histórias e gerem implementações interacionais — o valor das trocas está associado a momentos memoráveis que geram uma sensação de satisfação e pertencimento. Assim como na manutenção da cultura tribal — aceita em forma de obrigação por todos os seus integrantes em um compromisso verdadeiro e prático que pressupõe deveres e obrigações, papéis claros e trocas recíprocas para o bem da sociedade —, investir em legados consistentes para as empresas, que tragam satisfação e alegria para as pessoas com as quais a marca interage e que estimulem novas trocas para além das monetárias, é primordial para a coesão da tribo contemporânea que cada empresa representa. O *storytelling* é a base do *storymaking*; pois, sem um fazer concreto e sem um propósito claro para com a sociedade, não apenas as histórias não se propagam, como também as pessoas não se envolvem. Sem envolvimento, não há troca; sem troca, não há reciprocidade; sem reciprocidade, não há continuidade.

As soluções confortáveis e tradicionais estão com os dias contatos. É preciso entregar para o público dádivas de marca verdadeiras e eficientes, de forma a encantá-lo, surpreendê-lo, conquistá-lo. É preciso adaptar e implementar as métricas da Economia Sagrada, Teoria da Gratidão e Subsídios Cruzados — entre outras novas formas de ver e valorizar as pessoas, os negócios e o futuro. Definitivamente, não são soluções milionárias que farão a diferença, e sim as soluções bem planejadas e adequadas não apenas a um território definido de marca, mas a um momento da humanidade. Uns falam de crise, de escassez, de pobreza, de dívidas. Outros falam de dádivas.

TROCA TUDO SEM DINHEIRO: NOVA FORMA DE CONSUMO GANHA FORÇA

Objetivos: apresentar novovs modelos de consumo colaborativo.

Palavras-chave: trocas simbólicas, banco de tempo, reciprocidade.

> Nada em excesso. (*Meden agan*)
> Inscrição no Oráculo de Delfos

UM DOS DEMONSTRATIVOS DE QUE HÁ ESPAÇO para novas economias é a volta da era do escambo, especialmente nas redes sociais, onde há um imenso mercado de trocas virtuais. O Swap[23] é considerado o maior mercado de trocas do mundo, com 1,9 milhão de pessoas cadastradas, e afirma que seus usuários já economizaram 11,9 milhões de dólares substituindo compras por trocas. Lá se pode trocar livros, roupas, jogos... A empresa iniciou suas atividades com o nome de Swaptree, e foi adquirida pela finlandesa Netcycler atuando como sua subsidiária em Chicago, Illinois. Funciona no sistema de consignação, possui um imenso centro de distribuição e oferece preços baixos imbatíveis (50 a 95% off); excelente serviço ao consumidor; o melhor valor para itens que não se deseja mais; imensa seleção de produtos para crianças, mulheres e mães.

No Brasil, há inúmeros exemplos bem-sucedidos, como www.tomaladaca .com.br [24] (Trocar é a resposta. Mas qual é mesmo a pergunta? O mundo não se sustenta com os níveis de consumo atual. Portanto, é urgente fazer escolhas mais conscientes), entre muitos outros que surgem a cada dia para demandas cada vez mais específicas.

Outra grande demonstração do êxito desse sistema são os cursos gratuitos online. Para entender mais sobre economia monetária, amplificando os conceitos deste livro, experimente uma aula sobre moeda e bancos, por exemplo.[25] Ou aulas específicas sobre microeconomia, teoria dos jogos, desafio da pobreza mundial em Yale, Harvard, Berkeley, Chicago, MIT, entre tantas outras excelentes universidades, no YouTube. E, se quiser saber mais sobre qualquer conteúdo, há milhares de cursos das melhores universidades do mundo sem gastar dinheiro e sem sair de casa.[26]

Uma das referências nesse processo é a Coursera[27], cuja missão é prover acesso universal à melhor educação do mundo — em parceria com universidades qualificadas e com organizações internacionais —, para oferecer cursos online a qualquer pessoa, gratuitamente e, em boa parte dos casos, com direito a certificado de conclusão. O objetivo é fazer com que as pessoas aprendam melhor e mais rápido, aproveitando modelos pedagógicos e psicológicos eficientes.

Mais uma ideia surpreendente que revisita as trocas simbólicas de prestígio, serviços e favores com nova utilidade é o conceito de "banco de tempo", que está se tornando uma forte referência na economia compartilhada, como proposto no TimeRepublik. Nomeada como a nova geração da plataforma de *home banking*, disponibiliza, de forma internacional e sem a necessidade de dinheiro, o compartilhamento de talentos e habilidades dos cadastrados, que recebem em tempo virtual para os mais diversos tipos de serviços. A ideia é oferecer às pessoas a possibilidade de satisfazer suas necessidades sem barreiras monetárias ou geográficas, considerando que o intercâmbio de talentos, interesses e paixões terá como moeda o tempo, não o dinheiro — o que caracteriza um sistema avançado com a mais alta tecnologia para permitir trocas de forma segura e confiável na plataforma que chamam de *global neighborhood*[28]. Como descrito no site: "exemplo: você pode dar seu expertise em planejamento de eventos para alguém que tem talento em design de interiores, mas, se você não precisa de ajuda em design de interiores, você pode usar as horas que você ganhou em ajuda na programação de computadores, oferecida por um outro integrante do grupo. Todo mundo ganha." Como lastro, o tempo de todos é calculado de forma equivalente; não há a necessidade de efetivar as trocas entre as mesmas pessoas; e o processo é aparentemente simples: você se registra, escolhe a categoria de habilidades que deseja compartilhar, ganha em horas e gasta essas horas com os serviços que considerar úteis para você. Atualmente[29], são mais de 100 mil talentos oferecendo suas habilidades em mais de 110 países. A ideia surgiu como startup na Suíça e foi testada em uma comunidade em Nova York, Estados Unidos, antes de virar global pela internet. Segundo Monica Barroso[30], representante do TimeRepublik no Brasil, "é uma mudança nas relações pessoais e profissionais. É um modelo de consumo colaborativo, que não envolve dinheiro e, sim, a colaboração entre as pessoas."

Em entrevista ao site Collaborative Consumption[31], Gabriele Donati, cofundador do TimeRepublik, explicou que o insight para o projeto surgiu em 2003, quando seu amigo e também cofundador definiu o conceito de *time banking* através de uma história verídica e corriqueira: uma senhora que colocou um bilhete no painel de avisos de seu prédio solicitando ajuda para programar os canais de sua TV e, atendida por um jovem, retribuiu com um bolo que assou.

Com esse modelo de negócios em mente, e considerando o contexto de revolução nas mídias digitais somado à crise econômica que assolou o planeta, a solução foi se desenhando. Apesar de utilizar os mesmos moldes das plataformas de serviços colaborativos — especialmente nos feedbacks entre os membros da comunidade —, a estrutura de um banco de horas é diferente. Primeiro, por ser a versão contemporânea do que se conhecia por voluntariado comunitário: algo local, pontual e sem presença digital. O desafio é reestruturar todo o conceito de voluntariado para que se torne mais atual, com visibilidade global e atraente às novas gerações, sem perder a força do pensamento na comunidade. A troca de tempo é um sistema complementar às transações econômicas, que estimula os relacionamentos e encoraja as atitudes cooperativas, fortalecendo não apenas a riqueza econômica de uma sociedade, mas também a sua riqueza social. O processo também estimula o empreendedorismo e ajuda as pessoas na evolução de suas profissões com reputação, autoconfiança e visibilidade, sem o intuito de competir com o mercado profissional (sindicatos, impostos, tarifas...), porém vislumbrando regulamentações, legislações e apoio governamental que possam servir de suporte para a evolução do sistema. Para Donati, esse sistema atual chegou ao seu limite e não é mais sustentável ("pessoas possuem 20 camisetas em seu guarda-roupas, e 6 computadores"); é tempo de mudança.

A internet e a rede mundial de computadores abrem possibilidades inéditas para o avanço da cooperação humana. Daí vem a importância da economia colaborativa. Ela des-

> faz o mito segundo o qual esta cooperação só pode existir sobre a base da estrita defesa de interesses individuais. A Wikipédia é hoje um dos sites mais consultados da internet, tem qualidade equivalente às das grandes enciclopédias convencionais e é elaborada inteiramente sobre a base de um processo colaborativo não remunerado.
>
> Mas isso não quer dizer que a colaboração social a que a internet e a web dão lugar não possa realizar-se em mercados. A sociedade da informação em rede permite que o empreendedorismo de indivíduos e de grupos adquira uma escala que vai muito além dos círculos limitados de suas relações locais.
>
> Ricardo Abramovay[32]

Outro exemplo é o Bliive[33], rede social de "troca de tempo livre" que reúne pessoas de mais de 50 países e foi criada no Brasil. Segundo Lorrana Scarpioni, cofundadora da iniciativa ao lado dos designers Murilo Mafra e José Fernandes, e do advogado Roberto Pompeu, sócios e criadores da startup, "a ideia é mostrar que existe valor sem dinheiro"[34].

Segundo informações do site, "o mundo tem 1 trilhão de horas ociosas por ano e elas poderiam ser usadas para fazer coisas incríveis". Esse movimento acredita que a colaboração é o caminho para revolucionar o conceito de valor, juntando as pessoas pela experiência do compartilhamento. Acredita também que todas as pessoas têm algo de valor para compartilhar, prestigiando a importância dos talentos individuais em cada atividade do dia a dia. Para o Bliive, colaborar é se conectar com milhares de pessoas que precisam daquilo que você tem a oferecer, encontrando valores para além de salários, diplomas e cargos e oferecendo algo de positivo para a vida dessas pessoas. É também trocar experiências, conhecimento, opiniões — a mais antiga forma de interação social —, aproveitando tudo o que as redes e a tecnologia podem oferecer para que essas conexões sejam realmente construtivas e engrandecedoras para quem oferece, para quem recebe e para o mundo. O objetivo é "tornar o dinheiro mais saudável. Muitas pessoas não possuem dinheiro, mas têm coisas boas e tempo livre para trocar. Bliive procura criar um sistema de abundância, onde as pessoas podem usar suas habilidades como forma de pagamento."[35]

Como lastro, o tempo, certamente o bem mais valioso e raro que todos possuem, e que pode ser utilizado de forma sábia para resultar em boas memórias, histórias e experiências. No Manifesto de Revolução, propõem a economia colaborativa, autossustentável e balizada nos valores humanitários que geram a felicidade da humanidade, em contrapartida ao individualismo e à competição. Para participar, as pessoas se cadastram na rede social e automaticamente ganham cinco TimeMoneys, nome da moeda virtual que corresponde a uma hora de qualquer serviço oferecido no site; ao oferecer e utilizar serviços, as pessoas têm acesso ao sistema de avaliação que serve de informação e aferição para os próximos interessados. Dentre os principais usuários, jovens e recém-formados entre 18 e 30 anos, além de autônomos. Como forma de renda, dois modelos básicos: divulgação de produtos e serviços e a criação de grupos para universidades, empresas e instituições.

> Estamos definitivamente em um novo mundo. Nos últimos dez ou cinco anos, qualquer pessoa pode aprender algo que decidiu estudar se tiver acesso à internet. O truque é: como relacionarmos o aprendizado na internet e o que se aprende presencialmente com o contato com os professores? Ainda não temos respostas. Se sobrevivemos apenas com doações? Sim. Temos suporte da Fundação Bill & Melinda Gates, do Google e de grandes empresas e de pessoas físicas. Qualquer moeda ajuda.
>
> Salman Khan[36]

Que o movimento da *Gift Economy* está ganhando cada vez mais escala e presença no mundo online todo mundo já sabe. A novidade é que esse ritual está ficando cada vez mais *in* no mundo real, associado ao consumo consciente. Uma das referências "pop" dessa cultura é o megaevento Burning Man[37], que acontece anualmente em Nevada, no Deserto Black Rock. Lá tudo funciona na base das trocas: o dinheiro vigente no mercado não vale nada. Qualquer coisa que se precisa — alimentos, serviços, infraestrutura... — deve ser compartilhado ou trocado. Não por acaso, entre os dez princípios do movimento está o *Gifting*.

Para quem não tem disponibilidade de ir tão longe, pode-se experimentar a sensação nas inúmeras feiras de "Troca Tudo Sem Dinheiro", como a da Casa das Rosas, na Avenida Paulista, em São Paulo. Tem quem troque conselhos e até causos por contos[38]. Segundo a organização do evento, "a ideia é ressaltar a importância de as pessoas se relacionarem, negociando e trocando mercadorias".

Corporativamente, além das feiras de troca tudo disponibilizadas pelas associações e grêmios corporativos, há diversas ações *cross-gifting* nas quais as empresas se reúnem para uma causa social comum. Em 2007, a Aymoré Financiamentos em um de seus projetos de envolvimento voluntário dos funcionários para a melhora do entorno e das comunidades, conseguiu parceria de doação de materiais de construção para a reforma de uma escola no interior de Pernambuco. Além de melhorar a escola fisicamente, foi implementado um Concurso Cultural de Redação[39], que possibilitou o entendimento das carências e necessidades das crianças não apenas quanto à educação, mas quanto às suas expectativas diante da realidade na qual viviam. Em vez de menosprezar a iniciativa levando qualquer profissional para fazer a avaliação dos textos, a ícone da literatura brasileira Tatiana Belinky foi a jurada, que escolheu os textos mais representativos e enviou uma cartinha para as crianças, estimulando-as a continuar a escrever, junto com o certificado de "futuro escritor".

As pessoas precisam de perspectivas, e atitudes humanitárias e bem planejadas como essa podem oferecê-las. Ideias simples, mas bem estruturadas, têm esse poder de interferir no universo particular das pessoas e gerar uma memória indelével — chamem de *mana*, de *hau*, de *potlatch* —, algo que pode mudar a vida de alguém ou de uma sociedade inteira. Isso é bem mais do que fazer relações públicas sobre causas sociais como muitas empresas se especializaram em fazer. Sabe por que esse tipo de ação não sobrevive? Por não ter alma, por não estar vinculado aos princípios de fundação da empresa, por não envolver as pessoas de dentro, por não fazer sentido consistente, por não estimular a reciprocidade. O mercado espera retribuição, venda, compra; está na hora de estruturar novos circuitos, de reciprocidade.

Notas

1. PECHLIVANIS, Marina; outros autores. *Gifting.* Rio de Janeiro: Campus, 2009.

2. DOUGLAS, M.; ISHERWOOD, B. *The world of goods.* Londres; Nova York: Routledge, 1996.

3. GOFFMAN, Erving. *A representação do eu na vida cotidiana.* Petrópolis: Vozes, 1975.

4. GODBOUT, J. *O espírito da dádiva.* Rio de Janeiro: FGV, 1999. p. 200-1.

5. SIMMEL, G. Faithfulness and gratirude. In: WOLFF, K. H. (Ed.). *The sociology of Georg Simmel.* Nova York: Free Pass, 1964.

6. Apud MILLER, D. *Humiliation.* Ithaca: Cornell University Press, 1993. p. 15.

7. MALINOWSKI, B. *Os argonautas do Pacífico Ocidental.* São Paulo: Abril Cultural, 1983.

8. Antropólogo e sociólogo francês, sobrinho e aprendiz de Émile Durkheim e grande nome da corrente estruturalista.

9. MAUSS, M. *Sociologia e antropologia.* São Paulo: Cosac Naify, 2003. p. 197.

10. MAUSS, M. *Ensaio sobre a dádiva.* São Paulo: Cosac Naify, 2013. p. 64.

11. *Havamál,* um dos poemas do Eda Escandinavo.

12. MAUSS, Marcel. *Ensaio sobre a dádiva.* São Paulo: Cosac Naify, 2013. p. 128.

13. Ibid., p. 133.

14. Ibid., p. 138-140.

15. Oxford Poverty & Human Development Initiative. http://www.ophi.org.uk

16. ANDERSON, Chris. *Free. O futuro dos preços.* Rio de Janeiro: Elsevier Editora, 2011.

17. https://www2.deloitte.com/content/dam/Deloitte/global/Documents/Financial-Services/dttl-fsi-Deloitte-report-Workplace-of-the-future-Jul2013.pdf

18. http://www.futuristspeaker.com/2014/11/101-endangered-jobs-by-2030/

19. *Revista Você RH,* jan. 2015, p. 17.

20. Autor de Sacred Economics. http://sacred-economics.com

21. Autor de *Gratidão. Como gerar um sentimento incrível de satisfação em todos os seus clientes.*

22. Autor reconhecido internacionalmente por best-sellers como *Free. O futuro dos preços.*

23. Dados de julho/2014; https://www.swap.com/about/

24. Acessado em 24/04/2016

25. http://www.veduca.com.br/play/5481/economia-economia-monetaria-moeda-e-bancos-o-que-e-dinheiro-parte-4

26. http://noticias.universia.com.br/destaque/especial/2013/07/10/1035282/14/700-cursos-online-gratis-das-melhores-universidades-do-mundo/cursos-online-gratis-de-economia-das-melhores-universidades-do-mundo.html

27. https://www.coursera.org/about/, acessado em 24/04/2016.

28. Tradução livre: vizinhança globalizada.

29. Acesso ao site https://timerepublik.com/discover em 4/04/2015.

30. http://odia.ig.com.br/noticia/economia/2013-10-06/tempo-e-a-nova-moeda.html

31. http://www.collaborativeconsumption.com/2014/02/13/collaborative-pioneer-an-inside-interview-with-gabriele-donati-co-founder-of-timerepublik/

32. ABRAMOVAY, Ricardo. Tendências da economia compartilhada. *O Estado de S. Paulo*, Economia, B9, 29 dez. 2014.

33. http://bliive.com, acessado em 24/04/2016.

34. http://exame.abril.com.br/tecnologia/noticias/rede-social-de-troca-de-servicos-reune-pessoas-de-51-paises

35. http://socialgoodbrasil.org.br/2014/bliive-rede-colaborativa-de-troca-de-tempo

36. Matemático norte-americano criador da Kahn Academy, plataforma de estudos na internet. *Folha de S. Paulo*, A12, 10 fev. 2014.

37. http://www.burningman.com/whatisburningman/about_burningman/principles.html#.U8-tgChjVDE

38. http://www.casadasrosas.org.br/agenda/feira-de-troca-tudo-sem-dinheiro-ate-conselho

39. Ação desenvolvida pela Umbigo do Mundo Comunicação Estratégica.

III.
AS TROCAS NA ECONOMIA

A LEI DAS TROCAS:
OBRIGAÇÕES E RETRIBUIÇÕES

Objetivos: delinear o mundo corporativo das trocas e dos compartilhamentos.

Palavras-chave: justiça, evolução econômica, socialização, progresso.

[...] Hermes, de fato,
Passou a gostar do filho de Leto, como até hoje:
Um sinal é que lhe deu a cítara, em suas mãos
A dádiva encantadora, que leva a planger Apolo.
Inventou ainda Hermes outro instrumento de arte:
Fez a siringe, de voz que muito longe se escuta.
E então o filho de Leto disse a Hermes tais palavras:
"Receio, filho de Maia, ó guiador, ardiloso,
Que ainda me roubes junto cítara e arco recurvo.
De Zeus tens o privilégio de ser, na terra nutriz,
Quem dá as artes da troca aos homens e estabelece-as.
Mas se me dás a garantia com a grande jura dos deuses
Por um sinal da cabeça, ou pelas águas do Estige,
Tudo que tu realizes há de ser grato a meu peito".
Então o filho de Maia prometeu e atestou
Que nunca iria roubar as posses do deus Arqueiro
Nem rondaria sua forte morada; e o filho de Leto,
Apolo, o sinal lhe fez, prometendo-lhe amistoso
Que um mais caro não teria entre os deuses imortais
Nume, nem varão humano vindo de Zeus. "E um penhor
Disso te darei perfeito, dos divinos confirmado,
Fidedigno entre todos, que meu coração valida.
Belo báculo vou dar-te, dom de ventura e riqueza,
Ramo de ouro trifólio, que ileso há de preservar-te
E todo voto cumprir-te em obras como em palavras
De agouro bom que, confesso, da boca de Zeus conheço.
[...]

> E leões de pelo fulvo, javalis de presas duras,
> E cães, e ovelhas que a terra vasta ainda alimenta:
> Reger todas as feras a Hermes ilustre cabe
> Bem como ser lídimo núncio ao lado de Hades,
> Que nunca dá, mas não parco privilégio tem de dar-lhe."
> Assim ao filho de Maia quis o soberbo Apolo
> Dar-lhe muitos dons amigos; mais graças deu-lhe o Cronida.
> Tem parte este deus com todos, os mortais e os imortais.
> Raros ganhos gratifica, mas sempre logra — à espreita
> Dentro da noite sombria — a raça mortal dos homens.
> Com este hino te alegra, ó filho de Zeus e Maia —
> E de ti me lembrarei em outros cantos ainda.
>
> Hino Homérico IV, A Hermes[1]

O limite que separa o justo do injusto, o que é de direito do que é de dever, o que é de um do que é do outro, o certo do errado é tênue; pode ser definido à luz da lei (direitos e deveres) ou pela livre negociação (poder de persuasão). Na história da humanidade, há inúmeros registros de histórias e mitos que abordam esse conflito — sempre polêmico e ambíguo. Muitas vezes, a perspectiva de uma sociedade respeitosa e equilibrada em suas relações sociais leva a cenários utópicos de um mundo igualitário, como o proposto pela tradição oral das lendas Arturianas sobre cruzadas e cavalaria[2] que retratam um período da Idade Média — não muito diferente dos nossos dias — em que a ganância, a inveja e a sede de poder dominavam a sociedade. Presente do Mago Merlim ao Rei Artur, a Távola Redonda colocou ordem na sanguinolenta disputa entre os cavaleiros[3] porque não tinha cabeceira alta e nem cabeceira baixa; logo, todos sentavam ao seu redor como iguais, sem lugar de honra. Ninguém melhor que ninguém, nem mesmo o rei.

> Os povos, as classes, as famílias, os indivíduos poderão enriquecer, mas só serão felizes quando souberem sentar-se, como cavalheiros, em torno da riqueza comum. Inútil buscar muito longe qual é o bem e a felicidade. Eles estão aí, na paz imposta, no trabalho bem ritmado, alternadamente em comum e solitário, na riqueza acumulada e depois redistribuída, no respeito mútuo e na generosidade recíproca que a educação ensina.
>
> Marcel Mauss

A Lei das Trocas: Obrigações e Retribuições   73

Importante ponto de partida para qualquer análise é ter a ciência de que a vida social é sempre determinada em relação ao grupo, e que grupo é muito mais que uma reunião de indivíduos, é o sentimento partilhado da "comunidade de ideias, preocupações impessoais, da estabilidade da estrutura que supera as particularidades dos indivíduos", ligados entre si por uma rede de comunicação verbal e não verbal, pela cultura, pela comunicação, pelo lazer e pela moda — "laços de reciprocidade" que compõem o tecido social, repleto de múltiplos fenômenos reais ou imaginários; de minúsculos fatos cotidianos históricos ou banais. Essa coexistência social é a chamada socialidade, uma "forma lúdica da socialização", forma pura do "estar junto à toa"[4], espontaneidade vital de uma cultura, sem finalidades econômicas, políticas ou utilitárias. Artificializada e civilizada, essa socialização recebe orientações e produz obras, sejam elas políticas, econômicas ou artísticas. Outro conceito relevante é o de tribos, cuja constituição em rede de microgrupos urbanos é a expressão mais acabada da criatividade das massas. "Vivemos um tempo em que as 'aldeias' se multiplicam dentro de nossas megalópoles" e em que a cidade contém outras entidades do mesmo gênero: "bairros, grupos étnicos, corporações, tribos diversas que vão se organizar em torno de territórios (reais ou simbólicos) e de mitos comuns"[5]. Enquanto essa multiplicidade de grupos constrói a memória comum, a experiência do que é vivido em conjunto fundamenta a grandeza da cidade, em um entrecruzamento flexível de uma multiplicidade de círculos cuja articulação forma o que se chama de experiência do policulturalismo.

Nesse contexto, a mais sofisticada lei da economia não é suficiente para dar conta do complexo circuito de relações pessoais e interpessoais que envolve sociologia, psicologia, biologia, ecologia, teologia, ideologia, arqueologia, simbologia, mercadologia, fisiologia, tecnologia, filosofia e um sem fim de disciplinas que tentam explicar como as trocas — de objetos, palavras, sensações, experiências, bens — se efetivam e interferem nas interações e nos intercâmbios que definem a convivência e a sobrevivência da humanidade.

Ao estudar o aspecto corporativo comunicacional da economia das dádivas, das trocas e do compartilhamento, a intenção é explorar os intercâmbios contemporâneos que se processam no cenário macroeconômico, nas relações sociais e nos negócios, especialmente relacionados às marcas. A proposta é fazer com que as marcas assumam essa nova economia com base em vínculos entre pessoas, comunidades e culturas, e repensem seus processos. Não adianta passar a responsabilidade para o consumidor deixar de consumir ou consumir com responsabilidade, se a própria indústria, simbolicamente representada por suas marcas, não fizer a sua parte. E essa métrica vale para toda a cadeia — fornecedores, intermediários, distribuidores, comerciantes. O fato é que o mundo dos negócios acoberta uma série de transações disfarçadas de "economia das trocas" e de "boas ações" que na verdade são processos de autopromoção perigosos, especialmente para as grandes marcas — nesse aspecto, não as grandiosas por suas condutas, mas aquelas com potencial para potentes investimentos midiáticos. Qual é o preço para ser "do bem"? Fartos investimentos em belíssimas campanhas de relações públicas e em lindos anúncios?

Com o discurso de "fazer mais com menos", muitas empresas acabam por garantir suas margens "sociais" às custas de fornecedores e parceiros que são espremidos em suas negociações e remunerações; e dos consumidores, que acabam por pagar boa parte dessa conta consumindo produtos e serviços ou aderindo às causas das marcas. O perigo reside no fato de essas meias verdades, meias informações e meias notícias virem à tona, demonstrando os bastidores de uma economia egoísta e interesseira, na qual só leva vantagem quem faz parte de determinado esquema. Sustentável por um lado, ajudando, por exemplo, cooperativas a se desenvolverem (ao menos no discurso "verídico" que promove a marca e os produtos); e insustentável do outro, extraindo das empresas fornecedoras a maior quantidade de produtos e serviços da melhor qualidade pelo menor preço e com as piores condições de pagamento, chegando a 90 ou 120 dias.

> Em vez de promovermos investimentos e empregos em atividades artísticas, culturais e educacionais que favoreçam a saúde e o bem-estar; que apoiem idosos, pessoas com deficiência, crianças e populações menos favorecidas; que priorizem o transporte público de qualidade; que preservem a natureza e apostem na pesquisa médica e no desenvolvimento de energias sustentáveis, concentramos nossos esforços em produzir bens de consumo que rapidamente tornamos obsoletos para podermos, enfim, consumir suas novas versões.
>
> Oded Grajew[6]

A falsa bondade — hipocrisia corporativa — pode até enganar, mas não por muito tempo. Com o advento das redes sociais, verdades que então eram ocultadas e manipuladas, agora correm na velocidade de uma chispa, colocando à prova o discurso dos líderes, a conduta dos funcionários, o *brand code* de uma marca. De acordo com estudo publicado na *Harvard Business Review*[7], as pessoas, assim como as marcas, mentem: 20% das pessoas contam 80% das mentiras, e as outras 80% contam os 20% restantes. Pessoas mentem quando estão sob pressão (ansiedade, medo, stress) e não admitem que estão mentindo. Estariam as empresas mentindo por estarem nessas mesmas condições de tensão, por estarem preocupadas?

Segundo previsões, em 1960, a grande preocupação era com o desaparecimento da raça humana por conta da superpopulação, tema que inspirou obras de arte, músicas, filmes, livros e pesquisas científicas. O mundo não acabou por excesso de gente e nem houve um colapso da capacidade do planeta em sustentar a humanidade, como previsto. Graças a inovações agrícolas, o cultivo de alto rendimento melhorou a produção de alimentos e, em paralelo e por outras razões, a taxa de natalidade caiu.

Agora a preocupação é um outro excesso: o de consumo, que também gera esgotamento dos recursos e ameaça a subsistência humana no planeta. A alternativa está em modificar estes hábitos de consumo. Segundo pesquisadores de Harvard e Yale, a solução tradicional de aumentar impostos e cobrar tarifas extras não é suficiente. É necessário apelar "ao desejo das pessoas de serem bem-vistas pelos outros. Melhorar a vida dos outros não é a nossa principal motivação para doar. Cooperamos porque nos faz ficar bem perante os outros."[8] Em vez de um trabalho de apenas fazer o bem seja para quem for, será a solução fazer promoção dessa ajuda para motivar as pessoas a continuarem ajudando? Se vale para pessoas, certamente valerá para empresas, que também são feitas por pessoas.

> Para melhor compreensão do papel do relações-públicas, um grupo de industriais americanos se apropriou da teoria da conta bancária fazendo a seguinte analogia: é preciso fazer depósitos frequentes no Banco da Opinião Pública (*Bank of Public Good Will*) para poder descontar cheques desta conta quando necessário.
>
> Dayton Mac Kean[9]

A NOVA LEI DAS TROCAS: AS ORIGENS DO ACÚMULO

Objetivos: esclarecer motivadores sociais para o acúmulo, até então desnecessário.

Palavras-chave: produção, excesso, abundância, industrialização, consumo.

> Ter o suficiente é felicidade; ter demais é prejudicial.
> Isto é verdadeiro para todas as coisas, mas especialmente para o dinheiro.
>
> Lao Tzu

PODE-SE COMPACTAR A HISTÓRIA econômica da humanidade em três grandes fases que ainda coexistem em tribos isoladas ou em determinadas culturas tradicionais: economia pré-histórica (caça e coleta); economia agrícola sedentária (criação de gado e cultivo); e crescimento econômico (aumento da produtividade, trocas, descobertas técnicas e científicas, aumento da expectativa de vida).

O que acelerou a estruturação do crescimento econômico foi, em grande parte, a renovação demográfica a partir do século XVI, proporcionando impulso no cultivo dos campos, repovoando áreas e estimulando a construção de grandes obras. "O investimento público relança a atividade econômica. Os modelos de vida mudam com a introdução de novos hábitos, de práticas que parecem ainda luxuosas ou supérfluas. Tal evolução foi igualmente facilitada pela reencontrada abundância monetária, na origem da inflação do século."[10]

Dentre os fatores decisivos para a chamada "grande inflação": o aumento da produção de metais preciosos entre 1600 e 1610[11] amplificando os estoques na Europa entre 50% e 200% em menos de 100 anos e o surgimento de novos meios de pagamento (espécie de papéis-moeda). Dentre as consequências, a superabundância de ouro e prata gerou uma grande redistribuição, beneficiando os que vendiam seus produtos (mercadores, produtores, camponeses) e prejudicando os que dependiam de uma renda fixa (assalariados e titulares de rendimentos fixos como proprietários de terras). O aumento do lucro na venda dos produtos facilitou a acumulação de capital do ocidente.

Nesse processo, proprietários de terras venderam seus patrimônios para o chamado "mercado da terra" e passaram a trabalhar para o estado, comércio ou indústrias. Com a escassez das terras e a diminuição da produtividade, sobem os preços dos produtos agrícolas; em contrapartida, pelo aumento da mão de obra, os salários caem.

A progressão das trocas é acompanhada pela ascensão e progressão dos mercadores, que criam o que se pode chamar de multinacionais daquela época. Com isso, os modelos de gestão se tornam mais complexos, com mais rigor, estimulando o desenvolvimento de técnicas bancárias e contábeis. E entra em cena o crédito, com a disseminação das moedas escritural (não conversível, não lastreável em metal e sem valor intrínseco) e fiduciária (do latim *fidere*, significa confiança: ordem de pagamento, títulos de crédito, notas promissórias) nas rotinas do comércio; dentre estes a letra de câmbio, reconhecimento de dívida a ser quitada em data posterior à da transação comercial, com respectivos juros. Na Europa, foi instaurado um mercado de crédito a curto prazo, com taxas na casa dos 10%.

Enquanto as estruturas negociais se desenvolviam, a mentalidade moral da época, representada pela igreja, as condenava. Com a Reforma do século XVI, mudam também certos conceitos dados como certos e imexíveis. A riqueza material passa a ser símbolo de êxito individual e bênção divina, gerando uma espécie de "canonização das virtudes econômicas", como pregado por João Calvino em Genebra. Propondo a predestinação para a riqueza, Calvino transforma o sucesso material em um sinal de seleção divina. Assim, enriquecer, acumular e lucrar passam a ser uma procura de vida. Nessa pregação, riqueza era sinônimo de acumulação (trabalho sério, responsabilidades e compromissos, poupança), e não de consumo com prazer; e os juros passam a ser aceitáveis, desde que não sejam abusivos. Com isso, criou-se uma esfera econômica autônoma, com uma nova visão de ética, de aquisições e de liberdade.

Um dos primeiros manifestos da sociedade do consumo aparece em 1767:

> No mundo antigo, os homens eram obrigados a trabalhar porque eram escravos de outros homens; os homens de hoje são impelidos a trabalhar porque são escravos das suas próprias necessidades[12].
>
> James Stewart

No período pré-guerra, quem detém os processos industriais é a Inglaterra, mantendo o seu imperialismo mundial. A França, como alternativa a esse domínio, lança produtos de consumo vinculados à moda e ao estilo, com as famosas *maisons* parisienses e a *haute coture*, exportadas como tendência para todo o mundo. No pós-guerra, com a destruição econômica da Europa, os Estados Unidos passam a ser a nova potência, um sonho de consumo possível, transferindo para a América o eixo da vanguarda globalizada. Ao estudar a americanização internacionalizada do consumo, esse entendimento geopolítico se torna fundamental, pois dele derivam duas questões essenciais. A primeira é a mundialização, uma ampliação do imperialismo vigente, em que multinacionais hegemônicas sugerem padrões de gosto para populações através das exportações de ideias, em um mundo de gostos anunciáveis e padrões de vida compráveis. A segunda é a nacionalização, em que cada Estado é um pequeno grande mundo e uma vitrine do poderio estatal.

Com a industrialização, houve uma grande mudança nas possibilidades de lazer nas cidades em crescimento: em vez de comprar apenas produtos, a era moderna trouxe como um novo fetiche a venda de imagens e utopias da realidade, que passam a ser produzidas pela indústria do entretenimento e embaladas em forma de parques de diversão, filmes, programas de rádio e peças de teatro, entre outros, que oferecem um conforto psicológico intelectual à grande massa de trabalhadores que teve de mudar seus hábitos e rituais e precisa de diversão para espairecer da pressão e da padronização do trabalho. Grande marco dessa época é a produção de excedentes[13], gerando de forma ininterrupta "pseudonecessidades" ou ilusões para a ativação econômica e manipulação social — um direcionamento de fabricação de produtos e serviços para entreter as massas, aumentando a escala de vendas com novos padrões ideais de consumo. Assim, entram em cena os estereótipos de felicidade, de qualidade de vida, de bem-estar, de prosperidade, sempre associados a momentos de consumo e posse de determinados itens e hábitos.

Na obra *O capital no século 21* de Thomas Piketty[14], a acumulação inicial pode ser devida a sorte, acaso e mérito por esforço, por trabalho diligente e inovador, e por talento. Mas a riqueza, seja por mérito ou obra do acaso, normalmente se transforma em "riqueza sem risco e de rendimento perpétuo", com uma taxa média de retorno de 5% ao ano. Feito o patrimônio, está feita a vida de indivíduos que não precisarão se preocupar em como pagar suas contas por boa parte de suas vidas.

Para Marx, o acúmulo era originário de roubo, pirataria e expropriação. Já os economistas trabalham com dois conceitos de distribuição de renda: a interpessoal (renda gerada, de capital e de trabalho, distribuída entre as famílias e mensurada pelos índices de desigualdade Gini e Theil) e a funcional (divisão da renda descrita pela parcela do capital ou do trabalho na renda).

> Segundo a teoria padrão, a principal motivação para a acumulação de capital é a transferência de renda de um indivíduo para si mesmo, de sua idade ativa para a velhice. A teoria de poupança ao longo da vida, que rendeu o Prêmio Nobel de Economia ao economista ítalo-americano Franco Modigliani, sustenta que as pessoas poupam enquanto trabalham para consumir na velhice. Entre muitas outras, a teoria do ciclo de vida prevê que a parcela da riqueza transmitida por meio da herança tem que ser relativamente pequena. A herança seria a riqueza não intencional deixada pelos pais aos filhos em função da incerteza com relação à sua morte. Como não sabemos o momento exato da morte, ao morrer sempre sobra algo que os filhos herdam.
>
> Samuel Pessoa[15]

A diversidade de *experiências* e de estímulos proposta pela vida industrial moderna[16], como a rápida urbanização, os intercâmbios monetários, a atitude *blasé* de conformidade social, a atração pela diferenciação e pelos modismos colecionáveis, é um reflexo dessa experiência urbana, associada ao pensamento modernista, e ficou registrado na arte moderna: o "mito da máquina"; as tensões entre internacionalismo, nacionalismo e universalismo; o "entre guerras" que desalinhou a sociedade e redesenhou a geografia do mundo na construção da história. Com esse descentramento e compressão do espaço, houve uma diminuição das fronteiras devido ao surgimento das cidades mundiais geridas por atividades financeiras e comerciais, e pela indústria cultural, globalizando o capital. Esse fenômeno modificou a percepção de tempo, criando um horário global unificado para atender a uma bolsa de valores mundial "24 horas" *non stop*, modificando os ritmos das socialidades. Em termos políticos, o Estado mudou seu eixo centralizado para um projeto universal transnacional ou transsocial, um cosmopolitismo diplomático no qual as empresas multinacionais são as embaixadoras dos relacionamentos e os marcos das novas conquistas territoriais. Vive-se um ecumenismo global, uma "religião de interação e intercâmbio cultural persistentes"[17].

Nesse globo comprimido em que o localismo está em permanente conflito com o cosmopolitismo, a civilização se entrega a uma cadeia de ilusões, consumindo produtos e serviços reais e virtuais, vivendo em comunidades imaginadas e participando de redes culturais transnacionais. Exatamente nesse contexto, em plena era dos excessos que prenuncia a era da escassez, é que ressurge o conceito de comunidade como uma versão compacta do "estar junto". Esse "nós" comunitário — sentimento de identidade comum entre as diversas comunidades — torna-se um mecanismo de autoproteção cultural, uma defesa contra o deslocamento forçado, uma solução genuína da sociedade diante do consumismo imposto e alimentado pelo mercado. "O consumo serve para pensar"[18] no espaço da multinacionalização de marcas e produtos, e do imaginário multilocalizado da mídia e das redes sociais, que regem o tempo.

Cabe uma reflexão importante: segundo estudo do Urban Institute, os jovens de hoje têm empregos estáveis, benefícios, diplomas de bacharelado e mestrado, porém não têm economias e possivelmente acumularão muito menos recursos que seus pais comparando a riqueza obtida até os 40 anos. Ao invés de uma melhora a cada geração, o acúmulo está menor, apesar de a riqueza média dos americanos ter dobrado nos últimos 25 anos[19].

> A maioria dos cientistas e dos indicadores nos mostra que o atual modelo de desenvolvimento está esgotando os recursos naturais, aquecendo o planeta, dizimando a biodiversidade, derrubando nossas florestas, transformando terras férteis em desertos, poluindo o ar e as águas, aumentando a desigualdade, incentivando o desemprego e os empregos

precários, fomentando a competição e a violência, solapando a democracia e a confiança nas instituições e nos governos e piorando a qualidade de vida, no campo e na cidade. Foi vendida a ideia de que o caminho da felicidade passa pelo consumo, pela aquisição da roupa de grife, pelo carro do ano, do último modelo de celular ou do eletrodoméstico. É o consumo e o acúmulo de bens sem limites e nunca saciados que propulsionam esse modelo suicida de desenvolvimento. [...] Ao olhar todos os apelos que hoje relacionam consumo à felicidade, é de se perguntar: como fizeram as antigas gerações, antes de todas estas invenções, para serem felizes? Como fazem as pessoas sem carros ou sem últimos modelos para serem felizes? Por que muitas pessoas que têm todos estes bens são infelizes?

Oded Grajew[20]

OBJETOS DE CONSUMO, DE DESEJO E DE TROCA

Objetivos: explicar conceitos básicos sobre consumo e consumismo.

Palavras-chave: novidades, gostos, marcas, grifes, interesses.

> O consumo é um modo ativo de relações (não apenas com objetos, mas com a coletividade e o mundo), um modo sistemático de atividade e uma resposta global sobre a qual se funda nosso sistema cultural.
>
> Jean Baudrillard

COM O EXCESSO DE PRODUÇÃO, gerado tanto pela capacidade fabril das máquinas quanto pelo incremento de trabalhadores nas fábricas — a nova população das metrópoles —, e com a invenção de demandas de consumo para manter as indústrias em pleno funcionamento — moda e publicidade —, surge nesse período um ícone muito importante para a compreensão dos hábitos e desejos dos consumidores atuais. Trata-se do colecionador, aquele que deseja, adquire e armazena mercadorias, objetos, em sua maioria supérfluos ou apenas decorativos, que passam a ser organizados como forma de entretenimento.

O papel do colecionador[21] surge como o do transfigurador das coisas, atribuindo novos valores, afetivos. A imprensa e os reclames aparecem para divulgar esses novos valores, criando diferenciais para vender os produtos. Para o antropólogo italiano Massimo Canevacci[22], existe uma sedutora "biografia cultural das mercadorias", que considera, para cada produto, uma história simbólica diferente, traçada de acordo com as tradições e o imaginário da sociedade que o consome. Mais que coisas, as mercadorias atingem um espectro cognitivo nessa inovadora visão econômico-cultural; pois, se os indivíduos são todos diferentes entre si, a posse dos objetos e das sensações que deles derivam não pode ser idêntica. Ao se entender a dinâmica de fluxos no mercado de consumo, significativo é o conceito de "colecionador às avessas"[23], que, em vez de colecionar objetos, coleciona atos de aquisição de objetos que se desvalorizam assim que são adquiridos, criando um circuito vicioso de eterna insatisfação.

O que movimenta esse mercado são os rituais de "eterno retorno" proporcionados pela moda e pelo ritmo da *nouveauté*, entronizando as mercadorias e transfigurando seus valores de troca. Não por acaso, hoje, o mercado se transformou em um sofisticado festival de *spécialités* para o corpo, a mente e o espírito. E o dar-receber-retribuir revisitou suas métricas para inserir informação e entretenimento em seus combos de ofertas, de forma diferenciada, para além da obvialidade técnica dos produtos e serviços. Informação, antes item de venda, agora se transformou em moeda de troca, em *gift*. O mesmo vale para o chamado "conteúdo" na era contemporânea, empacotados na venda de celulares, computadores, gadgets... Na negociação dos significados propostos pelo consumo, o conteúdo, assim como o lazer, se transformou em demanda dos consumidores, ávidos por novidades tanto na composição dos produtos quanto nas imagens que deles derivam em busca de compor o seu *personal lifescape*[24] — formatação que estrutura o que chamamos de cultura, espaço no qual interações sociais são realizadas.

Com esse fenômeno, uma permanente renovação de valores que seguem as novas coleções expostas — a cada estação, semana, dia, hora, instante — nas vitrines, nas gôndolas, nos tabloides, na web, entre outros canais de comunicação, se reestrutura o "imaginário coletivo"[25], espaço de interações no qual a cultura rege normas que organizam a sociedade e governam os comportamentos individuais, em uma relação geradora mútua entre portadores e transmissores de cultura que regeneram a sociedade, que regenera a cultura e reestrutura o conhecimento.

> Vivemos, vale lembrar, num universo de signos, símbolos, mensagens, figurações, imagens, ideias, que nos designam coisas, situações, fenômenos, problemas, mas que, por isso mesmo, são os mediadores necessários nas relações dos homens entre si, com a sociedade, com o mundo.
>
> Edgar Morin

Para informar e atualizar os indivíduos, permitindo que, perante as proposições de consumo apresentadas, possam exercer seu poder de escolha, definir suas preferências e se estruturar como pertencentes a um determinado grupo de gostos e afinidades, ganham força os mecanismos da comunicação. Esse campo de estudos, intensamente associada às relações sociais, é articulado pelo consumo de marcas.

A construção e a divulgação da imagem das marcas modificou o panorama de produção, até então centrado em bens de consumo de valor de uso, fazendo com que, aos poucos, os fabricantes deixassem de fabricar mercadorias e passassem a oferecer marcas e grifes estampadas em produtos, por vezes fabricados em outras fábricas, em outros estados ou em outros países[26]. As marcas ganharam assim nova territorialidade, distinta da geopolítica traçada pelos monopólios fabris vinculados a nações; surge a "geomercadologia", que mapeia o mundo nas chamadas "áreas de cobertura" relacionadas a monopólios de marcas de abrangência multinacional direcionadas a um público *mobile* de indivíduos conectados em rede.

Como a comunicação traz em seu código linguístico fatores de localização e pertencimento associados ao consumo de informações, seja de produtos ou de entretenimento, permite a estruturação de significados especificamente particulares a cada consumidor, que as assimila e reconstrói de acordo com seu repertório de experiências. Dessa forma, não existe tradução do discurso midiático como uma interpretação hermética do significado, mas sim apropriações de significados que restituem a mensagem proposta ressignificando-a e permitindo que haja um incessante movimento na circulação de significados e de suas reapropriações.

Desse modo, a mídia é coproduzida por todos os que a consomem. E o consumo tem amplo espectro, participando dos processos identitários entre o público e o privado, entre o trabalho e o lazer, entre o desejo e a satisfação, entre as tessituras da vida, em suas mais diversas temporalidades. A estética da efemeridade divulgada pela mídia suplanta a estética da duração, permitindo que o imaginário coletivo consuma, ao mesmo tempo, vários eventos efêmeros novos que, em sua repetição cíclica online, se tornam permanentes.

> Todos nós somos mediadores, e os significados que criamos são, eles próprios, nômades. Além de poderosos. Frontei-

> ras são transpostas, e, tão logo programas são transmitidos, websites construídos ou e-mails enviados, elas continuarão a ser transpostas até que as palavras e imagens que foram geradas desapareçam da visão e da memória. Toda transposição é também uma transformação. E toda transformação é, ela mesma, uma reivindicação de significado, de sua relevância e de seu valor.
>
> Roger Silverstone

Assim ganha contorno a sociedade do consumo, caracterizada, nas palavras de Gilles Lipovetsky[27], pela "elevação do nível de vida, abundância das mercadorias e dos serviços, culto dos objetos e dos lazeres, moral hedonista e materialista, etc. Mas, estruturalmente, é a generalização do processo de moda que a define propriamente. A sociedade centrada na expansão das necessidades é, antes de tudo, aquela que reordena a produção e o consumo sob a lei da obsolescência, da sedução e da diversificação, aquela que faz passar o econômico para a órbita da forma moda."

Por isso, julgar a estrutura das trocas como sendo apenas trocas de acordo com interesses comuns é extremamente *naïf*. A lógica econômica realmente varreu todo o ideal de permanência; é a regra do efêmero que governa a produção e o consumo de objetos. A lei "o que você receber é aquilo que você deve dar e é apenas disso que você vai precisar" cede espaço a uma nova lei, inexorável: marcas que não criam regularmente novos modelos perdem em força de penetração no mercado e ficam enfraquecidas em termos de imagem e qualidade. A sociedade hoje entende que o novo é superior ao antigo; logo, o sistema econômico de oferta e procura é alavancado por uma espiral na qual qualquer mínima inovação é promovida, estimulando o consumo, os excessos, e, consequentemente, aumentando o desuso. Segundo estudiosos, em dez anos, cerca de 80% dos produtos atuais serão substituídos por outros com nova fórmula, nova embalagem, novo posicionamento — não necessariamente melhores para aqueles que os consomem, tampouco para a sociedade.

> A sociedade de consumo, com sua obsolescência orquestrada, suas marcas mais ou menos cotadas, suas gamas de objetos, não é senão um imenso processo de produção de "valores signos" cuja função é conotar posições.
>
> Gilles Lipovetsky

Segundo Baudrillard[28], há uma crítica sobre considerar o consumo como um processo utilitarista de um indivíduo em busca de satisfação de seus desejos, quando em verdade se trata de um processo de distinção social. "Consumimos, através dos objetos e das marcas, dinamismo, elegância, poder, renovação de hábitos, virilidade, feminilidade, idade, refinamento, segurança, naturalidade". Com isso, o valor de uso deixa de motivar os consumidores, que buscam pelo consumo o *standing*, a posição, a diferença social — prestígio, status, acessos, reconhecimento.

E mais: as pessoas não são planas, estáticas, mapeáveis de forma completa e eficiente em uma única pesquisa ou ranking. Existe a dimensão do *mindscape* ou paisagem mental, relacionada aos campos cognitivo, intelectual e cultural, que torna nítida a existência de "múltiplas raízes emaranhadas: linguísticas, lógicas, ideológicas e, mais profundamente ainda, cérebro-psíquicas e socioculturais[29]". Esse *mindscape* abarca instâncias além-econômicas e considera o poder que as relações de convivialidade — entre marcas, produtos, consumidores e suas respectivas culturas — têm na estruturação das inúmeras relações de troca que se processam, de forma ubíqua, a cada instante.

De que serve versar sobre a estrutura das trocas sem compreender as diversas formas de entendimento sobre o que e como está sendo percebido, adquirido, consumido, colecionado, armazenado, trocado, compartilhado? O que era dado como certo tem claramente sua posição incerta, instável e mutante; o jogo de interesses não é uma equação lógica que modelos de matemática financeira ou estudos de comportamento social podem, sozinhos, dar conta de explicar.

> Não sofremos apenas com o ritmo e com a organização da vida moderna, sofremos por nosso apetite insaciável de realização privada, de comunicação, de exigência sem fim que temos em relação ao outro. Quanto mais pretendemos uma troca verdadeira, autêntica, rica, mais somos destinados ao sentimento de uma comunicação superficial; quanto mais as pessoas se entregam intimamente e se abrem para os outros, mais cresce o sentimento fútil da comunicação intersubjetiva; quanto mais afirmamos nossos desejos de independência e de realização privadas, mais a intersubjetividade está destinada à turbulência e à incomunicação.
>
> Jean Baudrillard

NOVOS MODELOS ECONÔMICOS

Objetivos: apresentar inserção do panorama econômico na evolução da economia das trocas.

Palavras-chave: crescimento, evolução, mudanças, compartilhamento.

O CRESCIMENTO ECONÔMICO PODE SER contado de diversas formas, por diversos contextos sociopolíticos e por diversos pensadores. Por exemplo: as origens Smithiana (na visão de Adam Smith), Schumpeteriana (Joseph Schumpeter), Solowniana (Robert Solow) e Boserupiana (Ester Boserup). Ou as grandes fases: Industrialização, Nova Ordem, Mundo Novo, Revolução Agrícola, Guerras, Globalização, Novas Economias. Ou até mesmo as inúmeras revoluções industriais e tecnológicas dos últimos 250 anos: do caminho do ferro (1830) e do aço (1860) aos projetos de Bell e Marconi (1900), passando pelos bens de consumo duráveis (pós-1945), pela revolução das comunicações (informação) e pela revolução da vida (biotecnologias).

A Revolução Industrial envolveu apenas 20% da população mundial; a previsão é de que as redes comunicacionais da sociedade conectada envolvam uma fração bem mais considerável da população, melhorando suas condições de vida, assim como seu acesso a educação, saúde e oportunidades de negócios, provocando mudanças sem precedentes. Nesse cenário, as lideranças políticas precisam estar muito bem preparadas, pois o livre fluxo de informações é um canal poderoso para a manutenção da democracia.

Toda essa "evolução" demonstrou um predomínio do ocidente, que exportou para o mundo todo suas formas de pensar e de fazer negócios (ideias, técnicas, ciência, religião, sistemas políticos, armas, artes, modos de produção, moedas, empresas...). E estruturou o modelo vigente. Nada impede que o futuro, com o crescimento de potências como China e Índia, seja do oriente.

A história econômica do ocidente e o sucesso dos países que fizeram sua Revolução Industrial é também a história da implantação de instituições adaptadas para conter a subida dos custos de transação que acompanha a divisão acrescida do trabalho e a complexidade das sociedades. Traduzindo, em comunidades reduzidas, onde todos se conhecem e há nítidos laços sociais, é mais viável a prática da equidade e do equilíbrio nas negociações. Em contrapartida, os custos de produção são mais elevados, pois não há comunidade que consiga congregar capital técnico e especializado para dar conta de todos os tipos de produção.

O mecanismo de controle entre sociedades primitivas e sociedades desenvolvidas fica claro: quanto maiores os mercados, mais impessoais as relações comerciais se tornam e as trocas necessitam ser protegidas por aparatos jurídicos que limitem os custos de transação entre "desconhecidos" que podem querer obter vantagens sobre os demais. Quanto mais complexa a sociedade, maiores os custos de transação (instituições com regras, normas de conduta e códigos de comportamento) e menores os custos de produção (com aumento do capital e especialização da sociedade).

Mas o mundo está passando por diversas mudanças culturais. As estruturas hierárquicas estão mais fracas, ao passo que princípios como abertura, compartilhamento, direitos de uso gratuito e participação ganham força. Os hábitos de consumo também se modificaram: a propriedade não é mais uma medida de prosperidade. Vivemos a era do hiperconsumo, dependente do crédito, da propaganda e da propriedade individual, enquanto essa nova era caminha para o consumo comunal, no qual as coisas que realmente importam são a reputação individual, a confiança mútua entre as pessoas, o senso de comunhão e o acesso compartilhado aos recursos. E mais: numa era de tanta escassez, o excedente cognitivo pode ser uma alternativa de sobrevivência.

> A primeira lição da economia é a escassez: nunca há algo em quantidade suficiente para satisfazer os que o querem. A primeira lição da política é desconsiderar a primeira lição da economia.
>
> Thomas Sowell

Afinal, qual é o papel da economia nesse processo?

A palavra vem do grego *oikos* (casa) e *nomia* (administração) — colocar a casa em ordem. Significa a forma de gerir, em uma sociedade, seus recursos e sua produção, organizando a permuta de bens e serviços. Os primeiros economistas políticos surgiram no final do século XVIII e constituíram uma ciência econômica organizando temas que remontavam às práticas morais e éticas relacionadas às trocas e ao compartilhamento nas mais diversas civilizações antigas (Grécia, Egito, Fenícia...). Parte da teoria econômica tem base na matemática e na física, definindo leis que estruturam os fenômenos naturais e assim ganham legitimidade no cenário científico. Porém, de forma prática, a economia está mais associada à psicologia, sociologia, antropologia e política, considerando que são feitas pelos homens e dependem de seu comportamento instável e pouco lógico — ora racional, ora irracional. Em 1932, o economista britânico Lionel Robbins estruturou uma definição ampla que continua válida atualmente: "ciência que estuda o comportamento humano como inter-relação entre fins e meios escassos que têm usos alternativos".

Um dos grandes marcos foi a publicação pelo pensador escocês Adam Smith, em 1776, da obra *A riqueza das nações*. E, de forma prática, o paradigma da economia de mercado proporcionado pela Revolução Industrial, com o surgimento das fábricas e da produção em massa. De lá para cá surgiram inúmeros pensadores e as mais distintas abordagens para o estudo do tema, da macroeconomia (abordagem do todo, nacional ou internacional, estudando o crescimento e o desenvolvimento de um país com base em suas riquezas e renda, suas políticas de comércio internacional, tributação e controles de inflação e desemprego) à microeconomia (estuda interações de pessoas e empresas no cenário da economia: oferta e demanda, compradores e vendedores, mercados, concorrências); do *laissez faire* (posição não intervencionista para permitir a livre concorrência entre os mercados, gerando riqueza e inovação) ao intervencionismo estatal (atuação governamental no fornecimento de bens e serviços e na contenção de processos de produção).

> No fundo, a economia é o estudo dos incentivos: como as pessoas obtêm o que querem ou necessitam, ainda mais quando outras pessoas querem ou necessitam a mesma coisa.
>
> Steven D. Levitt e Stephen J. Dubner

Arcaicos, clássicos, neoclássicos, comportamentais, dissidentes, liberais, ousados, contemporâneos, a história é longa e abarca economistas[30] das mais diversas nacionalidades. Entre estes, representando outros tantos, estão os reconhecidos Jean-Baptiste Colbert (fim à corrupção política: reformas fiscais), Pierre de Boisguilbert (reforma fiscal para fomentar comércio livre), Yamagata Banto (criticou o sistema da "era dos Deuses" e propôs enfoque racional e científico), Henri de Saint-Simon (pobreza pode ser erradicada com cooperação e inovação tecnológica), Friedrich List (criação de "Sistema Nacional" de vantagens comparativas), Joseph Bertrand (teoria dos números e da probabilidade), Carl Menger (teoria da marginalidade: valor do produto vem do valor de cada unidade adicional), Lujo Brentano (formação de economias de mercado social), Eugen Von Böhm-Bawerk (críticas à economia marxista e às teorias de juros e capital), Friedrich Von Wieser (cunhou o termo "utilidade marginal" e criou a teoria da economia social), Thorstein Veblen (lançou ideia do "consumo conspícuo" e criticou a ineficiência e a corrupção do sistema capitalista), Arthur Pigou (criou o "imposto pigouviano" para compensar externalidades), Nikolai Dmitriyevich Kondratiev (estruturou as "ondas de Kondratiev", ciclos das economias capitalistas), Ragnar Frisch (cunhou termos econometria, microeconomia e macroeconomia), Paul Rosenstein-Rodan (teoria do "grande impulso" e economia desenvolvimentista), Jan Tinbergen (Prêmio Nobel em 1969; lançou fundações da econometria), Richard Kahn (estruturou, aos 25 anos, o multiplicador keynesiano), Ragnar Nurkse (teoria do "grande impulso" e economia desenvolvimentista), John Kenneth Galbraith (consultor econômico de John F. Kennedy e autor de *A sociedade afluente*), George Stigler (teoria da escolha pública e economia da informação), James Tobin (Imposto Tobin: desencorajar especulações em transações cambiais), Alfred Chandler (ascensão de empresas de grande escala: a segunda Revolução Industrial), Robert Lucas (um dos fundadores da economia neoclássica), Eugene Fama (correlação entre eficiência e equilíbrio de mercado), Kenneth Binmore (teoria da pechincha e teoria evolutiva dos jogos), Peter Diamond (Prêmio Nobel em 2010: teoria da busca e do ajuste no mercado de trabalho), Michael Todaro (Paradoxo de Todaro: teoria da migração nos países em desenvolvimento), Robert Axelrod (comportamentos cooperativos), Michael Spence (Prêmio Nobel em 2001: informação assimétrica dos mercados), Joseph Stiglitz (Prêmio Nobel em 2001: economia da informação), Alice Amsden (desenvolvimento e industrialização de economias emergentes), Robert Barro (efeitos do empréstimo atual e da tributação futura), Christopher Pissarides (estudos no mercado de trabalho e desemprego), Paul Krugman (Prêmio Nobel em 2008: modelos de comércio), Dani Rodrik (economia internacional e desenvolvimentista), Ha-Joon Chang (economia alternativa), Renaud Gaucher (economia da felicidade) — uma biblioteca inteira seria insuficiente para mapear e explicar de forma consistente a evolução dos processos econômicos.

A proposta de olhar para o passado é localizar um processo indissociável a qualquer modelo econômico: o poder das trocas e do compartilhamento, sem os quais nem as socialidades e tampouco as regras de intercâmbio entre pares, entre comunidades e entre nações se implementaria. Hoje, as trocas são mapeadas e estudadas com a mais alta tecnologia e funcionalidade, compondo um modelo socioeconômico que está modificando não apenas a geração de negócios, mas a geração de vínculos entre as pessoas — uma mudança histórica e profunda, que deve desencadear um novo *sensorium* socioeconômico e cultural.

O PODER DAS TROCAS:
A ECONOMIA COMPARTILHADA

Objetivos: introduzir conceitos básicos da economia do compartilhamento.

Palavras-chave: consumo, compartilhamento, alternativas, escala.

> Quem diria que no novo século o front político retornaria para as ruas, tal como nas pólis da Grécia antiga? Quem diria que alguém fosse aprontar uma festa tão grande, que fizesse parar até a montanha-russa, para que as pessoas pudessem participar dela? E se esse é o front da grande batalha ética pela definição de valores que devem orientar o futuro de nossa espécie e deste planeta, provavelmente ninguém os formulou de forma mais simples, concisa e nítida do que o artista plástico alemão Joseph Beuys, e numa única frase: "a dignidade das pessoas, dos animais, de toda a natureza, deve uma vez mais retornar para o centro da experiência".
>
> Nicolau Sevcenko

A MUDANÇA IRREVERSÍVEL NAS DINÂMICAS SOCIAIS, comunicacionais e econômicas vigentes se deu com a horizontalização das relações produtivas ativada pelas novas redes transacionais na internet. Nesse novo paradigma, os públicos produtivos podem gerar as suas próprias práticas e instituições, sem depender necessariamente de validação das estruturas políticas dominantes e instituições existentes, criando novos modelos relacionais: para além do *top-down* (de cima para baixo), têm espaço agora o *peer-to-peer* (pares com pares, lado a lado) e o *down-top* (da base para o topo). Assim surge a economia colaborativa, com diversos novos conceitos e pensadores tais como Yochai Benkler (*Commons-Based*), Don Tapscott (*Wikinomics*), Jeff Howe (*Crowdsourcing*), Henry Chesbrough (*Open Innovation*) e Rachel Botsman (*Collaborative Consumption*).

No repertório da chamada economia do compartilhamento (*Sharing Economy*)[31], estão abarcados conceitos como: **Consumo Colaborativo** (*Collaborative Consumption*), **Economia Colaborativa** (*Collaboration Economy*)[32], **Sociedade de Locação** (*Lease Society*), **Economia das Dádivas ou das Trocas** (*Gift Economy*) e **Economia Solidária** (*Solidary Economy*).

Essas novas economias combinam práticas ancestrais colaborativas com métodos tecnológicos contemporâneos de comunicação, e podem ser chamadas de "consumo colaborativo/compartilhado". São compostas por sistemas sociais e econômicos que surgiram com o desenvolvimento das tecnologias web e que possibilitam aos indivíduos compartilhar e negociar posses, recursos e habilidades em diferentes formas e escalas que, até agora, eram impossíveis de se efetivar; e podem prover uma solução paralela para além das soluções técnicas de mercado. Exatamente por isso, são perfeitas para uma sociedade que está tecnologicamente conectada e estruturada em redes; que está se desapegando da posse eterna de objetos; que tem a preocupação na economia de recursos e na reciclagem ecológica; que denuncia o hiperconsumismo e fortalece o aproveitamento de objetos e materiais (*waste not, want not*[33]); e que aguarda a invenção de novas possibilidades de ganhos.

> Ninguém sabe para onde vai, mas teremos mudanças. É um caminho sem volta, criado pela tecnologia. Este modelo de negócio estagnou. Não dá para ter tudo o que se quer porque a dívida vai chegar. É melhor compartilhar para usar. Tem modelos que precisam ser revistos. A grande crítica é que ainda é confuso, porque é novo. Você não consegue criar hábitos para ver quais são sustentáveis. [...] Difícil discriminar em quem você confia e o que é uma boa ideia ou uma cilada. É preciso de um tempo para amadurecer. Faz parte do processo. Tem que passar por esta fase; um processo duro em que pessoas e empresas vão aprendendo.
>
> Samy Dana[34]

A verdade é que a escassez de recursos naturais ou financeiros tende a se ampliar conforme aumentam os padrões de crescimento econômico; e há uma nova geração de empreendedores que perceberam que o novo formato de compartilhar pode fazer toda a diferença no mundo dos negócios. A grande vantagem nesse modelo é calibrar as necessidades, considerando que a posse de um objeto ou de um espaço deixou de ser a meta final do processo: cada vez mais o consumo caminha para a experiência.

> Até hoje vivemos na economia da oferta; empresas bolam campanhas e tentam fazer com que as pessoas engulam isso. Passaremos para uma economia da demanda; empresas precisam diagnosticar o que queremos e então produzir. Consumo hoje é de experiência. A característica do século XXI é a passagem do consumo por propriedade ao consumo por acesso; valoriza a sensação, a experiência, a socialização, a relação humana que o consumo traz. Este mundo está se desfazendo e precisamos repensar sentido do trabalho, da economia e do consumo.
>
> Ricardo Abramovay[35]

Segundo estudo de Vesa-Matti Lahti e Jenni Selosmaa[36], a economia do compartilhamento é perfeita para empresas, comunidades, pessoas e cidadãos conscientemente responsáveis que querem fazer uso de recursos subutilizados compartilhando seu acesso, e pode prover uma solução paralela para além das soluções técnicas de mercado por economizar dinheiro compartilhando fontes subaproveitadas e por possibilitar boas alternativas de negócios, melhorando o bem-estar e funcionando como economia ecologicamente sustentável. É uma nova forma de pensar a posse dos objetos e de habilidades, à luz de que tudo pode ser compartilhado, de questões ambientais e de qualidade de vida a questões econômicas. E mais: proporciona a comunhão entre as pessoas, ampliando seu bem-estar social e mental.

É a promessa de um mecanismo econômico e social que visa balancear as necessidades das pessoas, das comunidades e do planeta; e é uma alternativa aos negócios das multinacionais por possuir um charme especial, compartilhando valores comuns e todos os princípios das novas tecnologias. "A economia compartilhada está alinhada ao propósito de sustentabilidade", pontua o especialista em economia criativa Lucas Foster, porque o modelo transforma os excessos, sempre considerados como lixo, na base de um sistema de transação de valores. Para a empreendedora norte-americana Lisa Gansky[37], "no modelo tradicional, nós produzimos, vendemos e eventualmente nos desfazemos de algo; nesse novo formato, aquela primeira e única transação dá lugar a muitas outras".

De acordo com estudos da revista *Forbes*, o volume da Economia de Compartilhamento chegou a 3,5 bilhões em 2013, e o crescimento exponencial se deu com a fusão de tecnologia mais redes sociais, utilizando ferramentas como o Facebook para efetivar as trocas; não à toa, a internet é o canal perfeito para ativar esse modelo de negócio, especialmente em países como China, Índia e Brasil — pensando na economia de recursos naturais também. Já nas previsões da consultoria PwC, é possível que esse novo modelo fature cerca de US$335 bilhões até 2025. Na opinião de Tomás de Lara, do Ouishare, comunidade global de promoção da economia colaborativa, "o capitalismo está sofrendo uma transição para um modelo mais consciente, que tem em seu cerne o conceito da sustentabilidade e da relação de respeito. Muitas empresas vão se adaptar ao entender o espírito do momento, em que a reputação se torna mais importante que o crédito. O poder está sendo distribuído, estamos caminhando para uma era mais democrática e justa."[38] Certamente essa é uma alternativa para o planejamento dos negócios sociais das empresas, especialmente por conter um charme especial: compartilhar valores clássicos do relacionamento e do respeito entre as pessoas — que ficaram esquecidos no mundo dos negócios — com os novos princípios e protocolos das novas tecnologias.

> A principal mudança da economia compartilhada é a redução da importância dos intermediários, o que permite reduzir os custos para todo mundo. Hoje, quem faz muito dinheiro não é quem produz, são os intermediários. Em paralelo, as pessoas estão começando a se dar conta que comprar muitas bugigangas não faz sentido.
>
> Ladislau Dowbor[39]

Exemplos, vários. E, seguindo as premissas da web, tudo se baseia na reputação e na rede de recomendações que surge na internet e se fortalece fora dela, criando um novo formato de relação comercial e pessoal entre desconhecidos, redimensionando as fronteiras entre consumidor e fornecedor, gerando novos laços de empatia, proximidade, gentileza e confiança na hora de fazer negócios. A avaliação constante e a abertura para rankings e opiniões se transformou no novo olho no olho, servindo de endosso e validação para esses processos de compartilhamento.

> A natureza do ser humano é viver em comunidade, o natural é o grupo. Quem tem prazer ao compartilhar vive melhor. [...] É mais fácil eu ser solidário no meu grupo de amigos, pois estas pessoas eu conheço. Não é a panaceia de todos os males, mas mostra que é preciso parar e rever os valores. Por que o mais importante é ter dinheiro? [...] Dar é mais gostoso que receber.
>
> Leila Salomão Tardivo[40]

Se há alguns séculos a economia do compartilhamento servia em pequena escala nos grupos familiares, nas comunidades de afinidades e nas regiões vizinhas como o repasse de roupas, o compartilhamento de produção excedente e de especialidades locais, hoje há os mais específicos e atualizados modelos de acordo com as necessidades das comunidades contemporâneas em uma escala nunca antes vista, graças à evolução das redes sociais. Entre estes[41], dinheiro (para emprestar dinheiro ou financiar projetos: LendingClub, Catarse, Prosper), comida (para oferecer refeições na própria casa ou encontrar companhia para as refeições: CrushingTable, HomeBistro), serviços (para contratar prestadores de serviços diretamente: TaskRabbit, Bliive, Recomind, SmartEntrega, GetNinjas), espaços (para alugar quarto, dividir a casa ou local de trabalho: Coworking Brasil, Airbnb, AlugueTemporada), transporte (para compartilhar o carro, serviço de carona, contato com o taxista: Taxijá, Uber, Zazcar, Caronetas, Fleety), bens (compra, venda ou troca de objetos: DescolaAí, Quintal de Trocas, Enjoei).

E, se para uns é uma solução, para outros é degradação que demonstra a precariedade do capitalismo no mundo desenvolvido; uma espécie de oficialização do bico para complemento de renda. Para os taxistas, serviços como o Uber podem ser uma ameaça. Para as redes hoteleiras, a situação também é complicada: a maior rede de hotéis do mundo, a Intercontinental, tem 693 mil quartos em 100 países; já o serviço de hospedagem Airbnb oferece 800 mil espaços em 190 países, incluindo barcos e casas na árvore (dados de 2015).

Muitas empresas precisarão repensar seus modelos; e essa é uma promessa efetiva de mecanismo econômico e social que visa balancear as necessidades das pessoas, das comunidades e do planeta. Uma inspiração é a da montadora alemã Mercedes-Benz, que aproveitou a situação com agilidade e, utilizando o mote "compartilhar é o novo possuir" (*sharing is the new owning*[42]), lançou um site de compartilhamento com preços menores que o de aluguel. Com a proposta CAR2SHARE, propõe que se compartilhe um carro em vez de comprá-lo. O projeto começou em 2013 com um piloto na Alemanha e já está na China. Pesquisa recente da National Research[43] revela que 89% das pessoas acreditam que a economia do compartilhamento irá aumentar os processos de compra e venda de carros; e mais: quatro em cada cinco pessoas não acreditam mais no discurso dos vendedores de carros, transformando o modelo de compra e venda em algo ultrapassado.

> Os negócios vêm se tornando mais eficientes, mas não num ritmo suficientemente veloz para contrabalancear o crescimento econômico, o que leva ao aumento no uso dos recursos e das emissões. [...] Quando a ocupação da atmosfera por gases de efeito estufa deixar de ser gratuita, isso tornará ainda mais complicada a vida dos grandes produtores de combustíveis fósseis. O mesmo raciocínio se aplica à utilização em larga escala de água e à autodestruição da biodiversidade.
>
> Ricardo Abramovay[44]

No primeiro mundo, a realidade da escassez de recursos naturais é encarada com mais seriedade: o modelo de eficiência sustentável avalia cada etapa do processo — da demanda ao planejamento; da produção à distribuição. E mais: com um índice de desenvolvimento humano mais elevado, há uma predisposição da população a compreender a cultura do compartilhamento, e não da posse. Já no Brasil, a situação é outra: só agora boa parte da população das classes socioeconômicas em ascensão está acessando o deslumbramento do consumo — querem ter seu carro, sua casa própria, seus equipamentos eletrônicos. E mais: querem mostrar aos demais o status dessa conquista; o glamour da posse. Em proporções menores, o sentimento de comunidade sempre existiu nas favelas, nas famílias agregadas, nas comunidades carentes; talvez seja questão de tempo para a sociedade integrar o acesso à tecnologia às práticas de troca naturais e intuitivas desses grupos. Outro aspecto a se considerar é a questão da segurança. Diferentemente de iniciativas similares na Europa ou nos Estados Unidos, ao compartilhar objetos e espaços em um país cujos índices de violência são altos e os de segurança são bem baixos, todo cuidado é pouco. Todos precisam se acostumar com a mudança; afinal, trata-se de um processo irreversível, que atinge todos os setores da vida social e que remodelará as regras até então aceitas e inquestionáveis — as relações no ambiente de trabalho, de consumo, de lazer.

> Será que ainda vai chegar o dia de se pagar até a respiração. Pela direção que o mundo está tomando, eu vou viver pagando o ar de meu pulmão.
>
> Siba[45]

Cases

- **Rede Colabore** (http://redecolabore.com): convoca os internautas a doarem tempo, trocarem coisas que não usam mais, emprestarem para seus vizinhos e compartilharem com seus amigos. Estão associados ao Consumo Colaborativo CC Brasil (http://consumocolaborativo.cc): novas ferramentas para colaborar, trocar, doar, emprestar, alugar e vender, com o slogan: "consumo colaborativo, economia compartilhada e novas economias para um mundo melhor e mais sustentável".

- **Tem Açúcar?:** no Brasil, a plataforma gratuita de empréstimos e doação de coisas entre vizinhos Tem Açúcar? (http://www.temacucar.com), com a proposta "economize, seja sustentável e conheça pessoas incríveis", conquistou, em apenas quatro meses, 37 mil usuários com base na confiança entre as pessoas e na reputação dos usuários, o novo crédito na nova economia. "Acho que as pessoas vão preferir pegar emprestado uma série de itens no site ou receber como doação, principalmente em casos de coisas que são usadas poucas vezes e têm um custo alto. O objetivo é criar mais vínculos em comunidade, como em cidades menores", explica Camila Carvalho, a criadora da plataforma, que se inspirou em plataformas de empréstimos ativos que fazem sucesso no exterior, como Streetbank[46] e Peerby[47]. Entre os argumentos de venda, "80% das coisas que temos são usadas não mais que uma vez por mês"; "vizinhos conectados são vizinhos felizes"; "compartilhar ajuda a fazer melhor uso dos recursos"; "por que comprar se você pode usar de graça?".

O PODER DOS CIDADÃOS: INDIVÍDUOS PRIVADOS NA ECONOMIA DO COMPARTILHAMENTO

Objetivos: definir métricas para implementação e aferição de resultados do compartilhamento.

Palavras-chave: hábitos de consumo, futuro, confiança, sustentabilidade.

O FENÔMENO DA SHARING ECONOMY não é direcionado por partidos políticos, negócios, empresas e tampouco países, e sim por pessoas que formam novas comunidades de ajuda mútua e novas empresas pequenas que têm uma missão clara: promover a eficiência por métodos sustentáveis, naturais e humanos — um suplemento e até mesmo alternativa ao capitalismo.

> O consumo colaborativo nada mais é do que bom senso. "Por exemplo: se um vizinho tem um carrinho de bebê, com os filhos já criados, por que não trocá-lo ou doá-lo para outro que será pai em alguns meses, se estiver em boas condições de uso?"[48]
>
> Maria Inês Dolci[49]

Diferentemente do modelo corporativo convencional, todas as pessoas podem ser microempreendedoras nesse processo, alugando, emprestando, vendendo e doando o que pode ser útil aos outros. Sem as barreiras alfandegárias e as fronteiras socioculturais e políticas, produtos e serviços podem ser produzidos em uma comunidade local e terão exposição global — pessoas podem se encontrar face a face ou online. E mais: as pessoas podem consumir e produzir com seus pares (*peers*), aprendendo uns com os outros, vendendo com esforço compartilhado e alugando itens ente si.

Na economia das trocas, a grande diferença está em transformar consumidores membros de uma audiência midiática em atores sociais ativos que podem criar, produzir e compartilhar coisas uns com os outros, remodelando os formatos comerciais da mídia tradicional e mídia social. A grande virada está no fato de que parte da audiência (leitores, ouvintes, telespectadores e internautas) se transformou em produtores de conteúdo, que compartilham suas informações — o que era produzido e distribuído por profissionais hoje está nas mãos de amadores que escrevem blogs, fazem uploads de vídeos, campanhas de mobilização social... — de forma que todos podem conversar com todos, gerando uma cadeia de interação entre as mais diversas categorias de *connoisseurs* e *apprendits*, de *flaneurs* e *habitués*, como nunca se viu.

De modo cartesiano, é possível dividir as formas de comunicação em duas categorias: a comunicação de massa (TV, rádio, jornal...) e a comunicação privada (boca a boca/cara a cara, telefone, cartas...). Em uma mudança histórica, hoje a comunicação privada pode se tornar pública, vista pelas redes particulares de relacionamento pela internet, que atingem cerca de dois bilhões de pessoas via blogs, fóruns e outras redes. Assuntos úteis e interessantes para profissionais de mercado, por exemplo, podem ser imediatamente compartilhados e toda essa movimentação pode ser mapeada em tempo real, com a geração de gráficos de acessos, de interação e até de projeções. O compartilhamento de informações é tão difundido que pavimenta o caminho para a troca de coisas concretas — o que é perfeito para a economia do compartilhamento.

Cada vez mais, as pessoas consomem menos mídia convencional; pode ser uma possibilidade para consumidores passivos se transformarem em agentes ativos desse processo. Esse novo tempo livre, em vez de ser chamado de ócio, pode ser considerado um excedente cognitivo[50] que nos permite fazer e compartilhar coisas novas. Segundo a pesquisa *Brasil Conectado — Hábitos de Consumo de Mídia 2014*[51], da IAB Brasil, aproximadamente nove em dez dos brasileiros (87%) considera a internet um meio muito importante, enquanto um pouco mais da metade (54%) considera a TV muito importante. Outro dado relevante é que 3/4 da audiência online brasileira (75%) utiliza regularmente pelo menos um de seus dispositivos eletrônicos (computador/laptop, smartphone ou tablet) enquanto assiste

TV, um aumento quando comparado ao ano anterior. Sobre a praticidade, sete em dez consumidores brasileiros consideram a internet o modo mais fácil e conveniente de fazer compras: 3/4 (74%) dos brasileiros online comparam os preços de produtos oferecidos por varejistas online, e seis em dez (59%) comparam diferentes características de produtos similares.

Apesar de inúmeros fatores que demonstram a irreversibilidade desse novo modelo, cabe destacar que sua aceitação é grande, mas não é ecumênica. Em estudo publicado em 2012 (*National Sharing Economy Study*[52]), essa economia tem apelo racional e emocional diferente para as gerações, com aceitação de 31% para a X (nascida entre 1964 e 1979), 24% para os Millennials (nascida entre 1980 e 1999) e 15% para a Boomer (nascida entre 1946 e 1963). Inclusive, a geração X se considera em plena era das trocas e doações. O *target* da nova economia do compartilhamento tem bom nível educacional e é composto por empreendedores da mudança com menos de 40 anos de idade. A geração Boomer ainda está focada em consumo e em posses individuais, pois ainda carregam a tradição de compartilhamento e trabalho coletivo como valores tradicionais, há muito perdidos.

Dentre as percepções de benefícios, os racionais: financeiros (economia de dinheiro); ambiental (compartilhamento é bom para o ambiente); estilo de vida (proporciona flexibilidade e praticidade); experimentação (boa forma de conhecer para novos produtos, serviços e pessoas). E os emocionais: generosidade (ajudar a si mesmo e aos demais); senso comunitário (percepção de fazer parte de uma comunidade); estilo de vida (sensação de inteligência e de responsabilidade); cultura (participação de um grande movimento cultural). Para a agência que encomendou a pesquisa[53], "esta tendência não é mais emergente, é o aqui e agora. E o mercado deve acomodar esse consumidor que quer o acesso ágil às coisas, sua posse imediata. Isso muda drasticamente a estratégia de *go-to-market*. As pessoas querem possuir menos e ganhar mais. Os valores racionais estão focados em praticidade e redução; porém, os emocionais, em afirmação e pertencimento. Isso significa que os marqueteiros precisam entregar valor com sentido, a nova demanda dos consumidores."

Dentre as barreiras pessoais para o compartilhamento, 30% abordam a segurança ("o que eu emprestar vai ser perdido ou roubado"); 23%, a confiança ("talvez eu não acredite nas outras pessoas da rede"); 14%, a privacidade ("minha privacidade pode ficar comprometida"); 12%, o valor ("o esforço não vale a pena"); 12%, a qualidade ("os bens/serviços serão de baixa qualidade"); 9%, outros (por exemplo, pessoas que queiram defender seus próprios interesses ao invés dos comunitários).

Como métrica de sucesso para as marcas, a questão de reputação (trazendo mais consistência e relevância); o network (com redes de confiança, senso de comunidade e privacidade); e a experiência (fácil, valoroso e recomendável). Segundo os pesquisadores, "o sucesso neste modelo de economia está associado à saúde e confiança da rede de compartilhamento. Quando uma marca oferece valor a um consumidor comprometido com esta forma de pensar, este consumidor passa a compartilhar não só a sua influência e endosso, mas a sua colaboração em ver esta marca ser bem-sucedida."

Como vantagem, está aberta a todos; pessoas podem compartilhar recursos e produtos e criar novas coisas juntos. Como desvantagem, ainda faltam leis, com regras claras e políticas formuladas para abarcar esse novo modelo de negócio; falta comunicação para trazer novos usuários e soluções sob medida para criar novos provedores de serviços; falta esforço em desenvolver novos negócios e modelos financeiros; falta até mesmo melhorar a utilização dos espaços públicos para desenvolver novos modelos de uso colaborativo.

Para comprovar a teoria, o movimento *The People Who Share* (http://www.thepeoplewhoshare.com) que, em seu evento anual *Global Sharing Day*, alcançou, em 2015, mais de 100 milhões de pessoas em 192 eventos nos mais diversos países. Com a proposta de *Global Sharing Week*, se posiciona como a maior campanha do mundo dirigida pela sociedade civil sensibilizando a opinião pública para o rápido crescimento da economia do compartilhamento. GSW levanta o perfil de mais de oito mil serviços de compartilhamento de todo o mundo para mostrar às pessoas, comunidades e empresas como abraçar a economia partilhada é uma maneira divertida e fácil de se conectar uns aos outros, gerir os recursos de forma mais eficiente e, ao mesmo tempo, valorizar ainda mais o dinheiro. Segundo pesquisas, 64% dos adultos do Reino Unido participam da *Sharing Economy*, economizando 46 bilhões de libras (*The State of the Sharing Economy 2013, The People Who Share*). Segundo *The Great Sharing Economy 2011, Cooperatives UK*, 80% das pessoas dizem que compartilhar faz bem; 70% querem compartilhar mais; 83% fariam isso se fosse mais fácil. E mais: a *Sharing Economy* já está avaliada em U$15 bilhões globalmente (PWC, 2014), e 28% da população adulta global já está engajada (Havas Worldwide, 2014).

Tendências da economia colaborativa[54]

- **Internet das coisas:** "a conectividade generalizada entre objetos e, cada vez mais, entre objetos móveis abre caminho para que sejam colocados em comum e valorizados uma quantidade cada vez maior de ativos. Isso já se observa no campo da hospedagem e da mobilidade urbana e vai marcar, cada vez mais, a produção e distribuição de energia";

- **Capacidade de produção cultural de comunidades periféricas:** "dispositivos digitais poderosos, cada vez mais baratos e funcionando em rede, permitem a difusão ampla e o reconhecimento social de expressões que até recentemente confinavam-se a uma esfera quase paroquial, o que facilitava, inclusive, sua criminalização";

- **Apropriação privada de conteúdos produzidos por indivíduos nas redes:** "os modelos de negócios dos gigantes da internet que se apoiam no uso destas informações são o objeto de crescente contestação, e esta será uma das questões mais interessantes do debate público em torno da colaboração social nos próximos anos".

Nosso futuro será compartilhado: com o aumento da população e em um planeta com recursos finitos, não há alternativas. Para os defensores, esse é o modelo sustentável para compartilhar recursos físicos e humanos, propondo uma nova estrutura econômica que descentraliza o poder monetário e revitaliza os alicerces da comercialização considerando as transações sem dinheiro. E isso tudo sem os lucros da corrida capitalista para o crescimento econômico contínuo — lucros não podem vir antes da geração de valores amigáveis no sentido humanitário e ambiental. Quando há a cobrança por resultados e lucros, o valor dos serviços pode aumentar, colocando em risco os objetivos da operação. Essa filosofia econômica prevê a avaliação de interesses: ajudar o maior número de pessoas possível, oferecer o melhor serviço possível, proteger da melhor forma os recursos naturais — uma fórmula simples, acessível e que estimula laços de relacionamento essenciais para a saúde social e desenvolvimento humanitário das pessoas.

108 As Trocas na Economia

A importância do tema pode ser conferida na agenda do Fórum Econômico de Davos[55] em 2015:

> Dois anos atrás, em Davos, a economia de compartilhamento era um conceito estranho. Quando eu perguntava às pessoas se tinham ouvido falar no conceito, eu recebia olhares perdidos. Talvez 5% das pessoas tinham ouvido falar de Airbnb (embora raramente utilizassem). Poucos tinham ouvido falar de Zipcar — talvez cerca de 20% das pessoas com quem falei —, mas a maioria deles admitiu que sua familiaridade deveu-se à aquisição da empresa pela Avis no início do mês.

> O ano de 2015 foi quando a economia compartilhada chegou, com força total, em Davos. A maioria das pessoas com quem falei estavam familiarizadas com o termo, e muitos tinham usado os serviços da Economia de Compartilhamento. Além disso, as discussões sobre "inovação disruptiva" estavam focadas em seus principais benefícios potenciais. Isso não significa que ignoraram os desafios e incógnitas, mas que a maioria das pessoas reconhece que esses novos modelos de negócios estão aqui para ficar. Longe de ter receio, a maioria das pessoas estava aceitando estes serviços e as mudanças que traiam. Na verdade, muitos estavam curiosos para saber como participar, em vez de banir essas novas plataformas e serviços.

> A economia compartilhada também forneceu uma lente ideal para explorar e contribuir para outros importantes temas em Davos: confiança, a economia circular, urbanização e desenvolvimento global.

> **Confiança:** no primeiro dia, o professor Klaus Schwab, fundador e presidente executivo do Fórum Econômico Mundial, disse que a confiança era a questão de definição para a *Annual Meeting* (Reunião Anual). Em todo o mundo, empresas e governo estão sofrendo enormes déficits de confiança. No entanto, a ênfase era sempre em abordagens tradicionais para confiar. Novas noções de confiança — e os novos modelos de construí-la, tais como plataformas como Traity. com e as análises comparativas — raramente eram destaque nas sessões. A economia compartilhada está cheia desses modelos e insights significativos. Olhando para o futuro, o que a comunidade do Fórum poderia aprender com eles?

Economia circular: o *Circular Economy Award* (Prêmio de Economia Circular) foi um dos mais comentados dentre os eventos de Davos, celebrando os pioneiros em sustentabilidade e desperdício zero. Vários candidatos vieram da economia compartilhada, incluindo Lyft, SpareToShare e ParkFlyRent. A conexão entre as economias circulares e compartilhamento é cada vez mais sólida. No futuro, devemos esperar para ver mais sobreposições e colaboração (produtos sem resíduos projetados especificamente para ser compartilhados, alguém se candidata?).

Urbanização: a economia compartilhada apresenta oportunidades significativas para as cidades: de eficiência em recursos até o investimento econômico local, conexão com a comunidade e resiliência. Há um aproveitamento natural do hiperlocal e da inovação guiada pelo cidadão. Embora houvesse muitas discussões ricas sobre o seu papel no futuro do desenvolvimento urbano, é essencial envolver mais os prefeitos (e outros líderes locais visionários) em Davos para alcançar seu pleno potencial. Como tarefa, para aprimorar os negócios, é preciso envolver os decisores políticos e os moradores.

Metas de desenvolvimento sustentável e global: Davos este ano apresentou uma oportunidade sem precedentes e trouxe à tona as tendências da economia compartilhada conectadas às questões de desenvolvimento global. Uma série de insights surgiram, desde como as redes *peer-to-peer* (pessoa com pessoa) poderiam ajudar a mensurar e atingir as metas de desenvolvimento sustentável, passando pelo consumo sustentável vis-à-vis a nova classe média emergente, até o papel significativo (ainda largamente inexplorado) dos investidores de impacto. Foi incrivelmente emocionante ver — pela primeira vez — os CEOs de grandes empresas, organizações sem fins lucrativos, consultorias e grupos de reflexão, finalmente, começarem a ter essas conversas.

"Negócios com Propósito" foi uma das expressões mais ouvidas em Davos. Devemos ter em mente que muitas empresas e plataformas da economia do compartilhamento têm finalidade social construída em seu DNA: existem por causa da comunidade, e prosperam por causa de seu impacto social.

April Rinne [56]

O VALOR DO COMPARTILHAMENTO

Objetivos: elaborar sobre os novos valores na era do compartilhamento.

Palavras-chave: moeda, valor, internet, banco de tempo.

NA ERA DO COMPARTILHAMENTO, qual é o valor da moeda?

Ao passo que o escambo depende de uma grande coincidência de desejos (o outro precisa querer aquilo que você quer trocar; e você precisa querer aquilo que o outro está disponibilizando para troca), a moeda facilita o processo criando uma intermediação lastreada por um valor monetário que agiliza a mensuração e a parametrização de valor de todas as coisas. Pode-se comprar de qualquer um que queira vender, assim como vender para qualquer um que queira comprar na hora em que se quiser, pois a moeda, diferentemente de muitas outras *commodities*, é acumulável, transferível e adiável. Dentre os tipos de moeda, a moeda-mercadoria, que tem valor pelo próprio material que a compõe (ouro, prata, pedras preciosas), e a moeda fiduciária, o papel-moeda, símbolo da permuta, "promessa de pagamento", que tem seu valor lastreado de acordo com as convenções de determinada economia.

Os primeiros registros de moeda vêm da Mesopotâmia, 3000 a.C., com o shekel, unidade de cevada que, dependendo do peso, equivalia a ouro e prata. As primeiras moedas da história foram registradas em 700 a.C., na ilha de Égina, na Grécia. Já no século XIII, Marco Polo leva para banqueiros italianos notas promissórias da China. O primeiro banco a emitir cédulas de dinheiro foi o da Escócia, em 1696 — a palavra "banco" vem do italiano e representa o local onde os banqueiros se sentavam para fazer negócios. Com o dinheiro e os bancos vieram as economias de escala, a diversificação de riscos, a transformação de ativos, as letras de câmbio, as assimetrias da informação, os juros, as externalidades de rede, a inflação...

> Em vários lugares do mundo, caminha-se cada vez mais para uma sociedade sem dinheiro vivo, em que os bens são comprados com cartão de crédito, transferências eletrônicas e por celulares. Mas dispensar o dinheiro não significa que ele não seja usado. O dinheiro está no centro de todas as operações.
>
> *O livro da economia*[57]

Um estudo sobre a geração dos Millennials (nascidos entre 1980 e 2000) feito pelo Goldman Sachs nos Estados Unidos indicou quais são as tendências financeiras para o futuro a partir dos hábitos e *lifestyle* que possuem. O resultado é curioso, depois de séculos de evolução do sistema bancário: 33% dos jovens entrevistados acreditam não precisar de um banco em um período de cinco anos, motivados por uma forte crença de rompimento no sistema financeiro. Traduzindo: os jovens não confiam nos bancos. Dentre os donos de pequenos negócios, 14% usam maneiras alternativas de financiamento que não envolvam bancos, e 50% acreditam que startups de tecnologia substituirão os bancos.

Para a grande maioria dos entrevistados, o cartão de crédito já não é mais objeto de desejo: menos da metade dos entrevistados possui um, possivelmente por terem menos dinheiro que as gerações anteriores, ficando menos propensos a gastar. Também evitam comprar carros, música e itens de luxo, preferindo serviços da "economia compartilhada" — assim, não são donos, apenas têm acesso.

Como maior influenciador no consumo, a internet. Para 84% dos jovens, as resenhas e críticas postadas influenciam não apenas sua decisão de compra, como tudo o que circunda sua vida. Por concentrar os serviços e produtos que procuram, permitem todo o comparativo de preços online, como confirmado por 57% dos entrevistados. Na era da informação e dos excessos em comunicação, a preferência é por máxima conveniência pelo menor preço. Considerando que as compras são concentradas na internet e feitas online, apenas metade dos jovens espera utilizar dinheiro em espécie.

Nesse ambiente e com a visão de economia dos Millennials, ganham espaço os bancos de tempo (*time banking*)[58], um mecanismo baseado em valores para a troca recíproca de serviços que incide sobre a contribuição que todos podem fazer para suprir as necessidades dentro de uma comunidade. O valor de todos os serviços no banco de tempo é igual: a unidade de troca e de valor é contabilizada pelas horas gastas em dar ou receber determinado tipo de serviço. Bancos de tempo podem resolver muitas das necessidades de indivíduos ou da comunidade sem recorrer a dinheiro, mercados ou regimes de bem-estar do Estado; além disso, ajudam a construir relacionamentos e redes de apoio econômico que fortalecem as comunidades, fornecendo oportunidades de trabalho, reconhecimento e recompensas pelas contribuições feitas. Essas estruturas, em sua maioria, são independentes dos sistemas convencionais; logo, menos vulneráveis à volatilidade dos mercados, considerando inflação de preços, crise financeira, recessão e austeridade. Com isso, se transformaram em fonte complementar confiável de bem-estar e segurança econômica e social. Originários do Japão e dos EUA, e começando em pequenas comunidades, os bancos de tempo estão hoje em todos os continentes, em testes de grande escala, fazendo uma revolução no sistema monetário da era da conectividade.

Além de valorizar o tempo, esse sistema permite trazer à circulação valores como cooperação, reciprocidade, igualdade, abundância, autoestima e autoconfiança, que priorizam a construção de relações — o oposto da concorrência, da exploração, da escassez e da dependência, estressados e institucionalizados pelo mercado e pelos sistemas de segurança social do Estado, que muitas vezes são socialmente destrutivos.

Nosso futuro será compartilhado[59]: com o aumento da população e em um planeta com recursos finitos, não há alternativas. Esse é o modelo sustentável para compartilhar recursos físicos e humanos. Resta saber quanto tempo o mercado levará para atualizar suas plataformas na economia do compartilhamento, convencendo as lideranças de que, se não houver compartilhamento, não haverá futuro. Fica também a reflexão: como as empresas podem levar essa iniciativa para as suas estratégicas, para além do conhecido e compensatório "banco de horas"? É tempo de repensar o papel das empresas, de repensar suas intenções e suas expectativas de legado para a humanidade — que seja para o bairro ao seu redor.

Degraus de Compartilhamento[60]

1) Espontâneo:

- **Definição:** compartilhar objetos e serviços com as pessoas que você conhece ou pedir algo emprestado.

- **Exemplos:** pedir algo para um vizinho, emprestar o carro para um colega de trabalho, fazer um favor para alguém que trabalha com você, entre outros.

- **Desafio:** requer que as partes envolvidas no compartilhamento se conheçam de alguma forma para gerar confiança e segurança.

- **Dica:** ampliar a rede de relacionamentos.

2) Com acordos:

- **Definição:** antes de compartilhar, um acordo ou um contrato precisa ser feito, garantindo resolução das necessidades da forma certa, na hora certa.

- **Exemplos:** em vez de pedir emprestado o aspirador do vizinho, fazer um acordo para poder usá-lo sempre que precisar, entre outros.

- **Desafio:** coordenar as agendas das pessoas em tempo real quando se trata de compartilhar um carro, uma sala de reuniões, um escritório.

- **Dica:** usar as novas tecnologias para informar, reservar, retirar, cobrar, agradecer.

3) Com organizações e companhias de serviços compartilháveis:

- **Definição:** serviço coordenado para que o processo continue funcionando mesmo quando as pessoas de um determinado grupo deixam de participar.

- **Exemplos:** coordenar a locação de carros, o empréstimo de livros, o compartilhamento de escritórios e até serviços de limpeza, entre outros.

- **Desafio:** quanto mais complicado o processo, maior a demanda por tecnologia.

- **Dica:** em vez de participar de uma organização, experimente montar o seu próprio negócio.

4) Com infraestrutura difundida para a economia de compartilhamento:

- **Definição:** uma nova cultura de posse, incorporada pelas infraestruturas sociais — já que ninguém pode ter tudo, compartilhar é o suficiente.

- **Exemplos:** diferentes tipos de acesso, de objetos de trabalho a hortas comunitárias, passando por preocupações ambientais e sociais, entre outros.

- **Desafio:** a base está construída na internet, porém sozinha não é suficiente — falta envolver comunidades, regiões, cidades, países, continentes.

- **Dica:** mais que uma grande cooperação, é preciso uma boa liderança.

Minidicionário do Consumo Colaborativo[61]

- **Book swapping:** sistema para troca ou aluguel de livros.

- **Bike-sharing:** sistema de aluguel de bicicletas, que podem ser fornecidas gratuitamente ou com um valor de aluguel destinado a suprir os custos envolvidos.

- **Carpooling:** uso compartilhado em alternância de um automóvel particular por duas ou mais pessoas. Em geral, todos os participantes são proprietários de um auto e alternam seu uso, economizando assim em despesas de viagem, contribuindo com a redução do congestionamento e diminuindo a poluição do ar e a emissão de gases do efeito estufa.

- **Carsharing:** modalidade de aluguel de veículos por períodos curtos de tempo, geralmente durante algumas horas. O principal objetivo é servir a pessoas que têm necessidade apenas eventual de utilização de automóveis.

- **Cocriação:** conceito de marketing e negócios; em inglês: *co-creation*. A cocriação é uma forma de inovação que acontece quando as pessoas de fora da empresa, como fornecedores, colaboradores e clientes, associam-se com o negócio ou produto agregando inovação de valor, conteúdo ou marketing, e recebendo em troca os benefícios de sua contribuição através do acesso a produtos customizados ou da promoção de suas ideias.

- **Cooperativa:** uma associação de pessoas com interesses comuns, economicamente organizada de forma democrática, com a participação livre de todos e respeitando direitos e deveres de cada um de seus cooperados, aos quais presta serviços, sem fins lucrativos. As Sociedades Cooperativas estão reguladas pela Lei 5.764, de 16 de dezembro de 1971, que definiu a Política Nacional de Cooperativismo e instituiu seu regime jurídico.

- **Commoning[62]:** verbo para descrever as práticas sociais utilizadas pelos plebeus no âmbito da gestão de recursos compartilhados visando recuperar os bens comuns. Termo cunhado e popularizado pelo historiador Peter Linebaugh (2008).

- **Consumo colaborativo:** prática comercial que possibilita o acesso a bens e serviços sem que haja necessariamente aquisição de um produto ou troca monetária entre as partes envolvidas nesse processo. Compartilhar, emprestar, alugar e trocar substituem o verbo comprar no consumo colaborativo.

- **Clothes swapping:** troca de suas roupas com outras pessoas, ou doação.

- **CouchSurfing** (CS)**:** projeto de um serviço de hospitalidade com base na internet.

- **Cohousing:** serviço de compartilhamento de residência.

- **Coworking** (espaço compartilhado de trabalho)**:** modelo de trabalho que se baseia no compartilhamento de espaço e recursos de escritório, reunindo pessoas que trabalham não necessariamente para a mesma empresa ou na mesma área de atuação, podendo inclusive reunir entre seus usuários os profissionais liberais e usuários independentes.

- **Cradle to cradle**[63] (do berço ao berço)**:** plataforma de inovação criada por Michael Braungart com base científica, ferramentas de design e critérios chave para fechar o ciclo de produtos do berço ao berço, sem a geração de resíduos. Modelo circular inspirado no sistema produtivo da natureza que promove abundância e gera prosperidade a pessoas e ecossistemas.

- **Creative Commons** (CC — http://creativecommons.org)**:** sistema que ajuda a compartilhar conhecimento e criatividade com todo o mundo. Desenvolve, apoia e oferece suporte técnico e jurídico para maximizar a criatividade, o compartilhamento e a inovação digital. Em 2014, foram 882 milhões de licenças CC, o dobro da quantidade alcançada em 2010.

- **Crowdfunding** (financiamento coletivo): consiste na obtenção de capital para iniciativas de interesse coletivo através da agregação de múltiplas fontes de financiamento, em geral pessoas físicas interessadas na iniciativa. O termo é muitas vezes usado para descrever especificamente ações na internet com o objetivo de arrecadar dinheiro para artistas, jornalismo, pequenos negócios e startups, campanhas políticas, iniciativas de software livre, filantropia e ajuda a regiões atingidas por desastres, entre outros.

- **Crowdsourcing** (compartilhamento de conhecimento): modelo de produção que utiliza a inteligência e os conhecimentos coletivos e voluntários, geralmente espalhados pela internet, para resolver problemas, criar conteúdo e soluções ou desenvolver novas tecnologias, assim como também para gerar fluxo de informação.

- **Ecovila:** modelo de assentamento humano sustentável. São comunidades urbanas ou rurais de pessoas que têm a intenção de integrar uma vida social harmônica a um estilo de vida sustentável.

- **Escambo:** significa a troca de mercadorias por trabalho. Foi utilizada no contexto da exploração do pau-brasil (início do século XVI). Os portugueses davam bugigangas (apitos, espelhos, chocalhos) para os indígenas e, em troca de trabalho, os nativos deveriam cortar as árvores de pau-brasil e carregar os troncos até as caravelas portuguesas.

- **Lease Society** (Sociedade de Locação): refere-se à sociedade na qual as coisas são alugadas em vez de compradas ou vendidas.

- **Logística colaborativa:** consiste na colaboração entre os parceiros da cadeia logística, sejam eles fornecedores, clientes ou outros integrantes.

- **Meal sharing:** plataforma utilizada por sites para o compartilhamento de refeições.

- **Open Source Initiative** (OSI — http://opensource.org): estrutura global sem fins lucrativos que promove o movimento *Open Source* — softwares que podem ser usados, modificados e compartilhados livremente, feitos por muitas pessoas e distribuídos mediante o comprometimento *Open Source Definition*.

- **Peer-to-peer** (P2P; entre pessoas ou pares): é a produção nos moldes da cultura e das redes "entre pares". Assemelha-se à produção colaborativa, porém derivada do modelo digital de compartilhamento de arquivos no qual cada computador faz o papel de cliente e servidor.

- **Permacultura**[64] (da expressão em inglês *permanent agriculture*): baseada na prática de cuidar da terra e dos homens, e compartilhar os excedentes. Acredita na abundância para a humanidade através do uso adequado dos espaços, da natureza e da energia em sistemas autossustentáveis.

- **Social good** (bem social): rede feita por pessoas que estão transformando a sociedade a cada minuto com microações que, juntas, se tornam grandiosas; utilizam a tecnologia, as novas mídias e o pensamento inovador como ferramentas poderosas para impulsionar a solução de problemas sociais.

- **Time bank** (banco de tempo): sistema de troca de serviços por tempo, e uma das ferramentas da economia solidária para desenvolvimento econômico e social.

- **Wikinomics** (http://www.wikinomics.com/book/): termo criado por Don Tapscott e Anthony D. Williams que deu origem ao livro *Wikinomics: como a colaboração em massa pode mudar o seu negócio* (2006). Com a colaboração em massa, as pessoas podem criar bens e serviços gratuitos e de código aberto que todos podem utilizar ou modificar.

- **Workaway:** viajar sem gastar, em troca de tempo.

AS NOVAS ECONOMIAS: FOCO EM VIRTUDES HUMANAS

Objetivos: fundamentar novas economias com base em valores humanos.

Palavras-chave: solidariedade, cooperação, propósito.

> A ética da compaixão é o centro de todas essas grandes tradições, e é preciso retomá-la.
>
> Karen Armstrong[65]

A NATUREZA É A MAIOR DOADORA DE RECURSOS para a humanidade; doa sem esperar retribuição. E a humanidade dá o que em troca? Apesar de muito tarde, ainda é tempo de as pessoas refletirem sobre o real sentido de suas vidas, sobre suas interações com o meio e com o próximo, e sobre o legado que estão deixando para este mundo. Nunca se falou tanto em dimensão social, humanitária e até mesmo espiritual nas mais diversas instâncias do mundo dos negócios. O olhar para as necessidades não apenas dos necessitados, mas também da pessoa que está ao seu lado, passa a se tornar um valor reconhecido que gera reputação, traz felicidade e faz a diferença. É uma excelente oportunidade para as empresas repensarem suas relações com funcionários, clientes, parceiros, colaboradores, o entorno onde estão inseridos. As mudanças se fazem de atitude em atitude, e agir estrategicamente pensando na geração de vínculos entre marcas e pessoas pode ser um grande diferencial estratégico neste momento.

Um exemplo interessante é a **Economia do Altruísmo:** sistema que compensa a generosidade, não o egoísmo. Nesse modelo econômico, a riqueza não depende do que se acumula para si, e sim da forma como suas ações afetam o bem-estar dos demais, assim como pela salubridade de seus relacionamentos. A proposta não é destruir o sistema atual, e sim desenvolver um produto melhor, que deve ser introduzido gradualmente.[66]

> A verdadeira compaixão é mais que arremessar uma moeda a um mendigo. É ver que um edifício que produz pedintes precisa de reestruturação.
>
> Martin Luther King, Jr.

Projetada para incentivar o lado positivo de cuidar da natureza humana, a Economia Altruísta parte do pressuposto que o bem-estar das pessoas está relacionado com o de seus amigos. Os moldes da economia clássica definem que as pessoas precisam maximizar seu bem-estar; este modelo, em contrapartida, propõe que o bem-estar é totalmente dependente da simpatia e respeito que as pessoas têm por outros indivíduos, de modo que nosso interesse próprio é contrabalançado com a preocupação com o bem-estar dos amigos. Para as empresas, focar nas ações de comunicação interna, endomarketing e treinamento de equipe de vendas utilizando essas métricas é um caminho importante de geração de valor.

No prefácio de sua obra sobre a **Economia da Gratidão**, Gary Vaynerchuk reforça que a comunicação aberta e honesta é fundamental para o relacionamento interpessoal eficiente; o mesmo vale para o relacionamento de marcas e empresas para com seus clientes: "as empresas que quiserem competir terão que alterar sua abordagem em tudo, desde as práticas de contratação até os serviços ao consumidor e seus orçamentos". Nas palavras de Gary, "não há como frear a velocidade alucinante com que a tecnologia está nos forçando a entrar na Economia da Gratidão".

Nessa economia, estuda-se como impactar positivamente clientes sem investir dinheiro, apenas com estratégias repensadas sobre a verdadeira doação pessoal, e a percepção que toda a cadeia de relacionamento pode ter dessa conduta; dessa forma, cada pequena interação é considerada como uma troca que pode ser produtiva no futuro, considerando a força dos relacionamentos. Para além do compromisso financeiro, é preciso considerar e valorizar o compromisso mental. As empresas precisam repensar sua alocação de recursos e também sua percepção de valores: nem sempre o que traz um ROI (*return of investiment*) obtém um bom RCV (*relationship context value*), valor de contexto da iniciativa, que comprova sua eficiência. Muitas vezes, o que realmente compensa um investimento é criar vínculos que gerem lealdade de clientes, o que não se mensura imediatamente em resultados de vendas. E mais: não é exatamente o dinheiro investido que faz com que as pessoas se sintam impactadas por uma campanha de comunicação — muitas vezes sequer têm ideia das negociações que foram feitas ou dos valores precisos —, e sim o montante de atenção, criatividade e pertinência investidos. Ações simples demonstrando carinho, gentileza e atenção podem gerar milhões em mídia gratuita na era das redes sociais, que amplificam o poder do boca a boca. Pequenos presentes e atos podem surpreender o consumidor e gerar mais valor para a marca do que qualquer outro tipo de ação de comunicação. A Economia da Gratidão funciona quando se constrói um sentido legítimo de comunidade ao redor de uma marca; isso não significa apenas vender, anunciar e promover que a empresa é "do bem", tem "impacto positivo" e se preocupa "com o social" — é preciso comprovar, é preciso ser verídico. Tanto que esse processo alterou as expectativas dos clientes, e muitas das iniciativas atuais de marketing já são vistas com desdém dependendo de seu conteúdo e de suas intenções. "Quando as empresas perceberem que precisam focar seus investimentos em clientes, não em plataformas, verão um retorno impressionante sobre este investimento."[67]

> A menos que Wall Street passe por uma milagrosa transformação e comece a compensar as empresas por suas estratégias de longo prazo, em vez de seus resultados a curto prazo, colocar energia em maratonas incansáveis para mensurar o valor de um cliente permanente, mídias gratuitas e mercados emergentes parecerá uma batalha e até uma proposta arriscada para muitas empresas. A ironia é que, bem executadas, essas maratonas rendem dividendos em um espaço de tempo relativamente curto.
>
> Gary Vaynerchuk

Abordando o sentido comunitário de forma estruturada está a **Economia Solidária**[68]: "um jeito diferente de produzir, vender, comprar e trocar o que é preciso para viver. Sem explorar os outros, sem querer levar vantagem, sem destruir o ambiente. Cooperando, fortalecendo o grupo, cada um pensando no bem de todos e no próprio bem."[69] É uma alternativa inovadora de geração de trabalho e renda, com foco na inclusão social. Compreende uma diversidade de práticas econômicas e sociais organizadas sob a forma de cooperativas, associações, clubes de troca, empresas autogestionárias, redes de cooperação, entre outras, que realizam atividades de produção de bens, prestação de serviços, finanças solidárias, trocas, comércio justo e consumo solidário — produção, distribuição, consumo, poupança e crédito —; e tem as seguintes características principais:

- **A cooperação:** interesses e objetivos comuns, união dos esforços e capacidades, propriedade coletiva de bens, partilha dos resultados e responsabilidade solidária. Envolve diversos tipos de organização coletiva: empresas autogestionárias ou recuperadas (assumidas por trabalhadores); associações comunitárias de produção; redes de produção, comercialização e consumo; grupos informais produtivos de segmentos específicos (mulheres, jovens...); clubes de trocas; entre outros. Na maioria dos casos, essas organizações coletivas agregam um conjunto grande de atividades individuais e familiares;

- **A autogestão:** participantes das organizações exercitam as práticas participativas de autogestão dos processos de trabalho, das definições estratégicas e cotidianas dos empreendimentos, da direção e coordenação das ações em seus diversos graus e interesses, entre outras. Os apoios externos, de assistência técnica e gerencial, de capacitação e assessoria, não substituem nem impedem o protagonismo dos verdadeiros sujeitos da ação;

- **Uma dimensão econômica:** é uma das bases de motivação da agregação de esforços e recursos pessoais e de outras organizações para produção, beneficiamento, crédito, comercialização e consumo. Envolve o conjunto de elementos de viabilidade econômica, permeados por critérios de eficácia e efetividade, ao lado dos aspectos culturais, ambientais e sociais;

- **A solidariedade:** expressa na justa distribuição dos resultados alcançados; nas oportunidades que levam ao desenvolvimento de capacidades e da melhoria das condições de vida dos participantes; no compromisso com um meio ambiente saudável; nas relações que se estabelecem com a comunidade local; na participação ativa nos processos de desenvolvimento sustentável de base territorial, regional e nacional; nas relações com os outros movimentos sociais e populares de caráter emancipatório; na preocupação com o bem-estar dos trabalhadores e consumidores; e no respeito aos direitos dos trabalhadores.

Trata-se de nova lógica de desenvolvimento sustentável com geração de trabalho e distribuição de renda, considerando crescimento econômico com proteção dos ecossistemas. Os resultados econômicos, políticos e culturais são compartilhados pelos participantes, sem distinção de gênero, idade e raça, revertendo a lógica capitalista. Também se opõe à exploração do trabalho e dos recursos naturais, considerando o ser humano na sua integralidade como sujeito e finalidade da atividade econômica. Para as empresas, serve de referência tanto na estruturação de suas cooperativas de funcionários como, quando cabível, na adoção de práticas mais eficientes e pertinentes junto a cooperativas que sejam fornecedoras ou parceiras na produção de determinados produtos e serviços.

Nos mesmos moldes se desenvolveu a **Economia de Base ou de Proximidade**[70] (*Grassroots Economy*), associada a mobilizações comunitárias espontâneas vinculadas a causas, sejam elas culturais, sociais ou políticas, demonstrando sua sustentação no povo, onde tudo começa, na raiz da grama (tradução: *grass*/grama; *roots*/raiz). Existe há mais de um século e surgiu em movimentos políticos norte-americanos, com promessas de candidatos de se aproximarem da base de seu eleitorado. O conceito está associado à estratégia mercadológica de "guerrilha".

"Hoje, qualquer um com conexão à internet e um aparelho de celular pode compartilhar ideias, formar comunidades, colaborar e produzir — o que era privilégio apenas de grandes empresas. Você não é apenas um consumidor e passa a ser criador, produtor e colaborador de processos que antes apenas pessoas que trabalhavam em empresas tinham o controle. […] Em breve, haverá o pensamento de que dar é bom, e contribuir para esforços coletivos e compartilhar recursos pode levar a oportunidades e mudanças. […] Seu valor não vai mais ser com base no que você tem, mas com o que você contribui. Dinheiro ainda é importante, assim como as suas ideias […] Em vez de um extrato bancário, você receberá um status de todas as ideias com as quais você contribuiu para a sociedade."[71]

Vinculado à Universidade de Barcelona, o Projeto *Grassroot Economics* (GRECO) dedica-se a dar valor teórico a modelos não acadêmicos que guiam a economia prática, e a explicar seus significados para a economia de larga escala. Considerando a crise econômica europeia, foram selecionados como sites de pesquisa Itália, Grécia, Portugal e Espanha, nos quais estudos são feitos para compreender como as pessoas tomam decisões considerando o ambiente social e cultural onde vivem — para além das fórmulas já estudadas pela economia. Na verdade, a proposta é explorar os modelos econômicos disseminados pela mídia e pela política, além das práticas e entendimentos da "raiz da grama". A duração do projeto é de setembro de 2013 a setembro de 2018.

Dentre os objetivos do projeto, avaliar a diversidade de significados e regimes de valores que operam na prática econômica; analisar marcos regulatórios que estabilizam o comportamento econômico normal; estabelecer a articulação de micropráticas com macrofenômenos na economia global; produzir um novo modelo teórico do comportamento econômico que presta atenção em economias de base.

Como abordagem teórica, reunir em um mesmo quadro analítico a economia política e a questão moral. A proposta é entender as obrigações morais que norteiam as práticas das pessoas comuns e as propriedades estruturais que produzem diferenciação política e econômica. Essa perspectiva adota uma visão dinâmica da regulação social e observa como os atores negociam e definem os limites das diferentes formas de obrigação e responsabilidade. Perfeito para ser implementado no autoconhecimento de uma empresa, para que estruture um repertório discursivo pertinente e saiba interagir de forma estratégica com as necessidades da nova sociedade.

Completando o panorama de novas formas de compreensão da economia, e incluindo um conceito muito forte de não vincular dinheiro às iniciativas e sim fortalecer o processo de doações especialmente no ambiente corporativo, está a **Economia de Propósito.** Mais que servir aos outros e ao planeta, trata-se de um senso de comunidade vinculado à oportunidade de autoexpressão e crescimento pessoal em busca de um propósito maior de vida. Segundo o fundador da Taproot Foundation[72], Aaron Hurst, essa deve ser a quarta economia americana e é dela que derivam os conceitos de *sharing economy* e *making economy*. Como *drivers* dessa economia estão conceitos como *human-scale technology* (propósito online, especialmente nas comunidades conectadas em rede); *generation disrupt* (força de trabalho da geração X, preparada para fazer bom uso da tecnologia no mercado de trabalho); tumulto ambiental, político e econômico (instabilidades no entorno levam as pessoas a encontrarem a estabilidade em si mesmas e a oferecer ajuda aos que precisam); longevidade (para os Boomers, é a revitalização do propósito de vida, como uma chance de recomeçar); mudanças de famílias e regras (pais e mães trabalham; é preciso pensar no cuidado não só dos filhos, como também dos mais longevos).

Símbolo desse movimento são os Millennials, com sua inquietação, agilidade e capacidade de autoaprendizado especialmente nas redes sociais. Inclusive, é a geração que está mais preparada para a nova onda de *pro bono*, serviços sociais gratuitos para a comunidade. O processo pode ser considerado uma aplicação contemporânea característica da *Gift Economy*, especialmente no mercado corporativo, onde profissionais têm dedicado parte de seu tempo em benefício da comunidade, dos mais necessitados, daqueles que precisam de capacitação especial e acesso a conteúdo. Para funcionar de forma eficiente no mundo dos negócios, algumas dicas[73]: co-

As Novas Economias: Foco em Virtudes Humanas

nhecer e definir bem as necessidades do cliente (não é por ser grátis que se pode perder tempo fazendo qualquer coisa); buscar as fontes certas para o trabalho certo (informações confusas guiam para o caminho errado); manter os prazos (sem prazo, não há negócio); acompanhar o processo como sendo o de um cliente pagante; e disseminar a métrica *pro bono*, promovendo essa parceria de mão dupla.

Segundo Andrea Wong, cofundadora e presidente do Endeavour[74] (*Volunteer Consulting for Non-Profits*), "a força do exemplo é o caminho para multiplicar empreendedores que transformam o Brasil, e por isso trazemos aprendizados práticos e histórias de superação de grandes nomes do empreendedorismo para que se disseminem e ajudem empreendedores a transformarem seus grandes sonhos em negócios de alto impacto". A empresa, presente em mais de 20 países e com oito escritórios em diversas regiões do Brasil, tem como missão multiplicar o número de empreendedores de alto crescimento e criar um ambiente de negócios melhor para o Brasil, selecionando e apoiando os melhores empreendedores, compartilhando suas histórias e aprendizados, e promovendo estudos para entender e direcionar o ecossistema empreendedor no país.

Pensar empreendedorismo é pensar também nas startups. Se os investidores podem dispor de dinheiro para acelerar um negócio, os mentores praticam o *mentoring* disponibilizando seu know-how, tão ou mais importante que os recursos financeiros, para ativar um negócio que pode ajudar jovens empreendedores a colocarem suas ideias em prática. O maior valor está no compartilhamento de expectativas e de experiências — uma legítima economia de trocas não monetárias. Há inúmeros exemplos de organizações sem fins lucrativos criadas com o objetivo de apoiar o empreendedorismo de inovação compartilhando conhecimentos, experiências e oportunidades de negócios nos quais as redes de relacionamento têm função vital, conectando os mais diversos agentes da comunidade empreendedora.

Segundo Cassio Spina, fundador e presidente voluntário da organização Anjos do Brasil[75] e autor do e-book *Investidor-Anjo*, "o investimento-anjo é uma atividade que possui alto potencial de impacto na criação de empresas de alto valor agregado, destacando-se como exemplos a Apple, o Google, o Facebook e a Fedex nos EUA e a Bematech e o Buscapé no Brasil. O investidor-anjo é um profissional que investe, além dos recursos financeiros necessários para a criação de novas empresas, seu conhecimento, experiência e relacionamento; com isto, aumenta significativamente as chances de sucesso do negócio, bem como acelera seu crescimento gerando, além de empregos mais qualificados, know-how e tecnologia para o país." Dentre as formas de investimento, capital de terceiros fornecido por bancos e outras fontes (empréstimos com juros); capital próprio (investimento com base no risco, em troca de participação); e capital privado e público (investimentos de maior porte, para grandes empresas).

Essa é uma boa prova de que novas perspectivas podem vir no futuro: nem tudo é dinheiro de especulação, negociação e jogatina; há investimentos produtivos, que, coletivamente, criam valor para a sociedade.

Investidor-anjo[76]

O que é: investimento efetuado por pessoas físicas com seu capital próprio[77] em empresas nascentes com alto potencial de crescimento (startups). Esses empresários, executivos e profissionais liberais experientes agregam valor para o empreendedor com seus conhecimentos, experiência e rede de relacionamentos, e com recursos financeiros (*smart-money*). Normalmente os investimentos são feitos por um grupo de dois a cinco investidores para diluição de riscos e compartilhamento da dedicação, considerando destes dois investidores líderes por negócio, agilizando o processo de investimento. Em média, o valor é entre R$200 mil e R$1 milhão.

O que não é: atividade filantrópica ou com fins puramente sociais, pois o investidor-anjo tem como objetivo aplicar em negócios com alto potencial de retorno, que podem ter impacto positivo para a sociedade, gerando oportunidades de trabalho e de renda.

Por que "anjo": porque não se trata apenas de investimento financeiro, fornecendo o capital necessário para o negócio, e sim de suporte ao empreendedor, compartilhando conhecimentos, experiência e rede de relacionamento para orientá-lo e aumentar suas chances de sucesso.

Quem é: já foi empresário, empreendedor ou executivo bem-sucedido em sua área de atuação, acumulando recursos para investir em novas empresas (de 5% a 10% do seu patrimônio), bem como aplicar sua experiência. O investidor-anjo normalmente não é detentor de grandes fortunas, tem uma participação minoritária no negócio, não tem posição executiva na empresa, mas apoia o empreendedor atuando como um mentor/conselheiro.

CAPITALISMO CONSCIENTE E AS TROCAS VOLUNTÁRIAS

Objetivos: conceituar os novos modelos de capitalismo.

Palavras-chave: livre-iniciativa, mercantilismo, cálculo de valor, valor compartilhado, comércio justo.

EM BUSCA DE UMA MELHOR PERFORMANCE CORPORATIVA, como trabalhar as métricas do capitalismo, sendo que dificilmente a curto prazo pode-se modificar essa infraestrutura social? Uma das tendências é o **Capitalismo Consciente.**[78]

> Acreditamos que as empresas são importantes porque elas geram valor; são éticas porque se baseiam nas escolhas voluntárias; são nobres porque podem elevar a nossa existência, e são heroicas porque tiram as pessoas da pobreza e criam prosperidade. O capitalismo de livre-iniciativa é o mais poderoso sistema para propiciar a cooperação social e o progresso humano já concebido até hoje. É uma das ideias mais consistentes que os seres humanos desenvolveram — só que podemos aspirar algo ainda maior.
>
> John Mackey e Raj Sisodia

Segundo o raciocínio, lucrar é preciso, assim como ter um propósito maior. Ser escravo do lucro empobrece todas as negociações que o sistema propõe.

Para o economista vencedor do Prêmio Nobel de Economia em 1976, Milton Friedman, a única responsabilidade da empresa é para com seus acionistas, condenando líderes que se preocupam com os funcionários, com a comunidade, com a natureza e com o planeta. Em sua visão, os executivos que levam a sério as responsabilidades de gerar emprego, eliminar a discriminação e conter a poluição, entre outras demonstrações de responsabilidade social, estão defendendo o puro e simples socialismo. Nesse modelo, o **cálculo de valor** é facilmente contabilizado, mas desconsidera todos os valores ecossistêmicos e sustentáveis que exercem peso importante a médio e longo prazo na performance e nas responsabilidades de uma empresa.

Cabe, neste ponto, introduzir o conceito de **livre-iniciativa** — defendido, além de Friedman, por personalidades emblemáticas do liberalismo econômico como Friedrich Hayek, Ludwig von Mises, Jude Wanniski, Henry Hazlitt, Robert Heinlein, Murray Rothbard e Thomas Sowell — um grande sistema de inovação e cooperação social que, em apenas dois séculos, permitiu o acesso de bilhões de pessoas ao trabalho e à renda por meio da criação de valor para mercados e pessoas livres, gerando a prosperidade e a satisfação coletivas. Como ponto de antagonismo econômico e social, o comunismo, marcado pela ditadura e controle econômico por parte do Estado. Para comprovar seu êxito, números: há duzentos anos, cerca de 85% da população mundial vivia em extrema pobreza (cerca de um dólar por dia); hoje, esse índice caiu para 16%.

Esse processo de troca voluntária objetivando benefícios mútuos proporcionou algo inédito para a humanidade: prosperidade, bem-estar, perspectivas. "A livre-iniciativa, combinada com os direitos de prosperidade, a inovação, o estado de direito e governos democráticos constitucionalmente limitados, resulta em sociedades que maximizam a prosperidade e criam condições para promover a felicidade e o bem-estar não apenas para os ricos, mas para a sociedade em geral, incluindo os pobres. [...] A criatividade humana, em parte individual, mas sobretudo de caráter colaborativo e cumulativo, está na raiz de todo progresso econômico."[79]

A premissa básica é a de que as empresas não sabem tudo sobre economia, porém sabem sobre questões de produção e demanda de mercado que são importantes para sua sobrevivência. Assim, se balizam nessas informações e atuam com esses números, modificando sua produção de acordo com as mudanças percebidas no mercado. Os preços, por sua vez, se movimentarão de acordo com essas ações individuais e impactarão sobre o mercado sem a interferência do governo.

No mundo moderno, os criadores de riquezas — os empreendedores — de fato abrem caminhos e precisam ser corajosos e ousados. Para os multiplicadores do capitalismo consciente, "o capitalismo é acusado de explorar trabalhadores, ludibriar consumidores, promover desigualdades ao beneficiar ricos em detrimento de pobres, homogeneizar a sociedade, fragmentar comunidades e destruir o meio ambiente. Empreendedores e outros personagens ligados aos negócios são deplorados como pessoas motivadas basicamente por egoísmo e ganância. Enquanto isso, os defensores do capitalismo muitas vezes discursam em um jargão que, ao contrário de rebater as acusações, reforça nas pessoas a crítica ética de que capitalistas só se preocupam com dinheiro e lucros e de que as empresas só podem se redimir por meio de 'boas obras' — o que é fundamentalmente uma visão equivocada."[80]

Um dos pontos de visão equivocados do processo capitalista é o chamado "favorecimento baseado em relações políticas", onde a livre-iniciativa perde espaço para o **capitalismo entre amigos**" — processo condenável pelo mundo e, considerando o momento político do país, agora mais do que nunca, condenável também no Brasil[81]. Pode-se dizer que houve um desvio de intenções do capitalismo, considerando que a proposta inicial, além de promover a satisfação de interesses individuais, estava associada "ao desejo e à necessidade de cuidar dos outros e de promover as causas que estão cima dos interesses individuais". Essas motivações estão registradas na obra de Adam Smith *A teoria dos sentimentos morais*, escrita 17 anos antes de *A riqueza das nações*, reforçando a capacidade natural de empatia que temos e que permite aos indivíduos se solidarizarem com outros e com suas opiniões, entendendo o que os outros sentem. Porém, a abordagem ética não foi adiante, e o capitalismo se desenvolveu sem a identidade humana que a concebeu.

Para Karl Marx, o sistema explorava os trabalhadores; para outros pensadores, o mercado se transformou em uma selvageria predadora onde um quer competir e acabar com o outro para sobreviver. Nesse contexto surge uma visão deturpada, associada ao conceito de **mercantilismo**, no qual riqueza é um patrimônio estanque que deve ser dividido de forma equitativa e justa, diante da possibilidade de expansão dos recursos, fazendo crescer o negócio e a divisão de seus resultados, qual um "bolo fixo". Está mais que comprovado que riqueza pode ser um patrimônio expansível pela combinação eficiente de recursos, trabalho e inovação; e que o enriquecimento de um não significa empobrecimento do outro.

Será que todos os empresários de sucesso iniciaram suas empresas buscando apenas lucro? Sem sonhos, sem paixão, sem envolvimento de clientes, fornecedores, sociedade, equipe? Em sua origem, o propósito das empresas é melhorar a vida das pessoas gerando valor para as partes interessadas; é a diferença que uma empresa fará para o mundo. Por sua vez, missão é a estratégia que dá conta desse propósito; e visão é como essa empresa será vista quando alcançar seu propósito. Será isso mesmo?

A proposição de que toda empresa bem-sucedida lucra, logo o objetivo de todas as empresas é unicamente maximizar a lucratividade, é um silogismo estreito da natureza humana, assim como uma explicação superficial sobre o sucesso das empresas. Negócios não se resumem apenas a dinheiro. Há um eficiente sistema de cooperação social e progresso humano da história que precisa ser relembrado, ressignificado e atualizado, para ser colocado imediatamente em prática. Existe — para toda a cadeia de criação, produção, distribuição de produtos e serviços — uma força de transformação social para gerar prosperidade, tirar pessoas da pobreza, estimular a troca de valores e propor relacionamentos de intimidade e confiança com potencial para gerar o bem.

Dentre os princípios do capitalismo consciente, além do capitalismo de livre-iniciativa — uma ideia poderosa que gera valores éticos (baseados em escolhas voluntárias), nobres (oferecem significado à existência) e heroicos (tiram pessoas da pobreza e criam oportunidades) —, estão as trocas voluntárias — promovem o crescimento moral, social, emocional e espiritual. Esse pensamento reforça que, para além da responsabilidade que a visão de coletivismo propõe, deve haver a reciprocidade, que gera lucro por engajar todos no mesmo sistema.

Por isso o relacionamento entre uma marca e todas as partes envolvidas em seu processo de sobrevivência deve ser responsável. Esse paradigma cria vários tipos de valoração e bem-estar para todas as partes interessadas: além do financeiro, o intelectual, o físico, o ecológico, o social, o cultural, o emocional, o ético e até mesmo o espiritual; é um novo sistema operacional mais pertinente que o *ethos* exigido pelo atual momento da humanidade — alguns chamam de evolução.

Entre as perspectivas para a gestão de negócios, o propósito maior, a integração de *stakeholders*, a liderança consciente e a cultura e gestão conscientes — todos interligados e se autorreforçando. Pode-se dizer que esse processo é uma filosofia empresarial integrada, compreendida de forma holística, fortalecendo as trocas voluntárias de benefício mútuo e criando o fundamento ético do negócio, que justifica a existência de uma empresa na sociedade. Mais que resultados financeiros, resultados para toda a cadeia integrada relacionada a cada tipo de negócio. As empresas se preocupam com a diferença que farão para o mundo ou estão preocupadas com a sobrevivência a curto prazo? Geração de valor é muito mais que valor de venda, de resultado, de investimento. E, cada vez mais, o mercado cobrará essa atitude das marcas. Chega de contar histórias nem sempre legítimas e veiculá-las em grandes produções na mídia; foi-se a era apenas das *love brands* (marcas que todos amam); é hora das *do brands* (marcas que fazem alguma coisa por todos com os quais se relacionam).

Os melhores profissionais de marketing são clientes satisfeitos, parceiros satisfeitos, funcionários satisfeitos, que vendem o negócio pela empresa. Isso gera investimentos mais inteligentes e eficientes em comunicação, e estimula uma nova dimensão para as áreas de negócios e marketing nas empresas: satisfazer, encantar e nutrir clientes, criando relações consistentes com base na confiança. O que uma empresa pode fazer — além de atuar em seu *core business* de forma produtiva — para ajudar na transformação social, gerar prosperidade, tirar pessoas da pobreza, estimular trocas de valor e gerar o bem? É tempo de redefinir sucesso, poder, riqueza, valores, maximização de lucros. E também de redefinir o conceito de liderança: tocar o mercado, mobilizar as pessoas, mover a sociedade; ter capacidade para amar, cuidar, nutrir — parece piegas, mas está escrito em diversos livros de negócios e em várias estratégias corporativas.

Entre tantas outras revisões conceituais para abarcar essa nova forma de liderar negócios, duas devem ser destacadas. Uma coloca em cheque a definição de que o bom líder é o que promove *trade-offs* preferencialmente de curto prazo, vantajosos para os investidores, promovendo a maximização excessiva dos lucros em detrimento do propósito e dos valores corporativos, pensando apenas na relação entre liquidez e rentabilidade e deixando todos os outros públicos de lado. Para esses gestores, melhorar e padronizar os processos (estocagem, armazenamento, processamento de pedido, transporte, produção...), analisar os desperdícios, focar nas necessidades dos clientes, inovar em tecnologia sustentável e capacitar os colaboradores faz parte da planilha de custos; ou melhor, de gastos. Diferentemente, os líderes conscientes possuem visão holística e sistêmica do negócio, buscam melhoria contínua e querem que suas organizações se perpetuem no mercado. Essas decisões ajudam as empresas e organizações a alcançarem suas metas estratégicas (curto, médio e longo prazo) e os objetivos traçados, maximizando o lucro em todos os sentidos. Portanto, *trade-off* pode ser entendido como a relação entre os custos para melhoria de algo que trará benefícios futuros para a empresa, e não uma relação na qual, para um ganhar, o outro tem que perder.

A outra revisão conceitual é a de que entrar em um bom negócio significa ter de antemão uma **estratégia de saída** desenhada — processo que se dá quando investidores (especialmente em *venture capital* e *private equity*) entram em um negócio já sabendo sua data de saída. Para além de especulações, transações e intercâmbios, investimentos rentáveis são relacionamentos bem-sucedidos. Todo mundo quer o resultado o quanto antes e da forma mais lucrativa possível; nem sempre isso é saudável para o negócio, tampouco inteligente para o gestor.

E se os *trade-offs* e as estratégias de saída estão sendo revisadas, novos conceitos estão sendo incluídos, como a **criação de valor partilhado**[82] (*shared value*), que incorpora na estratégia de negócios da empresa as necessidades da comunidade, tratando-as como forma de crescimento e geração de valor integral — para a empresa e para a comunidade, com resultados econômicos e impacto social.

> Grande parte do problema está nas empresas em si, que continuam presas a uma abordagem à geração de valor surgida nas últimas décadas e já ultrapassada. Continuam a ver a geração de valor de forma tacanha, otimizando o desempenho financeiro de curto prazo numa bolha e, ao mesmo tempo, ignorando as necessidades mais importantes do cliente e influências maiores que determinam seu sucesso a longo prazo. Só isso explica que ignorem o bem-estar de clientes, o esgotamento de recursos naturais vitais para sua atividade, a viabilidade de fornecedores cruciais ou problemas econômicos das comunidades nas quais produzem e vendem. Só isso explica que achem que a mera transferência de atividades para lugares com salários cada vez menores seria uma "solução" sustentável para desafios de concorrência. O governo e a sociedade civil não raro exacerbam o problema ao tentar corrigir deficiências sociais à custa da empresa. Os supostos trade-offs entre eficiência econômica e progresso social foram institucionalizados em décadas de políticas públicas. A empresa deve liderar

a campanha para voltar a unir a atividade empresarial e a sociedade.

Líderes empresariais e intelectuais sofisticados já sabem disso; começam a surgir elementos promissores de um novo modelo. Ainda não temos, no entanto, um marco geral para nortear essa iniciativa — e a maioria das empresas continua presa a uma mentalidade de "responsabilidade social" na qual questões sociais estão na periferia, não no centro.

[...] A sociedade tem necessidades imensas — saúde, melhor moradia, nutrição melhor, auxílio para o idoso, maior segurança financeira, menos danos ambientais. É justo dizer que essas são as maiores necessidades ainda não satisfeitas na economia global. No meio empresarial, passamos décadas aprendendo a analisar e a fabricar demanda — ignorando, enquanto isso, a demanda mais importante de todas. Muitas empresas deixaram de lado a mais básica das perguntas: nosso produto é bom para os clientes? Ou para os clientes de nossos clientes?

Michael E. Porter e Mark R. Kramer

Valor partilhado não se relaciona com valores pessoais, responsabilidade social, filantropia ou sustentabilidade, e sim uma nova forma de obter sucesso econômico. Tampouco se relaciona com valores de redistribuição como o proposto pelo **comércio justo** (*fair trade*), no qual, para aumentar a receita de produtores de baixa renda, a estratégia é aumentar o valor dos produtos e serviços. O objetivo é aumentar a eficiência, o rendimento, a qualidade e a sustentabilidade do negócio, aumentando o bolo de receita e lucro que beneficia tanto quem produz quanto quem compra. Nesse raciocínio, a saúde de uma empresa está intimamente ligada à saúde da comunidade na qual está inserida; sua lucratividade está intimamente ligada ao propósito social estabelecido; e as políticas públicas conscientes são fundamentais para a obtenção dos resultados.

Para completar, novas métricas de avaliação. O conceito desenvolvido por Robert Kaplan e David Norton de *balance scorecard*[83] (BSC, indicadores balanceados de desempenho) fornece visão de desempenho integrada com base em quatro perspectivas e diversos níveis de avaliação: do cliente, dos processos internos, de aprendizado e crescimento, e financeira; e propõe um plano de comunicação entre todos os envolvidos na corporação, permitindo o planejamento eficiente, facilitando a conquista das metas, ativando o feedback permanente entre todos os envolvidos e a manutenção da responsabilidade estratégica da empresa.

As empresas precisam ter claro seu propósito de negócios — a declaração da diferença que fazem para o mundo —, assim como seu propósito maior: o bem-estar da comunidade; foi para aprimorá-la que as empresas foram desenvolvidas. Se a comunidade na qual uma empresa está inserida não está bem, como os negócios dessa empresa terão bons resultados?

TECNOLOGIA SOCIAL: INOVAÇÃO EM REDE

Objetivos: estruturar as novas tecnologias da teoria da mudança.

Palavras-chave: inovação, tecnologia, desenvolvimento.

AS EMPRESAS NÃO ESTÃO SOZINHAS em sua missão de suprir as lacunas públicas no desenvolvimento da comunidade visando o bem comum, porque contam com as redes de inovação social mais rápidas e integradas da história da humanidade, abarcando inúmeras iniciativas conectadas internacionalmente e permitindo uma agilidade na tomada de decisão e na implementação de soluções.

Segundo definição cunhada pela *Stanford Social Innovation Review*, a publicação mais reconhecida sobre o tema, "inovação social é uma nova solução para um problema social, uma solução mais efetiva, eficiente, sustentável ou justa que as soluções já existentes, e que, prioritariamente, gere valor para a sociedade como um todo ao invés de beneficiar apenas alguns indivíduos". Para dar conta dessa missão, a Tecnologia Social: o conjunto de atividades relacionadas a estudos, planejamento, ensino, pesquisa, extensão e desenvolvimento de produtos, técnicas ou metodologias replicáveis, que representem soluções para o desenvolvimento social e melhoria das condições de vida da população. Segundo a Rede de Tecnologia Social[84], as soluções compreendem produtos, técnicas e/ou metodologias reaplicáveis, desenvolvidos na interação com a comunidade e que representem efetivas soluções de transformação social. E devem fazer uso do pensamento inovador: uma forma colaborativa de usar as novas tecnologias, em rede e com liderança compartilhada, pensando em novos mapas mentais e comportamentais para solucionar questões sociais mais emergenciais.

A origem do que hoje se chama **Tecnologia Social** (TS) vem do conceito de **Tecnologia Apropriada**[85] (TA), originário da Índia no final do século XIX, quando os reformadores indianos estavam preocupados com a reabilitação da população e o desenvolvimento das tecnologias tradicionais das aldeias como estratégia de luta contra o domínio britânico. Para despertar a consciência política da população sobre a necessidade da renovação da indústria nativa hindu, o próprio Gandhi (de 1924 a 1927) dedicou-se a criar programas de luta contra a injustiça social e o sistema de castas, como o programa para a popularização da fiação manual em uma roca tecnologicamente apropriada, a Charkha, que gerou o slogan: "produção para as massas, não em massa".

> O conceito de desenvolvimento de Gandhi incluía uma política científica e tecnológica explícita, que era essencial para sua implementação. A insistência de Gandhi na proteção dos artesanatos das aldeias não significava uma conservação estática das tecnologias tradicionais. Ao contrário, implicava o melhoramento das técnicas locais, a adaptação da tecnologia moderna ao meio ambiente e às condições da Índia, e o fomento da pesquisa científica e tecnológica, para identificar e resolver os problemas importantes imediatos. Seu objetivo final era a transformação da sociedade hindu, através de um processo de crescimento orgânico, feito a partir de dentro, e não através de uma imposição externa. Na doutrina social de Gandhi, o conceito de tecnologia apropriada está claramente definido, apesar dele nunca ter usado esse termo.
>
> A. Herrera

Nos anos 1970, o conceito passou a incorporar aspectos culturais, sociais, políticos e de desenvolvimento. Entre 1970 e 1980, surgiram grupos de pesquisadores em países do primeiro mundo focados no desenvolvimento de equipamentos tecnológicos para minimizar a pobreza nos países subdesenvolvidos integrando questões ambientais e fontes alternativas de energia. Diferenciando-se das tecnologias de uso intensivo de capital e poupadoras da mão de obra, solução inviável para os países de baixa renda, surgiram diversas definições associadas à TA:

> tecnologia alternativa, tecnologia utópica, tecnologia intermediária, tecnologia adequada, tecnologia socialmente apropriada, tecnologia ambientalmente apropriada, tecno-

> logia adaptada ao meio ambiente, tecnologia correta, tecnologia ecológica, tecnologia limpa, tecnologia não violenta, tecnologia não agressiva ou suave, tecnologia branda, tecnologia doce, tecnologia racional, tecnologia humana, tecnologia de autoajuda, tecnologia progressiva, tecnologia popular, tecnologia do povo, tecnologia orientada para o povo, tecnologia orientada para a sociedade, tecnologia democrática, tecnologia comunitária, tecnologia de vila, tecnologia radical, tecnologia emancipadora, tecnologia libertária, tecnologia liberatória, tecnologia de baixo custo, tecnologia da escassez, tecnologia adaptativa, tecnologia de sobrevivência e tecnologia poupadora de capital. Em resumo: "um conjunto de técnicas de produção que utiliza de maneira ótima os recursos disponíveis de certa sociedade, maximizando, assim, seu bem-estar".
>
> Dagnino[86]

Esse movimento gerou inovação especialmente na teoria do desenvolvimento econômico, reduzindo as diferenças sociais e preparando o território para a entrada de projetos contemporâneos de inovação que integram ciência, tecnologia e causas sociais, no âmbito da economia solidária e da economia do compartilhamento. Um exemplo prático é a organização Social Good Brasil[87], integrante do movimento global +SocialGood, chancelado pela Fundação das Nações Unidas com o objetivo de utilizar as tecnologias e novas mídias para melhorar o mundo. Sua aplicação é definida em **tecnologias de uso**, que não exigem alto nível de conhecimento técnico, pesquisa e desenvolvimento para serem utilizadas (uso de softwares, novas mídias e telecomunicações disponíveis de forma gratuita na internet); como exemplos, o uso de redes sociais e sites para disseminar causas sociais, e o desenvolvimento de aplicativos para celulares. E em **tecnologias de desenvolvimento**, que exigem investimento de dedicação ou recursos em pesquisa e desenvolvimento, criando novas tecnologias ou adaptando as já existentes, tornando-as acessíveis para públicos que antes as acessavam (desenvolvimento de softwares, engenharias e hardwares em computadores, tecnologias assistivas e tecnologias limpas e de acesso — energia, água, alimentação e agricultura, processos com menos resíduos e recicláveis); como exemplos, tecnologias de acesso à água em regiões desérticas, e adaptação de microscópio de baixo custo para educação pública.

Essas tecnologias atuam na chamada **teoria da mudança**[88], com alto impacto social ao proporcionar:

- **Acesso:** alcance a informações de qualidade para educação e saúde melhores, assim como serviços básicos de água, alimentação, crédito e financiamento de projetos — ferramentas de redução de desigualdade social ao oferecer oportunidades sociais e econômicas a todos. As tecnologias de uso estão cada vez mais acessíveis na internet e as tecnologias de desenvolvimento são adaptadas para oferecer esse acesso. A tecnologia também oferece transparência, sendo um espaço de denúncia e que propicia a exposição de informações;

- **Autonomia:** a possibilidade de se engajar em causas sociais e de aprender em qualquer lugar estão entre alguns dos exemplos de como as tecnologias de internet estão transformando a nossa sociedade, oferecendo que o poder esteja na ponta dos dedos de cada um. As tecnologias de desenvolvimento, ao adaptar tecnologias para contextos locais, também possibilitam autonomia para seu uso;

- **Escala:** tecnologias, em especial as tecnologias de uso, permitem que, com menor esforço e baixo investimento, seja possível alcançar um grande número de pessoas e causar um alto impacto social. Um exemplo é um site de petições online, que mobiliza milhares de cidadãos a pedir melhorias em temas importantes, como educação, saúde, segurança pública, entre outros.

O campo de estudo e prática é recente; há muito espaço para crescimento, desenvolvimento e integração para resolver problemas sociais e melhorar o mundo em áreas como cidades e mobilidade urbana; cidadania e engajamento social; habitação; saúde; meio ambiente e energias renováveis; economia local; finanças e empreendedorismo; saúde; cultura e entretenimento; consumo consciente e justo.

Notas

1. SERRA, Ordep. *Hino Homérico IV, A Hermes*. São Paulo: Odysseus, 2006.

2. Registradas por Geoffrey of Monmouth em 1136.

3. MAUSS, Marcel. *Ensaio sobre a dádiva*. São Paulo: Cosac Naify, 2013. p. 140.

4. Michel Maffesoli pontua ter se inspirado em Georg Simmel para esse conceito, que remete à lógica do toque, do tocar o outro física, intelectual e emocionalmente. 2006, p. 137.

5. MAFFESOLI, Michel. *O tempo das tribos*. Rio de Janeiro: Forense Universitária, 2006. p. 105.

6. GRAJEW, Oded. Felicidade sustentável. *Folha de S. Paulo*, Opinião, A3, 20 nov. 2013.

7. *Por que mentimos no trabalho* (6 fev. 2015). http://www.hbrbr.com.br/materia/como-e-por-que-mentimos-no-trabalho

8. MATTINGLY, Allan. Apocalipse adiado. *The New York Times*, 6 jun. 2015. http://www1.folha.uol.com.br/fsp/newyorktimes/221661-apocalipse-adiado.shtml

9. *Party and Pressure Politics*. Nova York: Houghton Mifflin Company, 1994.

10. BRASSEUL, Jacques. *História econômica do mundo. Das origens aos subprimes*. Lisboa: Edições Texto e Grafia, 2010. p. 99-100.

11. Processo desencadeado especialmente à exploração das minas em Potosí, no sudoeste da Bolívia, colocando fim à escassez do lastro e ao aumento de valores apurados entre 1521 e 1530.

12. BRASSEUL, Jacques. *História econômica do mundo. Das origens aos subprimes*. Lisboa: Edições Texto e Grafia, 2010. p. 133.

13. DEBORD, Guy. *A sociedade do espetáculo*. Rio de Janeiro: Contraponto, 1997.

14. França, 2013.

15. PESSOA, Samuel. História da riqueza. *Folha de S. Paulo*, 4 Ilustríssima, 8 jun. 2014.

16. SIMMEL, Georg. *The metropolis and the mental life*. 1911.

17. Nas palavras de Köpytoff e Hanners (1987, p. 10).

18. Canclini (2005, p. 59-73).

19. LOWREY, Annie. Jovens americanos não conseguem acumular riquezas. *The New York Times*, 8 abr. 2013.

20. GRAJEW, Oded. Felicidade sustentável. *Folha de S. Paulo*, Opinião, A3, 20 nov. 2013.

21. O colecionador também se faz presente como ferramenta de vendas da atualidade: brindes para as crianças e ações promocionais dos mais diversos itens colecionáveis (de brinquedos a utilitários para o lar) geram revisitas e recompras nas lojas.

22. CANEVACCI, Massimo. *Antropologia da comunicação visual*. Rio de Janeiro: DP&A, 2001. p. 24 e 240.

23. Nas palavras de Sarlo (2005, p. 27): "trata-se, ao pé da letra, de uma coleção de atos de consumo na qual o objeto se consome antes sequer de ser tocado pelo uso".

24. Licença poética inspirada pelo conceito de "scapes" criado pelo economista indiano Arjun Appadurai, com o objetivo de definir os novos panoramas imaginários que situam os consumidores.

25. MORIN, Edgar. *O método. 4 — As ideias*. Porto Alegre: Sulina, 1998. p. 23 e 146.

26. KLEIN, Naomi. *Sem logo*. Rio de Janeiro: Record, 2006.

27. *O império do efêmero*, p. 184-199.

28. BAUDRILLARD, Jean. *O sistema dos objetos*. São Paulo: Editora Perspectiva, 2006. p. 334.

29. MARUYAMA, M. apud MORIN, E. *O método. 4 — As ideias*. Porto Alegre: Sulina, 1998. p. 267-268.

30. ROSA, Carlos S. Mendes (Trad.). Vários autores. *O livro da economia*. São Paulo: Globo, 2013. p. 334.

31. http://www.fastcoexist.com/3022028/the-sharing-economy-lacks-a-shared-definition *The sharing economy lacks a shared definition* (21 nov. 2013).

32. http://p2p.coop/files/reports/collaborative-economy-2012.pdf Bauwens et al., 2012.

33. Ditado popular que alerta para o desperdício de algo hoje, que pode ser uma necessidade no futuro.http://dictionary.cambridge.org/pt/dicionario/britanico/waste-not-want-not?q=waste+-not%2C+want+not

34. http://tab.uol.com.br/economia-compartilhada/ por Juliana Carpanez e Lilian Ferreira citando Samy Dana, professor de finanças e criatividade da FGV-SP.

35. http://tab.uol.com.br/economia-compartilhada/ por Juliana Carpanez e Lilian Ferreira citando Ricardo Abramovay, professor titular do departamento de economia da FEA-USP.

36. *A fair share: towards a new collaborative economy.* https://kirja.elisa.fi/ekirja/fair-share-towards-new-collaborative-economy#

37. Autora do livro *Mesh — Por que o futuro dos negócios é compartilhar.*

38. Em entrevista a Renata Leite, do Mundo do Marketing (15 abr. 2015). http://www.mundodomarketing.com.br/reportagens/mercado/33336/economia-compartilhada-desafia-marcas-a-repensarem-ofertas.html

39. http://tab.uol.com.br/economia-compartilhada/ por Juliana Carpanez e Lilian Ferreira citando Ladislau Dowbon, professor de economia na pós-graduação da PUC-SP.

40. http://tab.uol.com.br/economia-compartilhada/ por Juliana Carpanez e Lilian Ferreira citando Leila Salomão Tardivo, professora doutora do departamento de psicologia da USP.

41. Em vigor dia 24/04/2016. Muitos destes sites podem ser adquiridos por outras empresas/marcas ou sair do ar sem aviso prévio.

42. https://www.mercedes-benz.com/en/uncategorized/mieten-ist-das-neue-besitzen/ https://www.car2share.com

43. http://www.businesswire.com/news/home/20150408005272/en/National-Research-Study-Reveals-89-Percent-People#.VTLWLqaRLdk

44. ABRAMOVAY, Ricardo. *Folha de S. Paulo*, A3, 13 abr. 2015.

45. Siba e a Fuloresta, Será, Ambulante Discos.

46. http://www.streetbank.com/splash?locale=en

47. https://www.peerby.com

48. http://www.proteste.org.br/StopPage/StopPageCompleteForPublication?publicationUrlTitle=proteste-lanca-guia-da-vida-colaborativa&returnUrl=%2Fdinheiro%2Fnc%2Fnoticia%2Fproteste-lanca-guia-da-vida-colaborativa%2Fdownload

49. Maria Inês Dolci, coordenadora institucional da PROTESTE, maior organização privada de defesa do consumidor da América Latina, com mais de 200 mil associados. Seus testes comparativos têm ajudado a acelerar mudanças em práticas produtivas e de vendas de produtos e serviços, aumentando a segurança e melhorando o custo-benefício nas relações de consumo. Lançou em 2015 um guia sobre consumo colaborativo que não pretende esgotar o assunto, nem se propõe a inventariar a vida colaborativa, mas sim despertar o interesse dos associados e dos brasileiros em geral por essas formas de organização da cidadania.

50. Segundo o expert em mídia Clay Shirky: *cognitive surplus*.

51. Estudo do IAB Brasil em parceria com a ComScore e que compara a audiência do digital em relação às outras mídias tradicionais, como televisão, jornais impressos, revistas e rádio no país.

52. http://www.cmithun.com/national_study_quantifies_reality_of_the_sharing_economy_movement-2/ Pesquisa desenvolvida pela Carbonview Research para a Campbell Mithun em janeiro de 2012 via entrevistas qualitativas online com uma amostra de 383 participantes nos Estados Unidos.

53. Campbell Mithun

54. ABRAMOVAY, Ricardo. Tendências da economia compartilhada. *O Estado de S. Paulo*, Economia, B9, 29 dez. 2014.

55. Fórum Econômico Mundial (FEM) é uma organização internacional localizada em Genebra (Suíça), responsável pela organização de encontros anuais com a participação e colaboração das maiores e principais empresas do mundo. Os encontros são realizados, em sua maioria, na cidade suíça de Davos e, em razão disso, também são conhecidos como Fórum de Davos. Foi criado em 1971 com o nome de Fórum Europeu de Gerenciamento. Seu compromisso está em melhorar a situação do mundo através de ações promovidas por líderes mundiais, empresários, investidores, economistas para discutir temas como impacto da globalização em mercados emergentes, regulamentação de mercados financeiros e novas tecnologias, e preocupados em melhorar a qualidade do mundo através da cooperação público-privada. Desde o final do século XX e início do século XXI, as críticas sobre o FEM vêm aumentando significativamente por ativistas e militantes de movimentos de esquerda e antiglobalização. A oposição contra o Fórum de Davos se ampliou após a realização do I Fórum Social Mundial, em 2001, na cidade de Porto Alegre. Entres as principais críticas: acusações de que o Fórum Econômico Mundial, por considerar a globalização como irreversível e incentivar o progresso econômico, contribui para a ampliação da miséria e pobreza no mundo, bem como para a agressão ao meio ambiente, uma vez que a economia de mercado e a globalização seriam responsáveis por tais questões. Além da realização do Fórum Social Mundial, muitos protestos marcaram a realização do FEM. Em 2003, a onda de protestos chegou a quebrar uma janela de uma lanchonete do McDonald's, o que fez com que os organizadores reforçassem a segurança do encontro e estabelecessem um grande perímetro de proteção e isolamento. Os altos gastos com a segurança também são alvos de profundas críticas. http://www.brasilescola.com/geografia/forum-economico-mundial.htm

56. https://agenda.weforum.org/2015/02/4-ways-the-sharing-economy-can-change-the-world/ citando April Rinne, consultora em Sharing Economy, Shareable Cities; é também Young Global Leader (Jovem Líder Global).

57. ROSA, Carlos S. Mendes (Trad.). Vários autores. *O livro da economia.* São Paulo: Globo, 2013 p. 24.

58. WEAVER, P.; DUMITRU, A.; LEMA-BLANCO, A. *Transformative social innovation narrative: Timebanking.* TRANSIT: EU SSH.2013.3.2-1 Grant agreement no: 613169. 2015.

59. http://www.amazon.com/Sharing-Good-Resources-Collaborative-Consumption/dp/086571746X/ref=pd_bxgy_b_img_y ORSI, Janelle. In: LAHTI, Vesa-Matti; SELOSMAA, Jenni. *A fair share: towards a new collaborative economy.* Atena, 2013.

60. Diversas fontes, incluindo: http://www.consumocolaborativo.cc/dicionario/ e http://www.proteste.org.br/StopPage/StopPageCompleteForPublication?publicationUrlTitle=proteste-lanca-guia-da-vida-colaborativa&returnUrl=%2Fdinheiro%2Fnc%2Fnoticia%2Fproteste-lanca-guia-da-vida-colaborativa%2Fdownload.

61. http://p2pfoundation.net/Commoning

62. Conceito associado à eco-efetividade que inspira a inovação para criar um sistema produtivo circular "do berço ao berço" onde não existe o conceito de lixo — tudo é nutriente para um novo ciclo, inclusive os resíduos, que circulam em ciclos contínuos. Desde a Revolução Industrial, há mais de 200 anos, adotamos um modelo de produção linear baseado em "extrair/fabricar/utilizar/descartar/reciclar/incinerar". Nesse processo, jogar "fora" é jogar "dentro".

63. http://www.fca.unesp.br/Home/Extensao/GrupoTimbo/permaculturaFundamentos.pdf

64. Escritora britânica

65. Palavra criada por David Holmgren e Bill Mollison em meados dos anos 1970 para descrever o sistema integrado de espécies animais e vegetais perenes ou que se perpetuam naturalmente e são úteis aos seres humanos. "Paisagens conscientemente desenhadas que reproduzem padrões e relações encontradas na natureza e que, ao mesmo tempo, produzem

alimentos, fibras e energia em abundância e suficientes para prover as necessidades locais. Não se resume apenas à paisagem, ou mesmo às técnicas da agricultura orgânica, ou às formas de produção sustentáveis, às construções eficientes quanto ao uso da energia, ou ao desenvolvimento das ecovilas, mas ela pode ser usada para projetar, criar, administrar e aprimorar esses e todos os outros esforços feitos por pessoas, famílias e comunidades em busca de um futuro sustentável."

66. Edward Popp.

67. VAYNERCHUK, Gary. *Gratidão. Como gerar um sentimento incrível de satisfação em todos os seus clientes*. São Paulo: Lua de Papel, 2011. p. 159.

68. Fórum Brasileiro de Economia Solidária. Disponível em: http://www.fbes.org.br

69. http://portal.mte.gov.br/ecosolidaria/o-que-e-economia-solidaria.htm

70. http://www.ub.edu/grassrootseconomics/

71. https://www.youtube.com/watch?v=DnN76OuUggI#t=39

72. http://www.taprootfoundation.org

73. http://www.taprootfoundation.org/get-probono/getting-started-pro-bono

74. http://www.endeavourvolunteer.ca/connecting-the-dots-designing-the-future-of-pro-bono/

75. www.anjosdobrasil.net

76. http://www.anjosdobrasil.net/o-que-eacute-um-investidor-anjo.html

77. O investimento com recursos de terceiros é chamado de "gestão de recursos". É efetivado por fundos de investimento e similares, sendo uma modalidade importante e complementar a de investimento-anjo, normalmente aplicado em aportes subsequentes.

78. MACKEY, John; SISODIA, Raj. *Capitalismo consciente*. São Paulo: HSM Editora, 2014.

79. MACKEY, John; SISODIA, Raj. *Capitalismo consciente*. São Paulo: HSM Editora, 2014, p. 4.

80. MACKEY, John; SISODIA, Raj. *Capitalismo consciente*. São Paulo: HSM Editora, 2014, p. 15.

81. Alusão aos processos de corrupção envolvendo personalidades do cenário político e empresarial no Brasil (referência: a partir de fevereiro de 2015).

82. http://www.hbrbr.com.br/materia/criacao-de-valor-compartilhado

83. http://www.hbs.edu/faculty/Publication%20Files/10-074.pdf KAPLAN, Robert. *Conceptual Foundations of the Balanced Scorecard*. Estados Unidos: Harvard Business School/Harvard University, 2010.

84. http://rts.ibict.br

85. http://www.itcp.unicamp.br/drupal/files/tec%20sol%20dagnino.pdf

86. DAGNINO, R. *Tecnologia Apropriada: uma alternativa?* Dissertação (Mestrado). UNB, Brasília. 1976.

87. http://socialgoodbrasil.org.br

88. A Teoria da Mudança, que começou a ser concebida no início da década de 1980, é uma forma colaborativa de planejamento, voltada para promover transformação social. Consiste em uma ferramenta utilizada para tentar desenvolver soluções para problemas sociais complexos. Sua metodologia consiste em, primeiro, identificar os problemas que devem ser solucionados. Depois, definir quais impactos devem ocorrer para a resolução desses problemas e, por fim, as ações que devem ser realizadas para efetivar esses impactos. http://www.cdt. unb.br/multincubadora/artecultura/teoria/?menu-action=teoria-da-mudanca

IV.
ECONOMIA DAS TROCAS HUMANITÁRIAS

A CULTURA DAS TROCAS

Objetivos: introduzir novos paradigmas na cultura das trocas para as marcas.

Palavras-chave: acessos, conforto, saúde.

> Filantropia é apenas uma maneira de limpar a barra de negócios que causam danos? Muitas vezes, acho que é o que ocorre. Mas não acho que tivesse nada para limpar via filantropia. Tenho uma filosofia que me guiou em ganhar dinheiro e em usá-lo para filantropia. Fui orientado por Karl Popper (1902–1994) e por suas ideias a respeito do pensamento crítico e do fato de que nosso entendimento da realidade é sempre imperfeito. Passei a confrontar a teoria econômica que prega a eficiência dos mercados e expectativas racionais. Assim como questiono a divisão entre política e economia, que são conectadas de forma reflexiva. O tipo de mercado financeiro que temos é grande fonte de incertezas porque não é perfeito nem estável. Mas precisamos tomar decisões. E isso gerou um tripé no qual é baseada minha filosofia: incerteza, falibilidade e reflexibilidade.
>
> Essa filosofia faz com que eu esteja atento à natureza insolúvel de muitos dos problemas do mundo, que emergem das contradições da sociedade contemporânea, mas que podem ser ajustados.
>
> Georges Soros[1]

ONDE A DOAÇÃO E A CULTURA das trocas se encontram? Na atitude, no desapego, no processo visionário e sustentável de estimular as trocas humanitárias. Na habilidade e no exercício de enxergar que, para além de você e de suas conquistas materiais e de status, há também o outro.

As pessoas podem ajudar alguém carente de recursos financeiros e bens materiais (no caso da caridade), assim como podem ajudar e ser ajudados por alguém beneficiando-se mutualmente pela troca ou compartilhamento de objetos, de know-how, de acessos. Ninguém é pleno de tudo e nem possui todas as coisas, e a sociedade de consumo que lança coisas novas todos os dias é a prova de que, mesmo que você tenha dinheiro suficiente para consumir todas as coisas, não necessariamente terá tempo suficiente para poder desfrutá-las. O sábio ditado é perfeito para isso: "cada escolha, uma renúncia". E, caso queira guardar tudo, em vez de utilizar, possivelmente serão seus herdeiros que aproveitarão de sua colheita.

> A vida e o poder de desfrutá-la estão entre as coisas mais incertas de todas, e nós não somos guiados integralmente pela razão. [...] Impostos à parte, a propensão humana a descontar o futuro é parte inseparável de nossa humanidade. Ela resulta de uma peculiar combinação de circunstâncias em nossas vidas. São elas: (a) dois fatos biológicos — a morte e a senescência; (b) duas incógnitas — a duração exata da vida e o *timing* e o teor dos danos e flagelos da senescência ou outros acidentes de percurso; e (c) duas limitações — o caráter restritivo de nossa racionalidade e autocontrole.
>
> Eduardo Giannetti

A cultura das trocas entra aí: em vez de as pessoas apenas comprarem tudo e acumularem com elas mesmas, que tal compartilhar criando uma economia paralela, que não necessariamente depende de dinheiro, mas que traz satisfação, acesso, solução para as suas necessidades, saúde, felicidade?

O mercado resume tudo a posses, aquisições, acúmulos que podem ser mensurados em planilhas, gráficos e estatísticas. Mas as pessoas, para sobreviverem, precisam de muito mais do que isso. Precisam de saúde física, mental e espiritual. Precisam de conforto, qualidade de vida, moradia, acesso à educação, acesso à informação, entre tantas outras necessidades. Muitos estudos não abordam a questão da expectativa de vida, e desconsideram que, a despeito de muita mídia focada na saúde do corpo (pandemias de dengue, H1N1s, DST...), falta abordar os imensos custos públicos com as disfunções da mente (stress, depressão, pânico...), que têm provocado acidentes gravíssimos e colocado a vida de muitas pessoas em risco. Possivelmente a pressão do dia a dia, a solidão das pessoas, as cobranças exigidas pela economia com seus impostos, multas, tarifas... desestimulem o lado humanitário das pessoas.

É tempo de novos paradigmas, renovando o modelo de comunicação de marcas e produtos para além do formato óbvio de promoções, descontos e o blá-blá-blá autocentrado em que as marcas falam sozinhas. As pessoas querem marcas que assumam posturas e saiam de cima do muro. Que estejam lá quando elas precisaram. Que sejam a representação da sustentabilidade, e não apenas usem o discurso de selos e bandeiras de aluguel. As campanhas promocionais divulgam apenas as pessoas felizes consumindo produtos, e não se colocam como ajudantes nos momentos tristes, tensos, sofridos. Esquecem que alguns têm fartura de recursos monetários, mas ausência de paz espiritual.

É tempo de rever os conceitos e pensar em um novo formato de comunicação, que transforme as relações sociais e revigore a geração de vínculos e os modelos de fidelização corporativos.

CASE "A Arte de Fazer o Bem"[2]

É possível realizar uma mudança social e de compartilhamento pela arte?

"Em meio ao boom da arte comercial nos EUA, um outro mundo artístico está começando a se impor. Ele é conhecido primariamente como 'prática social', e seus praticantes borram livremente os limites entre produção de objetos, performance, ativismo político, organização comunitária, ambientalismo e jornalismo investigativo, criando uma arte profundamente participativa, que frequentemente floresce fora do sistema de galerias e museus. Em Detroit, um museu de arte contemporânea está concluindo um monumento a um artista que, em vez de expor a sua obra, irá oferecer comida, corte de cabelo, programas educacionais e outros serviços sociais à população."

São projetos que não oferecem a arte conhecida dos museus, e sim uma nova visão do mercado de arte. "As obras podem ir desde um projeto de desenvolvimento comunitário em Houston, que oferece ateliês e moradias de baixo custo a artistas, a um programa em São Francisco, fundado por artistas e financiado pela prefeitura, que ajuda a transformar quintais, terrenos baldios e telhados em jardins."

"O fenômeno é, em parte, uma reação ao poder de distorção do mercado de arte, alimentado por uma concentração de riquezas internacionais. Muitos artistas, no entanto, dizem que sua motivação é muito mais ampla: fazer diferença no mundo para além da estética."

Podem ser projetos colaborativos de escolas técnicas com aulas pagas por escambo, aproximando o mundo artístico da realidade das pessoas. Um exemplo são os projetos da http://creativetime.org/about/.

"Essa arte cada vez mais não tem nada a ver com a arte. Está se tornando rapidamente uma variante da organização comunitária por autointitulados promotores das suas próprias noções de bem comum."

Maureen Mullarkey[3]

RANKING DA SOLIDARIEDADE

Objetivos: apresentar o crescimento e a estruturação da cultura da doação pelo mundo.

Palavras-chave: doação, tempo, recursos, ajuda.

> Aquele que acumula muitos tesouros tem muito a perder.
>
> Lao Tzu

O MUNDO DOS NEGÓCIOS está familiarizado com a sustentabilidade, que propõe a harmonia entre economia, ecologia e sociedade. Mas tem muito a aprender quando o assunto são as doações pessoais de tempo e de recursos, que movimentam bilhões pelo planeta e que estão fazendo a diferença na busca por um modelo de sociedade mais equilibrado e responsável para que todos possam, de acordo com sua realidade cultural, viver melhor.

Cada empresa tem seus funcionários, que, além de pessoas jurídicas, são pessoas físicas. E também tem consumidores e *stakeholders*, que, além de números no balanço do final do ano, são seres humanos que podem ser preparados e estimulados, em suas finanças pessoais, emocionais e espirituais, a saber doar.

Longe de ser algo informal, que acontece nos bastidores do mercado, esse fenômeno tem planejamento, mapeamento, propostas e indexadores como o World Giving Index (WGI). Desde 2005, a Charities Aid Foundation (CAF)[4], entidade do Reino Unido com escritórios em todos os continentes, prepara um estudo global com todas as tendências no segmento caridade. A base de dados é do instituto de pesquisa Gallup, integrado à World Poll Initiative. O objetivo é entender o fluxo das doações para motivar a sociedade a doar mais e, assim, transformar vidas ao redor do mundo.

A metodologia[5], aplicada em mais de 145 países, que, juntos, representam 95% da população mundial, organiza uma pontuação com base nas perguntas: "doa dinheiro para organizações da sociedade civil?", "é voluntário em alguma organização?" e "ajuda desconhecidos necessitados?". Considerando uma média de mil entrevistas por país, pessoalmente ou por telefone, a pesquisa somou 155 mil respostas para avaliar quais são os mais solidários do mundo. Dentre as formas de doação, são avaliadas: ajuda a um estranho, doação de dinheiro para organizações sociais e voluntariado.

Os resultados são interessantes e demonstram a maturidade de alguns países em fazer a diferença ajudando quem está em necessidades, mesmo que a realidade da população solícita não seja a de pleno conforto na saúde, na economia e na educação.

Apesar de indicadores globais demonstrarem quedas percentuais na economia global de 4,0 para 3,2% entre 2011 e 2012, a porcentagem de doações cresceu no mesmo período. Em 2012, o número de pessoas que ajudaram desconhecidos necessitados aumentou 200 milhões, mais que o dobro do crescimento comparado com as pessoas que doaram dinheiro ou fizeram voluntariado. Os patamares gerais de 2012 foram abaixo dos conquistados em 2008 e a intenção é a de que cada vez mais essa forma de economia se transforme em uma tendência sustentável e viável.

> Tomamos o Word Giving Index como um ponto de partida para explorar o que poderia acontecer se as classes médias em rápida expansão no mundo viessem a doar um pouco de sua recém-adquirida renda disponível para causas de filantropia, como muitos países no mundo desenvolvido. Se, por exemplo, doasse de forma parecida ao Reino Unido, os recursos potenciais para fazer o bem seriam enormes. À medida que o mundo lentamente sai da crise econômica que envolveu o sistema financeiro global e afetou a todos nós pelos últimos cinco anos, precisamos focar em como construir a confiança das classes médias emergentes em uma sociedade civil independente confiável, sólida e eficaz, capaz de mobilizar o entusiasmo das pessoas para doar e realizar mudanças reais, para transformar o mundo para melhor.
>
> Dr. John, executivo-chefe da Charities Aid Foundation[6]

Os Estados Unidos lideram como a nação mais generosa do mundo, posto que foi da Austrália em 2012. Em 2015, no top 5 de percentual de pessoas fazendo doações em dinheiro, Mianmar, Tailândia, Malta, Reino Unido e Países Baixos. De ajuda a desconhecidos, percentualmente, Iraque, Libéria, Estados Unidos, Namíbia e Jamaica. E no de voluntariado, Mianmar, Sri Lanka, Libéria, Nova Zelândia e Canadá. Entre as tendências, o aumento do voluntariado registrado entre jovens de 15 a 24 anos. Na América do Sul, o Equador é o país menos generoso, ocupando a 131ª posição. Os mais solidários são Chile (49ª posição) e Bolívia (65ª posição).

No estudo de 2015, entre os dez países com maior probabilidade de doar dinheiro para caridade, estão vários países que não fazem parte do G20. Mianmar merece um destaque especial, pois nove em cada dez pessoas seguem a escola Theravada de Budismo — cerca de 500 mil monges, a maior proporção de monges em relação à população de qualquer país budista —, com uma forte cultura de solidariedade. Isso contribui para que o país esteja na primeira posição em doação de dinheiro: 91% da população adulta informou que havia doado dinheiro para a caridade no mês anterior à pesquisa. Assim como a religião, a ajuda humanitária decorrente de eventos perturbadores, como o tufão Hayan no arquipélago das Filipinas, pode modificar o comportamento de uma nação e provocar respostas universais de ajuda àqueles que precisam.

Entre as principais tendências do WGI estão:

- **O crescimento de pessoas ajudando estranhos:** ajudar a um estranho é o comportamento que demonstra melhoria, comprovando a importância de interações pessoais na filantropia, especialmente no mundo em desenvolvimento;

- **A queda geral na doação de dinheiro por conta do desemprego da juventude:** nos últimos anos, o desemprego da juventude global tem se mantido alto e continua a crescer. Essa tendência, aliada a uma consequente redução na renda disponível, pode ter contribuído para uma participação reduzida na doação de dinheiro entre os jovens; já no Brasil, o percentual de doadores jovens está aumentando.

- **As doações feitas por mulheres:** desde 2009, de forma geral, as mulheres têm se mostrado mais inclinadas a doar dinheiro para organizações sociais, mesmo com a diferença na participação econômica que ainda existe entre homens e mulheres ao redor do mundo. Refletindo essa disparidade global, as mulheres se mostram mais inclinadas a doar dinheiro em países de alta renda; em países com renda média e baixa, os homens são mais inclinados a doar.

MAPAS WG1 2015[7]: TENDÊNCIAS GLOBAIS E CONTINENTAIS

Tabela 1: Top 20 países no World Giving Index, com pontuação e participação em comportamentos de doação

	Posição no World Giving Index	Pontuação no World Giving Index	Pontuação de ajuda a um estranho (%)	Pontuação de doação de dinheiro (%)	Pontuação de voluntariado (%)
Myanmar	1	66	55	92	50
Estados Unidos	2	61	76	63	44
Nova Zelândia	3	61	65	73	45
Canadá	4	60	69	67	44
Austrália	5	59	66	72	40
Reino Unido	6	57	63	75	32
Holanda	7	56	59	73	36
Sri Lanka	8	56	60	59	48
Irlanda	9	56	59	67	41
Malásia	10	52	62	58	37
Quênia	11	52	74	39	43
Malta	12	51	50	78	26
Bahrein	13	51	71	51	30
Emirados Árabes Unidos	14	50	69	59	22
Noruega	15	49	55	60	32
Guatemala	16	49	68	38	41
Butão	17	49	53	55	38
Quirguistão	18	49	53	57	36
Tailândia	19	48	44	87	14
Alemanha	20	47	61	49	32

Inclui apenas países pesquisados em 2014.

Dados relacionados à participação em ações de solidariedade durante um mês antes da entrevista.

Pontuações do World Giving Index são arredondadas para o número inteiro mais próximo, mas os rankings são determinados utilizando-se dois pontos decimais.

Tabela 2: Top 20 países nos 5 anos do World Giving Index, com pontuação e participação nos comportamentos de doação

	Posição nos 5 anos do World Giving Index	Pontuação nos 5 anos do World Giving Index	Média de 5 anos de ajuda a um estranho (%)	Média de 5 anos de doação de dinheiro (%)	Média de 5 anos de voluntariado (%)	Pontuação de 1 ano do World Giving Index	Diferença dentre a pontuação de 1 a 5 anos
Myanmar	1	63	50	89	48	66	3
Estados Unidos	2	61	75	63	44	61	1
Irlanda	3	58	64	73	38	56	-3
Nova Zelândia	4	58	68	66	41	61	3
Canadá	5	58	66	67	41	60	2
Austrália	6	58	66	70	37	59	1
Reino Unido	7	55	62	75	29	57	1
Holanda	8	54	54	72	36	56	2
Sri Lanka	9	51	56	51	47	56	5
Catar	10	47	71	55	16	n/a	n/a
Malta	11	47	45	72	25	51	4
Indonésia	12	46	38	68	32	46	0
Hong Kong	13	46	57	66	15	45	0
Irã	14	46	61	52	24	43	-3
Dinamarca	15	45	53	60	22	42	-3
Tailândia	16	45	42	78	15	48	3
Libéria	17	45	78	10	45	45	1
Áustria	18	45	53	53	28	46	2
Jamaica	19	44	71	25	35	47	3
Chipre	20	43	55	47	26	42	-1

Os dados de pontuação e porcentagens de cinco anos representam participação média nos países pesquisados em três ou mais anos no período 2010-2014.

Pontuação de 1 ano: só inclui países pesquisados em 2014.

Dados relacionados à participação em ações de solidariedade durante um mês antes da entrevista.

Pontuações do World Giving Index são arredondadas para o número inteiro mais próximo, mas os rankings são determinados utilizando-se dois pontos decimais.

Participação global no voluntariado, por idade, ao longo de cinco anos

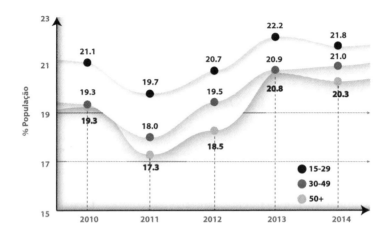

Os dados representam participação média nos países pesquisados em três ou mais anos no período 2010-2014.

Dados relacionados à participação em voluntariado durante um mês antes da entrevista.

Participação global na doação de dinheiro, por idade, ao longo de cinco anos

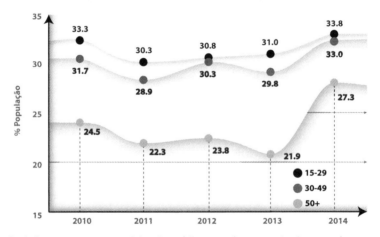

Os dados representam participação média nos países pesquisados em três ou mais anos no período 2010-2014.

Dados relacionados à participação em doação de dinheiro durante um mês antes da entrevista.

PARTICIPAÇÃO GLOBAL NA AJUDA A UM ESTRANHO, POR IDADE, AO LONGO DE CINCO ANOS

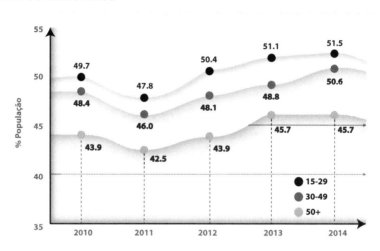

Os dados representam participação média nos países pesquisados em três ou mais anos no período de 2010-2014.

Dados relacionados à participação em ajuda a um estranho durante um mês antes da entrevista.

PARTICIPAÇÃO CONTINENTAL NA DOAÇÃO DE DINHEIRO, VOLUNTARIADO E AJUDA A UM ESTRANHO E PARTICIPAÇÃO EM CINCO ANOS

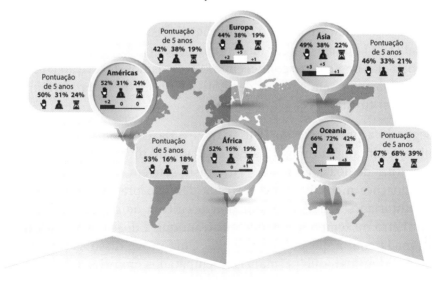

Pontuação de 1 ano: só inclui países pesquisados em 2014.

Pontuação de participação de 5 anos: os dados representam participação média nos países pesquisados em três ou mais anos no período 2010-2014.

Dados relacionados à participação em comportamentos de doação durante um mês antes da entrevista.

Segundo a Giving USA Foundation, em estudo de 2013, o Brasil ocupava a 91ª colocação no ranking mundial de solidariedade, que inclui ajuda a estranhos na rua e voluntariado. Em 2014, subiu um ponto e foi para a 90ª posição. Em 2015, caiu para a 105ª posição e, apesar de ser o 5º colocado entre os países da América do Sul, saiu da lista dos TOP 100. Apenas 20% da população afirmou ter doado dinheiro, porcentagem mais baixa dos últimos 6 anos.

Em números absolutos, o Brasil aparece nos índices de voluntariado e ajuda a um estranho entre os dez primeiros colocados por ser um país populoso. No entanto, em termos de percentual da população, ainda estamos mais próximos do fim da lista e temos enorme potencial para evoluir.

Apesar da imagem estereotipada de povo receptivo e solícito, não foi esse o resultado demonstrado na pesquisa Retrato da Doação no Brasil[8] (fevereiro/2014), promovida pelo IDIS (Instituto para o Desenvolvimento do Investimento Social) e pela Ipsos Public Affairs para entender o perfil do brasileiro quanto a caridade e doações. A análise das entrevistas em 70 cidades pelo país demonstrou que o hábito de doar tempo ou recursos não faz parte da realidade dos brasileiros, e o aumento da renda média não está associado ao aumento de doações. Na divisão do dinheiro, 30% vai para pedintes de rua, 30% para igrejas e 14% para ONGs. Entre as causas, 33% para crianças, 18% para idosos, 17% para a saúde e 7% para a educação. Quem não doa afirma não ter dinheiro (58%), não ter sido solicitado para tal (18%) ou não confiar nas organizações (12%). Outro complicador é que 85% das pessoas desconhecem os mecanismos de doação com dedução de imposto de renda, o que desmotiva na hora de ajudar formalmente alguma instituição.

Segundo a presidente do IDIS, parceiro da CAF no Brasil, Paula Fabiani, o levantamento mostra a necessidade de investir na promoção de uma cultura de doação no país. "No Brasil, sete em cada dez pessoas não fazem doações mensais e oito em cada dez não praticam qualquer ação de voluntariado. Temos que fomentar a cultura de doação no país, seja em dinheiro ou tempo. Os dados mostram que a doação não está apenas relacionada com a questão da riqueza. Uma prova disso são os Estados Unidos e Mianmar, que permanecem empatados em primeiro lugar. Para melhorarmos este cenário, é necessário trabalhar por uma cultura de doação mais presente e menos assistencialista, investir nas áreas de captação de recursos das organizações e criar um ambiente legal e tributário que incentive a doação."[9]

Desempenho do Brasil

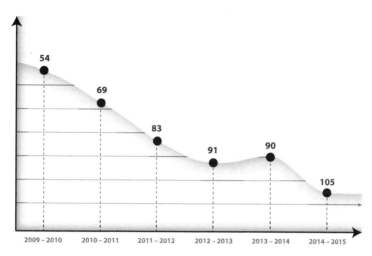

8º Festival ABCR 2016: **Entendendo o Doador Brasileiro** por Paula Fabiani, presidente IDIS

Considerando esse diagnóstico, o país tem muito a crescer na cultura de saber pedir e saber doar. As pessoas ficam na dúvida e acabam por não ajudar, desconfiando tanto da causa quanto de quem está pedindo por ela. Uma reportagem da *Folha de S.Paulo*[10] em 2014 registrou a experiência de um repórter em busca de doações para verificar a receptividade das pessoas nas ruas de São Paulo. Entre ajudar o Greenpeace, os Médicos sem Fronteiras, os Hare Krishna e comprar livros de poesia, este último venceu em disparada. Pode ser uma boa dica de como funciona o processo que leva alguém a doar para o outro no Brasil.

Doar, nesse contexto, é transferir para alguém um dom, uma dádiva, um bem, sem esperar nada em troca. Pode ser dinheiro, roupa, um pouco de alimento ou um pouco do seu tempo, algo que trará benefícios como reconhecimento, valorização, felicidade e dignidade para quem precisa de ajuda. Hoje é o outro; e se amanhã for com você?

Para quem precisa de motivação, há diversos estudos que comprovam que doar faz bem para quem recebe e para quem dá. Ajudar o outro estimula o *brain reward system*, um sistema de recompensas que é ativado no cérebro em situações de prazer, como comer chocolate, e em situações de conforto emocional, como o apego social em vínculos de longo prazo.

Isso diminui o stress, melhora o funcionamento do sistema nervoso e do coração e aumenta a expectativa de vida. O altruísmo traz realização e satisfação de algo feito por prazer, e não por obrigação.

Se você está na dúvida quanto a esse tipo de investimento, pode apostar: o balanço será positivo. É um negócio e tanto, que pode colocar o Brasil em um ranking admirável de conduta ética, sem contar o bem que pode fazer para quem precisa. E também para cada um que ajudar.

CASE Dia de Doar

O #diadedoar é um movimento para celebrar a doação, promover a cultura de filantropia e encorajar doações maiores, melhores e mais inteligentes. É inspirado no *Giving Tuesday*, iniciativa global que surgiu em 2012 nos EUA em contraponto a celebrações e eventos que promovem o consumo e o consumismo, tais como *Thanksgiving*, *Black Friday*, *Ciber Monday* e Natal. Está presente em países como Alemanha, Austrália, Singapura, Israel e Irlanda.

No Brasil, a inciativa é promovida pelo Movimento por uma Cultura de Doação, uma coalizão de organizações e indivíduos que promovem a cultura de doação no país. No mundo todo, já são mais de 16 mil parceiros. No Brasil, onde o evento foi realizado pela primeira vez em 2013, já são 700 parceiros; em 2014, foram mais de 18 milhões de pessoas no Twitter, e o Instagram teve cerca de mil fotos postadas. Em 2015, a iniciativa mobilizou 1.180 parceiros entre empresas, ONGs, órgãos públicos e indivíduos; foram 131 milhões de impressões no Twitter, 430 mil pessoas impactadas e 1,1 milhão de curtidas no Instagram.

O movimento dissemina suas ideias e engaja por meio de uma campanha nacional que utiliza redes sociais, um ótimo canal para divulgar as ações de solidariedade e doação do #diadedoar, e um site interativo. Para participar, os interessados fazem um cadastro no site www.diadedoar.org.br e registram o que pretendem fazer na data, em prol da campanha. Indivíduos e empresas podem doar ou mobilizar mais doadores para as causas das diversas organizações; estas, por sua vez, têm que estar preparadas para pedir doações, realizando campanhas de captação. Os órgãos públicos também podem se envolver, estimulando a mobilização popular no #diadedoar.

O sucesso do #diadedoar depende do esforço coletivo de toda a população. Por isso, as pessoas, as organizações da sociedade civil e as empresas são a parte mais importante para transformar esse movimento em realidade.

"No #diadedoar, partimos do princípio que todos podemos doar e impactar o mundo. Não precisa ser um líder mundial ou um milionário. O #diadedoar é sobre pessoas normais se juntando para fazer coisas extraordinárias", diz João Paulo Vergueiro, diretor executivo da ABCR (Associação Brasileira dos Captadores de Recursos) e um dos organizadores do #diadedoar. "Só vamos conseguir transformar o país e a cultura de doação com grandes campanhas como esta, que estimula os indivíduos a serem generosos e refletirem sobre o seu papel na sociedade, contribuindo para o trabalho desenvolvido pelas centenas de milhares de organizações da sociedade civil no país."

MECANISMOS DA DOAÇÃO: ALTRUÍSMO

Objetivos: definir a função estrutural do altruísmo.

Palavras-chave: empatia, piedade, warm-glow.

> O sacrifício, que remete à ideia de valor sagrado, possui, paradoxalmente, mesmo para um materialista convicto, uma dimensão que poderíamos chamar de quase religiosa. Ele implica, de fato, que se admita, mesmo ocultamente, que existem valores transcendentes, já que superiores à vida material ou biológica. [...] As transcendências de outrora — as de Deus, da pátria ou da revolução — não foram absolutamente substituídas pela imanência radical prezada pelo materialismo, pela renúncia ao sagrado e pelo sacrifício, mas sim por novas formas de transcendência, transcendências horizontais e não mais verticais: enraizadas em seres que estão no mesmo plano que nós, e não mais em entidades situadas acima de nossas cabeças.[11]
>
> Luc Ferry

ALTRUÍSMO PODE SER TRADUZIDO COMO EMPATIA, compaixão, piedade, solidariedade, responsabilidade. É o que faz alguém se compadecer pelo outro a ponto de se colocar em seu lugar, doando algo ou ajudando de alguma forma com bens materiais e imateriais. Dentre as motivações, benevolência, senso de solidariedade, obrigação, simpatia, culpa, desejo de ganhar prestígio, amizade, respeito, sentir-se bem. Muitos ajudam porque a sensação de dever cumprido traz um bem-estar, aumenta a felicidade. Dependendo do caso, não há prêmios ou benefícios internos ou externos para a doação ou a ajuda, e o altruísta pode perder seu bem-estar, seus recursos e sua energia nesse processo.

A tentativa de estruturar esse raciocínio é antiga; dentre teóricos que se dispuseram a estudá-lo, poderíamos citar Montaigne, Descartes, Pascal, Hume ou Kant, entre tantos outros, em busca da compreensão dos comportamentos tanto de autovalorização quanto de punição, que criam uma espécie de efeito moral para atuação dentro de normas esperadas e não intuitivas.

Um dos caminhos é o do liberalismo econômico de Adam Smith, em seu tratado *Wealth of Nations*, de 1776 (*A riqueza das nações*, livro 1, capítulo 2).

> No caso de quase todas as outras raças de animais, cada indivíduo, ao atingir a maturidade, é totalmente independente e, em seu estado natural, não tem necessidade da ajuda de nenhuma outra criatura vivente. O homem, entretanto, tem necessidade quase constante da ajuda dos semelhantes, e é inútil esperar esta ajuda simplesmente da benevolência alheia. Ele terá maior probabilidade de obter o que quer se conseguir interessar a seu favor a autoestima dos outros, mostrando-lhes que é vantajoso para eles fazer-lhe ou dar--lhe aquilo de que ele precisa. É isto o que faz toda pessoa que propõe um negócio a outra. Dê-me aquilo que eu quero, e você terá isto aqui, que você quer — esse é o significado de qualquer oferta desse tipo; e é dessa forma que obtemos uns dos outros a grande maioria dos serviços de que necessitamos. [...] Não é da benevolência do açougueiro, do cervejeiro ou do padeiro que esperamos nosso jantar, mas da consideração que eles têm pelo seu próprio interesse. Dirigimo-nos não à sua humanidade, mas à sua autoestima, e nunca lhes falamos das nossas próprias necessidades, mas das vantagens que advirão para eles. [...] Assim como é por negociação, por escambo ou por compra que conseguimos uns dos outros a maior parte dos serviços recíprocos de que necessitamos, da mesma forma é essa mesma propensão ou tendência a permutar que originalmente gera a divisão do trabalho.
>
> Adam Smith

Segundo Andreoni (1989), as pessoas fazem doações ou caridade por dois motivos. Um, no qual as pessoas se sentem úteis ajudando. Outro, considerado um motivo egoísta ou "altruísmo impuro". Nesse processo de motivação egoísta, as pessoas pensam em si mesmas como altruístas e socialmente responsáveis e, esperando o reconhecimento de sua filantropia pelas outras pessoas, aproveitam-se do sentimento emocional positivo gerado por ajudar o próximo. O desejo de despertar bons pensamentos nos outros, desconsiderando possíveis recompensas ou punições, pode levar uma pessoa a imitar motivos dos outros mesmo sem senti-los — tudo com base nas emoções de orgulho e vergonha que alicerçam o comportamento humano.

Há um desvio de curva quando as pessoas se sentem admiradas, louváveis, orgulhosas, despertando também a vaidade e o sentimento de superioridade tanto em relação a quem ajuda menos quanto em relação aos ajudados. Isso gera autovalorização ou cria uma reputação que pode proporcionar vantagens sociais, materiais, políticas, entre tantas outras; uma fraude imoral que induz ao autoengano, com nada do que se orgulhar. Essa sensação se traduz no conceito de *warm-glow*: uma espécie de brilho caloroso simbólico que demonstra o estado emocional de satisfação em doar. Pode ser dinheiro, sangue, roupas usadas, comida, tempo, conhecimento, o que for: o que conta é o pensamento de ter feito algo de bom, não a real utilidade prática da ação, muitas vezes difícil de ser mensurada e avaliada.

À luz da psicologia evolucionista, há razões darwinianas que podem explicar a necessidade humana de praticar o altruísmo. Um, a "seleção de parentesco", que envolve os sacrifícios que as pessoas fazem por sua família biológica. Dois, o "altruísmo recíproco", que não depende de genes compartilhados e que também acontece em várias espécies animais, pressupondo o benefício mútuo. Três, a vantagem de ter uma "reputação de generosidade", o que pode ser bem conveniente. E quatro, a "pura ostentação" com o intuito de, ao doar, impor o seu poder e demonstrar a sua riqueza, como acontece na circulação do *potlatch* nas tribos do Pacífico. Mas nem tudo é tão especulativo assim: pesquisadores da Universidade de Oregon publicaram um estudo na revista *Science* no qual 19 estudantes receberam US$100 para doar anonimamente para caridade. Nos estudantes que doaram, a atividade cerebral demonstrou um brilho especial nos centros de prazer, demonstrando o efeito neurológico da generosidade.

Segundo o filósofo Thomas Nagel, o processo está associado a uma sensação de proteger, aliviar o sofrimento e ajudar o outro que nada mais é do que uma projeção de nossa necessidade de nos sentirmos, no futuro, também protegidos e ajudados.

CORPORATE WARM-GLOW: O BRILHO CALOROSO DAS CORPORAÇÕES

Objetivos: amplificar a percepção de altruísmo para as corporações.

Palavras-chave: benevolência, performance, greenwashing.

> É preciso sempre administrar a justiça antes de exercer a caridade.
>
> Nicolas de Malebranche

ALÉM DO ÂMBITO INDIVIDUAL, cuja promoção depende da capacidade do doador em investir na divulgação de sua própria doação, o efeito *corporate warm-glow* é perfeito para as corporações que se autopromovem com as ações sociais e culturais que apoiam ou implementam.

Nesse ambiente, há diversas interpretações para os níveis de altruísmo e benevolência. Uma empresa, por exemplo, que cria um centro de saúde nos arredores de sua fábrica no interior do nordeste do Brasil está preocupada com a saúde pública ou em manter saudáveis e bem atendidos seus funcionários, para que produzam eficientemente? E mais: poderia estar preocupada apenas com a autopromoção, divulgando suas benfeitorias como forma de relações públicas positivas?

O estudo da filantropia empresarial é controverso e a linha que separa a economia das trocas e dádivas da pura promoção é tênue. Alguns estudiosos[12] afirmam que não veem problema no fato de os programas de apoio social terem reflexos positivos na imagem, reputação ou *goodwill* da empresa patrocinadora. Consideram que as motivações das empresas resultam de razões altruístas, estratégicas, de cidadania e de prudência, integrando investimentos com caridade e repudiando a tese de que o interesse próprio é incompatível com fatores de ordem moral.

O fato é que concessão de donativos é uma dimensão da responsabilidade social, uma forma de atuação além das exigências legais e cujo eixo estruturante é composto por regras dos campos econômico e social, acarretando vantagens simultâneas para a empresa e para a comunidade. De um lado, promove a integração da organização na comunidade e reforça os laços entre a organização e seus funcionários. De outro, proporciona aumento da sua reputação, com reflexos positivos junto dos *stakeholders*. Em especial quando está articulada com a atividade principal da empresa, pode assumir caráter estratégico maximizando o resultado social com repercussões na atração de melhores recursos, promoção de vantagens competitivas e aumento da performance econômico-financeira. Esse é o modelo da maximização dos lucros, no qual uma organização eficiente equaciona o *trade-off* entre a redução dos lucros disponíveis no curto prazo, induzida pelos custos com a filantropia e a melhoria da sua reputação, com impactos positivos na performance econômico-financeira futura e, sobretudo, fundamenta a opção junto dos seus sócios e demais *stakeholders*, harmonizando eventuais pontos de vista conflitantes.[13]

O efeito *greenwashing* (ou "lavagem verde", promovendo discursos ecologicamente corretos em ações ou campanhas de empresas, ONGs ou governo, que não são verdadeiros na prática) é um bom modelo para esse raciocínio. Por estar na moda, por ser valorizado pelas pessoas, porque a concorrência ou seus *benchmarks* também fizeram, a marca divulga condutas que considera socialmente aceitáveis como benfeitorias para a empresa, para os consumidores e para o mundo — nem sempre verídicas e aferíveis —, em busca de espaço de notícia na mídia. Assim, pretende atrair a atenção de *stakeholders*, manter a integridade de imagem junto aos funcionários e novos colaboradores, melhorar sua reputação no mercado. Esse processo cria uma blindagem discursiva que pode melhorar momentaneamente a reputação da marca, mas que nem sempre se sustenta. A marca conseguirá reconhecimento quando as suas ações estiverem associadas às suas crenças, posturas e condutas de forma mais intensa, integrada, consistente. Caso contrário, é apenas algo efêmero, nada digno de nota, um falso brilhante.

Há ainda a sensação de doar porque o outro doou, compondo um status social, uma forma de inclusão — o que reproduz o ato do altruísta, mas possivelmente não reproduz sua sensação de satisfação. Nesse aspecto, pode-se criar uma escala na compaixão ou sentimento solidário, com diferentes compreensões:

- **"Eu faço a minha parte**; eles que façam a deles" (*welfare state*; uma reciprocidade forçada, por exemplo, com o pagamento de impostos);

- **"Eu ajudo, se ninguém está ajudando..."** (obrigatoriedade legal);

- **"Eu faço por você**, pois, se você estivesse no meu lugar, faria por mim" (equilíbrio da reciprocidade);

- **"Todo mundo faz, eu também"** (atos universais com objetivos diferentes);

- **"Eu faço o bem** sem esperar nada em troca" (foco no ato em si, não nas consequências);

- **"O governo é um bom cooperador"** (baliza em subsídios, reduções de impostos e ajuda financeira)

Cabe destacar que o altruísmo é despertado por uma série de influências sociais, considerando educação, ambiente familiar e círculos sociais, que reforçam a escolha autônoma individual com base na escala de valores de responsabilidade que cada um tem. Qual é a lógica do efeito de ajudar o próximo? A sensação de gratidão, que pode ser comparada à do aplauso, por ser uma estrutura de reconhecimento digna de aplauso. E a sensação do louvor, digna do elogio, que desperta sentimento de admiração pelos demais. Quando a boa vontade de alguém ou de alguma empresa é quantitativamente pequena se comparada a outras doações, esse processo que busca apenas o reconhecimento pode se fragilizar e até ser interrompido, pois deixa de ser eficiente no aspecto do doador: "é muito pouco para dar visibilidade; é melhor parar de investir, pois os outros estão investindo muito mais e gerando notícias com isso".

Eis aqui um importante contraponto: a relação desigual que as doações proporcionam, de forma condescendente, colocando em risco a dignidade da pessoa assistida quando representa uma correção muito parcial de uma distribuição injusta de riquezas. No caso das empresas, esse processo fica evidente quando uma comunidade ou cooperativa tem sua história apropriada para ações de comunicação e marketing cuja dimensão é bem maior e mais bem estruturada que a ajuda efetiva.

Jon Elster[14], inspirado nesse conceito, destaca que os juros podem imitar o altruísmo, assim como a prudência pode imitar a moralidade, e esta, a postura do bom samaritano. Para o autor, fazemos a coisa certa porque entendemos que, em última instância, é do nosso interesse; e mais: "fazer a coisa certa" é uma troca social de gentilezas, e bondades podem fluir de volta para nós (o conceito corporativo de *goodwill* é um bom exemplo).

O PAPEL DAS EMPRESAS: RESPONSABILIDADE SOCIAL

Objetivos: compreender as formas corporativas de colaborar com o bem social.

Palavras-chave: impacto social, valor social, valor econômico.

Todo gesto compromete, sobretudo o gesto generoso.

Roger Martin Du Gard

POR SUA POSIÇÃO ESTRATÉGICA no sistema capitalista, envolvendo grandes volumes de capital humano e material, as empresas são cada vez mais cobradas por sua atuação relacionada ao **bem social**. Essa postura vale para seus funcionários, com condições respeitosas de trabalho; para seus *stakeholders*, com acordos éticos e com governança corporativa; para os investidores, com transparência na condução dos negócios; para a sociedade, com ações e iniciativas que engrandeçam a comunidade; para a natureza, agindo de forma sustentável; para o futuro, medindo as consequências e o impacto de produtos e serviços na economia, no meio ambiente e na vida das pessoas.

Tudo impacta em tudo; não há ação isolada e nem pensamento isolado. A valorização dos *reputation index* como medida de *valuation* de um negócio, para além do faturamento, das margens de lucro, da quantidade de produtos exportados, do tamanho da fábrica, da quantidade de funcionários (entre outros quesitos que comparam as grandezas de um negócio), estimulou muitas empresas a refletirem além da pura promoção de vendas e a pensarem em seus legados.

Afinal, quanto tempo dura a alta da bolsa de valores para uma empresa que está em baixa na sacola de compras do consumidor? As chamadas dos noticiários demonstram diariamente a volubilidade desses índices, extremamente associada à postura dos líderes, à conduta da empresa.

Exemplos, inúmeros. Recentemente, uma multinacional do segmento alimentício foi notificada pela presença de soda cáustica em seus produtos, detectada quando alguns consumidores tiveram queimações na boca e no aparelho digestivo. A marca, em vez de assumir a culpa imediatamente e, depois, apurar as causas, esperou um mês para se pronunciar. De que adianta faturar alto, ter dezenas de submarcas e divulgar programas sociais se, em um caso de relevância máxima, a conduta vendida pela empresa em suas campanhas de comunicação não se retrata em seus atos? É mais fácil encontrar culpados: a empresa terceirizada, o fornecedor da cadeia produtiva que fica no interior, um funcionário que queria sabotar a marca... A empresa poderia ter uma postura proativa diante dessa externalidade (impacto negativo de sua atuação), mas se manteve na defensiva.

Outros modelos são os bancos, que investem em programas de revitalização ambiental e não reduzem seus gastos com papel; as empresas de embalagem, que não repensam seus modelos de produção, e sim investem em coleta seletiva... É tratar o sintoma, e não resolver o problema. E o mercado se acostumou com isso.

CASE Bolsa de Valores Socioambientais

LUCRO SOCIAL

A Bolsa de Valores Socioambientais (BVSA)[15] é uma iniciativa pioneira que conta com o apoio oficial da UNESCO e foi criada pelo Instituto BMF & BOVESPA para promover o encontro entre organizações socioambientais que necessitam de recursos e investidores dispostos a apoiar seus projetos em benefício de uma sociedade mais justa e igualitária. Desde 2016 é uma parceria com a Brazil Foundation, cooperadoras e coinvestidoras na BVSA

Acima de tudo, a BVSA visa construir uma cultura de filantropia de transformação social no Brasil. Nesse sentido, garante um processo transparente e seguro desde a escolha das organizações sociais até a implantação de cada um dos projetos, alinhados aos Objetivos de Desenvolvimento do Milênio (ODM) e com os Objetivos de Desenvolvimento Sustentável (ODS) da ONU.

De forma mais objetiva, o que as empresas podem fazer para construir não apenas uma boa imagem, mas um mundo melhor? Melhorar as condições de vida das pessoas, para que possam prosperar, viver com mais saúde e mais felicidade. Há ilhas de excelência e desenvolvimento, mas há ainda muita pobreza e desigualdade. Segundo relatório 2016 da Oxfam[16], organização britânica de combate à pobreza, cerca de 1% da população detém mais dinheiro que os outros 99% juntos. Além de recursos, essa elite econômica detém um importante poder: o de colaborar com a reversão da desigualdade econômica, reequilibrando a concentração de recursos.

Formas, há diversas. Uma, é por meio do **investimento social privado** (ISP). "O ISP consegue amenizar muito o problema e ter um impacto social brutal, caso os recursos sejam bem manejados", afirma Marcos Flávio Azzi[17]. Se um bilionário doar 1% de seus ganhos anuais para a filantropia — o que, para ele, é nada —, será muito em valores absolutos. Segundo pesquisas[18], o Brasil é o 9º país em quantidade de bilionários (49) e São Paulo está em 17º lugar no ranking de cidades com 24. E, hoje, esse público está muito isolado do dia a dia, do coletivo. Fica em uma "ilha de bonança", isolado da realidade que assola o país, mesmo os que convivem diretamente com os problemas sociais, ao contrário do que acontece em outros países mais desenvolvidos.

Além do investimento social privado, há outro modo desse 1% ajudar a reverter a concentração de recursos. "As pessoas de alta renda influenciam indevidamente o processo político-democrático, conseguindo benefícios do poder público, como vantagens tributárias que mantêm um sistema fiscal no qual quem tem mais paga proporcionalmente menos"[19]. O público de alta renda age contra seus interesses ao apoiar medidas que resultam em concentração de renda; no longo prazo, é de interesse deles também ter um sistema mais igualitário, pois sociedades mais iguais são comprovadamente mais seguras.

É importante destacar que muitos dos negócios com impacto social positivo começam como estratégias de **responsabilidade social corporativa** (CSR), envolvendo as empresas. Quem pode desenvolver negócios com impacto social? Todos os tipos de empresas, pequenas, médias e grandes. O processo evoluiu do filantropismo para a responsabilidade social, e então para os **negócios com impacto social**.

Para mensurar o **valor econômico**, existe uma só variável: o valor monetário criado pela atividade, respeitando padrões internacionais financeiros como retorno de investimento, margens operacionais e líquidas. Para mensurar e analisar o **impacto social de um negócio social**, é mais complexo. Como avaliar os impactos positivos? Quais são os indicadores que devem ser considerados?

Entra em cena o **valor social**: valores e princípios que regem o campo social, considerando cooperação, solidariedade, compromisso com a diversidade, inclusão social, geração compartilhada de riquezas e preservação ambiental. A sua missão é criar novas oportunidades que gerem bem-estar, poder e renda (não apenas produtos e serviços) para as mais diversas pessoas.

Para a base da pirâmide, por exemplo, descontados todos os empecilhos jurídicos, culturais e simbólicos, o valor social pode ser resumido em aspectos tangíveis (acesso a bens/serviços e geração de renda) e intangíveis (resgate da cidadania e desenvolvimento do **capital social** que abarca princípios como reciprocidade, confiança, cooperação mútua).

A análise e as avaliações partem de um desempenho não financeiro. E podem ter como obstáculo falta de informações, dificuldades metodológicas na padronização e estruturação dos dados, e falta de instituições que legitimem os resultados. A alternativa está em estudar a cadeia de valor de forma parametrizável. Dessa forma, são passíveis de mensuração o volume de recursos investidos pelos meios em questão; e os resultados em produtos diretos e tangíveis obtidos imediatamente, como número de clientes, quantidade de produtos vendidos, volume de crédito concedido...

Para obter resultados de médio e longo prazo e saber as mudanças geradas na qualidade de vida das pessoas expostas ao negócio, assim como para mensurar resultados a longo prazo que excluem a intervenção do negócio, o processo é mais complexo. A avaliação qualitativa é fundamental para estruturar impactos, mecanismos e grau de extensão junto ao público beneficiado.

Outro detalhe importante são os níveis de valor atribuídos pelos *stakeholders*: os investidores querem maximizar o retorno social dos investimentos; os empreendedores e gestores querem realização pessoal, conquistas em políticas públicas; o público beneficiado na atividade quer melhora no acesso a serviços e produtos resultantes do beneficiamento.

O Papel das Empresas: Responsabilidade Social   175

Nesse ambiente surgiram novos e mais específicos conceitos, que passaram a nortear as decisões de mercado — desde tecnologias verdes para desenvolver novos modelos de negócios inclusivos até o conceito de TBL, ou *triple bottom line,* com a integração "sociedade, economia, ecologia", cunhado em 1994 por John Elkington[20], fundador da consultoria britânica SustainAbility. Em sua visão, as empresas deveriam se preparar para três *bottom lines* diferentes e separados, alinhados com os lucros corporativos (ganhos e perdas), as questões pessoais (responsabilidade social) e a preocupação com o planeta (responsabilidade ambiental).

Uma vez transformadas em métricas aferíveis, as empresas começam a prestar atenção nesses fatores, em uma era que prevê cortes radicais de custos, como também aumento nos índices de reputação das marcas. Dentre as críticas, a complexidade de se avaliar, com um mesmo peso, pessoas e planeta. São métricas diferentes, resultados diferentes, intenções diferentes, e nem tudo é mensurável em termos monetários apenas[21].

Segundo D. Young[22], dentre os formatos das iniciativas ligadas ao direcionamento de marketing e responsabilidade social de diversas empresas, há diversos conceitos, como filantropia empresarial (organização com fins lucrativos que destina recursos para programas sociais como estratégia competitiva), empresa com propósito social (organização com missão social com eficiência de mercado), organização com dupla finalidade (com foco em gerar recursos para *stakeholders* e atingir as metas sociais), projeto para gerar fundos (atividade de organização concebida para gerar receita), projeto para finalidade social (atividade de organização concebida para objetivos sociais), projeto híbrido (tanto para produzir receitas quanto para contribuir com a missão social da empresa).

A HISTÓRIA DA VISÃO SOCIAL CORPORATIVA

Objetivos: traçar a linha do tempo da história da filantropia social no Brasil.

Palavras-chave: responsabilidade, filantropia, virtude, organização.

> Tua vida é o que deste.
>
> Georges Séferes

AS PRIMEIRAS AÇÕES SOCIAIS registradas nas empresas datam do século XVII, com doações dos empresários para ações sociais sem vinculação direta com o seu *core business*. A partir de 1960, empresas norte-americanas passaram a destinar uma pequena porcentagem de seu faturamento para suas próprias fundações. Em 1962, o influente teórico e economista do liberalismo econômico Milton Friedman declarou: "poucas tendências podem minar tão profundamente as bases de nossa livre sociedade como a aceitação pelas corporações de uma responsabilidade social diferente da de lucrar o máximo possível para os seus acionistas".[23] Já em 1970, no ensaio *A responsabilidade social do negócio é aumentar os lucros*[24], registrou que "há uma, e apenas uma, responsabilidade social das empresas: usar seus recursos e suas energias em atividades destinadas a aumentar seus lucros, contanto que obedeçam às regras do jogo e participem de uma concorrência aberta e livre, sem danos ou fraudes", recomendando que ações de altruísmo não sejam feitas com o dinheiro corporativo, e sim com recursos pessoais dos benfeitores.

O surgimento de um conceito teórico estruturado sobre **responsabilidade social** data da década de 1950, quando "a literatura formal sobre responsabilidade social corporativa aparece nos Estados Unidos e na Europa. A preocupação dos pesquisadores daquela década era com a exces-

178 ECONOMIA DAS TROCAS HUMANITÁRIAS

siva autonomia dos negócios e o poder destes na sociedade, sem a devida responsabilidade pelas consequências negativas de suas atividades, como a degradação ambiental, a exploração do trabalho, o abuso econômico e a concorrência desleal. Para compensar os impactos negativos da atuação das empresas, empresários se envolveram em atividades sociais para beneficiar a comunidade, fora do âmbito dos negócios das empresas, como uma obrigação moral."[25] Desde então, houve várias tentativas de criar definições, como:

> responsabilidade social corporativa é um comprometimento permanente das empresas de agir eticamente e contribuir para o desenvolvimento econômico enquanto melhoram a qualidade de vida de seus colaboradores e familiares, assim como da comunidade local e da sociedade como um todo.[26]

Segundo o Instituto Ethos, a responsabilidade social segue a forma da sustentabilidade e responsabilidade para desenvolver negócios a longo prazo, modificando o modelo com foco em produtos, processos e serviços para um modelo em que princípios como ética e transparência ganham valor e são sistematizados para a eficiente implementação nas empresas.

Por sua vez, a **filantropia empresarial** surgiu como um novo campo de atuação que vem conquistando crescente visibilidade no Brasil, vindo compartilhar e disputar espaços com outras formas de ações privadas em benefício público. No entanto, a expressão "filantropia empresarial" está associada a referências históricas como caridade, paternalismo e assistencialismo, que têm uma conotação negativa porque não trouxeram transformações sociais e econômicas efetivas para o desenvolvimento das comunidades.

Sua história remonta à filantropia[27] no século XVI, quando a Igreja Católica, financiada pelo Estado, se responsabilizava por grande parte das instituições assistencialistas à população especialmente nas áreas de educação e saúde (escolas, creches, hospitais, asilos, orfanatos). Como princípios, a solidariedade e a caridade. Já no século XX, outras religiões seguiram o mesmo caminho na mesma época em que o Estado começou a intervir de forma mais intensa na gestão administrativa e financeira dessas organizações, de quem dependiam financeiramente, especialmente com a vinda dos imigrantes.

> A caridade é piedosa por excelência e pressupõe a abdicação de vaidade de seu autor, mantendo o anonimato como valor máximo; já a filantropia, gesto de utilidade, usa a publicidade como força, estimulando a visibilidade da obra e gerando disputa entre os benfeitores.
>
> Duprat[28]

Com a industrialização e urbanização, entre 1920 e 1930, surgiram novos problemas sociais, que originaram os sindicatos, as associações de classe, as associações e confederações de trabalhadores para auxiliar operários, funcionários públicos e empregados do comércio e de serviços, trazendo novas práticas de assistência ao setor privado. Em 1935, foi promulgada a lei de declaração de utilidade pública, regulamentando a colaboração do Estado com todas as instituições filantrópicas[29].

A caridade nos séculos passados difere do modelo atual em diversos aspectos. Um dos mais notáveis diz respeito à preocupação catequizadora dos voluntários. Benefícios concedidos pelo Estado às entidades beneméritas costumavam ser uma ação direta do monarca ou do presidente. Só no Estado Novo, com o presidente Getúlio Vargas, a relação do governo com a assistência social foi formalizada com a criação, em 1938, do Conselho Nacional do Serviço Social. Foi o primeiro espaço institucional dentro do governo na esfera do amparo social. Há mais de um século, a assistência é vista como uma forma de ajuda aos que precisam. Atualmente, já existe um enfoque mais refinado e politicamente mais correto. Entende-se a filantropia como a defesa dos direitos dos assistidos. Trata-se de assegurar o acesso de todos os brasileiros à educação, alimentação e saúde.

No período de 1940 a 1950, surgiram diversas organizações partidárias, estruturando o movimento sindicalista. Durante o período militar, de 1960 a 1970, para demarcar o afastamento da dependência do Estado nessas questões assistencialistas, surgiram as **ONGs**[30] (organizações não governamentais), difundindo a cidadania e defendendo direitos públicos, civis e humanos em uma sociedade ainda hierarquizada e desigual, cenário que se manteve entre 1970 e 1980, fortalecendo o surgimento dos movimentos sociais reivindicando direitos sociais para as minorias e fortalecendo a oposição diante do autoritarismo político da época. Como fonte de renda, agências de cooperação internacional.

A partir da Constituição de 1988, no início da etapa de redemocratização do Brasil, aumenta proporcionalmente a quantidade e a variedade de associações atuando diante da ineficiência do Estado, em especial na área social. Nesse momento, as ONGs (conjunto de organizações do terceiro setor[31], como associações, cooperativas, fundações, institutos) se transformam em alternativa para a demanda por serviços sociais da população menos favorecida para a qual nem o Estado e tampouco os agentes econômicos têm interesse e/ou capacidade de atender.

Na década de 1990, com a redução desses investimentos internacionais, o setor empresarial começou a atuar mais fortemente no campo social, criando suas próprias fundações e institutos. Como marcos, a criação do GIFE (Grupo de Institutos, Fundações e Empresas) e do Instituto Ethos de Empresas e Responsabilidade Social (http://www3.ethos.org.br).

Hoje, quando se pensa em filantropia empresarial, há um consenso sobre a exigência de que esse investimento ocorra como uma política da empresa, e não somente como um compromisso pessoal do empresário. Com isso, surgiram termos alternativos para designar as ações próprias a esse campo, como **investimento social, ação social empresarial, participação social** ou **comunitária da empresa**, e **desenvolvimento social**. O sustentável é uma nova forma de fazer negócios, que tem como pressuposto o novo papel da empresa na sociedade. Sustentabilidade e responsabilidade social trazem para o modelo de negócios a perspectiva de longo prazo, a inclusão sistemática da visão e das demandas das partes interessadas, e a transição para um modelo em que os princípios, a ética e a transparência precedem a implementação de processos, produtos e serviços.

Assim desenvolve-se o chamado **setor social** ou **terceiro setor**, termo criado em 1970 por pesquisadores norte-americanos para definir uma terceira via entre o Estado e o setor privado, objetivando atender necessidades coletivas da sociedade.[32] Trata-se de um conjunto de organizações da sociedade civil de direito privado e sem fins lucrativos que realizam atividades em prol do bem comum. É composto por instituições como as organizações não governamentais e as organizações da sociedade civil de interesse público.

Nesse período surgem as parcerias e alianças entre empresas e instituições do terceiro setor, trazendo a visão profissionalizada e financeiramente sustentável do mercado para a gestão das entidades e, assim, influenciando a estruturação das OSCs (**organizações da sociedade civil**). A partir dos anos 2000, surge o conceito de "**negócios com impacto social/inclusivo/na base da pirâmide**", um formato financeiramente sustentável, o modelo de negócios sem fins lucrativos. Em paralelo, o processo evoluiu também com parcerias junto às ONGs.

ESTÁGIOS do Setor Social

Austin[33] estruturou o processo social corporativo em três estágios:

- **Filantrópico:** empresas oferecem doações em espécie ou em produtos de acordo com as necessidades da instituição. Nem sempre o processo está conectado ao *core business* da empresa ou faz parte de um planejamento estratégico integrado; assim, o nível de engajamento dentro da empresa é baixo. Muitas vezes, a associação se dá por caridade e serve apenas para a imagem de benevolência, comprometimento e responsabilidade da empresa. Por exemplo, uma participação pontual na campanha do agasalho ou uma doação esporádica para um programa de ação social promovido pela mídia;

- **Transacional:** maior interação entre empresa e ONG, com alinhamento de estratégicas e missões, gerando a percepção e possivelmente o envolvimento de funcionários, colaboradores e fornecedores da empresa. Podem ser ações de patrocínio, licenciamento, programas de voluntariado, projetos especiais, ações de *co-branding*, entre outras opções. Por exemplo, uma ótica que faz parceria durante um ano com uma instituição dedicada à saúde dos olhos de crianças carentes, ambas objetivando a saúde e a educação da população para o assunto;

- **Integrativo:** integração completa entre empresa e causa social, praticamente como uma *joint venture*. Aos olhos do mercado, as causas são integradas; fala-se de uma, e a outra vem de carona. A mobilização dentro e fora da empresa é grande, pois as marcas são indissociáveis, gerando alto nível de engajamento e mobilização. E a troca de expertises também é alta: a empresa com know-how de gestão de recursos e de projetos;

a ONG com o entendimento das demandas sociais. Como exemplo, muitas empresas que possuem seus próprios institutos e os promovem em todas as suas ações de marketing e comunicação, inclusive nos processos de recrutamento (capacitação de mão de obra), produção (treinamento de fornecedores), distribuição (parceiros "amigos" da ONG), e consumo (envolvendo os consumidores na causa com doação de determinado valor, apoio a determinada ação, participação em determinados eventos).

DIFERENTES VISÕES DE NEGÓCIOS SOCIAIS

Objetivos: classificar modelos de negócios, de empresas e de negociações à luz do "social".

Palavras-chave: capitalismo, boa ação, negócio justo.

> Negócio social deve maximizar o social, não a riqueza individual.
>
> Muhammad Yunus

A ECONOMIA DAS DÁDIVAS desperta questões paradoxais sobre os limites entre o puramente social e o estrategicamente econômico nas inúmeras trocas que proporciona, em seus diversos panoramas, paradigmas e espaços de trocas. Muhammad Yunus[34], professor de teoria econômica e vencedor do Prêmio Nobel da Paz, que multiplicou a ideia do microcrédito mundo afora, defende que é muito complicado existirem simultaneamente interesses sociais e econômicos — logo, não faz sentido a existência das organizações híbridas. Esse raciocínio vai contra outros estudiosos de mercado que não veem nenhum problema na geração e compartilhamento de lucro, pois essa é a lógica do mercado.

Assim, considera dois tipos de empresas. Aquelas que oferecem benefícios sociais em vez de lucro para proprietários, e que pertencem a investidores que buscam objetivos sociais, tais como "redução da pobreza, saúde para os pobres, justiça social, sustentabilidade global, e buscam satisfações psicológicas, emocionais e espirituais, em vez de recompensa financeira"[35]. E aquelas que favorecem as empresas de pobres ou desfavorecidos, maximizando seus lucros e gerando dividendos para beneficiá-los. Para Yunus, um negócio social é diferente de uma ONG, pois há a possibilidade de geração de lucros; estes, porém, devem ser reinvestidos na organização, e não partilhados como distribuição de dividendos. Por outro lado, acredita no formato de *joint ventures* com empresas como negócios sociais, promovendo benefícios e desenvolvimento social. Traduzindo, os investidores podem recuperar o capital investido, mas não têm direito a lucro e dividendos, a não ser que pertençam às comunidades beneficiadas a título de melhora de qualidade de vida — o que torna mais desafiadora a questão da distribuição de lucros, das escalas e das parcerias.

Na contramão desse raciocínio, tanto Stuart Hart, professor de administração na Universidade de Cornell e estudioso da sustentabilidade e da base da pirâmide, quanto Michael Chu, professor da Harvard Business School e investidor de projetos para a população de baixa renda, são defensores da distribuição de lucro para atrair investidores e acelerar o processo. Ganhar dinheiro e fazer o bem ainda é um território polêmico e uma estrada a se construir — mais que teorizações, está faltando prática para promover a tão demandada mudança social nas classes menos favorecidas financeiramente.

Por sua vez, no **capitalismo consciente**, os interesses de todos os *stakeholders* devem ser integrados — a responsabilidade social está no centro no negócio, motivado por um propósito maior: existe um negócio inserido em uma sociedade, inserida em um planeta. Para funcionar, é fundamental a manutenção dos princípios, com máxima seriedade, pois boas ações devem estar em sinergia com o objetivo da empresa e a criação de valor para o sistema inteiro. Como o modelo de negócio é diferente do tradicional, propondo sinergias para além do mero *trade-off*, requer liderança consciente: culturas sólidas, confiáveis, autênticas e inovadoras para o trabalho ser fonte de crescimento pessoal e profissional. Nesse formato, para além de riqueza monetária, propõe-se a criação de diversas riquezas: cultural, emocional, espiritual, física e ecológica para todos os *stakeholders*. Pensando de forma sistêmica, quanto maior a empresa, maior o seu impacto. Por isso, é fundamental investir onde se faz a diferença; e economizar onde não se agrega valor.

Já a **responsabilidade social corporativa** tem características bem específicas: os acionistas se sacrificam pela sociedade, a cultura corporativa não interfere diretamente, os objetivos de negócios têm visão mecanicista e carga ética, os departamentos são isolados ou autônomos, há limites na sobreposição entre empresa e sociedade e empresa e planeta — por isso pode ser confundida com gesto de caridade ou *greenwashing*. Como exemplo, qualquer tipo de boa ação, não necessariamente implicando na performance dos negócios.

Para além desses conceitos, há diferentes visões de negócios que devem ser consideradas antes de empreender qualquer modelo de atuação social — algumas referências na listagem abaixo, classificada quanto ao tipo de empresas, negócios e negociação, para facilitar o entendimento. Afinal, divulgar qualquer informação sobre uma empresa é fácil. Manter a legitimidade das informações é a grande questão, apresentando projetos que coloquem fim ao comportamento oportunista e gerem estrutura de governança.

- **Quanto à classificação das empresas:**

    Empresas sociais:

    Possuem orientação empresarial, porém objetivos sociais, oferecendo serviços da esfera do setor público a custos mais baixos. São empresas comerciais com fins sociais e ambientais; seus lucros são reinvestidos para reforçar a missão para uma mudança positiva, e seus excedentes também são reinvestidos na própria empresa ou na comunidade, em vez de maximizar lucros de acionistas e proprietários. "Empresas sociais descrevem organizações que se baseiam na troca como sua principal fonte de renda e que se consideram como negócios. São radicalmente diferentes das privadas, pois, apesar de ambicionarem lucros, priorizam ética e seus valores; têm como missão cumprir objetivos sociais acordados e mensuráveis; são governadas e administradas em regime de empresa democrática e social".[36]

    Na Europa, são chamadas de Emes: Emergence of Social Enterprise in Europe. Como exemplos de impacto positivo, a geração de renda para a comunidade, o fortalecimento do capital social, a valorização de princípios como solidariedade, ética e reciprocidade.

    Empresas cidadãs[37]:

    Compreendem as empresas como sendo cidadãs responsáveis, atentas às necessidades locais, nacionais e globais. Pode ser o apoio a ONGs ou comunidades locais por meio de ações de engajamento e voluntariado, desde que a estratégia faça sentido para realmente mobilizar o tempo, a energia e o dinheiro investidos. Com a velocidade da troca de informações entre as pessoas, a veracidade dos fatos fica mais fácil de ser comprovada, fragilizando a imagem das empresas que fazem uso desse tipo de ação para se autopromoverem ou são manipuladas por governos ou ativistas sociais (corporativismo). Como exemplos, projetos que envolvam toda a cadeia de negócios: além da equipe interna, clientes, fornecedores, distribuidores... compartilhando os mesmos objetivos e uma mesma causa. Essa corrente de mudança traz benefícios para todos: as comunidades (com melhores perspectivas), as empresas (com modelos de gestão mais conscientes e humanos) e, principalmente, os indivíduos (com o desenvolvimento pessoal).

B Corporations (Benefit Corporations):

Agente direto de resolução de problemas sociais e ambientais, certificadas por instituições sem fins lucrativos, as *B Labs*, que garantem cumprimento de exigências para desempenho social e ambiental. Menos competitivas que estruturas controladas por proprietários ou ONGs. Não há benefícios com deduções fiscais sobre os investimentos ou doações feitos para essas empresas. Exemplos em: https://www.bcorporation.net/community/find-a-b-corp

- **Quanto à classificação do modelo de negócios:**

Negócios sociais inclusivos:

Organizações ou empresas que geram a mudança social por meio de atividades de mercado. Não basta ser autossustentável; é preciso ser rentável e ter como premissa básica a transformação dos padrões de vida da população de baixa renda. Permitem trabalho colaborativo e inclusivo, que gera acesso a bens de consumo que impactam nas condições de saúde e na capacitação dessas populações marginalizadas, possibilitando mudança de padrões de vida. Geram emprego e renda com qualidade para grupos com baixa mobilidade no mercado de trabalho. O foco dos negócios sociais está na visão sistêmica dos problemas sociais, atendendo às demandas das regiões onde atuam. A lógica dos negócios é utilizada na busca de soluções para o crescimento dessas carências — missão diferente de empresas que buscam apenas crescimento de negócio e lucro — e se encaixa perfeitamente a associações e fundações, pessoas jurídicas de direito privado sem fins lucrativos. Segundo o empreendedor social argentino Pablo Ordoñez[38], nos negócios de cunho social, vale a métrica de "ganhar em escala pela soma de vários pequenos parceiros, e não pelo crescimento de uma única organização".

Como exemplos e modelos de expansão, as cooperativas[39] e empresas autogestionárias, as PMEs (pequenas e médias empresas), as OSCIPs[40] (organizações da sociedade civil que têm o poder de implementar bases de confiança para a construção de um relacionamento entre empresas e comunidades; facilitam o diálogo e auxiliam na identificação de novas oportunidades de negócios), e a valorização de parceiros locais (outras OSCIPs, empresas e lideranças comunitárias) a quem transferem o aprendizado para construir soluções locais mais pertinentes e ágeis.

Negócios com impacto social:

"Qualquer atividade empresarial que tenha impacto social dentro de sua ação de negócio, nas mais diversas formas jurídicas: corporações, empresas limitadas e organizações sem fins lucrativos."[41] Trata-se de uma empresa com objetivos sociais ou unidade de negócios associada à empresa tradicional; demonstra uma evolução dos objetivos das empresas. As multinacionais têm papel fundamental na solução de problemas sociais e ambientais; nesse caso, a empresa precisa oferecer mais que benefícios sociais com base em salários, investimentos e pagamentos de impostos, pois há espaço para valor compartilhado entre progresso social e econômico. É o impacto positivo para a sociedade, além do impacto lucrativo para a empresa. Adequado também a grandes corporações, gerando lucro e impacto social, porém diferente de uma ONG — o ciclo de vida desses negócios tem etapas bem claras: startup, crescimento, expansão; e, em todos, há a necessidade de investimentos, de recursos para viabilizar o andamento do projeto. Como exemplos, formas de financiamento que uma empresa tradicional poderia oferecer: dinheiro próprio; ajuda de familiares e amigos; doações; subvenções econômicas, empréstimos subsidiados com taxa fixa e com taxa variável; e participação acionária. Um modelo é a Artemisia[42], organização sem fins lucrativos "pioneira na disseminação e no fomento de negócios de impacto social no Brasil, com a missão de inspirar, capacitar e potencializar talentos e empreendedores para uma nova geração de negócios que rompam com os padrões precedentes e (re)signifiquem o verdadeiro papel que os negócios podem ter na construção de um país com iguais oportunidades para todos, gerando negócios de impacto social".

- **Quanto à classificação do modelo de negociações:**

Para trazer alternativas à população de baixa renda ou aos novos empreendimentos, surgiram conceitos como comércio justo, microfinanças e moeda social — um vislumbre de humanidade em meio às agruras do mercado financeiro.

Comércio Justo (Fair Trade)[43]:

São parcerias comerciais com base no diálogo, transparência e respeito para buscar maior equidade nas relações comerciais e para contribuir com o desenvolvimento sustentável por meio de melhores condições de troca e da garantia de direitos para produtores e trabalhadores marginalizados. O Comércio Justo (CJ) é um movimento internacional, criado nos anos 1960 na Holanda, fundamentado na promoção de uma aliança entre todos os atores da cadeia comercial, dos produtores aos consumidores, excluindo intermediários não necessários, visando denunciar as injustiças do comércio e construir princípios e práticas comerciais mais justos e coerentes. No portal do Ministério do Trabalho, Comércio Justo e Solidário (CJS)[44] é um sistema ordenado de parâmetros que visam promover relações comerciais mais justas e solidárias, articulando e integrando os Empreendimentos Econômicos Solidários e seus parceiros colaboradores em todo o território brasileiro. Como exemplo, as cooperativas que são auditadas, fiscalizadas e usam o selo oficial do Comércio Justo (FLO, *Fairtrade Labelling Organizations International*[45]). No Brasil, cerca de 25 cooperados têm certificação, exportando uma média de US$50 milhões por ano; desse total, US$20 milhões correspondentes ao café. Dentre os clientes, a rede Starbucks[46], maior compradora desse tipo de café no mundo. No site da empresa, há um campo específico "Comércio Justo (*Fair Trade*)" para uma qualidade de vida melhor. O café certificado de Comércio Justo (*Fair Trade*)™ possibilita que pequenos produtores organizados em cooperativas invistam em suas fazendas e comunidades, protejam o meio ambiente e desenvolvam as habilidades comerciais necessárias para se competir em um mercado global.

Microfinanças:

Empréstimos envolvem dinheiro e a tomada de crédito, porém com a obrigatoriedade da devolução, inclusive com juros. Segundo estudos, para cada um dólar oriundo da produção de bens e serviços, há quatro dólares em ativos financeiros; o processo é impiedoso e a não devolução implica em uma verdadeira bola de neve. O estudo das microfinanças envolve não apenas o microcrédito, mas também uma série de soluções para o bem-estar dos menos abastados, tais como seguro, poupança e acesso a meios de pagamento para indivíduos cujas informações são escassas, cujas garantias são inexistentes e cuja capacidade de investir com custos operacionais das transações é baixa. Essa área da economia vem crescendo em escala e trazendo diversas inovações, relacionadas às necessidades de cada país ou região em questão, tais como o modelo de empréstimo em grupo, com responsabilidade conjunta — pessoas espontaneamente montam um grupo e, em caso de inadimplência de um integrante, os demais pagam a parcela correspondente sob risco de não conseguir obter mais créditos. Nesses casos, o papel do agente de crédito é fundamental, validando e acompanhando o processo de perto, com atendimento próximo e diferenciado para seus clientes. Os empréstimos são progressivos, aumentando de acordo com a assiduidade dos pagamentos. As taxas de juros são menores que as aplicadas aos microempreendedores. Os pagamentos podem ser feitos semanal ou quinzenalmente, facilitando o fluxo de caixa dos tomadores do empréstimo. E há uma priorização de empréstimos para as mulheres, diferentemente das regras clássicas do mercado financeiro, graças a seu papel estratégico e nutriz na família e na sociedade; e ao seu *empowerment* na contemporaneidade: mais autonomia, autoridade e legitimidade. Essa regra é decisiva para as transformações sociais, especialmente em um país como o Brasil, onde, segundo o IBGE, 33% das familiares possuem mulheres como referência. Como exemplos, os diversos "**Bancos do Povo**" que surgiram a partir de 1990 ligados a governos estaduais e municipais; as instituições de microfinanças reguladas e com finalidade de lucro que foram implementadas a partir da Lei 10.194 de 2001; a Lei 10.735 de 2003, que destina parcela (2%) dos depósitos à vista de bancos comerciais, múltiplos, com carteira comercial e da Caixa Econômica Federal para o microcrédito; e a criação do Programa Nacional de Microcrédito Produtivo Orientado (PNMPO), institucionalizado pela Lei 11.110 de 2005 no Âmbito do Ministério do Trabalho e Emprego MTE.

Moeda social:

Normalmente são implementadas em regiões com baixo índice de desenvolvimento humano para estimular a economia local. Podem ser utilizadas apenas dentro de uma comunidade, tanto como financiamento para produtores e comerciantes quanto para os consumidores locais. Em ambos os casos, a tomada de crédito não implica em juros e é concedida pela reputação do tomador, legitimada por integrantes da comunidade, como vizinhos, que se transformam em seus avalizadores. O funcionamento é simples: cada moeda social equivale a um real no banco; a comunidade usa essa moeda em estabelecimentos cadastrados no banco comunitário, e depois esses estabelecimentos trocam a moeda, pagando uma pequena taxa que é revertida em investimentos para a própria comunidade. Ganha o consumidor, que aumenta seu poder aquisitivo comprando na comunidade, e os estabelecimentos, com a fidelidade. Segundo dados[47] de junho de 2014, existem no Brasil mais de 100 moedas sociais além do Real gerando lucro e emprego para a comunidade. Uma moeda social, assim como um banco social, são de propriedade da comunidade e não necessitam de autorização do Banco Central para existir; precisam apenas comunicar que estão em funcionamento. Como exemplo, a moeda social "palmas", que surgiu em 2000 no Banco Palmas, primeiro banco comunitário do Brasil, fundado em 1998 para beneficiar o Conjunto Palmeira, um bairro da periferia de Fortaleza. Com o sucesso do empreendimento, foi criado, em 2003, o Instituto Palmas[48], responsável pela abertura da maioria dos bancos comunitários no país e pela emissão do selo e elementos de segurança que evitam a falsificação. Em 2014, o Instituto Palmas trabalhou em 14 municípios, beneficiou 48.445 pessoas e movimentou R$40.571.212,51; como grande novidade, o Palmas e-dinheiro, que funciona para quem tem ou não tem internet, smartphone, conta bancária e cartão de crédito, democratizando o acesso a serviços financeiros e bancários pela população de baixa renda. Outro exemplo é o Banco Bem[49], cuja moeda "bem" já é utilizada por mais de 30 mil habitantes de Vitória, no Espírito Santo, e cujos serviços incluem linhas de crédito para consumo, habitacional e produtivo.

Mas o Brasil não é o único a circular esse tipo de dinheiro. Na Argentina, por exemplo, após a crise econômica de 2001, as moedas sociais chegaram a atingir quase um milhão de pessoas. Há iniciativas também no México, na Bolívia, no Chile, no Peru, na Austrália, no Japão, nos Estados Unidos, na França, na Inglaterra, na Bélgica, entre outros.

O Banco Palmas assemelha-se ao suíço Banco Wir, criado em 1934, e é mais "avançado" que o indiano Grameen Bank, do Nobel da Paz de 2006, Muhammad Yunus, já que "ajuda mais seus clientes a sair da pobreza" (tem juros mais baixos). Moedas sociais como o palma e o wir promovem trocas que de outra forma não existiriam, e ocupam vácuo de liquidez em tempos de recessão; deve haver cerca de cinco mil no mundo. Generalizar bancos do tipo Palmas como ferramenta de redução de tensão social é precedente importante que países desenvolvidos, somados à Suíça, devem seguir. Como o Palmas, o Wir faz transações tanto em wir quanto em francos suíços, porém em proporções maiores: envolve 65 mil negócios e movimenta cerca de US$2 bilhões/ano.

Bernard Lietaer [50]

Rede de Bancos Comunitários no Brasil

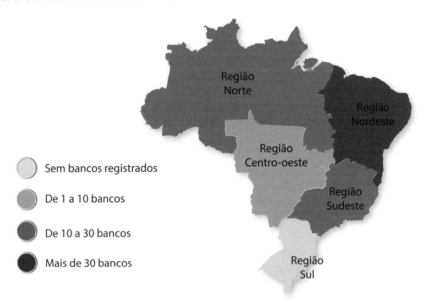

Fonte: institutobancopalmas.org
Dados de 2014

- **Quanto à classificação de modelos de capitalismo:**

Capitalismo de valor compartilhado:

Apresentado por Michael Porter e Mark Kramer em 2011: práticas que tornam empresas mais competitivas ao mesmo tempo em que melhoram o bem-estar econômico e social das comunidades onde atuam. A proposta é amplificar o conceito de valor pensando em valor não apenas para acionistas como também para a sociedade, tendo em mente as necessidades sociais: habitação, energia, saneamento e saúde. Ganhos com propósito social são uma forma mais elevada de capitalismo. Difere do capitalismo tradicional por focar na criação de valor para a sociedade além da riqueza para os acionistas, e tem como máxima: empresas não prosperam por muito tempo se estão instaladas em sociedades com limitações; é preciso considerar os valores humanos além do valor econômico. Faltam ferramentas para aferir resultados. Como dicas: repensar produtos para que agradem consumidores e criem ganhos sociais; adotar cadeia de valor mais eficiente e sustentável, estimulando o desenvolvimento local.

Capitalismo criativo:

Visão de Bill Gates apresentada em Davos, 2008. Como foco: empresas devem expandir atuação de forças de mercado de forma a beneficiar mais pessoas situadas na extremidade inferior do especto da renda, e devem trabalhar junto a ONGs e governos para atender necessidades dos mais pobres e investir em inovações para a base da pirâmide. Aplicável para produtos com altos custos fixos e baixos custos variáveis (precificação flexível). Em vez da maximização do lucro, pressupõe maximização do impacto, envolvendo cruzamento de informações de clientes mais ricos ou mais pobres. Esbarra por ser extensão do modelo tradicional de negócios. Como exemplos, foco em baixa renda, na estratégia de preço e na criatividade e inovação para garantir larga escala.

Capitalismo natural:

Apresentado em 1999 por Paul Hawken, Amory Lovins e Hunter Lovins. Tem como base o fato de os recursos naturais serem finitos e carecerem de proteção e preservação. Avalia o capitalismo tradicional ou industrial como enganoso por não considerar insumos críticos como recursos naturais, sistemas vivos e capital humano, que, uma vez desequilibrados, colocam em risco todo o ecossistema: a natureza oferece grátis a cada ano serviços na ordem de US$33 trilhões.

Capitalismo entre amigos ou de compadrio:

Antiético; grave ameaça à liberdade e bem-estar pela cooptação e favorecimento baseado em relações políticas. Lucros elevados e livres de impostos; spreads bancários. Define distorções especialmente no setor financeiro: remuneração pessoal.

- **Quanto à classificação de modelos de filantropia:**

Filantropia corporativa:

As trocas comerciais já são de grande valia para as comunidades; e, como tudo no âmbito corporativo prevê validação e pressupõe retorno, é importante que todos estejam de acordo com o direcionamento desses investimentos, feitos de modo responsável. Nem sempre o retorno é em faturamento; pode ser em bem-estar social, em melhoria no clima corporativo. Como exemplos, as doações de tempo, dinheiro e know-how, que podem fortalecer as relações com essa comunidade e fazer sentido com o propósito das corporações.

Doações:

Dentre as fontes de investimentos estão os institutos, fundações, área de responsabilidade social de corporações e indivíduos ou famílias de alta renda. O conceito de *first loss* (investimento a título perdido) sem a busca de retorno financeiro é muito comum, considerando que as fontes financiadoras estão preparadas para o retorno negativo total, com zero de devolução ao investidor pela doação efetivada. Em troca, aguarda-se algum resultado concreto, como evolução tecnológica ou o impacto social percebido, pois as doações objetivam desenvolvimento e estão associadas a boas causas.[51] Sem essa ajuda, muitas ideias sequer sairiam do papel. E, sem um bom aproveitamento dos recursos, possivelmente não virão outros investimentos. Nesses casos, o relacionamento com o investidor pode ser superficial, apenas monetário, o que gera um distanciamento entre as partes, sem a ponte da cooperação, fundamental para um novo negócio dar certo.

PESQUISA: Investimento Social — A Nova Demanda

Serás sempre rico das riquezas que doaste.

Marcial

Cada vez mais, o investimento social privado deixa de ser apenas uma opção nas grandes empresas e passa a ser necessidade. Os consumidores, sobretudo os mais jovens, esperam que as companhias se engajem em iniciativas que realmente resultem em melhorias socioeconômicas, aponta uma pesquisa da consultoria inglesa Trendwatching. Em um relatório sobre as dez principais tendências de consumo para 2015, a empresa colocou o *branded government* entre elas.

"Atuar nessa área é agir quase como governo, perceber onde o poder público não está atuando e fazer parcerias para ajudar as pessoas", diz uma das pesquisadoras da empresa no Brasil[52]. Mas tais mudanças, frisa o estudo, têm de ser palpáveis. O estudo menciona dados de um levantamento do MSLGroup — que trabalha com relações públicas — segundo os quais 73% das pessoas nascidas entre 1980 e 2000 (geração chamada de Millennials) não acreditam que o governo consiga resolver sozinho todos os problemas, e 83% deles querem que as empresas se envolvam mais.

A expectativa de que o setor privado participe mais de questões socioeconômicas de certa forma reflete o fato de que as companhias e as organizações da sociedade civil são mais bem vistas que os governos em pesquisas que captam credibilidade da população. Por exemplo: no Trust Barometer[53] de 2014, as ONGs ficaram em primeiro lugar, seguidas das empresas e da mídia. O setor público ficou em quarto e último. No Brasil, segundo a mesma pesquisa, as empresas gozam de ainda mais confiança (primeiro lugar), à frente da mídia e das organizações da sociedade civil. O governo, novamente, está em último, o que dá espaço para os negócios agirem.

A atuação social do setor privado, porém, não precisa estar ligada a grandes temas. Mais interessante é detectar problemas atuais que estão impactando a vida das pessoas; assim, a ação social não fica restrita apenas aos grandes grupos. É preciso trabalhar coisas mais visíveis e propor ações pequenas. Não precisa ter um departamento enorme: as marcas menores também podem fazer iniciativas localizadas impactantes.

E impacto é fundamental nesse caso. O público percebe quando um projeto é só publicidade e não causa impacto nenhum na sociedade, deixando as empresas malvistas e malfaladas. "Se parece um golpe de relações públicas, é provável que seja mesmo".

Isso não significa que a empresa não possa se beneficiar de sua ação.

O relatório cita um caso da montadora Volvo, que fez parceria com a agência nacional de transportes da Suécia para criar estruturas de abastecimento de veículos elétricos. O projeto inclui um sistema sem fio que alimenta baterias da frota de ônibus elétricos da cidade de Gotemburgo, no sudoeste do país. "A empresa ganha, claro, mas não era prioridade do governo criar o sistema. As pessoas veem com olhos positivos a iniciativa da fabricante". O estudo faz referência também a um projeto do aplicativo Waze, que fechou acordo de compartilhamento de dados de tráfego com prefeituras para ajudar a melhorar as condições de trânsito.

Falar sobre questões mais imediatas e cotidianas, no entanto, exige ousadia.

"É muito difícil ver marcas que se pronunciem sobre questões polêmicas: elas têm medo de afastar seus consumidores. Mas há problemas que simplesmente não podem ser ignorados e que devem, na verdade, até mesmo ser abraçados".

O ALTRUÍSMO CORPORATIVO E AS DESIGUALDADES SOCIAIS

Objetivos: apresentar novas oportunidades de negócios com base na baixa renda.

Palavras-chave: baixa renda, conscientização, inovação, cultura.

> Nos Estados Unidos, eu posso doar metade do salário para a filantropia e abater do Imposto de Renda. O dinheiro que iria para a receita acaba indo para a filantropia, o que é uma grande indução à doação. Os impostos pesados sobre heranças também podem ser doados para filantropia. Tenho a impressão de que o Brasil precisa de uma legislação similar. Haverá um número maior de bilionários brasileiros inclinados à filantropia se houver legislação favorável. O Brasil poderia aumentar impostos sobre heranças, dando isenção para quem doar esse montante para filantropia. Taxas e impostos devem servir para redistribuir renda.
>
> Georges Soros[54]

SEGUNDO SERGE-CHRISTOPHE KOLM, professor de economia da Escola de Altos Estudos em Ciências Sociais de Paris, "**baixa renda** nem sempre é a pobreza extrema como acontece, por exemplo, em muitas sociedades tradicionais equilibradas. Em outros contextos sociais, no entanto, a pobreza é um obstáculo incapacitante que proíbe viver uma vida minimamente decente e impõe dificuldades e sofrimentos." Kolm define dois processos essenciais na questão da desigualdade, avaliando formas de gestão de recursos materiais que coexistem. Gestão a público, pela qual a arrecadação de impostos pagos pela população deveria gerar um bem comum a ser redistribuído para a população pela economia política. E gestão a privado, que depende da ajuda dessa mesma população para contribuir de forma direta ou indireta, por meio de instituições de caridade, fundações, organizações não governamentais ou fundos de solidariedade.

Neste cenário, há pessoas que se preocupam apenas com seu próprio consumo e, para o bem público (pagam seus impostos), não agem de forma cooperativa ou colaborativa com outros movimentos sociais por considerarem que já estão cumprindo com seu dever. Segundo experimentos neurológicos, as pessoas se sentem bem quando decidem sobre a doação, em vez de serem obrigadas a fazê-la.

Cabe ressaltar que nem tudo é dimensão moral para combater a pobreza; podem existir casos de contribuições para a cultura, para o meio ambiente ou para a defesa de um grupo. Um ponto curioso de reflexão é a lei de Weber-Fechner, de forte significado psicológico: "a compaixão diminui com a relativa diminuição da pobreza", que relativiza a quantidade de pessoas necessitadas com base na quantidade de pessoas bem de vida. Traduzindo: quanto maior a percepção proporcional da pobreza, maior a mobilização social para a ajuda. Quando se percebe um equilíbrio na quantidade de ricos e não ricos, o processo de doação reduz automaticamente sua atuação.

Já o paradoxo de Agnew traz um desafio interessante, válido para pobres, não pobres e também para os doadores: o aumento da renda para os pobres pode ter impactos opostos sobre a pobreza. A maior renda média reduz a pobreza, e o maior número de pobres com rendimentos semelhantes aumenta a pobreza.

Para um altruísta ou um doador moral, há um ponto de vista específico com relação à situação social, de vergonha ou de culpa, gerando inclusive ações de cooperação entre pessoas, comunidades, grupos (sociais, religiosos, profissionais, étnicos...), nações, associações e, por que não, empresas.

Seja por direito ou por desejo, e diferentemente das crenças e motivações individuais, ajudar deveria ser uma espécie de responsabilidade orgânica, e a cultura dessa atitude deveria ser opinião geral comum e não apenas uma conduta esperada de determinadas pessoas ou classes sociais; deveria ser um contrato social (benefícios são compartilhados a partir das contribuições de todos). Os níveis de ajuda são relativos: em uma favela, existem pessoas mais necessitadas ou menos necessitadas, e mesmo quem não tem recursos financeiros suficientes em comparação a outras classes socioeconômicas pode e deve ajudar a quem precisa — não deveria ser uma regra, e sim algo intuitivo da humanidade para a sobrevivência do grupo.

Essa métrica cabe para recursos financeiros e materiais, assim como outros recursos passíveis de escassez, tais como acesso à educação e ao mercado de trabalho, apoio emocional e psicológico.

Na escala financeira, quem tem dinheiro pode doar a quem não tem. Em outra escala completamente diferente, quem tem informação, know-how e educação pode fazer o mesmo: compartilhar e melhorar o desequilíbrio de conhecimento que a era mais conectada da história ainda vive. Não se trata de purificar moralmente a humanidade, mas de equilibrar os acessos. E, nesse ponto, as empresas têm um forte papel a desempenhar.

Claro, há quem pense: "antes o outro sofrer de pobreza que eu ser menos pobre..." Mas, para estes, a pobreza de espírito talvez seja irreversível, e não há doador no mundo que possa ajudá-los a sair desse estado. Novamente, a métrica vale para as pessoas e para as empresas. Ninguém ganha sozinho, muito e por muito tempo — de forma possivelmente escusa e egoísta — na era da velocidade das informações e das delações premiadas[55].

Em muitos países, a filantropia é subsidiada por isenções, descontos, incentivos ou subsídios, considerando que a operação das políticas públicas é financiada pelos impostos. Dessa forma, os benefícios poderiam ser fornecidos diretamente à população de baixa renda, na forma de concessão correspondente ao valor que recebem — ou seja, desconto de impostos. Por outro lado, quem tem mais recursos também contribui, pagando proporcionalmente para equilibrar a desigualdade. Essas políticas não modificam em nada a estrutura do *warm-glow*.

Negócios na Base da Pirâmide

Objetivos: integrar às métricas corporativas estratégias de atuação na base da pirâmide.

Palavras-chave: sustentabilidade, comprometimento, conscientização, pobreza.

> O que economistas e sociólogos discutem — além da própria definição de classe média — é em que medida o aumento da renda da população das classes mais pobres diminui as desigualdades sociais e aumenta o poder de consumo desta parcela da sociedade.[56]

Alguns pensadores do mercado objetivam inserir a atual base da pirâmide — a grande classe emergente de 2020 — no mercado de consumo. Pensando nos resultados em escala que essa mudança socioeconômica trará, acreditam que a pobreza e o desenvolvimento sustentável estarão bem resolvidos. Outra forma de pensar é transformar esse "consumidor" em "produtor", aumentando a produtividade dessa população e, consequentemente, aumentando sua renda. Traduzindo: duas formas de ampliar o consumo nas classes menos abastadas.

O caminho perfeito, nem um nem outro, é considerar o valor compartilhado: tecnologia e know-how das empresas, aliados a um profundo entendimento das demandas locais, visando o desenvolvimento conjunto e oferecendo ganhos financeiros, econômicos, educacionais, culturais, sociais.

Segunda a obra *Negócios com imposto social no Brasil*, "essa tendência (também chamada de *triple win*) não é passageira: assim como a crise do capitalismo leva a uma pressão da sociedade por uma nova forma de atuação das empresas, presenciamos a emergência de uma nova geração de cidadãos, empreendedores, administradores e pessoas responsáveis por negócios que têm uma visão mais holística do mundo e da necessidade de mudarmos a relação entre as empresas e a sociedade."[57]

O que realmente não funciona é tentar vender e gerar lucro adaptando produtos ambientalmente insustentáveis para oferecê-los ao "mercado de massa" da base da pirâmide.

Por isso a *Gift Economy* é um início de conversa e não a panaceia para todos os males, a solução final para a questão. A fala contemporânea, já slogan de diversas empresas, é o **impacto positivo**: na inclusão social e digital, no acesso à educação e à informação, na melhoria das condições de higiene e saúde, na reestruturação do sistema de moradia, na geração de novos empregos e de novos modelos de negócios, no pensamento sustentável em cadeia. Para dar certo, o governo precisa estar disposto, as empresas precisam estar preparadas, as ONGs precisam estar estruturadas e as pessoas precisam estar abertas a esse processo de mudança de paradigma na forma com a qual se relacionam com o meio, com o mercado e com o mundo.

Mais que dimensionar o tamanho do mercado, o objetivo deste estudo é encontrar formas de fazer a diferença, pela economia das dádivas ou das trocas, de forma a redesenhar o modelo de relações até então estabelecidas pelas empresas. Com todas as peculiaridades que o mercado de baixa renda possui, nenhuma das reflexões aqui propostas são excludentes — poderiam servir a outras camadas da sociedade.

Nesses estudos de reciprocidade, quanto mais próximos os laços, mais fácil o controle do processo; uma família, uma comunidade e um clube são mais facilmente moldáveis que um país inteiro. Pensando nas empresas, multinacionais precisam de muito mais força de manobra para se adaptar aos mercados regionais do que as empresas locais, que já atuam em áreas de risco e compreendem as demandas locais.

Segundo C. K. Prahalad[58], para aprimorar a capacidade de consumo, as empresas deveriam usar como baliza o *triple A*, que abarca o acesso (*access*: pensar em locais, horários, forma de dispor o produto de acordo com as demandas locais), a viabilidade (*affordability*: transformar a compra viável sem diminuir qualidade e eficiência) e a disponibilidade (*availability*: eficiência na distribuição, considerando o momento de compra). Outros pensadores[59] acrescentam a conscientização (*awareness*: uma vez que a comunicação convencional não atinge esses consumidores, como informá-los e conscientizá-los sobre a utilidade dos produtos e serviços?). E, ainda, relacionamento (*relationship*: relações de proximidade com o público para gerar longevidade) e relevância (*relevance*: produtos e serviços bons, com preço bom e relevantes também).

Pensar em modelos de negócios para a base da pirâmide não é questão de boas intenções, e sim de consistência e estratégia. Não à toa, diversas iniciativas se tornaram alvo de crítica[60], por exemplo:

- **Interesses meramente lucrativos**, sustentados por discursos de venda e de "bondade" das corporações, porém de efetividade restrita: podem gerar melhorias imediatas, mas as soluções não se perpetuam, especialmente por estarem desconectadas das políticas públicas;

- **Baixa sustentabilidade dos projetos**, que, no afã de vender mais por menos e para muita gente, podem impactar o ambiente de forma negativa, como no caso das embalagens menores, produzidas em maior escala;

- **Abuso nas promessas de crédito**, facilitando as compras com parcelamentos a altas taxas de juros, fazendo com que esses consumidores paguem mais caro pelos produtos;

- **Idealização do consumo em campanhas** de propaganda e marketing, criando expectativas de acesso, poder e status pela compra de determinados objetos de desejo em detrimento de outros associados à subsistência (saúde, educação, habitação);

- **Falta de comprometimento** por parte de muitas multinacionais em pensar de forma orgânica, estruturada, a longo prazo, uma vez que buscam a lucratividade imediata, o resultado do trimestre, a estatística momentânea para constar em seus relatórios e balanços.

Segundo Ted London[61], para dar certo, esse modelo de negócio precisa de "escala, flexibilidade, descentralização, compartilhamento de conhecimento, recursos locais, fragmentação de distribuição, parceiros não tradicionais, desempenho social e empreendedores locais". Por isso, nos modelos inovadores, precisam ser considerados:

- **Cultura organizacional** (lógica diferenciada na atuação corporativa);

- **Produção inclusiva** (incluir a população de baixa renda na cadeia produtiva, em vez de considerá-la apenas consumidora);

- **Divisão de dividendos** (valor compartilhado, com benefícios sociais e econômicos);

- **Escala** (benefícios sociais *versus* sustentabilidade financeira);

- **Sustentabilidade ambiental** (repensar formas de produção e distribuição);

- **Parcerias** (entre empresas e ONGs);

- **Relacionamento** (redes de confiança entre organizações e pessoas);

- **Acesso** (modelos diferenciados de distribuição);

- **Relevância** (pirâmide de Maslow *versus* objetos de desejo);

- **Inovação** (flexibilidade e maleabilidade para entender o local).

Investimento Social Privado no Brasil

Objetivos: avaliar o perfil dos doadores privados ou individuais.

Palavras-chave: senso coletivo, doação, desigualdade social.

Investidores buscam negócios bem estruturados para investir, avaliam o impacto social do negócio, o perfil dos empreendedores e as possibilidades de parceria para viabilizar os negócios. Mais da metade pretende investir em projetos para a base da pirâmide — associações civis, organizações internacionais e multilaterais, fundações e empresas públicas e privadas. Dentre as formas de investimento: doações (investimento a fundo perdido), empréstimos ou oferta de participação (capital semente ou *venture capital*).

Segundo o IDIS[62] (Instituto para o Desenvolvimento do Investimento Social), os investidores brasileiros não divulgam o quanto doam. O jornal quinzenal *The Chronicle of Philanthropy* faz, todo ano, uma lista das maiores doações feitas publicamente por norte-americanos. Considerando apenas as maiores de um milhão de dólares, foram doados U$9,6 bilhões em 2013. No Brasil, esses números são desconhecidos — aqui, não se sabe quanto, ou mesmo se, os detentores de grande fortuna doam a causas sociais. Para alguns, a falta de informações dos milionários brasileiros é por questão de segurança; para outros, uma questão de desigualdade social — a elite vive em uma redoma e não tem senso coletivo.

Nem o Censo e nem a Pesquisa de Orçamento Familiar do IBGE mensuram com consistência os volumes e as características da doação no país; o mesmo vale para os bancos, que não mapeiam (e nem informam) transações de seus clientes de alto poder aquisitivo destinadas a doação; e também para as declarações de Imposto de Renda (poucas possibilidades de utilização de incentivo fiscal, desestimulando a pessoa a declarar a doação). A saber, na versão simplificada da declaração, não há campo para informar doações; e, na versão completa, o universo é de apenas 10 milhões de brasileiros — traduzindo, não há nem estímulo e nem suporte do governo para estimular mais doações.

Nos Estados Unidos, em 2013, foi feita a maior doação individual do ano por Mark Zuckerberg, cofundador do Facebook: US$1 bilhão foi doado para a Silicon Valley Community Foundation. No Brasil, há uma cultura de não exposição para o investidor social privado: quem tem recursos, por questões de segurança e privacidade, não expõe o valor da doação. E mais: com a questão dos incentivos fiscais, boa parte das doações ocorre via empresa. A falta de informações que dimensionem não apenas o tamanho do setor filantrópico, como também sua evolução ao longo dos anos prejudica a ampliação do segmento; na Europa e nos Estados Unidos, há estudos que demonstram o panorama das grandes doações individuais, facilitando a ação das organizações da sociedade civil na captação de recursos. Sem esses dados, os filantropos brasileiros não se sentem parte de uma comunidade e sequer podem pressionar o governo no desenvolvimento de políticas públicas mais favoráveis.

Para Joana Mortari, diretora da Associação Acorde[63]: "nos Estados Unidos, declarar a doação é algo positivo e valorizado. As pessoas doam para inspirar e também para serem reconhecidas e admiradas. No Brasil, a admiração está apenas no ganhar, e não no doar. Os valores são diferentes." Segundo Mortari, o problema não é a falta de incentivo fiscal para doação, e sim a cultura de valorização desse tipo de atitude: "se doar fosse um valor e gerasse reconhecimento social (status), as pessoas tirariam do caixa e não ficariam esperando um dinheiro de renúncia fiscal para doar — dinheiro que, aliás, é considerado para muitos como do governo, já que o poder público está abrindo mão de um recolhimento. Incentivo ajuda, mas a falta dele não é o centro do problema". E compara o Brasil com os Estados Unidos, reforçando que lá existe um "sentimento de construção coletiva da nação, de corresponsabilidade com o governo na construção do país"; já aqui, tudo é delegado ao governo, com a sensação de "fiz minha parte, eles que façam a deles". Se todos pagam os impostos inclusive com essa destinação para o equilíbrio da sociedade, por qual motivo doar ou dar além dessa contribuição? E mais: quem se arrisca a doar e depois declarar suas doações em um país com tanta insegurança? "Precisamos mudar esse sistema de valores ao fomentar a cultura de doação. Quando doar for motivo de orgulho e reconhecimento social, fazer o ranking será o mais fácil."

Marcos Flávio Azzi, fundador do Instituto Azzi, reforça a questão do senso coletivo: "o topo de tudo é a falta de senso coletivo, a vida 'guetizada' que as pessoas vivem. Pode-se tranquilamente viver num oásis de primeiro mundo, completamente isolado do Brasil como um todo. Disso, derivam todos os problemas." Para pensar na classe baixa, o senso coletivo diminuiu pela falta de contato com a realidade — como são os serviços públicos, o hospital, a escola, o transporte coletivo, a assistência social? E, para desestimular ainda mais a iniciativa, fazer ou não fazer doações no Brasil tanto faz: nem motivo de elogio, nem de recriminação.

> Ter comportamento altruísta é doar uma parcela relevante do patrimônio, de forma recorrente, com um objetivo específico e impessoal, sem esperar algum tipo de benefício. Aqui, as pessoas de alto poder aquisitivo fazem exatamente o oposto: a doação é esporádica, não é recorrente, é irrelevante em relação ao patrimônio e, geralmente, visando algum benefício — porque um amigo pediu ou tem algum incentivo fiscal.
>
> Marcos Flávio Azzi

Além de incentivos fiscais para doar, o correto seria ter desincentivos para não doar. E o país está muito longe disso: curiosamente, nos Estados Unidos, as heranças são taxadas em 50%; já em São Paulo, são só 4%[64]. E mais: norte-americanos não fazem suas doações pelos incentivos, mas sim porque ser filantropo é questão cultural; vem de berço. Uma das soluções é trazer o problema para perto, aproximando. "Para melhorar a situação do **investimento social privado** no Brasil, é preciso aproximar cada vez mais a classe alta do coletivo, usando instrumentos que tornem o coletivo mais presente; o incentivo fiscal é importante, claro, mas tem de fazer umas 20 coisas para reverter a situação atual".

Já Anna Maria Peliano, pesquisadora do Ipea (Instituto de Pesquisa Econômica Aplicada), coordenadora do estudo "Benchmark do **investimento social corporativo**", considera que "há pesquisas sobre empresas, mas não para doações individuais, ainda que o investimento social privado de negócios familiares tenha a ver com as opiniões dos donos. A situação lembra a da filantropia corporativa de duas décadas atrás. O investimento social corporativo na década de 1990 também não era divulgado, não se valorizava falar sobre isso."

"O brasileiro não tem tradição de divulgar doações, diferentemente dos Estados Unidos. É importante falar sobre investimento social privado, principalmente os grandes doadores. Isso estimula os outros a fazerem o mesmo e cria uma cultura de doação". Antes de esperar por uma mudança imediata de conduta no ambiente do investimento social privado no Brasil, falta estruturar, organizar, divulgar, trazer boas práticas; só assim a atitude será valorizada para além da promoção individual.

Oportunidades Corporativas no Brasil

Objetivos: apresentar o panorama da realidade brasileira, destacando oportunidades de atuação.

Palavras-chave: saúde, alfabetização, solução.

O que uma empresa pode fazer no Brasil para ajudar o próximo, de forma prática? Segundo números da organização Social Good Brasil[65], integrante do movimento global +SocialGood, chancelado pela Fundação das Nações Unidas com o objetivo de utilizar as tecnologias e novas mídias para melhorar o mundo com inspiração, informação e ação, o Brasil é o 10º país com maior desigualdade social no mundo (relatório do Programa das Nações Unidas para os Assentamentos Humanos 2012), com 16 milhões de pessoas vivendo em extrema pobreza. Por outro lado, muitos brasileiros acreditam que as redes sociais podem ajudar a resolver esses problemas, considerando que existem mais de 70 milhões de smartphones no país, e que mais de 80 milhões de brasileiros já acessaram a internet. Para a Social Good Brasil, "problemas sociais" e "melhorar o mundo" podem ser resumidos em nove questões fundamentais[66]:

Questões Fundamentais para Melhorar o Mundo

- **Meio ambiente e energias renováveis:** iniciativas de proteção ao meio ambiente e uso sustentável das reservas naturais, bem como uso e desenvolvimento de energias renováveis;

- **Economia local, finanças e empreendedorismo:** promoção de iniciativas de inclusão de grupos no mercado de trabalho, turismo sustentável, redes de produção local e desenvolvimento de cooperativas, acesso a crédito e sistema bancário;

- **Cultura e entretenimento:** desenvolvimento de espaços culturais e iniciativas de fomento à produção de cultura local, como jogos educativos;

- **Consumo consciente e justo:** incentivo ao consumo responsável (minimização e resíduos) e justo (inclusão);

- **Saúde:** conscientização da população para aumentar níveis gerais de conhecimento sobre importância e acesso a condições sanitárias adequadas;

- **Cidades e mobilidade urbana:** problemáticas da cidade e zonas urbanas, aumento no número de pessoas por automóveis, desenvolvimento do uso de transportes coletivos e sustentáveis;

- **Cidadania e engajamento social:** engajamento cívico e cidadão em questões políticas, o bem público e interesse coletivo, voluntariado;

- **Habitação:** acesso ao sistema básico de habitação, melhorias e reformas;

- **Educação:** iniciativas de educação básica (1ª série do ensino fundamental até 3º ano do ensino médio), acesso e qualidade do ensino.

Como as empresas podem ajudar a fazer a diferença utilizando a economia das dádivas, efetivando trocas oportunas e ganhando com essa iniciativa?

Primeiro, é importante fazer um estudo e obter o retrato da situação de forma a identificar o problema para poder buscar as formas mais pertinentes à realidade corporativa e ajudar de forma proprietária, que faça sentido com o *core business* e que seja perceptível pelos funcionários, *stakeholders* e opinião pública para que tenha aderência.

O processo pode se implementar de diversas formas; a recomendação é trabalhar ao menos em cinco etapas: a) mapear adequadamente a oportunidade; b) propor soluções pertinentes e estratégicas; c) compartilhar a solução para validação; d) implementar projetos; e) acompanhar os resultados.

Para finalidades didáticas, segue modelo resumido com uma das "questões fundamentais" mapeadas pelo +SocialGood com o tema educação, para exemplificação.

a) Mapear adequadamente a oportunidade

De forma expedita, eis um retrato da educação no país: mais de 60% da população brasileira pode ser configurada no grupo do analfabetismo funcional.

ESTUDOS: INAF[67]

O Indicador de Alfabetismo Funcional (INAF Brasil) foi criado em 2001 e avalia habilidades de leitura, escrita e matemática. É implementado com entrevista e teste cognitivo, considerando amostra nacional de duas mil pessoas (brasileiros e brasileiras entre 15 e 64 anos de idade, residentes em zonas urbanas e rurais de todas as regiões do país), classificando os respondentes em dois grupos e quatro níveis de alfabetismo:

Analfabetos funcionais

- **Analfabetos:** não conseguem realizar nem mesmo tarefas simples que envolvam a leitura de palavras e frases, ainda que uma parcela destes consiga ler números familiares (números de telefone, preços, etc.);

- **Alfabetizados em nível rudimentar:** localizam uma informação explícita em textos curtos e familiares (como, por exemplo, um anúncio ou pequena carta), leem e escrevem números usuais e realizam operações simples, como manusear dinheiro para o pagamento de pequenas quantias.

Funcionalmente alfabetizados

- **Alfabetizados em nível básico:** leem e compreendem textos de média extensão, localizam informações mesmo com pequenas inferências, leem números na casa dos milhões, resolvem problemas envolvendo uma sequência simples de operações e têm noção de proporcionalidade;

- **Alfabetizados em nível pleno:** pessoas cujas habilidades não mais impõem restrições para compreender e interpretar textos usuais — leem textos mais longos, analisam e relacionam suas partes, comparam e avaliam informações, distinguem fato de opinião, realizam inferências e sínteses. Quanto à matemática, resolvem problemas que exigem maior planejamento e controle, envolvendo percentuais, proporções e cálculo.

Segundo os estudos da edição 2012[68] efetivados pelo Instituto Paulo Montenegro (ação social do IBOPE) e pela ONG Ação Educativa, parceiros na criação e implementação do INAF[69], mesmo com a redução do analfabetismo absoluto e da alfabetização rudimentar e o incremento do nível básico de habilidades de leitura, escrita e matemática nos últimos dez anos, a proporção dos que atingem um nível pleno de habilidades manteve-se praticamente inalterada, em torno de 25%. O percentual da população alfabetizada funcionalmente subiu de 61% em 2001 para 73% em 2011, porém a realidade é assustadora: apenas um em cada quatro brasileiros domina plenamente as habilidades de leitura, escrita e matemática. Mesmo com avanços na escolaridade da população, apenas 62% das pessoas com ensino superior e 35% das pessoas com ensino médio completo são classificadas como plenamente alfabetizadas, proporção inferior à registrada no início da década. E mais: um em cada quatro brasileiros que cursam ou cursaram até o ensino fundamental II ainda estão classificados no nível rudimentar, sem avanços no período.

> A educação escolar que, nos tempos mais longínquos, exercia um papel de mera complementação da educação em casa, hoje vem alcançando uma importância cada vez maior, seja no mercado de trabalho para atender às exigências do desenvolvimento econômico, seja na formação de cidadãos para viver num mundo globalizado, tecnológico e com grande disponibilidade de informações.
>
> IBGE

Segundo o Instituto Brasileiro de Geografia e Estatística, o IBGE[70], as estatísticas educacionais cobrem duas áreas complementares de informação:

- **Instrução da população** (taxas de alfabetização, de frequência à escola, de escolarização, média de anos de estudo), que deve estar associada a variáveis demográficas, sociais e econômicas (idade, sexo, renda, cor ou raça e situação de domicílio rural/urbano);

- **Sistema de ensino nos estabelecimentos escolares** (fluxos de matrícula, taxas de aprovação, reprovação, evasão, distorção aluno/série, pessoal docente e rede escolar), que devem estar referenciados à dependência administrativa (federal, estadual, municipal, privado, público) e à localização rural/urbana.

Quanto aos resultados, aproximadamente 91% da população brasileira com dez anos ou mais de idade são alfabetizados; o percentual de 9% de não alfabetizados significa que cerca de 18 milhões de brasileiros não sabem ler e escrever. Comparado ao Censo de 2000, a taxa de analfabetismo diminuiu de 12,8% para 9% em 2010.

Mesmo assim, o número de pessoas que não sabem ler e escrever ainda é grande, especialmente nas regiões nordeste, norte e centro-oeste.

Já segundo a Pesquisa Nacional por Amostra de Domicílios (PNAD)[71], que também acompanha a situação do analfabetismo, nível de educação da população e escolarização[72] no país, o nível de instrução cresceu de 2007 para 2013, sendo que o grupo de pessoas com pelo menos onze anos de estudo, na população de 25 anos ou mais de idade, passou de 33,6% para 41,8% (desse total, 39,6% para os homens e 43,7% para as mulheres).

O índice de brasileiros com 15 anos ou mais que não sabem ler e escrever foi de 8,3% em 2013; em 2012, a taxa foi de 8,7%, totalizando 13,04 milhões de analfabetos no Brasil, e sete milhões deles vivem na região nordeste (16,6% do país).

Considerando pessoas com dez anos ou mais sem instrução ou com menos de um ano de estudos, o número avançou 4,3% (de 15,34 milhões para 16,03 milhões), representando 9,3% do total da população com essa idade. Na população sem instrução, 50% tem 14 anos ou menos; 30% está acima de 40 anos; e 15%, acima de 60. Por outro lado, aumentou o número de pessoas com onze anos ou mais de estudos. Em 2012, esse grupo somava 61,7 milhões de pessoas. Em 2013, ele subiu para 65,5 milhões, sendo que 48,7% delas vivem na região sudeste.

A porcentagem de brasileiros com quatro anos ou mais matriculados na escola aumentou em todas as faixas etárias, principalmente na idade pré-escolar. Em 2012, cerca de 3,80 milhões de pessoas entre 4 e 17 anos estavam fora da escola (ou 5,29% do total). No ano seguinte, esse número foi de 3,50 milhões, ou 4,94% do total da população nessa faixa etária.

A quantidade de crianças de quatro e cinco anos na escola subiu de 78,1% para 81,2% entre 2012 e 2013. Porém, a taxa de escolarização varia de acordo com o estado; em cinco deles, o índice piorou no período analisado. O Espírito Santo foi o estado com a maior queda: em 2012, 88,8% das crianças nessa idade estavam na escola e, em 2013, 81,8%. No Tocantins, a taxa caiu de 70,3% para 67,4%; em Pernambuco, o índice era de 82,7% em 2012 e caiu para 82,2% no ano seguinte. No Rio Grande do Sul, a queda foi de 62,4% para 62%; e, em Goiás, o índice recuou de 69,4% para 69,1%.

Os três estados que mais tiveram alta na taxa de escolarização de crianças de quatro e cinco anos foram Amapá (crescimento de 11,6 pontos percentuais, de 50,8% para 62,4%), Roraima (de 66,1% para 73,8%) e Acre (de 51,2% para 58,6%).

Segundo a PNAD 2013, o estado com a menor taxa de escolarização para crianças em idade pré-escolar é Rondônia, onde apenas 56,9% delas estão estudando.

b) Propor soluções pertinentes e estratégicas

Nada como dados e estatísticas para se estabelecer um diagnóstico da área de atuação das empresas, cruzar dados com os locais onde a empresa atua (com fábricas, escritórios, representantes, fornecedores, consumidores) e, a partir daí, traçar um plano mais assertivo de atuação. Para além dos dados gerais, nacionais ou globais, cabe um estudo dos dados locais, da comunidade de entorno onde a empresa atua. Reunindo todas as informações e analisando de forma eficiente, ficará mais produtiva a proposição de ideias e formas de atuação para as empresas.

Por mais que o discurso seja de uma "pátria educadora", falta muito para essa meta. É fato que as oportunidades educacionais cresceram nas regiões e grupos sociais com menor renda, considerando os últimos dez anos, mas a evolução foi mais em quantidade e menos em qualidade, como comprovado em avaliações do desempenho escolar[73] (Prova Brasil, ENEM, ENADE, Censo Escolar, Provão, SAEB, Censo da Educação Superior, entre outras).

Como propor mudanças em um país cujos níveis de alfabetização ainda são precários? Como fazer ações e campanhas para uma população que possivelmente tem dificuldades de compreensão do conteúdo transmitido, o que pode gerar não apenas dispersão dos investimentos, como também entendimentos errôneos sobre o que é proposto e comunicado? O que empresas, governo e organizações não governamentais podem fazer para ensinar as pessoas a aprender? Como pensar em seu colaborador que trabalha em uma das áreas citadas com altos índices de analfabetismo funcional? O que a área de recursos humanos pode fazer para propor iniciativas mais produtivas para a equipe de chão de fábrica e seus familiares? O que a área de desenvolvimento de produtos pode fazer para complementar as relações de compra e venda, oferecendo conhecimento e informações que melhorem a qualidade de vida dos consumidores? Que parcerias podem ser efetivadas com empresas de atuação complementar para sanar os desequilíbrios do desenvolvimento humano que não são resolvidos pelas instâncias governamentais?

Nessa etapa, as hipóteses podem ser inúmeras e o papel dos gestores do projeto é primordial, selecionando as melhores e mais exequíveis ideias em termos de tempo, investimento e benefícios. E, quanto maior o aprofundamento na realidade da comunidade, maiores as possibilidades de a empresa resolver questões que não estavam sendo consideradas em seu *business plan*, mas que interferem diretamente na performance de seus resultados.

MODELO: Estrutura da Solução

Nome: "Educação dentro da caixa".

Conceito de trocas: transformar embalagens de envio de produtos em materiais didáticos para escolas, creches e grêmios de empresas.

Objetivo: repensar o conceito de reciclagem de embalagens para além do descarte sustentável.

Proposta: avaliar toda a cadeia produtiva, considerando reaproveitamento das embalagens de embarque e de produto para que sejam reaproveitadas como material didático, com impressão de conteúdo (incluindo links com aulas virtuais) e material de suporte, com instruções de montagem (para experimentos e estruturas de apoio).

Inspiração: "Turning Packaging into Education/Mianmar", iniciativa da Colgate Palmolive. Projeto piloto de campanha de higiene oral lançado em Mianmar (17/03/2014), chegando às comunidades mais carentes em localidades rurais remotas com ilustrações explicativas impressas nas caixas de embarque dos produtos — considerando que a mídia convencional e as redes sociais não chegam até essas pessoas. Os comerciantes locais foram parceiros fundamentais, mapeando as regiões que estavam fora do mapa de alcance da "comunicação midiática", e foram instruídos a armazenar essas embalagens e a levá-las para as escolas e centros comunitários locais. O que receberam em troca pelo engajamento? A possibilidade de melhorar as estatísticas de higiene oral na região.

Segundo a marca, "como Mianmar havia recentemente aberto o mercado para o resto do mundo e como a Colgate foi uma das primeiras a entrar no país, a marca quis retribuir. Para uma sociedade carente não apenas de educação, como também de recursos básicos como material escolar, a solução foi uma forma sustentável encontrada pela Colgate para ajudar, educar e passar o recado."[74]

Para garantir a interlocução com a comunidade, em vez de textos e diagramas do modelo didático ocidental, as artes foram feitas em estilo Burmese (combinação de arte folk nativa com sabedoria popular sobre a saúde da boca), gerando maior aproximação com a cultura local. Texturas e cores fortes e vibrantes foram utilizadas para contar histórias sobre a higiene bucal — sistema digestivo, guias de escovação, comida boa *versus* comida ruim, exemplo do vovô —, resultando em um kit interessante e criativo para inspirar a audiência jovem.

Os professores também podiam interagir com os cartazes, que continham um número para ligações gratuitas acessando informações complementares sobre cuidados com a higiene oral.

Depoimento de um professor[75]: "solução inspiradora para resolver as necessidades mais imediatas em educação. Acessar o plano de aulas via chamada *toll free* foi como ter um par de mãos a mais na sala de aula."

Próximos passos: amplificar o projeto para demais áreas rurais de Mianmar, que representam 2/3 do país, com 65 milhões de pessoas.

A campanha da Colgate Palmolive "Education for Packaging", concebida pela Red Fuse Communications Hong Kong em parceria com a Y&R Yangon, venceu o primeiro prêmio Cannes Lion da história de Mianmar (bronze na categoria outdoor e ouro e prata em design).

c) Compartilhar a solução para validação

A pertinência com o *core business* da empresa é primordial, assim como o compartilhamento das soluções para todas as áreas de interferência, de dentro para fora. Primeiro, funcionários, colaboradores, fornecedores e parceiros podem ser ouvidos para que o projeto ganhe mais relevância, envolvimento e, assim, força. O que o público interno não "compra" como ideia perde a força quando chega ao público externo.

Chegando-se a um consenso nessa etapa, é o momento de envolver os possíveis beneficiados: outras empresas de menor porte, organizações locais, órgãos governamentais que precisem ser ativados, pessoas fundamentais para um processo de mobilização em cadeia...

A economia das dádivas ou das trocas prevê que todo o processo efetive trocas. O modelo "de cima para baixo" ou ditatorial perde a energia da proposta, que se transforma em qualquer outro projeto convencional

— cada oportunidade de conversa deve ser mapeada como uma oportunidade de troca, de ganho, de compartilhamento.

Retomando a questão da educação, que formatos nessa nova economia podem proporcionar uma boa experiência para todos os envolvidos, fazendo a diferença e oferecendo um novo ânimo para trabalhar comunicação, relacionamento e construção de vínculos em um mundo de *commodities* e de soluções óbvias e repetitivas?

O modelo sugerido, "Educação dentro da caixa", por exemplo, abarca inúmeros parceiros e processos diferentes das rotas convencionais para descarte de embalagem. Antes de implementar, todos os parceiros e terceiros que possam estar envolvidos devem ser consultados para que a viabilidade seja avaliada. De nada adianta um lindo projeto, inexequível.

d) Implementar projetos

O plano de implementação e execução precisa ser bem estruturado, com cronogramas claros e validados por todos, para surtir os efeitos e alcançar os resultados esperados. O comprometimento de todos deve ser levado a sério para que os preceitos de um modelo de trocas, em que todos compartilham e ganham, seja eficiente.

De acordo com o modelo sugerido, "Educação dentro da caixa", cada etapa precisa ser construída levando em consideração as variáveis de contexto que o universo da marca e ambiente em que se pretende atuar proporcionam.

e) Acompanhar os resultados

Uma vez que não há realidade estanque e que os processos estão sempre em movimento, coletar, acompanhar e analisar os resultados é o melhor painel de controle para se aferir a efetividade da ação. O modelo "sem desperdícios" significa pensar no público certo e passar a mensagem adequada da forma mais eficiente possível, sem investimentos desnecessários.

RESUMO DAS ETAPAS

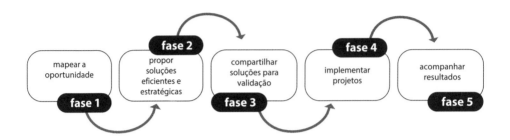

NOTAS

1. SOROS, Georges. *Folha de S. Paulo*, B8, 26 abr. 2015.
2. KENNEDY, Randy. The New York Times. 8 abr. 2013. www1.folha.uol.com.br/fsp/newyork-times/102598-a-arte-de-fazer-o-bem.html
3. Pintora de Nova York
4. CAF é uma instituição de investimento social privado que trabalha para tornar a doação mais eficiente e as organizações sociais mais bem-sucedidas. Sua experiência e especialidade em todo o mundo é tornar a doação mais benéfica para todos.
5. *Metodologia de Pesquisa Global da Gallup*, acessado em julho de 2014, Gallup WorldView: http://www.gallup.com/poll/105226/world-poll--methodology.aspx
Os detalhes de cada banco de dados de cada país está disponível em: http://www.gallup.com/strategicconsulting/128171/ Country-Data-Set-Details-May-2010.aspx
6. http://idis.org.br/wp-content/uploads/2014/11/CAF_WGI2014_PT.pdf
7. https://www.cafonline.org/about-us/publications/2015-publications/world-giving-index-download
8. http://idis.org.br/pesquisa-idisipsos-public-affairs-retrato-da-doacao-no-brasil/
9. http://idis.org.br/world-giving-index-brasil-sobe-uma-posicao-em-ranking-global-de-doacoes/
10. Publicado no Caderno São Paulo (2 a 8 fev. 2014).
11. FERRY, Luc. *Aprender a viver: filosofia para os novos tempos*. Rio de Janeiro: Objetiva, 2010. p. 219.
12. Shaw e Post (1993); Dienhart (1988).
13. Fairfax (2006).
14. *The Valmont Effect: The Warm-Glow Theory of Philanthropy. Handbook of the Economics of Giving, Altruism, and Reciprocity.* 2006.
15. http://www.bvsa.org.br/quemsomos
16. http://oxfam.org.br

17. Fundador do Instituto Azzi, organização da sociedade civil especializada no aconselhamento a investimentos sociais de pessoas e famílias de alta renda.

18. Hurun Global Rich List 2016/Hurun Institute.

19. Divulgado no *Relatório Oxfam*, em janeiro de 2015.

20. ELKINGTON, J. *Cannibals with Forks: Triple Bottom Line of 21st Century Business*. Capstone, 1997.

21. http://www.economist.com/node/14301663

22. YOUNG, D. Alternative perspectives on social enterprise. In: CORDES, J.; STEUERLE, E. (Ed.). *Nonprofits and business*. Washington, D.C.: The Urban Institute Press, 2009. p. 35, 43 e 51.

23. CARROLL, A. B. Three-dimensional conceptual model of corporate performance. *Academy of Management Review*, v. 4, n. 4, p. 907, 1979.

24. FRIEDMAN, Milton. Capitalismo e liberdade. São Paulo, Editora Nova Cultural 1985, pág. 22.

25. Fernanda Gabriela Borger, pesquisadora e consultora da Fipe, professora da FIA e do Programa de Educação Continuada GVPEC.

26. The World Business Council of Social Suntainable Development.

27. http://veja.abril.com.br/especiais/filantropia/p_031.html. MESTRINER, Maria Luiza. *O Estado entre a Filantropia e a Assistência Social*. São Paulo: Cortez, 2001.

28. Duprat, 1993, p. 54.

29. http://captacao.org/recursos/artigos/317-da-filantropia-ao-investimento-social-privado-estrategico-

30. http://www.gestaoempresarial-br.com.br/livre/terceiro_setor.php. Expressão genérica que identifica o campo político de organizações privadas que atuam no terceiro setor com a perspectiva comum de transformação social. As ONGs não integram o Estado, não estão diretamente ligadas ao governo e tampouco têm a intenção de substituí-los. Nem todas as ONGs têm uma função pública direcionada à promoção do bem-estar social (educacionais, de tratamento médico, de caridade aos pobres, científicas, culturais, etc.) e que apresentam diferentes graus de institucionalização. Há ONGs cuja função é única e exclusivamente atender aos interesses de seu grupo fundador e/ou administrador, como alguns sindicatos, as cooperativas, as associações de seguro mútuo, etc.

31. O terceiro setor engloba instituições com fins públicos, porém de caráter privado, que não se enquadram no primeiro setor (Estado), regidas pelo direito privado, mas que não possuem objetivos mercantis, não sendo qualificadas como instituições do segundo setor (Mercado). Como entidades, estão as associações, fundações, entidades de assistência social, educação, saúde, esporte, meio ambiente, cultura, ciência e tecnologia, entre outras várias organizações da sociedade civil. Dentre suas atividades, de natureza não empresarial, estão as ações públicas fora do domínio estatal em diversas áreas do interesse coletivo. É a iniciativa privada com o objetivo de atingir fins públicos, oferecendo alternativas de solução para suprir carências como pobreza, violência, poluição, analfabetismo, racismo, educação, defesa do meio ambiente. Dentre suas características: promover ações sociais voltadas para o bem-

-estar comum da coletividade; manutenção das atividades não lucrativas; personalidade jurídica adequada aos fins sociais (associação ou fundação); atividades financiadas pelo governo ou doações de empresas ou de particulares; aplicação dos recursos obtidos nos fins sociais a que se destina; isenção de impostos desde que atenda os requisitos específicos.

32. www.setor3.com.br

33. AUSTIN, James E. *The collaboration challenge: how nonprofits and businesses succeed through strategic alliances*. São Francisco: Jossey-Bass, 2002.

34. YUNUS, M. *Creating a world without poverty: social business and the future of capitalism*. Nova York: Public Affairs, 2007. p. 28.

35. YUNUS, M. In: BARKI, Edgard. IZZO, Daniel. TORRES, Haroldo da Gama. AGUIAR, Luciana (Orgs.). *Negócios com impacto social no Brasil*. São Paulo: Editora Peirópolis, 2013. p. 54.

36. BARKI, Edgard. IZZO, Daniel. TORRES, Haroldo da Gama. AGUIAR, Luciana (Orgs.). *Negócios com impacto social no Brasil*. São Paulo: Editora Peirópolis, 2013. p. 42-43.

37. *Capitalismo consciente*, p. 145.

38. Fundador da El Arca: http://elarcamendonza.com.ar

39. Entidades cooperativas são aquelas que exercem as atividades na forma de lei específica, por meio de atos cooperativos, que se traduzem na prestação de serviços diretos aos seus associados, sem objetivo de lucro, para obterem em comum melhores resultados para cada um deles em particular. Identificam-se de acordo com o objeto ou pela natureza das atividades desenvolvidas por elas, ou por seus associados. Estão reguladas pela Lei 5.764, de 16 de dezembro de 1971, que definiu a Política Nacional de Cooperativismo e instituiu o regime jurídico das cooperativas. São classificadas de acordo com o objeto ou natureza das atividades desenvolvidas por elas ou por seus associados. Além das modalidades já consagradas, caberá ao respectivo órgão controlador apreciar e caracterizar outras que se apresentem. Aquelas cooperativas que apresentarem mais de um objeto de atividades serão consideradas mistas. http://www.portaldoempreendedor.gov.br/legislacao/cooperativa

40. A definição de OSCIP (organização da sociedade civil de interesse público) é de março de 1999 (Lei Federal 9.790). OSCIPs são ONGs que obtêm um certificado emitido pelo poder público federal ao comprovar o cumprimento de certos objetivos sociais estabelecidos na lei: promoção da assistência social; promoção da cultura, defesa e conservação do patrimônio histórico e artístico; promoção gratuita da educação, observando-se a forma complementar de participação das organizações; promoção gratuita da saúde, observando-se a forma complementar de participação das organizações; promoção da segurança alimentar e nutricional; defesa, preservação, conservação do meio ambiente e promoção do desenvolvimento sustentável; promoção do voluntariado; experimentação sem fins lucrativos de novos modelos socioprodutivos e de sistemas alternativos de produção, comércio, emprego e crédito; promoção de direitos estabelecidos, construção de novos direitos e assessoria jurídica gratuita de interesse suplementar; promoção da ética, da paz, da cidadania, dos direitos humanos, da democracia e de outros valores universais; estudos e pesquisas, desenvolvimento de tecnologias alternativas, produção e divulgação de informações e conhecimentos técnicos e científicos relacionados às atividades mencionadas acima. As OSCIPs, ao contrário das entidades filantrópicas isentas, terão que separar as atividades que implicam cobrança de serviços em uma outra sociedade, com existência e objetivos distintos por conta da lei de 1999, na qual terão de financiar seus projetos com "recursos próprios" (as doações voluntárias recebidas; segundo o Decreto 3.100, que regulamenta a Lei 9.790, "não são considerados recursos próprios aqueles gerados pela cobrança de serviços de qualquer pessoa física ou jurídica, ou obtido em virtude de repasse ou arrecadação compulsória").

41. *Negócios com impacto social no Brasil*, p. 52.

42. http://artemisia.org.br/conteudo/artemisia/quem-somos.aspx

43. International Federation of Alternative Trade. Disponível em: http://www.wfto.com. http://www.cidac.pt/index.php/o-que-fazemos/comercio-e-desenvolvimento/comercio-justo/

44. http://portal.mte.gov.br/ecosolidaria/sistema-nacional-de-comercio-justo-e-solidario/

45. http://www.flocert.net/fairtrade-services/fairtrade-certification/

46. A Starbucks começou a comprar cafés certificados de Comércio Justo (*Fair Trade*)™ em 2000, ajudando a aumentar o mercado de cafés certificados nos EUA. E, em 2009, aumentou suas compras para 18 milhões de quilos (40 milhões de libras).

47. http://www.em.com.br/app/noticia/economia/2014/06/15/internas_economia,539423/muito-alem-do-real-brasil-conta-com-outras-104-moedas.shtml

48. http://www.institutobancopalmas.org

49. http://www.pcmm.com.br/vencedor/banco-bem-atelie-de-ideias/

50. Ex-diretor do Banco Central da Bélgica, autor do livro The Future of Money (2001) e estudiosos de "moedas complementares" (que vão de milhas aéreas a moedas sociais).

51. McKinsey & CO. *Effective philanthropy in Brazil*. Nova York, 2008.

52. Rebeca de Moraes, www.trendwatching.com

53. Índice global da consultoria de relações públicas Edelman Significa. http://pt.slideshare.net/EdelmanInsights/edelman-trust-barometer-2014-brasil

54. SOROS, Georges. *Folha de S. Paulo*, B8, 26 abr. 2015.

55. http://www1.folha.uol.com.br/colunas/leonardosouza/2015/03/1596952-governo-estuda-taxar-lucros-e-dividendos-e-heranca.shtml
http://www1.folha.uol.com.br/mercado/2015/03/1602944-levy-cede-sobre-tributacao-de-ricos-e-propoe-ao-planalto-taxar-heranca.shtml

56. *Revista Conselhos*, Publicação da Federação de Comércio de bens, serviços e turismo do Estado de São Paulo. Ano 05, edição 25 jun./jul. 2014.

57. BARKI, Edgard. IZZO, Daniel. TORRES, Haroldo da Gama. AGUIAR, Luciana (Orgs.). *Negócios com impacto social no Brasil*. São Paulo: Editora Peirópolis, 2013. p. 14.

58. Op. cit., p. 18 e26.

59. Anderson e Markides, p. 27.

60. BARKI, Edgard. IZZO, Daniel. TORRES, Haroldo da Gama. AGUIAR, Luciana (Orgs.). *Negócios com impacto social no Brasil*. São Paulo: Editora Peirópolis, 2013. p. 27 e 28.

61. Op. cit., p. 18.

62. http://idis.org.br/por-que-os-investidores-sociais-brasileiros-nao-divulgam-o-quanto-doam/

63. Organização social que trabalha pelo desenvolvimento humano de crianças e jovens em Embu das Artes e Cotia, em São Paulo.

64. *Folha de S. Paulo* de 15 mar. 2015: "técnicos da Fazenda e do Planejamento se debruçaram nos últimos meses sobre quatro possibilidades. Além de grandes fortunas, heranças e lucros e dividendos, a equipe econômica estudou também taxar altas somas doadas em dinheiro, hoje praticamente isentas de impostos."

65. http://socialgoodbrasil.org.br

66. http://socialgoodbrasil.org.br/marco-conceitual

67. http://www.todospelaeducacao.org.br/educacao-na-midia/indice/29520/opiniao-analfabetismo-funcional/

68. Para essa edição, o período de campo ocorreu entre dezembro de 2011 e abril de 2012.

69. http://www.ipm.org.br/ipmb_pagina.php?mpg=4.01.00.00.00&ver=por

70. http://7a12.ibge.gov.br/vamos-conhecer-o-brasil/nosso-povo/educacao

71. http://brasilemsintese.ibge.gov.br/educacao/taxa-de-analfabetismo-das-pessoas-de-15-anos-ou-mais

72. O estudo do IBGE investiga dados sobre população, migração, educação, trabalho, famílias, domicílios e rendimento. Foram ouvidas 362.555 pessoas em 1.100 municípios. http://g1.globo.com/educacao/noticia/2014/09/analfabetismo-volta-diminuir-apos-estacionar-no-ano-anterior-diz-pnad.html

73. http://portal.inep.gov.br/basica-levantamentos-microdados

74. http://www.psfk.com/2014/06/myanmar-colgate-illustrations.html

75. Basic Education Primary School #16 (Thankangyunn).

V.
PERSPECTIVAS
MUNDIAIS

OS VALORES DO AMANHÃ

Objetivos: questionar os valores que imperam hoje no mercado e na sociedade.

Palavras-chave: transcendência, revolução, técnica, utilidade.

> Se você quer ir rápido, vá sozinho.
> Se você quer ir longe, vá junto com alguém.
>
> Provérbio africano

A ERA EM QUE VIVEMOS tem dois importantes marcos quanto a mudanças históricas ou valores.

Um, a humanização do divino, formalizada pela Declaração dos Direitos do Homem e do Cidadão de 1789, na qual todo ser humano merece ser respeitado independentemente de todos os pertencimentos comunitários, étnicos, linguísticos, culturais, religiosos[1], e reforçada na Declaração Universal dos Direitos Humanos de 1948[2].

O outro, a sacralização do humano, que pressupõe assumir riscos não mais para defender a pátria, mas para defender o próximo. As entidades valorizadas antigamente, especialmente o pertencimento territorial, nacional, político, cedem espaço para o pensamento humano sem fronteiras. Acredite-se no que quiser, nunca se consegue ver o todo completo; há sempre uma lógica oculta, um saber escondido, um plano de invisível. Nunca teremos a transparência de um mundo perfeito. "Toda presença supõe uma ausência; toda imanência, uma transcendência escondida; toda doação de objeto, alguma coisa que se tira."

> É em mim, em meu pensamento ou em minha sensibilidade que a transcendência dos valores se manifesta. Embora

> situadas em mim (imanência), tudo acontece como se elas se impusessem (transcendência), apesar de tudo, à minha subjetividade, como se viessem de outra parte.
>
> [...] Onde o materialismo quer a qualquer custo reduzir o sentimento de transcendência às realidades materiais que o engendraram, um humanismo, liberto das ingenuidades ainda presentes na filosofia moderna, prefere se entregar a uma descrição bruta, uma descrição que não contém preconceitos, uma fenomenologia da transcendência tal como se instalou no interior de minha subjetividade.
>
> Luc Ferry

A transcendência dos valores é real: não se inventam verdades matemáticas, beleza de uma obra, imperativos éticos. Essa constatação serve especialmente para os quatro grandes campos de valores da existência humana: verdade, beleza, justiça e amor. Falta à humanidade perceber que ao materialismo deve-se sobrepor a teoria humanista, que leva os humanos à autorreflexão.

Ora, nesta era de poder cego, insensato, mecânico e anônimo, quais são os projetos de valor? Como definir o que é valor, e para quem, de que forma, por quanto tempo, com qual objetivo?

E mais: quem são os líderes de valor? Alguns políticos, que manipulam a situação para seu próprio benefício (propinas, delações, nepotismo) sem demonstrar constrangimento público? Alguns religiosos que, pela ignorância da interpretação ao pé da letra, mantêm o mundo em permanente pé de guerra por conta de textos descontextualizados escritos há milênios? Alguns empresários, que batalham por rankings em que sua própria imagem esteja bem posicionada, assim como da empresa que momentaneamente estão representando, para ganhar mais pontos, bônus, status, a qualquer preço?

Diferentemente de outros tempos, em que só a alguns líderes de valor era concedido o poder da fala, o discurso que está em uso, em todas as instâncias da sociedade, é acessível a todos. Sem contar que não existem mais iniciantes em teorias da comunicação, da mercadologia, da psicologia, dentre tantas outras ciências para saber mobilizar: em segundos, pelas redes sociais, as polêmicas se tornam internacionais e conseguem invadir as falas das mais distintas instâncias da sociedade.

O mundo acompanha essa revolução técnica e tecnológica irreversível, com dúvidas quanto à utilidade das coisas (será que precisamos disso?), quanto ao volume das coisas (será que precisamos de tanto?) e quanto à eficiência das coisas (será que vivemos melhor por conta disso?). Pela primeira vez na história da humanidade, evoluímos (ou involuímos) a ponto de ter criado um arsenal de proteção e defesa capaz de exterminar o planeta.

> Os grandes centros de poder não se definem no âmbito da política, lamentavelmente. Por isso a política perdeu a centralidade. A política hoje está subordinada ao capital financeiro, bancário e especulativo. [...]
>
> É preciso ter um horizonte de mudança. A esquerda não deve se caracterizar por gerir crises, mas por sair da crise e pedir um mundo ético, com valores de igualdade, justiça social, diretos humanos, trabalho, moradia. A grande batalha é defender o planeta. No horizonte histórico que se avizinha, seguir depredando é a morte do planeta e a extinção da espécie humana. Esse é o perigo. É a lógica do "salve-se quem puder, mas eu primeiro". Mas o futuro não está desenhado.
>
> Nesse contexto, na economia internacional, há um controle absoluto dos grandes centros especulativos financeiros, que decidem no âmbito da política, das políticas públicas, sociais. O resultado são as políticas de austeridade e uma ordem cada vez mais desigual e injusta, onde estão em perigo não só a vida das pessoas, mas também a natureza, o planeta.
>
> O capitalismo não está em crise. Está no auge absoluto. O capitalismo foi capaz de superar suas crises, mudou. Nessa mudança, arrastou o conjunto da vida. Não se pode dizer que Bill Gates ou Carlos Slim estão em crise. O que está em crise é a concepção de trabalho, de justiça social, de direitos humanos. Isso afeta as pessoas. Cada vez há mais violação de direitos sociais, inclusive de trabalho. As reformas de flexibilização do trabalho estão eliminando esse direito, que era o único direito. Capitalismo e exploração seguem juntos. Capitalismo e democracia nunca andam juntos.
>
> Há movimentos fortes de contestação pelo mundo todo, mas cada vez há mais exploração, um maior grau de escravidão, uma submissão à autoexploração. A dinâmica do capitalismo faz com que as pessoas rebaixem suas próprias condições de vida. É um êxito do capitalismo. Não temos problema em

> aceitar uma exploração maior. Temos problema quando não consumimos. As pessoas protestam porque não têm o último celular. Se há dinheiro para consumir, está bom.
>
> Marcos Roitman[3]

Deter a técnica é um grande passo para a humanidade, mas de nada servirá se não for aplicada para novas ideias, novos ideais, uma nova fase no desenvolvimento do mundo. Falamos de mundo globalizado e conectado em rede. No entanto, deixamos de falar de um mundo no qual quase 1,5 bilhão de pessoas não têm acesso à energia; 2,5 bilhões não dispõem de serviços financeiros básicos. E mais: sete bilhões de pessoas estão à beira de um desastre ecológico devido às mudanças climáticas.[4] Como exemplos mais drásticos, a Índia, onde, por questões culturais, 1,3 milhão de catadores de excrementos limpam as fezes de 15 milhões de pessoas e são consideradas pessoas poluídas, *dalits*, "intocáveis"; desse total, 98% são mulheres. No país, 600 milhões de pessoas fazem necessidades ao ar livre; e 15 milhões usam latrinas secas, os buracos no chão. Isso significa problemas complexos de saneamento básico, levando a óbito cerca de 780 mil indianos por ano (um décimo do total de mortes no país).[5]

> Vivemos em um planeta desigual. Contudo, enquanto o mundo rico talvez esteja indiferente ao sofrimento dos pobres, em todo o mundo os pobres estão muito bem informados sobre como vivem os ricos, e já demonstraram que estão dispostos a atuar. [...] Precisamos encontrar modos mais eficientes de trabalhar com nossos principais parceiros e partes interessadas, inclusive os da sociedade civil e do setor privado. Necessitamos de parcerias, instituições globais sólidas, um setor privado dinâmico e líderes políticos comprometidos. Mais importante que tudo isso é que precisamos unir as pessoas do mundo inteiro em um movimento global para acabar com a pobreza. Todas as partes da sociedade mundial precisam se unir para traduzir a visão de uma economia mais justa e sustentável em uma ação decisiva que se constituirá no nosso legado para o futuro. O mundo está nos observando.
>
> Jim Yong Kim[6]

As preocupações contemporâneas estão associadas a bioética, ecologia, impactos das ciências positivas na sociedade, autorizações e proibições quanto à clonagem, eugenia, reprodução assistida... — que não são desprezíveis, por certo, mas que podem ser questionadas por sua relevância: "diante desta evolução, que para mim não é um progresso, as grandes interrogações filosóficas apresentam-se aos novos especialistas tomados pela paixão do sério como futilidade de outros tempos. Nada de falar de sentido, de vida boa, de amor à sabedoria, muito menos de salvação; tudo o que durante milênios constituiu o essencial da filosofia parece jogado às urtigas para dar lugar à erudição, à reflexão e ao espírito crítico. Não que estes atributos não sejam qualidades, mas, enfim, como dizia Hegel, 'a erudição tem início com as ideias e termina com a imundície...': tudo, qualquer coisa, pode se tornar objeto de erudição, as tampas dos potes de iogurte assim como os conceitos, de modo que a especialização técnica pode engendrar competências incontestáveis associadas à mais desoladora ausência de sentido."[7], pontua Luc Ferry.

Não adianta falar em novos horizontes se este, o de olhar para dentro, não for superado — como no conceito de "pensamento alargado". Não é apenas uma imposição argumentativa para o conceito de "colocar-se no lugar do outro", e sim uma nova forma de responder ao sentido da vida, saindo de sua condição particular e entrando em uma outra história, individual ou coletiva, objetivando o que o autor chama de humanização do humano. O espírito individual trata o universo particular como a única realidade possível; o alargado pressupõe "contemplar o mundo como espectador interessado e benevolente". Saindo do modelo egocêntrico, há um mundo de possibilidades para se observar e atuar sobre. Falamos de valores, de lastro, de modelo econômico compartilhado por todos nas transações comerciais mundo afora. Mas há valores humanos que também são universais. Particularidades de origem à parte, como crenças, religiões, territórios, climas, histórias, rituais, tradições... todos querem viver bem — seja lá o que isso significar em cada contexto. E, por mais que se modifiquem as condutas e a forma de pensar, uma coisa permanece sempre a mesma: a singularidade de cada um, que traz sentido à existência, que aproxima as pessoas para além de abstrações universais e particularidades regionais.

Aí está uma importante semente para se entender a economia das dádivas ou dos dons:

> Afastando-se de mim mesmo para compreender o outro, alargando o campo de minhas experiências, eu me singularizo, já que ultrapasso ao mesmo tempo o particular de minha condição de origem para aceder, se não à universalidade, pelo menos ao reconhecimento cada vez maior e mais rico das possibilidades que são da humanidade inteira.
>
> Luc Ferry[8]

Essa dimensão é o objetivo do amor alargado de nossa experiência humana — que pode, sim, fazer parte do pensamento de marcas e empresas em sua busca por um mercado mais eficiente, inteligente, equilibrado. Esse processo está intimamente ligado às relações e à geração de vínculos entre as pessoas.

Traduzindo, para funcionar, a economia das dádivas depende de um desapego ao individual e de uma abertura ao universal.

CASES: Soluções Corporativas

- **Saúde pública com Easy Taxi e Dettol:** em resposta à epidemia do vírus Ebola por toda a África Ocidental, o app móvel Easy Taxi, em parceria com o sabonete Dettol, implementou uma campanha educativa para oferecer a motoristas de táxi nigerianos lições sobre como diagnosticar e prevenir a doença, encorajando os motoristas a passar seu conhecimento para os passageiros.

- **Mobilidade urbana com Waze:** a plataforma de dados sobre tráfego Waze anunciou o Connected Citizens, um programa em parceria com diversos governos mundo afora com o objetivo de melhorar as condições de tráfego urbano. Dentre os parceiros do programa, cidades como Los Angeles, Rio de Janeiro, Barcelona e Tel Aviv.

- **Inovação para sustentabilidade com Volvo:** a Volvo desenvolveu parceria com a Autoridade de Transportes da Suécia para o projeto ElectriCity, para criar estradas que possam carregar energeticamente veículos elétricos. O processo inclui carregamento indutivo sem fio para transferir energia para a frota de ônibus elétricos da cidade de Gotemburgo.

TEORIAS E FUTUROLOGIAS

Objetivos: exemplificar as trocas como ferramenta de negócios nas redes sociais.

Palavras-chave: previsões, destino, redes sociais, trocas.

> Os fatos que vemos dependem da posição em que estamos colocados e dos hábitos de nossos olhos.
>
> Walter Lippmann

QUANDO O ASSUNTO É FUTUROLOGIA, cada um faz as previsões de acordo com o seu repertório — depende do seu universo de relacionamento e de suas perspectivas na vida e nos negócios. Considerando que o mundo virtual já faz parte do presente e estará cada vez mais presente no futuro, uns apostam no financiamento coletivo. No Kickstarter, site onde qualquer um pode investir em projetos criativos, o relógio inteligente Peeble[9], do engenheiro Eric Migicovsky, arrecadou US$10.266.846 em poucos dias — um grande case de sucesso do site. Integrado a iPhones e Androids, tem tela de e-paper, bluetooth, motor para vibração, acelerômetro de três eixos, quatro botões de controle, apps curiosos, múltiplos visuais de face e bateria com autonomia de sete dias corridos. Quem investiu no mínimo US$99 levou um *gift* bastante significativo: um exemplar do produto, para usar e exibir como forma de status. Em tempo, o Kickstarter[10] foi fundado em 2009, e em 2015 se transformou em uma Benefit Corporation. No portfólio, mais de 104 mil projetos de sucesso, que representam US$2,3 bilhões de 11 milhões de investidores.

Outros, como Peter Diamandis, fundador da Universidade da Singularidade, no Vale do Silício, apostam que os próximos anos significam mais clientes. De forma mais precisa, três bilhões de novas mentes entrando no universo online; uma grande oportunidade, considerando que mais pessoas se comunicarão, aprenderão e farão novos negócios na web. Uma boa oportunidade para estabelecer novos rituais entre marcas e consumidores, especialmente prevendo que, em cinco anos, celulares e tablets ultrapassarão os computadores em transações como as de *mobile banking* — no Brasil, de 2013 para 2014, o crescimento foi de 180%, envolvendo cerca de 260 milhões de transações. Sem contar os inúmeros aplicativos dos bancos customizados com localizadores GPS, leitores de código de barras para boletos, serviços especiais para atendimento e fidelização, novas dádivas para encantar os clientes realmente *private, personnalité, exclusive* e *premium.*

> As sociedades sempre tiveram a real possibilidade de escolherem seu futuro, mesmo quando não o fizeram, optando pela passividade, ou quando deliberadamente escolhiam caminhos errados. A viabilidade de conjugarmos no Brasil educação com inovação e desenvolvimento sustentável continua aberta e atraente, mas o relógio está correndo. Ele não para.
>
> Ronaldo Mota[11]

Falando em fidelização, a tecnologia caminha para a customização humanizada, "entendendo as necessidades dos consumidores", como dizem alguns visionários. Os buscadores, por exemplo, se parecerão mais com seres humanos, diz Craig Silverstein[12], oferecendo respostas cada vez mais personalizadas por conta de ferramentas capazes de compreender melhor o perfil de cada usuário, facilitando a implementação de ações mais eficientes e rentáveis. Aposta certeira também são as redes sociais.

Hoje já é possível olhar para o destino de um país ou de uma empresa observando com atenção as informações que internautas compartilham no Twitter, Facebook, blogs e afins. O humor das pessoas traz o calor da situação social, permitindo uma certa visão do mercado, uma pista sobre o que está por vir. Para a consultoria SAS, que realizou pesquisa em parceria com a Global Pulse, da ONU[13]: "este tesouro inexplorado pode fornecer respostas em tempo real sobre como melhorar a segurança pública, as relações com os cidadãos e apoiar as investigações sociológicas importantes". Reforça, na mesma entrevista ao UOL, que as informações disponibilizadas na web ainda carecem de tecnologia que consiga efetivar análises preditivas, considerando o imenso volume de informações gerado diariamente. O 8º secretário-geral da ONU, Ban Ki-moon, complementa:

"grande parte dos dados em mídias sociais contém significados relevantes para o desenvolvimento de um país".

Com isso, as trocas estabelecidas nas redes sociais ficarão cada vez mais interessadas e interesseiras também. O escambo virtual é tão movido a dádivas quanto o escambo primata; para conseguir alguma coisa, é preciso dar algo em troca — pode ser desconto e também prestígio, benefício e acesso. Afinal, o que ofertar para as pessoas em troca de informações, o bem mais desejado desta contemporaneidade? Segundo Jason Falls, guru norte-americano das redes sociais e coautor de *No Bullshit Social Media*, as pessoas já começam a questionar a finalidade de cada rede e avaliar com mais critério o tempo que demanda ter uma vida virtualmente ativa em cada uma delas — expostos a promoções, patrocínios, IPOs e apps. Completa que a tendência ao excesso de redes sociais generalistas será a criação de redes mais focadas, destinadas a públicos específicos. Quanto mais focado o grupo, mais claras as intenções e maiores as chances de intercâmbio de dados, de sentimentos, de objetos, de oportunidades de fazer negócios.

"O viajante anda de um lado para outro e enche-se de dúvidas: incapaz de distinguir os pontos da cidade, os pontos que ele conserva distintos na mente se confundem", escreveu Ítalo Calvino, 1990, referindo-se às confusões que a estrutura das cidades propõem, sem ter conhecimento do que estaria por vir nas urbanidades cibernéticas. Como é possível rotular hábitos, ritmos e rotinas na web, emitindo pareceres precisos de comportamentos previsíveis em um espaço incessantemente reconfigurado por novas tecnologias e novas formas de socialização, com novos modos de estar junto, viver, habitar, sentir e se comunicar, que permitem intercâmbio de símbolos e sentidos passíveis de permanente transformação?

Como adivinhar o que vai acontecer nesse espaço multiexperiências, no qual os sentidos valem mais do que os significados e os novos hábitos e costumes são construídos a cada instante, sem referência às tradições do passado, como se só o agora existisse? *Memes* e modismos surgem e, qual metamorfoses ambulantes, modificam-se da noite para o dia. O que era *in* vira *out*; o que era *low* vira *high*, em um moto-contínuo nem sempre lógico. O que dizer das previsões? Pode-se estudar as pesquisas, projetar os dados, consultar os gurus do mercado, os visionários e os videntes. Não há teoria que verse com precisão sobre o devir. A propósito, o papel das teorias é, sob determinada óptica, ver e interpretar fenômenos e eventos para melhor compreendê-los de acordo com os nexos socioculturais que se estabelecem.

> Qualquer relato será sempre o produto conjunto do conhecedor e do conhecimento no qual o papel do observador é sempre seletivo e geralmente criativo.
>
> Walter Lippmann

Independentemente do que nos reserva o amanhã com seus inúmeros pontos de vista, uma coisa pode-se garantir: virão novas tecnologias e novas formas de conhecer as pessoas e estabelecer relacionamentos, mas relações de troca, reciprocidade e compartilhamento — presentes, prêmios, objetos de desejo e de afeto, vantagens, milhagens, escambos, permutas, benefícios, ofertas, oferendas, experiências exclusivas, eventos, rituais e ritos —, o repertório da *Gift Economy* em geral, de um jeito ou de outro, continuarão existindo.

Para Marc Gobé, presidente da Emotional Branding e cofundador da Brandimage, uma das maiores empresas de design do mundo, isso faz parte do novo paradigma para conectar marcas a pessoas: "desejo que as marcas vejam o mundo e suas pessoas por um novo ponto de vista. Que as ajude a descobrir sorrisos, a entender o poder de um sonho se transformando em realidade, a celebrar a esperança."[14]

É sabido que, para uma marca se tornar memorável, se faz necessário um trabalho integrado em marketing, comunicação, *branding*, endomarketing, treinamento de equipe de vendas, opinião pública; em embalagens, em sinestesias no ponto de venda; em *happenings* e em *cloud ways* na web; em apps, em *mobile*, em tudo o que já veio e que ainda está por vir. Seja lá quais forem as plataformas, um planejamento que concretize a sensação e a emoção da marca — para além dos *style guides* e *concept guides*.

Essa é a oportunidade que a *Gift Economy* propõe na mercadologia.

> Sou a favor de uma luta contra os extremismos, contra os excessos. Não é contra a tecnologia e o progresso que devemos lutar, mas contra seus excessos.
>
> Paul Virilio[15]

Com protocolos e regras claras a respeito de tons e volumes de informação sobre produtos e serviços que devem entrar na vida dos consumidores, todas as plataformas propostas pela *Gift Economy* suplantam o papel da compra (objetivo) e enveredam pela criação de vínculos (subjetivos). A emoção é um ponto de partida para uma troca de afetos, um relacionamento que é bem diferente da troca monetária, do comércio. Em tempo, relacionamento sem trocas definitivamente não existe.

CASE: Toms, One for One

"Há duas coisas das quais você precisa para aliviar a pobreza: educação e empregos. Acho que, uma vez que as pessoas entenderem o impacto que podem provocar ao comprar uma xícara ou um saco de café, isso criará uma conexão ainda maior com a Toms (http://www. toms.com). Isso é fazer negócios."

De acordo com dados da ONU, mais de dois bilhões de pessoas no mundo não têm acesso a água para beber, cozinhar e desfrutar de saneamento básico.

Blake Mycoskie, dono da marca Toms (sapatos, bolsas e acessórios) e do Café Toms, encontrou uma solução para fazer a sua parte. Com o conceito *the more you give, the more you live* (quanto mais você dá, mais você vive), promove o *one for one*® (um por um) — a cada produto vendido, a marca vai ajudar uma pessoa em necessidade.

Para a marca, devolver para a comunidade é uma parte importante do programa de responsabilidade corporativa. A história do fundador virou livro: *Comece algo que faça a diferença*. Dar e doar estão no DNA corporativo desde o princípio; inclusive, a empresa tem um *Chief Giving Officer*. A marca foca no impacto social e ambiental de cada produto e operação, na doação responsável e na vida de seus colaboradores — um comprometimento levado muito a sério em todas as etapas de compra, planejamento, suporte e doação responsável. Segundo dados de 2016, são mais de 100 parceiros em mais de 70 países pelo mundo nas áreas de saúde, educação e desenvolvimento de programas comunitários para crianças, suas famílias e comunidades necessitadas.

Como conceito, *the gifts*: *the gift of shoes* (venda de sapatos), *the gift of sight* (venda de óculos representa prescrições de óculos, cirurgias e tratamento médico), *the gift of water, the gift of safe birth.*

Como resultado, a Tons[16] já doou mais de 50 milhões de pares de novos sapatos para crianças necessitadas, já ajudou mais de 360 mil pessoas carentes para a saúde dos olhos, já doou mais de 250 mil semanas de água limpa para pessoas que precisam e, considerando que 40 milhões de mulheres pelo mundo dão à luz sem a menor infraestrutura, está distribuindo kits para um nascimento saudável, treinamento e estrutura de saúde para mães e filhos.

Como estratégia de comunicação, para além do site e registros na imprensa, a marca se apropria das causas que apoia utilizando cada ponto de contato no ponto de venda como plataforma de mobilização social, utilizando o design como diferencial estratégico. Na ambientação e sinalização da loja, há vozes de comando e muitas fotos incentivando o engajamento dos consumidores. Nas sacolas, caixas de sapato e etiquetas que acompanham os produtos, mensagens bem humoradas não apenas sobre como ajudar, mas também sobre quem e como está sendo ajudado. Diferentemente dos catálogos de produto convencionais, está à disposição de todos uma publicação impressa que se diferencia por destacar as mudanças sociais que a Toms está promovendo no local em questão.

Como contraponto ao modelo, o fato de que não adianta apenas dar as coisas para as comunidades carentes, mas também estimular seu desenvolvimento. Em entrevista publicada na Public Radio Foundation (PRI)[17,] a jornalista Amy Costello faz uma reflexão: "nós pensamos que, ao dar às pessoas as coisas das quais gostamos — como bolas de futebol e sapatos —, estamos fazendo bem. É importante ouvir o que as pessoas precisam; a parceria está em dar, também, acesso ao mercado." Dentre as respostas da Toms às críticas, está o desenvolvimento de fábricas nas regiões carentes, estimulando toda a cadeia de consumo e fazendo com o que os produtos que são distribuídos como *gifts* sejam produzidos localmente.

Teorias e Futurologias 233

Loja do Oriental Plaza, Dongcheng District, Pequim.

NOVOS SEMEADORES DE NEGÓCIOS

Objetivos: fortalecer o papel do embaixador ou semeador de marca para a multiplicação das boas iniciativas.

Palavras-chave: semeador, multiplicador, neuromarketing.

> A melhor maneira de ter uma boa ideia é ter várias ideias.
>
> Linus Pauling

Do latim *seminare*, semear é espalhar sementes para que germinem. E o que funciona com sementes, funciona bem com ideias e com marcas também, pois todas podem cair pelo caminho e se perder; sobre a pedra e secar; nos espinhos e se asfixiar; ou na boa terra e frutificar — boas safras e bons negócios.

As marcas vivem de propalar, publicar, causar, fomentar, produzir, promover, alastrar. Dependem do momento certo e das pessoas certas para que possam, em mentes e corações férteis, entrar e brotar. Uma vez enraizadas, crescem em forma de desejo, que se transforma em consumo, que pode virar um hábito. Um lindo pé de hábito, plantado dentro de você e que serve para vinculá-lo a tudo o que tem relevância no seu mundo: do website de uma religião à embalagem de certo tipo de sabão.

O semeador das marcas, chamado de *brand seeder*, tem como missão cuidar deste plantio, alternando o território e as culturas para gerar mais frequência, mais cobertura e mais resultados. Quanto maior a plantação, maior a sua remuneração, o seu status, a sua reputação. Em linhas gerais, se o embaixador da marca a representa e o advogado de marca a defende, é o *brand seeder* quem a multiplica. Segundo pesquisas, a grande recomendação de consumo de marcas não se dá na propaganda, nas promoções e nos eventos, mas sim no boca-a-boca, no *word-of-mouth*. Isso porque as pessoas confiam em pessoas com quem estabeleceram laços emocionais e redes de confiança, reais ou virtuais. Uma vez envolvidas, endossam estas marcas em seus grupos de influência, que ativam outros grupos de influência e assim por diante, ampliando a área de cultivo e criando um ambiente propício à experimentação.

Reflexão importante: o que a sua marca está oferecendo? Quais as suas intenções? Que diferença sua marca faz para as pessoas, para o ambiente, para o mundo? Está claro para o mercado? As marcas são o que compartilham; e o que compartilham é exatamente aquilo que oferecem.

INSPIRAÇÃO: Dádivas de Marca®[18]

Uma marca é tudo aquilo que oferece, em todos os pontos de contato e canais de comunicação, para todos os seus públicos de interesse. Entender o Sistema das Relações de Troca® e atuar de forma planejada e estratégica traz vantagens competitivas para as marcas e cria vínculos mais efetivos, ampliando relações mercantis pontuais para relações afetivas integradas. Estas trocas criam uma nova economia na qual circulam não apenas dinheiro, mas emoções, interesses, desejos, sonhos de um mundo melhor.

MATRIZ Dádivas de Marca®

Dádiva é o que a marca tem de mais valioso e consistente: sua história, seu legado, seus dons, seus talentos, as emoções que gerou nas pessoas com quem se relacionou, a diferença que fez e faz para as pessoas e para o mundo — fatores decisivos para compor a reputação de uma marca.

Esta metodologia estrutura o propósito, o dom, as ofertas, as entregas, a energia, as trocas, o encanto e o destino da marca, com base em todas as análises de mercado efetivadas, criando um novo parâmetro para monitorar a qualidade e a intensidade no relacionamento com o mercado. Desta forma, é possível ver o modelo atual, construído com base em estudos, pesquisas, entrevistas e análises; e projetar o modelo ideal.

MANIFESTO

Não basta comunicar, tem saber onde, como e porque comunicar.

Não existe "falem bem ou falem mal". Existe "falem certo".

Não funciona "por na mídia". Funciona fazer a diferença para a marca, para o consumidor, para o mercado, para o mundo.

A falta de informação sobre uma marca é problema de quem gera esta informação, de quem oferece um produto ou serviço para o mercado.

Entender a consistência da marca é primordial para definir targets, canais, intensidades e durações.

Gastar dinheiro para divulgar uma marca sem a devida consistência é puro desperdício.

ROI ajuda a quem planeja com consistência para uma marca consistente. Se não for o ROI, chame o gerente de vendas, a gestora do telemarketing, o pessoal de TI, a própria telefonista.

Avaliar o andamento é fundamental: não existe "investimento institucional" a título perdido.

Saber agir é tão importante quanto saber planejar: transforme palavras em ações; renove seus rituais; encontre unidade e identidade; invista na consistência, que gera coerência; conecte-se com símbolos; dê e prepare-se para receber.

Onde tem alguém oferecendo algo sobre uma marca, tem toda uma estrutura esperando a sua fidelidade em troca. Surpreenda.

MINDSTYLE:
O PARADIGMA DO FUTURO

Objetivos: onde se processam as novas ofertas das marcas.

Palavras-chave: consumo, influência, mobilização.

> O futuro não pertence a ninguém. Não há precursores, há apenas atrasados.
>
> Jean Cocteau

O MERCADO ADORA PROFETIZAR O AMANHÃ para antecipar a venda de cores, sabores, essências e tendências que estarão nas vitrines da próxima temporada. Volatilidade e instabilidade são regras em uma liberdade de estilo que vai do *high* ao *low*, do retrô ao *avant garde*, do *in* ao *out* em segundos: de uma loja a outra. O consumidor, *flâneur* voraz consumindo incessantemente ideias e sensações, espera ser surpreendido no próximo *corner* com algo inédito: alguma combinação que ainda não tenha sido feita na panaceia de ofertas que a überestrutura do shopping center oferece.

Aos desavisados, foi-se o longo império do *lifestyle*, que constrói vínculos entre marcas e pessoas considerando categorizações estereotipadas de estilos de vida. A partir de agora reinará por tempo indeterminado o *mindstyle*[19], fluido e imaterial como o ritmo dos pensamentos e desejos de uma sociedade em permanente mutação, conexão e ressignificação. Muitas novidades, a começar pelo urbanismo. A paisagem planejada dos *malls* amplifica e modifica seu espaço com as perspectivas inusitadas da mente de consumidores que buscam, neste tempo onisciente de experimentação de marcas, a completa satisfação. Até então frenesi, as sinestesias físicas passam a interagir com as virtualidades, inaugurando nos centros de consumo muitas pontes: entre o real e o imaginário; entre o passado, o presente e o futuro; entre as vontades existentes e as que podem vir a existir.

Nas socialidades, o título de nova praça pública e novo centro urbano é revisitado com o conceito de desterritorialização. As pessoas, em suas redes e tribos, encontram-se nos shopping centers para se desencontrarem, cada qual à sua maneira, nas inúmeras redes de relacionamento que o contemporâneo dispõe. O que era uma frequência e um tráfego visível se transforma em um fluxo invisível de energias carregadas de expectativas que precisam ser capturadas para que sejam convertidas em negócios.

Falando em negócios, para faturar na era em que tudo pode ser comprado ou trocado via e-commerce, não adianta apenas desconto, promoção e fidelização. Que tal oferecer às pessoas oportunidades humanitárias, que toquem seus corações e inspirem suas almas, trazendo-as de volta aos seus próprios centros? Isso sim seria memorável, compartilhável, relevante, engrandecedor, respeitoso — novos valores para uma nova era de consumo. Do futuro, ninguém sabe, mas quem quer ficar na moda por muito tempo precisa adotar esse *mindstyle*, e semeá-lo.

Do latim seminare, semear é deitar ou espalhar sementes para que germinem. Propalar, publicar, causar, fomentar, produzir, promover, encher, alastrar. Houve um tempo em que semeador era aquele que semeava a terra. Em escala industrial, virou nome de maquinário agrícola.

No paralelo, da semente foi feita palavra, e metaforicamente surge o semeador de ideias. Analogamente aos tipos de solo, a palavra pode cair pelo caminho e se perder; pode cair sobre a pedra e secar; nos espinhos e se sufocar; ou na boa terra, e assim proliferar.

Os primeiros servem ao cultivo do solo, para que dê bons frutos; o outro, ao cultivo de formas de pensar, para que traga adeptos produtivos. Deste último brota um terceiro, que da palavra faz uma marca, plantando-as nos hábitos das pessoas para que o mundo dos negócios possa ter boas safras de vendas.

De semeador para *brand seeder*, nos anglicismos do mundo business; de sementes para ações virais, de mobilização, de relacionamento, de encantamento, de *Gifting*. Se o embaixador da marca a representa e o advogado da marca a defende, o *brand seeder* a multiplica, polinizando seu entorno com uma moda, uma mania, uma tendência, um objeto de desejo. Martin

Lindstrom, o porta-voz do neuromarketing, comprovou em pesquisas que mais de 70% da divulgação de marcas se dá no boca a boca (*word of mouth*). As pessoas confiam em outras pessoas, seja ao vivo, na web, nos games ou no celular. E o testemunho (ou o presencial) faz toda a diferença.

Estrategicamente, as marcas antenadas têm seus próprios *seeders*, pessoas que, para além dos canais reconhecidos da propaganda, servem de legitimadores contratados, endossando-os por produtos e serviços para seus grupos de influência. E esses *seeders* podem ser canais estratégicos para promover a nova economia das trocas, que não depende apenas de anúncios, e sim de práticas.

Onde tem alguém oferecendo algo sobre uma marca, tem toda uma estrutura esperando a sua fidelidade em troca. Resumindo, a nova parábola é assim: uns oferecem sementes, outros a boa palavra. O que as marcas estão oferecendo? Quem as está multiplicando, e de que forma, com qual intenção? Parafraseando Lucas, o bíblico, "quem tem ouvidos para ouvir, ouça".

Quem puder multiplicar, multiplique.

> Toda revolução tem suas origens no passado, e a que culminou na nova ciência da mente não é nenhuma exceção. Embora o papel central da biologia no estudo dos processos mentais fosse novo, a capacidade desta disciplina de influenciar no modo como o homem vê a si mesmo já estava em jogo. Charles Darwin provou que não somos uma criação especial, mas sim o produto de uma evolução gradual a partir de animais inferiores, que são nossos ancestrais. Darwin sustentou, além disso, que todas as formas vivas provêm de um ancestral comum — remontam à criação da vida propriamente dita. Ele propôs a ideia ainda mais arrojada de que a força que impulsiona a evolução não é nenhum propósito consciente, inteligente ou divino, mas um processo "cego" de seleção natural, um processo completamente mecânico de seleção por ensaio e erro, que atua com base nas variações hereditárias. As ideias de Darwin constituíram um desafio direto ao ensino da maioria das religiões. Uma vez que a intenção original da biologia tenha sido a de explicar o desígnio divino da natureza, as ideias formuladas por Darwin demoliram o vínculo histórico entre a religião e a biologia. Com o tempo, a biologia moderna viria a propor que acreditássemos que seres vivos, em toda a sua beleza e variedade infinita, nada mais são que

os produtos de combinações sempre novas de bases de nucleotídeos, os blocos de construção do código genético do DNA. Essas combinações foram selecionadas durante milhões de anos pela luta dos organismos para sobreviver e se reproduzir. A nova biologia da mente é potencialmente mais perturbadora, pois sugere que não apenas o corpo, mas também a mente e as moléculas específicas por trás de nossos processos mentais mais complexos — a consciência que temos de nós mesmos e dos outros, a consciência do passado e do futuro — evoluíram de nossos ancestrais animais. Além disso, ela postula que a consciência é um processo biológico que será um dia explicado em termos de vias de sinalização molecular utilizadas por populações de células nervosas em interação.

Eric R. Kandel[20]

A DEMOCRATIZAÇÃO DAS TROCAS

Objetivos: apresentar o entendimento contemporâneo da "democratização" das marcas na sociedade.

Palavras-chave: compartilhamento, contemporaneidade, democratização da informação e dos acessos.

> A sociedade pós-moderna remultiplica geometricamente a comunicação urbana de interesse antropológico-cultural porque destrói a distinção entre cultura de elite e cultura de massa.
>
> Massimo Canevacci

A MODA AGORA É COMPARTILHAR AS TENDÊNCIAS, expandir as portas, democratizar os espaços para que mais pessoas experimentem a sensação da marca. E a multipliquem. Ao menos no discurso. Afinal, o que é democratizar? Segundo o dicionário, é "colocar ao alcance do povo, popularizar". Há os que preferem saber da informação em vez de ir lá e conferir, mas o melhor do acesso é poder olhar por si mesmo. É a democracia do olhar.

E olhar não é apenas olhar, mas também ser olhado, interferindo no cenário. Isso é o que, na concepção do economista indiano Arjun Appadurai, compõe os *"imagined worlds,* mundos múltiplos, constituídos pelas imaginações historicamente situadas" das pessoas. Individuais, em uma relação geradora mútua entre portadores e transmissores de cultura, que regeneram a sociedade, que regenera a cultura e reestrutura o conhecimento. "Vivemos, vale lembrar, num universo de signos, símbolos, mensagens, figurações, imagens, ideias, que nos designam coisas, situações, fenômenos, problemas, mas que, por isso mesmo, são os mediadores necessários nas relações dos homens entre si, com a sociedade, com o mundo", diz o pensador.

De certa forma, é como se as pessoas que circulam nos espaços de consumo fossem também os personagens de um *theatrum mundi*, representando papéis tanto em sua atividade profissional quanto nas diversas tribos das quais fazem parte, mudando de figurino de acordo com seus gostos sexuais, culturais, religiosos, amicais (ideia de Michel Maffesoli), atuando em "grandes teatralidades coletivas. Roupas extravagantes, adereços postiços, tatuagens, cores e odores favorecem um travestimento generalizado que, no momento de rituais específicos, permite a cada um encenar-se; logo, viver ao sabor de sua fantasia. Todas as culturas conhecem esses rituais de inversão."

Essa teatralidade elabora um jogo de aparências no qual a autenticidade dramática do social corresponde à trágica superficialidade da socialidade e também do consumo. O mercado é liderado pela fabricação de experiências, gerando o sentimento de identidade comum entre as diversas comunidades. Experimentar as marcas é como ouvir a voz de pequenos deuses falantes, também atores. Experimentar paixões em comum é, por exemplo, passear pelas passarelas das grifes para ver como são feitas as tendências; transforma tudo em um fato social total e midiático.

A terminologia, da forma como o mercado vem se apropriando, adquiriu sentido de ampliação de uma instância, de amplificação de um *target*. Ou reposicionamento do mesmo, tornando-o mais popular (pelo entendimento midiático da palavra) do que popularizando-o. Permite-se até o entendimento de que certas classes sociais e culturais, até então apartadas nesses processos, se transformaram em novos alvos emergentes com capacidade econômica para se relacionar com os termos de design, estilo, tendência... ali propostos.

Pode ser apenas um ponto de vista: são lugares virtualmente abertos. Mas, na realidade, ainda muito fechados. A mercadologia é assim, parafraseando George Orwell: "somos todos iguais, mas uns são mais iguais que os outros".

O que a economia das trocas, do compartilhamento, dos presentes, dos dons e dádivas pode fazer nesse processo criando uma nova regra de paridade e democratizando os acessos fundamentais para o equilíbrio e a sobrevivência da humanidade?

PAINEL: Tendências para as marcas

TOP TRENDS • BRANDING 2016

brand authenticity · giving · art + science · 24/7 culture and convenience · sharing economy · seasonless · indulgence · less is more · new luxury · fitting experiences · gender neutral · helping · recognition · hyperpersonalization · gift economy · transparency · mobile proliferation · drone it · green it · brand stands · shoptainment · unbranded · positive impact · social intelligence · do brands · disruption · storymakers · wellness · tangible · cash free · local · empathetic pricing · in hand brands · owned stories · meaning · human brands · one for one · organic

umbigodomundo pesquisas e tendências ©

Notas

1. FERRY, Luc. *Aprender a viver: filosofia para os novos tempos*. Rio de Janeiro: Objetiva, 2010. p. 211.

2. http://www.dudh.org.br

3. Doutor em política e sociologia e professor titular da Universidad Complutense de Madrid, em entrevista sobre a crise cultural da Europa com a situação da Grécia. http://www1.folha.uol.com.br/mercado/2015/07/1654346-situacao-na-grecia-demonstra-crise-cultural-da-europa-diz-sociologo.shtml

4. KIM, Jim Yong. *Brasil Econômico*, Opinião, 30, 28 abr. 2014.

5. Trabalho sujo. *Folha de S. Paulo*, Mundo, A22, 18 mai. 2014.

6. Jim Yong Kim, 12º presidente do Banco Mundial

7. FERRY, Luc. Aprender a viver: filosofia para os novos tempos. Rio de Janeiro: Objetiva, 2010. p. 228.

8. FERRY, Luc. *Aprender a viver: filosofia para os novos tempos*. Rio de Janeiro: Objetiva, 2010. p. 228.

9. http://www1.folha.uol.com.br/tec/, matéria de 24/02/2015.

10. www.kickstarter.com, acessado em 27/04/2016.

11. MOTA, Ronaldo. *Brasil Econômico*, Opinião, 30, 19 jul. 2014.

12. Foi o terceiro funcionário a ingressar no Google e atua na Khan Academy (ensino virtual gratuito).

13. http://www.unglobalpulse.org

14. GOBÉ, Marc. *Emotional Branding*. Allworth Press, 2009.

15. REZENDE, Marcelo. O sistema globalitário. *Folha de S. Paulo*, Caderno Mais, 9, 9 fev. 1997.

16. Acesso ao site em abril de 2016. http://www.tons.com

17. Metodologia Proprietária UDM&Co. Projetos para Comunicação Eficiente. http://www.udmconsulting.com.br

18. PRI é uma empresa de mídia sem fins lucrativos fundada em 1983 que promove o engajamento entre o jornalismo e a interferência positiva na vida das pessoas, conectando pessoas e culturas com informações e histórias inspiradoras. Entrevista citada: http://www.pri.org/stories/2013-10-08/toms-shoes-rethinks-its-buy-one-give-one-model-helping-needy

19. MORACE, Francesco. *O que é o futuro?* São Paulo: Estação das Letras e Cores, 2013.

20. *Em busca da memória: o nascimento de uma nova ciência da mente*. São Paulo: Companhia das Letras, 2009. p. 22-23.

VI.
NOVAS VISÕES

O QUE TODO MUNDO VÊ E TODO MUNDO JÁ SABE

Objetivos: provocar sobre aplicações práticas das teorizações.

Palavras-chave: humanidade, consciência, negócios.

> Todos começamos com o "realismo ingênuo", isto é, a doutrina de que as coisas são aquilo que parecem ser. Achamos que a grama é verde, que as pedras são duras e que a neve é fria. Mas a física nos assegura que o verdejar da grama, a dureza da pedra e a frieza da neve não são o verdejar da grama, a dureza da pedra e a frieza da neve que conhecemos em nossa experiência própria, e sim algo muito diferente.
>
> Bertrand Russell[1]

POR UM VIÉS MENOS CLÁSSICO e por considerar que diversos dos tratados isolados, tanto sobre a economia quanto sobre a sociologia do dom, das dádivas ou das trocas, encerram-se ou esbarram em críticas ao formato mercantilista das relações sem propor planos alternativos e perspectivas, eis um percurso de entendimento da evolução da humanidade com articulações contemporâneas e alternativas analisando mais do que os textos, os contextos.

Afinal, sobre qual plataforma comparativa estamos falando? De que cenário? De qual tempo? Com base em quê? Considerando qual critério evolutivo da humanidade, onde se situam as constatações e as inferências feitas? Os pensamentos e os pensadores estavam tão alicerçados em determinados tempos e espaços específicos e em fórmulas teóricas que extrair uma conexão com dons, dádivas e trocas por vezes parecia forçado.

A cada imersão em autores e suas teorias, a cada conversa com profissionais de mercado, a cada estudo de caso prático sempre surgia a esperança de encontrar uma eureca que resolvesse a questão, trazendo localização ao tema, encapsulando-o como uma solução acessível e recomendável, qual receita que todos pudessem utilizar com determinada posologia e efeitos colaterais testados — um milagre.

Mas não foi assim. Quanto mais eram tecidas as articulações do conhecimento, mais ficava claro que o problema estava nas referências, pois cada interlocutor usava uma base de partida diferente e, de acordo com o campo de visão e os referenciais, a paisagem da informação ficava completamente distinta — difícil de ser parametrizada.

Que as trocas sempre existiram e que efetivá-las considerando o compartilhamento sustentável de objetos, experiências e sensações é uma conduta positiva, todos já sabem — inclusive as inúmeras, terminologias econômicas já fizeram seu papel de listá-las, como vimos nos capítulos anteriores. Mas uma coisa é fato: como o próprio nome diz, esse processo de trocar e compartilhar dons e dádivas prevê movimento. Conforme a humanidade desenvolveu sua visão de mundo e toda a tecnologia que serve de aparato para colocá-la em prática, essa economia foi junto — como algo extremamente integrado, possivelmente como uma filosofia que desde que foi criada esteve sempre presente.

Como demonstrar isso de forma prática, facilmente compreensível e aplicável imediatamente nos modelos que muitas corporações adotam em suas condutas e na gestão de suas marcas?

Como tudo nesta vida, não existe uma só resposta. O exercício é sair do plano bidimensional das fórmulas econômicas e entrar em uma certa tridimensionalidade do contemporâneo cibernético para oferecer uma cena mais estruturada sobre as diferentes camadas processuais que envolvem as diversas situações corporativas nesse complexo processo de trocas e compartilhamentos.

Há inúmeros pensadores cujas reflexões se aplicam neste ensaio, mas o critério de seleção foi trazer alguns cujas articulações ampliassem a conversa mais óbvia sobre o tema. Nenhum deles escreveu exatamente sobre *Gift Economy, Sharing Economy* ou *Purpose Economy,* mas todos eles prepararam contextos inspiradores para que se possa refletir sobre o quão complexo é o circuito de trocas, e o grande espaço que há para as marcas construírem campos relacionais com seus públicos de interesse (funcionários, *stakeholders*, consumidores, seguidores...).

Usando essas novas lentes ou espaços de pensamento, será muito mais eficiente olhar para as corporações e suas marcas em busca de caminhos mais eficientes para o hoje e o amanhã. A proposta é amplificar a forma de enxergar tanto a história da humanidade quanto a história de cada indivíduo, sem os quais não há negócios. Não há como abordar um mundo ideal, de compartilhamento, de conscientização total, de benevolência e equilíbrio, sem ampliar o horizonte sobre os panoramas que nos abarcam. Cabe um alerta: parte do desperdício em investimentos desnecessários feitos na geração de relacionamento entre pessoas, marcas e comunidades hoje se dá por dois motivos em especial — desconhecimento do todo e repetição de velhas fórmulas de compreensão dessas mesmas pessoas, de seus hábitos, gostos, rituais, desejos. Antes de planejar, um convite ao pensamento — um instante de reflexão pode economizar milhões lá na ponta, bem como beneficiar milhões de pessoas. Isso sim é pensar em dons, dádivas, reciprocidade e trocas, para além das monetárias, que uma marca pode fazer.

AS VISÕES DO ONTEM, DO HOJE E DO FUTURO

Objetivos: preparar o olhar para novas perspectivas.

Palavras-chave: observador, mudança, informalidade.

> Eu gosto dos sonhos do futuro mais que das histórias do passado.
>
> Thomas Jefferson

OBSERVAR, ABSORVER E REGISTRAR para compartilhar. Capturar com profundidade o que está acontecendo agora, e trazer outros pontos de vista para ajudar a entender. Enxergar o passado, e compreender o que acontecia lá nas palavras de quem viu de perto e documentou. E mirar para o futuro, nas inúmeras corporações que estão assumindo a liderança desse universo de trocas: de produtos, ideias, moedas, sensações, experiências, poder, sonho… O objetivo? Estruturar um conhecimento mais efetivo para o tema, de forma a inspirar marcas, pessoas e culturas a olhar para formas de relacionamento mais eficientes, mais integradas, melhores.

E o que faz o observador? Qual é a sua importância? Para o ensaísta e crítico literário alemão W. Benjamin[2], o observador é um *flâneur*, ocioso burguês que paira por entre *nouveautés* (novidades) e *spécialités* (especialidades) do comércio e busca asilo na multidão. É também um colecionador de imagens e transfigurador de coisas, para as quais atribui valor afetivo, guardadas cuidadosamente no *interieur* (interior) de seu lar. O escritor Edgar Allan Poe[3] considera o observador como um "investigador" inserido na sensação de quem vive entre milhares de desconhecidos coproduzindo as narrativas do real na medida em que também faz parte dessa massa — teia cultural que ressignifica os espaços, os povos e suas cidades, as comunidades e suas múltiplas histórias e articulações sociais. Já para o antropólogo italiano Canevacci[4], todos são observadores e observados expondo seus próprios sinais e identificando os dos demais, em uma grande troca e consumo de imagens, experiências e decodificações que se processa em velocidade cada vez mais potencializada e randômica.

A missão agora é falar sobre o que nem todo mundo vê e, por isso, nem todo mundo sabe. Talvez não sirva 100% para resolver o problema de resultados da sua empresa este trimestre, mas pode ajudar — e muito — a entender em que mundo você vive. Assim, também fica mais fácil entender o mundo dos outros e, quem sabe, oferecer soluções mais conscientes para o seu departamento, a sua marca, a sua empresa, a sua família, a sua comunidade, o seu legado.

Tem muita gente falando muita coisa sobre esse tema com entusiasmo — e a rotulagem de fórmulas é bem diferente do compartilhamento de boas práticas. Não existe milagre: as fórmulas dificilmente se aplicam de uma empresa para outra; quem compra a equação e a fórmula de sucesso do outro se engana. **O segredo da eficiência está em conhecer muito bem o seu negócio e a sua marca.** A partir daí, as práticas de socializar, compartilhar e construir um repertório coletivo para o bem da humanidade serão desenhadas. O processo precisa ser orgânico e completamente sinérgico a cada realidade local; qualquer pequena mudança de contexto muda tudo. Outro tema polêmico é a aferição de resultados com base em performance, por vezes insuficiente e injusta. É fala comum entre os "capitalistas bem-sucedidos": "ninguém é pequeno por livre escolha". O sucesso de muitas marcas locais, do bairro ou da comunidade que são desejadas e respeitadas, trabalhando de forma equilibrada e com pessoas felizes, pode quebrar o mantra da "produtividade em escala", para o qual algo só é efetivo com alta produtividade e lucratividade.

Pode-se ser feliz com muito menos: menos dor de cabeça, menos tempo trabalhando, menos problemas, menos impostos. É uma questão de experimentar. Nem todo mundo nasceu para um sistema fordista, e a economia não vive apenas desses sistemas. O volume dos negócios informais, das microempresas, das empresas adeptas ao "simples", das estruturas com base no compartilhamento é a prova disso. Aos poucos, e com o suporte das redes sociais, esses pequenos núcleos de excelência devem reestruturar a forma como o mercado pensa negócios e economia com mais respeito, mais alegria, mais dignidade, mais solidariedade, mais gratidão. E muito, mas muito mais perspectivas.

São visões distintas e complementares. Certamente há outras tantas que é possível escrever uma e-enciclopédia listando-as — assim como o inventário de todos os nomes para novas formas de estruturar as "novas economias e as novas filosofias". O objetivo, nas próximas páginas, é ampliar horizontes.

EM QUE ESPAÇO-TEMPO VIVEMOS?

Objetivos: entender as articulações midiáticas de trocas — compra e venda em rede global.

Palavras-chave: experiência, monetização, mídia, sociedades de rede.

> A instantaneidade da ubiquidade resulta na atopia de uma interface única. Depois das distâncias de espaço e de tempo, a distância-velocidade abole a noção de dimensão física.
>
> Paul Virilio

ESPAÇO E TEMPO SÃO CATEGORIAS BÁSICAS da existência humana, criadas por práticas e processos materiais essenciais para a codificação e a reprodução da vida social, considerando as variações históricas e geográficas. É através do espaço e do tempo que as pessoas estabelecem seu ponto de contato com a vivência atual (registros orais, escritos, imagéticos, digitais) e convivem entre si. Por meio dessas categorias e de sua incorporação ao cotidiano, ordenam-se igualmente as vivências e as interações comunicacionais.

Certamente, a mudança nas relações sociais muda a concepção de tempo e de espaço em determinada época, e um dos grandes responsáveis por uma série de adaptações periódicas é a **monetização**, que dota o tempo de uma série de padrões de medida e interfere na localização dos espaços ambientados pelas novas "redes cronológicas" do mundo dos negócios, suplantando há muito os "tempos naturais" da vida no campo. Nesse mesmo cenário, a produção de mercadorias em aceleração crescente e sua consequente logística de distribuição encurtaram processos e distâncias. E esse fenômeno é turbinado pelas produções culturais da sociedade do espetáculo, que, dada a efemeridade e a comunicabilidade instantânea dos novos veículos tecnológicos, liquidam as barreiras da concepção moderna de produção e invadem o ciberespaço atemporal e fragmentado, perceptível porém intangível, da reprodução e multiplicação de marcas, modas e *flash mobs*.

Mediadas por veículos de comunicação que simulam o real, as imagens e os simulacros conquistam força de autoridade e poder e são os formadores do novo senso comum na sociedade individualista e de fenômenos transitórios. A política sai da pólis e cede à tecnofascinação; o mercado aproveita a linha de produção e passa a fabricar símbolos em série. O destino provável desse processo é uma compressão cada vez maior de tempo e de espaço, encolhendo o mapa do mundo e relativizando as medições de tempo conhecidas — desestruturando as escalas capitalistas de valor e fazendo ruir muitos horizontes tidos como certos, agora voláteis.

O mercado transformou-se em comunidade global com estilo de vida global, dadas as interações da produção nacional com culturas populares locais e gêneros midiáticos mundialmente consagrados. O tempo torna-se uma diversidade ancorada na duração descentralizada de momentos, com parcerias locais de transmissão de imagens e notícias. A globalização transgride fronteiras geoeconômicas e geofinanceiras e se irradia pela sociedade, desmantelando regulamentações públicas e se tornando mais do que um projeto de capitalismo mundial integrado, um *prêt-à-penser* global em que as dinâmicas seletivas das trocas inscrevem as redes em um espaço diferenciado e heterogêneo em todas as suas dimensões — nações, cidades, bairros ou áreas rurais, todos competindo entre si em um processo de "glocalização"[5] que permite a integração dos universos simbólicos, imaginários nacionais e aculturações transnacionais veiculados e consumidos pela mídia e por suas comunidades de consumo. Assim, surge um novo folclore derivado do imaginário do consumo, trazendo na velocidade, na urgência, no instantâneo, na efemeridade, um pouco de nostalgia — como se a globalização geográfica pudesse efetivar uma globalização temporal, que unisse não apenas todos os territórios em um mesmo espaço, mas também todos os tempos da história em um mesmo presente —, o chamado "tudo ao mesmo tempo agora e aqui". Ou, de forma científica, a "presentificação do real" divulgada pela comunicação contemporânea. Em meio a tantos panoramas, surgem alguns contraditórios, multicruzamentos estabelecidos entre as redes das múltiplas narrativas midiáticas: opulência *versus* pobreza, fronteiras internacionais *versus* fronteiras internas, inclusões sociais internacionais *versus* exclusões transnacionais, sustentabilidade *versus* rentabilidade.

Esse fenômeno fica evidente nas empresas que buscam, no modelo assistencialista, promover soluções imediatas para resolver pandemias globais (catástrofes naturais, abalos na saúde pública, carências na educação, pobreza, entre outras) que não fazem parte de seu *core business*, tampouco de sua estratégia de posicionamento, mas que são instantaneamente incorporadas ao posicionamento de marca em relações públicas e de publicidade por se transformarem em discursos vantajosos — promovem a presença global, vendem a "boa ação" da empresa e podem colaborar nos rankings de reputação —, apesar de serem falsos e superficiais.

A padronização de serviços e produtos somada às campanhas de comunicação pretende dissimular essas contradições e diferenças — a pseudo-visão do todo descontextualiza os discursos e equaliza a assimilação de marcas, serviços e mercadorias pelos consumidores, em qualquer lugar do mundo. Afinal, tudo o que é padrão sempre tem sua localização facilitada. Considerando que a informação é uma diferença, e que por meio desta também se comunica uma diferença, administrar a diversidade é articular os níveis local e global, partilhando dobras e redobras de territórios, contextos e universos simbólicos. Dessa forma, esses lugares sociais se superpõem, entrecruzando-se de modo complexo, formando zonas simbólicas de transição, com delimitações ou limiares denominados de territorialidades flexíveis, permitindo a formação de um labirinto com diversos centros e inúmeras zonas intersticiais.

Essas "paisagens étnicas e históricas na megalópole globalizada"[6] de fatores culturais e políticos foram ampliadas com a tecnologia da comunicação, criando espaços virtuais e consolidando novas esferas de socialidade, como "as *sociedades de rede*[7], nas quais valores e legitimidades construídos à distância passam a participar de modo eficiente da formação de relacionamentos e sociabilidades *localizados*[8]", formando fronteiras simbólicas permeáveis e fluidas.

Para a crítica cultural argentina Beatriz Sarlo, esses espaços foram assumidos pelo mercado e são uma forma de linguagem para que se possa exercer a cidadania por meio das **transações de compra e venda, seja de imagens, de objetos ou de sensações.** Quem localiza os similares passa a ser o mercado, **diferenciando-os não apenas por valores de troca, mas** por valores simbólicos que são construídos pela mídia em seus mais diversos veículos, tradicionais (televisão, rádio, jornal, revista...) ou digitais (internet, *mobile*, bluetooth...). "Sonhamos com as coisas que estão no mercado", pontua, afirmando que todos buscam falar uma dessas línguas para que se sintam dentro de um mesmo mundo, identificando e sendo identificados, reconhecendo e sendo reconhecidos. "O mercado unifica, seleciona e, além disso, produz a ilusão da diferença através dos sentidos extra-mercantis que abarcam os objetos adquiridos por meio do intercâmbio mercantil."[9]

O que está no mercado, está na mídia. Do latim *media*, traduzida por "meios", mercadologicamente entendida como veículos de comunicação ou como o departamento responsável pela compra de espaços de veiculação de mensagens publicitárias, a mídia é o ambiente em que se instala a nossa contemporaneidade nas mais diversas dimensões: social, cultural, política e econômica. Hoje, a mídia é o grande espaço das experiências; e, graças à web, tudo está multiconectado e em permanente movimento, como em um "estranho jogo de cruzamentos"[10] —, fazendo uma espécie de refração do que até então se conhecia por economia, sociologia, geografia e política.

Não há a delimitação de um cenário estático, e sim de movimentos. E não há como atuar de forma eficiente sem tomar conhecimento de como esses movimentos atuam e interferem na percepção que as pessoas têm de valor, de troca, de reciprocidade, de uma sociedade mais equilibrada.

> Numa época em que no Planeta Terra as liberdades individuais tentem globalmente e aparentemente se estender; os limites enfraquecem; os corpos se transformam; somos levados a deixar de ser produtores variados para nos tornar compulsoriamente os cooperadores de uma imensa cooperativa de consumidores onde reinam as leis do mercado; nossas práticas sociais outrora autônomas se transformam em simples espetáculos; **o relativismo constitui a nova moeda de troca de uma cultura planetária contemporânea**; nesta época em plena e profunda mutação, não é surpreendente que se instale por um tempo um "pensamento fraco" até encontrarmos, com fundamentos inteiramente novos, um apoio que garantirá o *continuum* da razão de ser dos humanos: o pensamento.
>
> Jacques Rancière[11]

Para delinear alguns desses movimentos e facilitar a percepção de novos horizontes nessa extensa filosofia das trocas, que sempre esteve presente desde os primórdios da humanidade, e que agora é mais essencial do que nunca, um pouco de inspiração. São visões integradas que ajudam a compreender onde estamos e para onde iremos — à luz dos panoramas (Arjun Appadurai[12]), dos paradigmas (Alain Caillé[13]) e da inteligência coletiva (Pierre Lévy[14]).

Visão 1: Um Mundo de Panoramas[15]

Objetivos: apresentar panoramas de trocas que coexistem na realidade.

Palavras-chave: movimento, mídia, fluxos.

> O caráter imediato dos eventos, o sensacionalismo do espetáculo (político, científico, militar, bem como de diversão), se tornam a matéria de que a consciência é forjada.
>
> David Harvey

O mundo onde as trocas se processam não é tão simples quanto as fórmulas econômicas e os pressupostos sociológicos postulam. Vivemos no espaço do consumo, onde mapas, paradigmas e códigos semióticos são a reprodução da realidade, receita para a organização da vida e do pensamento social.

Hoje o tempo tem seus ponteiros reajustados pelas imagens-mundo online, seguindo o ritmo do dinheiro, das bolsas de valores, das *commodities*. E da mídia, que alinha relógios e estabelece padrões para ver o mundo local e global. Na política, o consumo colabora para o processo de reconstrução consciente de identidades nacionais e locais e gera autoidentificação das populações, multinacionalizadas em produtos e serviços com poder político e econômico. A perda da temporalidade e a busca permanente do instantâneo, do *ready made*, imediatamente afetam a profundidade (a chamada "falta de profundidade planejada"[16]) e o poder de sustentação dessa forma de viver. Segundo Roger Silverstone[17], a mídia ganha espaço como cola social da comunidade das "culturas híbridas"[18], na qual as fronteiras definem, contêm e distinguem um mundo cada vez mais nervoso, *just in time*. Nesta era, a chamada pós-modernidade, surge uma espécie de esquizofrenia trazida pela fragmentação da realidade e do conhecimento — não mais uma verdade única —, e pela coexistência do tempo — passado, presente e futuro —, vivificando o agora midiaticamente exaltado pelas vozes de comando universalizadas do consumo: *online, right on time, do it now*. Com esses fluxos hipervelozes e irreversíveis para acesso e intercâmbio de informações e entretenimento, tudo ficou baseado na troca de dados, que são reais, porém intangíveis se comparados aos objetos, serviços e gentilezas mapeados pelo modelo clássico do compartilhamento e da reciprocidade.

Para compreender esse cenário de trocas incessantes, simultâneas e invisíveis, o sociólogo indiano Arjun Appadurai[19] criou o conceito de planos de entendimento da realidade — são os etnopanoramas, os midiapanoramas, os tecnopanoramas, os finançopanoramas e os ideopanoramas. Dessa forma, considera o posicionamento histórico, linguístico e político de diversos agentes em permanente modificação: mídia, finanças, ideias, etnografia e tecnologia; e considera também as múltiplas realidades e imagens cujos significados modificam de contexto conforme o olhar do espectador, criando novos universos ou até mesmo universos imaginários — deixando o universo das relações, com tantas camadas de percepções e interesses, menos simplista, cartesiano e resumido.

> Na realidade, o agente individual é o último local deste conjunto de panoramas, pois os mesmos são eventualmente percorridos por agentes que ao mesmo tempo conhecem e constituem formações mais amplas, em parte pelo seu próprio sentido daquilo que estas paisagens oferecem. Desta forma, essas paisagens constituem o bloco construtivo daquilo que, ampliando o que afirmou Benedict Anderson, eu gostaria de chamar de "mundos idealizados", isto é, os mundos múltiplos constituídos pelas imaginações historicamente situadas das pessoas e dos grupos disseminados pelo mundo inteiro.
>
> Arjun Appadurai

Os etnopanoramas estão associados às migrações de pessoas por culturas e fronteiras, apresentando o mundo e suas inúmeras comunidades de forma fluida e móvel, ao invés de estática. Considera a grande megalópole mundial em histórico e permanente movimento, articulada por "turistas, imigrantes, refugiados, exilados, os que trabalham fora do país de origem

EM QUE ESPAÇO-TEMPO VIVEMOS? 263

e outros grupos e pessoas que constituem um aspecto essencial do mundo, e parecem afetar a política das, e entre as, nações num grau até agora sem precedentes"[20].

Os tecnopanoramas registram um mundo compacto e que gira em alta velocidade para os que nele estão inseridos, fazendo circular informações, cultura, entretenimento, notícias, negócios em plataformas da mais alta tecnologia, com *updates* permanentes e permitindo formas de trocas e intercâmbio inimagináveis, sem limites de fronteiras e na mais alta velocidade.

Os midiapanoramas representam a experiência do imediato, divulgada em larga escala nos mais diversos veículos de comunicação, oferecendo roteiros de comportamento, moda, viagem, trabalho e educação partilhados qual *agenda setting*[21] com alta frequência e ampla cobertura. Esses panoramas proporcionam "vastos e complexos repertórios de imagens, de narrativas e de etnopanoramas para os espectadores do mundo inteiro, nos quais o mundo de *commodities*, das 'notícias' e da política estão profundamente misturados".

São finançopanoramas de negócios que movimentam várias instâncias do mercado, fazendo o capital circular, em inúmeras operações financeiras que requerem uma requintada infraestrutura de processos, pois "a distribuição do capital global atualmente é um panorama mais misterioso, mais rápido e mais difícil de ser acompanhado do que em qualquer outra época anterior, uma vez que os mercados do dinheiro, as bolsas de valores nacionais e a especulação em *commodities* movimentam megassomas de dinheiro [...] numa velocidade espantosa". Vale ressaltar que, apesar de todos os esforços de tentar manipular os resultados, esse processo é altamente imprevisível.

São ideopanoramas de uma sinestesia global altamente variável, refração de tantas ideologias vigentes nas narrativas do contemporâneo com sua proposta de "qualidade de vida", "proteção ambiental", "respeito pelas diferenças", "harmonia entre os povos", entre tantos outros discursos mundializados que mantêm unidas as imagens e a coerência das múltiplas crenças comuns, nas mais diversas tribos. "O próprio relacionamento da interpretação com a audição e a visão pode variar de um modo fundamental", modificando ideopanoramas "que se moldam em contextos nacionais e transnacionais diferentes"[22], exigindo um cuidado especial com as palavras, que adquirem traduções de acordo com os contextos nas inúmeras movimentações globais, e que estão sujeitos a convenções contextuais muito particulares dependendo do estilo da comunicação e das pessoas que irão coproduzi-la.

Ora, são *infinitumpanoramas*. Qual conto fantástico de Jorge Luís Borges, cada um descrito e outros tantos que desses derivam são ressignificações de mundos múltiplos, são constituídos por imaginações historicizadas e localizadas em determinados grupos de pessoas, em qualquer parte do planeta, em interpretações perspectivas modeladas pelo contexto de seus agentes.

Dessa forma, muitas pessoas do mundo inteiro vivem nesses "mundos" imaginários e não exatamente em comunidades idealizadas, e deveriam estar aptas a contestar e até a subverter os "mundos imaginários" da mentalidade oficial e da mentalidade empresarial que as cercam. Todavia, o global desse "mundo imaginário" é permanentemente localizado. As marcas são as mesmas, identificadas pelos mesmos ícones e reconhecidas com a mesma familiaridade. No entanto, a apropriação que cada público faz dessas imagens é distinta — eis o espaço para a *Gift Economy* atuar.

5 panoramas de Arjun Appadurai

O complexo universo das relações, com suas trocas incessantes, simultâneas e invisíveis, depende do posicionamento histórico, linguístico e político de diversos agentes em permanente modificação. Por isso, tem infinitas camadas de percepção e interesse, em mundos múltiplos idealizados cuja interpretação depende do contexto de cada um. Daí o poder do agente individual, que também é um plano de entendimento da realidade e dá seu próprio sentido às informações e coisas oferecidas pelo mercado.

Etnopanoramas
Mundo de migrações fluidas e móveis por culturas e fronteiras, em inúmeras comunidades que afetam a política das, e entre as, nações, em grau até sem precedentes.

Midiapanoramas
Mundo de commodities, "notícias" e política misturados em vastos e complexos repertórios de imagens e narrativas. Experiência do imediato, de roteiros de comportamento.

Finançopanoramas
Mundo do capital global: circulação de capital demanda infraestrutura nas operações financeiras e movimenta grandes quantias de dinheiro em alta velocidade; incontrolável e imprevisível.

Tecnopanoramas
Mundo compacto, em alta velocidade; circular informações, cultura, notícias, negócios, em updates o tempo todo. Permite trocas e intercâmbio inimagináveis, sem limites de fronteiras.

Ideopanoramas
Mundo de discursos que se moldam em contextos diferentes e mantêm unidas imagens e coerência de múltiplas crenças comuns, nas diversas tribos: sinestesia global variável.

Visão 2: Ensaio Compacto sobre a Antropologia do Dom

Objetivos: compreender o papel do dom como estruturador das redes sociais de confiança.

Palavras-chave: paradigma, dom, redes, símbolo, alianças.

> O que faz o dom ser tão fascinante e tão misterioso, tão incompreensível para a maioria das abordagens em ciências sociais, não será o fato de introduzir por definição uma ruptura radical na ordem das causas e até na ordem das razões fazendo intervir a título determinante do agir a aspiração à emergência de possíveis e até então interditos? Não nos convida a pensar, contra as figuras recebidas da racionalidade, uma causalidade do porvir?
>
> Alain Caillé

Dos panoramas aos paradigmas.

Entre a antropologia das ciências e a sociologia da economia só há uma coisa certa: não é a razão que produz as grandes descobertas da ciência, e sim a habilidade dos sábios em tecer alianças e, assim, estabelecer uma rede de aliados de todas as funções e profissões — vale para executivos do mais alto escalão e também para moluscos e micróbios. Para Alain Caillé, "o que faz as empresas funcionarem e anima os mercados econômicos não é a abstrata e universal lei econômica da oferta e da procura, e sim a cadeia das (inter)dependências e das relações de confiança com as quais se tecem as redes. A sociologia da ciência ou aquela da economia convergem, portanto, para uma tipologia das redes."

Estudando as regras sociais primordiais, percebe-se que tudo precede de uma primeira assimetria ou desequilíbrio, de um dom original que representa a própria condição da vida, independente de sua utilidade e eficácia. Isso significa que, antes do útil e de todo o tratado sobre a funcionalidade das coisas, está a construção do laço social, pois o laço é mais importante que o bem; é a proposta do dom. Em tempo, antiutilitário não significa sem utilidade ou gratuito, e sim a aliança, o que há de mais útil no mundo. A dádiva ou o dom, por natureza, permite superar a antítese entre o eu e o outro, entre obrigação e liberdade, entre a parte do herdado e a parte do legado a receber — não é uma compra efetuada pensando antecipadamente na retribuição.

Ao olhar para diversos rituais de "dons simbólicos de bens preciosos"[23], como o *kula*, das Ilhas Trobriand, estudado por Malinowski, pode-se localizar o nascimento do conceito de rede "social" — inclusive, a tradução de *kula* é círculo, "o grande círculo do comércio simbólico intertribal". Para Caillé, rede é "o conjunto das pessoas com quem o ato de manter relações de pessoa a pessoa, de amizade ou de camaradagem, permite conservar e esperar confiança e fidelidade", algo que se dá de forma muito mais intensa dentro do que fora da rede, e que serve para as tribos arcaicas, bem como para as tribos contemporâneas. Esse achado teórico também pode ser considerado a origem do conceito de *peer to peer*, tão em voga na atualidade.

Crítico do modelo economicista e utilitarista do *homo oeconomicus*, Caillé considera que há muito mais que cálculo e interesse material ou imaterial nas relações sociais; há também obrigação, espontaneidade, amizade e solidariedade; em suma, dom[24]. Por isso, o dom é a força motriz das alianças, ligando indivíduos e os transformando em atores sociais em um processo que permite associações que estruturam os vínculos da confiança. Logo, o que tece os vínculos sociais são os dons que se rivalizam e proporcionam ligações de pessoas entre si, em trocas de bens que não possuem um valor utilitário, mas simbólico.

> Em toda as sociedades humanas — e para que elas se tornem justamente humanas — impõem-se aos seres humanos a obrigação de dar, de mostrar-se generosos, de não satisfazer o seu interesse próprio a não ser pelo desvio da satisfação do interesse dos outros.
>
> Alain Caille

Durkheim considera que "a vida social não é possível a não ser por um vasto simbolismo"; para Claude Lévi-Strauss, os símbolos "são mais reais que aquilo que simbolizam". Símbolo vem do grego *symbolon*, o anel de ligação dividido em duas partes, uma para cada amigo ou pessoa com a qual se estabelecia um elo de confiança, que servia para identificar essa aliança. Poderia ser um pedaço de cerâmica, uma pedra ou qualquer objeto cortado em dois; o valor dessa moeda arcaica estava em proporcionar o encontro, a conexão, o contrato, a rede — logo, o reconhecimento de uma dádiva, de uma dívida, de um dom e um contradom, de uma hospitalidade. Em suma, dons são símbolos que constituem, celebram, ritualizam e renovam as alianças. Um bom exemplo é o *wampum*, moeda dos indígenas do nordeste dos Estados Unidos, que tinha quarenta usos, incluindo funções políticas, culturais e sociais: decoração de vestuário, registro de tratados, delimitação de fronteiras, marcação de linhagem, comemoração de conquistas, registro de memórias e histórias.

> O símbolo é o cipó do vínculo social.
>
> M. Leenhardt

Definitivamente, as trocas todas são simbólicas, assim como os laços que efetivam. Na visão de Caillé, a esfera do simbolismo é e sempre foi uma poderosa cola social, mantendo as pessoas unidas em busca de um mesmo objetivo, compartilhado em crenças e rituais comuns. Esse fenômeno se dá em três paradigmas. O primeiro é o **individualista**, que toma o indivíduo como ponto de partida, com seus planos e interesses individuais, racionais, separados dos demais; é pautado por contrato, individual ou social; e pelo mercado. O segundo é o **holista**, que considera o estruturalismo, funcionalismo, culturalismo, institucionalismo; é pautado pela lei, coerção, pressão ou manipulação. Ambos se movem pela linguagem dos interesses: instrumentais (de fazer alguma coisa), finais (para alguma coisa); de ter (bens), de apresentar (honra, glória).

> O ponto de partida se acha em outro lugar. Foi dado em uma categoria de direitos que geralmente os juristas e os economistas deixam de lado por não lhes despertarem o interesse: trata-se do dom, fenômeno complexo, sobretudo em sua forma mais antiga, a da prestação total.
>
> Marcel Mauss

Já o **terceiro paradigma** move-se por uma outra linguagem, a da amizade, da compaixão, do amor, da simpatia, da doação, da solidariedade — é o dom, que prevê que a satisfação do interesse de quem dá só se efetiva pela satisfação do interesse do outro; por isso é, ao mesmo tempo, livre e obrigatório. O autor estrutura sistemas de dons, considerando a relação entre os rivais; entre seus pares e contemporâneos; entre as gerações; entre os homens e as potências espirituais.

Na visão de Caillé, o Estado, o mercado e a ciência, embora governados por um princípio de impessoalidade, só podem funcionar apoiando-se sobre a socialidade primária (família, parentesco, aliança, amizade, camaradagem), onde o dom e o simbolismo se nutrem de reservas de sentido e motivação — e imperam. "As teorias do *management* e da gestão do pessoal, apoiadas pela teoria do salário de eficiência (Akerlof, 1984), redescobrem periodicamente esta mesma verdade evidente, que não há nenhum ganho de produtividade a se esperar caso não se consiga mobilizar a lealdade e o entusiasmo, em suma, o espírito do dom dos assalariados."

Outro ponto de inspiração é a amplificação das solidariedades tradicionais por novas solidariedades, em grandes redes de cooperação e voluntariado. Tanto no "mundo rico" quanto no "mundo pobre" há problemas e necessidades que nem sempre o mercado e o Estado conseguem dar conta de resolver. Esse é o verdadeiro espaço do dom.

> Há inúmeros laços invisíveis que congregam os indivíduos nas sociedades, que estabelecem os contratos, fundamentam as confianças, os créditos, *res* e *rationes, contractae*. Neste solo pode germinar e crescer o calor humano para satisfazer os outros, com segurança... o receio e o medo são laços frágeis para a amizade. Rigorosamente falando, mantêm de pé os Estados e as tiranias; não criam, porém, nem a caridade humana e nem o amor, ou, caso se preferir, no fundo, a devoção. Mesmo com o risco de parecer antiquado e proferir um lugar-comum, voltamos claramente aos velhos conceitos gregos e latinos de *caritas*, que hoje traduzimos tão mal por caridade, de *philon e koinon* (Platão, Leis 697 C), desta amizade necessária e desta "comunhão" que são a delicada essência da cidade.
>
> Marcel Mauss[25]

3 paradigmas de Allain Caillé

As trocas são todas simbólicas, assim como os laços sociais que efetivam; mais importante que o bem precioso é a proposta do dom. Por isso, empresas funcionam e mercados se animam não pela abstrata e universal lei econômica da oferta e da procura, mas pela cadeia das (inter)dependências e das relações de confiança com as quais se tecem as redes. Não é a razão que produz as grandes descobertas da ciência, e sim a habilidade em tecer alianças e estabelecer uma eficiente rede de aliados.

Primeiro paradigma: **individualista**

Segundo paradigma: **holista**

Terceiro paradigma: **dom**

Movido pela linguagem dos contratos. O indivíduo é ponto de partida, com seus planos e interesses individuais, racionais, separados dos demais.

Movido pela linguagem dos interesses: instrumentais (de fazer alguma coisa), finais (para alguma coisa); de ter (bens), de apresentar (honra, glória). Pautado pela lei, coerção, pressão ou manipulação.

Movido pela linguagem da amizade, da compaixão, do amor, da simpatia, da doação, da solidariedade. A satisfação do interesse de quem dá só se efetiva pela satisfação do interesse do outro; livre e obrigatório.

Visão 3: Pequeno Tratado sobre a Inteligência Coletiva

Objetivos: apresentar a economia das qualidades humanas que conecta as pessoas.

Palavras-chave: laços, vínculos, inteligência coletiva.

> Sim, somos a favor do progresso. Alimentamos as perigosas utopias da reciprocidade, da troca, da escuta, do respeito, do reconhecimento, do aprendizado mútuo, da negociação entre sujeitos autônomos e da valorização de todas as qualidades humanas.
>
> Pierre Lévy

Panoramas, paradigmas e, agora, espaços.

Para Pierre Lévy, é complexo explicar uma nova formatação de laços e vínculos por intermédio das dádivas e dons de indivíduos, marcas e empresas, pois "o objeto, a técnica, a competência, o projeto, o gosto, a ideia, a unidade de sentido, o ato, afetados de tal valor, em tal comunidade, em tal contexto, em tal lugar, em dado momento, assumirão outros valores em outros espaços, em outros tempos"[26.] Não existe um bem único, bom para todos e para todos os instantes; logo, a vontade de impor "o melhor dos mundos" pode ser a pior das ditaduras, assim como a democracia do tempo real pode ser a nova fórmula do totalitarismo: em vez de mirar um ditador, miram-se as estrelas midiáticas efêmeras. Dessa forma, é organizada a comunicação de uma comunidade que não se conhece, não se controla e não sabe exatamente o que produz — espaço perfeito para a dominação e o poder.

Importante notar que essa comunicação contemporânea estabelece sua continuidade de duas formas: uma é midiática, por meio de uma rede de transporte de informações que, para se efetivar, depende de instrumentos de mediação — telefone, internet, rádio, televisão, entre outros. Outra — essa sim o grande trunfo da humanidade — é o pensamento ativo e vivo, singular e diferenciado mediado por pessoas, marcas, culturas — redes de atuação e compartilhamento estruturadas pela inteligência coletiva.

Cabe destacar que a inteligência coletiva é bem diferente da insensatez das massas, movidas de forma passiva e imediata, transmitindo mensagens simples, sentimentos violentos e comportamentos reflexos, tanto pelo entusiasmo quanto pelo pânico. Os **coletivos inteligentes** são a nova política, molecular, que surge do ciclo "da escuta, da expressão, da avaliação, da organização, das conexões transversais e da visão emergente", onde pessoas, de diversas comunidades heterogêneas, se entrecruzam com seus ritmos próprios e com seus conflitos — de "política-espetáculo, despedaçada, sem memória, sem projeto, incoerente", e de "Estados e suas burocracias, terrivelmente lentos, conservadores, agregados à continuidade imóvel da gestão dos territórios, governada pela restauração do passado".

> Construir uma inteligência coletiva não é, para as comunidades humanas, uma maneira laica, filantrópica e razoável de atingir a divindade?
>
> Pierre Lévy

Lévy propõe a passagem da democracia (do grego *demos*: povo; e *kratein*: poder) para a demodinâmica (do grego *dynamis*: força, potência), que "não se refere a um povo soberano, reificado, fetichizado, plantado em um território, identificado pelo solo ou pelo sangue, mas a um povo em potência, perpetuamente em vias de se conhecer e de se fazer, em gestação, um povo do futuro"[27]. E utiliza como campo de atuação o ciberespaço — conceito empregado pela primeira vez em 1984 pelo autor de ficção científica William Gibson com o sentido de universo de redes digitais como ponto de encontro para aventuras, terreno de conflitos mundiais e nova fronteira econômica e cultural.[28]

Assim surge a **economia das qualidades humanas**, na qual as pessoas não são "partes de algo", mas "*quanta* de informações que se conectam com o todo". Nesse modelo econômico contemporâneo, a matéria-prima são os atos e o potencial humano, gerando sentidos com unidades semânticas elásticas, de acordo com as situações onde estão inseridas e as construções com as quais colaboram. São fluxos, e possuem sentido em determinados contextos.

As trocas nessa economia? Inúmeras. "A pessoa torna-se um vetor molecular de inteligência coletiva, multiplicando suas superfícies ativas, complicando sua interface, circulando entre as comunidades, enriquecendo no mesmo movimento sua identidade e as delas."[29]

Para mapear esses ambientes de troca, Pierre Lévy estruturou espaços antropológicos irreversíveis que surgiram ao longo da existência humana. São planos de existência; nem superestruturas, nem infraestruturas, mas frequências, velocidades no espectro social que coexistem. Cada espaço corresponde a uma identidade, um estilo de desejo, uma estrutura psíquica com seus afetos: terrestres, territoriais, comerciais e sapienciais — a Terra, o Território, o espaço das Mercadorias e o Saber.

Na Terra, o homem é um microcosmo; no Território, o corpo é um organismo hierarquizado e a alma aparece como uma micrópole, um pequeno Estado agitado por rebeliões, paixões, contra o império da razão ou da lei. Na Mercadoria, reina a economia, e o indivíduo se transforma em um micro *oikos* (do grego: casa). No Saber, é um policosmo, uma identidade sapiencial, um sistema cognitivo; é uma volta ao nomadismo que explora mundos heterogêneos, pluralizando as identidades.

A Terra está sempre plena; é o espaço da doação, da gratuidade, da profusão incessante. O Território e o Mercado funcionam na falta, na ausência, na carência tanto de posses quanto de mercadorias. Já o espaço do Saber não carece de nada; é uma outra Terra, reconfigurada e diversificada pelos intelectuais coletivos em busca de um novo plano de existência para a humanidade, partilhando representações comuns, não apenas interesses individuais.

"Vivemos em milhares de espaços diferentes, cada qual com seu sistema de proximidade particular (temporal, afetiva, linguística, etc.), de modo que uma entidade qualquer pode estar próxima de nós em um espaço e bem distante em outro." E eis aqui uma constatação muito importante: "cada espaço possui a sua axiologia, seu sistema de valores ou de medidas específico". Logo, o que é pesado, importante e valioso em um espaço pode ser leve, desnecessário e irrelevante em outro. Por isso fica complexo definir o que é valor para uma pessoa ou para outra. O intelecto coletivo, na proposta de Lévy, não tem nada a defender e nada a vender; todo o seu esforço está em acolher, ser disponível, compreender: "o intelectual coletivo trabalha para ampliar o vazio, não a falta, nem a ausência, mas o vazio taoísta, a abertura, a humildade, as únicas coisas que permitem o aprendizado e o pensamento"[30.] Essa forma de pensamento pode reequilibrar os valores universais de preservação da humanidade e do planeta.

> Mas só existe "base econômica" com capitalismo; não antes e talvez não para sempre. A grande máquina cibernética do capital, sua extraordinária potência de contração, de expansão, sua flexibilidade, sua capacidade de se insinuar por toda parte, de reproduzir continuamente uma relação mercantil, sua virulência epidêmica, parecem invencíveis, inesgotáveis. O capitalismo é irreversível. É daqui por diante economia, e a instituiu como dimensão impossível de ser eliminada da existência humana. Sempre haverá o espaço das Mercadorias como sempre haverá a Terra e o Território.
>
> Pierre Lévy

Qual é a nova dimensão antropológica que permitirá escapar ao redemoinho do capital? Que movimentos ainda mais rápidos e mais envolventes abrirão espaço para a mudança? Uma boa resposta são as trocas que se processam no *mentoring* à la Silicon Valley — pessoas que doam sua inteligência, suas vivências, seus erros e acertos em prol de compartilhar soluções para que outras pessoas, abertas a receber essas informações, possam melhorar suas vidas, gerar mais recursos, facilitar suas tomadas de decisão, economizar tempo e dinheiro e, quem sabe, se tiverem sorte e determinação suficientes, gerar algo que possa ser eficiente para o mundo. Essa é a economia das dádivas aplicada às redes de informações de hoje — uma entre várias que devem surgir nos próximos anos.

> O conhecimento, o pensamento, a invenção, os aprendizados coletivos oferecem a cada um a participação em uma multiplicidade de mundos, lançam pontes por cima das separações, das fronteiras e das gradações do Território. Desembocando na pluralidade do universo de significações, o espaço do saber talvez nos fizesse reencontrar a Terra.

As palavras de comando dessa nova dimensão — tomo-as emprestadas de Ítalo Calvino em suas *Seis propostas para o próximo milênio* — são flexibilidade, leveza, exatidão, multiplicidade, velocidade e consistência. Para atingir o espaço do saber, não adianta acelerar mais. É preciso de outras formas de aceleração, além da velocidade.

4 espaços de Pierre Lévy

A nova formatação de laços e vínculos por intermédio das dádivas e dons de indivíduos, marcas e empresas é complexa, pois todas as coisas e relações afetadas por tal valor, em tal comunidade, em tal contexto, em tal lugar, em dado momento, podem assumir outros valores em outros espaços e em outros tempos porque não existe um bem único, bom para todos e para todos os instantes. O grande trunfo da humanidade são as redes de atuação e compartilhamento estruturadas pela inteligência coletiva.

Espaço nômade da terra: **Cosmo**

Espaço do território: **Estado**

Espaço das mercadorias: **Capital**

Espaço do saber: **Qualidades Humanas**

Paleolítico, 70.000 a.C. Mundo primitivo, antes da escrita. Microcosmo. Mitos, ritos, epopeias, crenças, sabedorias ancestrais. Filiação e alianças. Presença: reciprocidade entre signos, coisas e seres. Correspondências. Imemorial.

Neolítico, 3.000 a.C. Mapas: geografias e cartografias. Micrópole. Escritas, impérios, burocracias, fronteiras, tesouros. Propriedade, endereço. Ausência: corte e articulação entre signos, coisas e seres. Representações. História.

Rev. Industrial, 1.750. Estatísticas: preços e pesos. Economia. Produção, sistemas, rendimentos, circulação, aceleração. Profissão, emprego. Ilusão: desconexão entre signos, coisas e seres. Propagações. Tempo real: relógio.

Noolítico, 2.000. Nova dimensão: real e virtual. Policosmo. Relações dinâmicas, interações, deveres coletivos. Nomadismo, identidade quântica. Semiótica: reapropriação das significações. Mutações e metamorfoses. Novos ritmos.

CONCLUSÃO

COMO CUIDAR DA HUMANIDADE, oferecer conforto, trazer soluções para mazelas de saúde, habitação, questões políticas, religiosas, morais, entre tantas outras? Talvez seja tempo de efetivar trocas em novos âmbitos, amplificando os espaços da família, do território, do mercado. Talvez seja tempo de desconstruir a zona de conforto oferecida pelas leis, pela hierarquia, pelas instituições com suas regras, pelas perspectivas e planos de carreira, de investimento, de previdência privada que organizaram aquilo que, por mais que queiramos planejar, nem sempre é planejável. E mais: como estabelecer trocas, ou falar de economia das dádivas, usando plataformas de compreensão do real que são arcaicas?

> A mente humana foi construída para identificar uma causa definida para cada acontecimento, podendo assim ter bastante dificuldade em aceitar a influência de fatores aleatórios ou não relacionados. Portanto, o primeiro passo é percebermos que o êxito ou o fracasso podem ou não surgir de uma grande habilidade ou grande incompetência, e sim, como escreveu o economista Armen Alchian, de "circunstâncias fortuitas". Os processos aleatórios são fundamentais na natureza, e onipresentes em nossa vida cotidiana; ainda assim, a maioria das pessoas não os compreende nem pensa muito a seu respeito.
>
> Leonard Mlodinow[31]

É curioso ouvir de executivos as palavras "amor", "inteligência espiritual" e "verdades do coração", expressões que há alguns anos seriam motivo de piada nos escalões decisivos de muitas empresas. O primeiro movimento foi uma vanguarda de empresas e líderes mais ousados, que romperam barreiras lançando um novo modelo de cultura corporativa e um novo formato de gestão de empresa e gestão de marca. O homem colocado no centro como fonte de inspiração para os negócios, conceitos de "ganha, ganha, ganha", a preocupação com o entorno... De fato, toda mudança começa com uma chispa de vontade que pode ou não encadear o fogo da mudança. Muito desse pensamento ficou banalizado, pois, como diz um ditado grego, "onde você ouvir que tem muitas cerejas, leve uma cesta bem pequena". Muitas marcas abusaram da boa vontade dos consumidores, dos funcionários e dos *stakeholders* prometendo relações e soluções sustentáveis que, na verdade, não passavam de um apelo de marketing, de um propósito transformado em slogan *cool* prometendo e promovendo o bem em suas campanhas, mas não implementando nada disso na prática.

O que se escreve é bonito, tem até uma fundamentação comprovável, mas, em boa parte, não sai do papel, não sai do eixo discursivo da empresa. E, se por um lado esse é um caminho inevitável para marcas e suas pessoas seguirem — entregando mais que produto e propondo uma rede de relacionamento com seus públicos de interesse em que todos realmente ganhem algo com isso —; por outro, colocar tudo a perder é muito fácil.

Ouvindo as pessoas em eventos, palestras, videoaulas, reuniões, conversas de bastidor, percebe-se que, em muitas das vezes, a questão é semântica, de significado. Fala-se de um processo de mudança que está em diferentes níveis de entendimento pela sociedade afora, composta por pessoas de diferentes culturas, histórias, vivências. É emergencial restaurar a linguagem para que as mesmas coisas signifiquem as mesmas coisas para todos, ou o trabalho de organizar uma mudança, qualquer que seja, será muito complexo — talvez impossível.

O desejo de fazer um mundo melhor, mais justo e equilibrado — quem diz que não quer? Mas, na hora da verdade, quem exatamente pratica? A fala do altruísmo é linda, mas como pode ser aferida? Não falo em mensurar, mas em saber das intenções. E mais: até mesmo as melhores das intenções podem não ser perfeitas para determinadas situações. Você pode pensar em fazer o bem mas, para quem recebeu a sua benevolência, na verdade você fez o mal. Ou ainda banalizar a questão, usando o conceito como obrigação ou conduta *default*.

> Eis o humano, atravessando em toda a sua estatura os quatro espaços; marchando, os pés calculando a grande Terra dos mitos, os cabelos levantados para o cosmo e os deuses; sentado, fixo, inscrito no território; os braços trabalhando no espaço das mercadorias, os olhos e os ouvidos devorando os signos do espetáculo; a cabeça, enfim, no espaço do saber, o cérebro conectado a outros cérebros, errante, navegando, recriando mil outras Terras na múltipla esfera dos artifícios.
>
> Pierre Lévy

Quem cria os novos panoramas, paradigmas e espaços não são as coisas dadas, somos nós e a nossa capacidade de dar (doar) e nos dar (doar) em cada pequena troca. Essa é a mensagem. Quem quiser, souber e puder, que faça alguma coisa nessa nova sociologia, economia, filosofia pensando nas pessoas ao seu redor, nas comunidades que precisam de apoio, na sociedade que precisa de equilíbrio. Meu dom de troca — *mana, hau, kula, potlatch, gift* ou o que preferir — está nestas páginas, em forma de informação e inspiração. Como cada dom pressupõe um contradom, que gera uma aliança simbólica, que pressupõe uma reciprocidade, que estrutura uma rede de interações sociais que tem poder de manter a coesão de um grupo, participe dessa nova forma de pensar. Como pessoa, como empresa, como marca, olhe ao seu redor e ofereça o que você pode oferecer, com o que você tem de melhor e da melhor forma possível, para quem precisa — ideias, tempo, recursos financeiros, soluções, produtos, serviços, alegria, experiência, visibilidade, energia. Faz bem para você e faz bem para o outro, faz bem para toda uma rede de consequências encadeadas nessa imensa inteligência coletiva que está sendo gerada hoje com cada gesto, rito, mito, palavra, pensamento. Pense nas dádivas e na diferença que você, em seu campo de atuação, pode trazer para o mundo. Esse, por si, já é um milagre econômico.

NOTAS

1. *An inquiry into meaning and truth.* Oxford: Routledge, 1996 (1950). p. 15.

2. *Paris, capital do século XIX*, 1935.

3. *O homem da multidão*, 1850.

4. *Antropologia da comunicação visual*, 2001, p. 240.

5. Neologismo elaborado por teóricos japoneses da administração propondo que uma empresa deve administrar as adversidades e, portanto, articular os níveis global e local, partilhando estrategicamente "as dobras e redobras dos territórios, dos contextos, dos diferentes universos simbólicos" (MATTELART, 2005, p. 95).

6. ARANTES, 2000, p. 11.

7. Conceito desenvolvido por M. Castells (1991) e I. Susser (1996).

8. Cf. Anthony Giddens, *As consequências da modernidade* (1991) e *Modernidade e identidade* (2002), entre outros.

9. SARLO, Beatriz. *Cenas da vida pós-moderna.* p. 26.

10. CANEVACCI, 2005, p. 15.

11. Entrevista com Jacques Rancière, publicada no Le Monde, Paris, em 2 de julho de 2010.

12. Indiano, professor de Mídia, Cultura e Informação na New York University. http://www.arjunappadurai.org/cv/

13. Francês, professor de Sociologia na Universidade de Paris X Nanterre e fundador da Revue du Mauss (Mouvement anti-utilitariste en sciences sociales).

14. Francês, filósofo, professor no Departamento Hypermédia da Universidade Paris VIII Saint Denis.

15. Extraído da dissertação *Comunicação e consumo de cultura fast-food* (PECHLIVANIS, Marina. ESPM, 2008).

16. Pontuada por Jameson, na arquitetura.

17. *A comunidade*, 2002, p. 189.

18. Conceito desenvolvido por Nestor Garcia Canclini.

19. APPADURAI, 1999, p. 312.

20. Idem, ibidem, p. 313.

21. Estudos consideram que a mídia, pela seleção, disposição e incidência de suas notícias, pode disponibilizar temas sobre os quais o público dialogará, gerando comentários e atitudes decorrentes dos assuntos pautados por um menu seletivo (e estrategicamente planejado, talvez) de informações.

22. APPADURAI, 1999, p. 317.

23. Chamados de *vaygu'as*.

24. CAILLÉ, Alain. *Antropologia do dom: o terceiro paradigma*. Rio de Janeiro: Vozes, 2002. p. 13-18.

25. *Ensaio sobre o dom*, 1924, p. 103-132.

26. LÉVY, Pierre. *A inteligência coletiva. Por uma antropologia do ciberespaço*. São Paulo: Edições Loyola, 1998. p. 81.

27. LÉVY, Pierre. *A inteligência coletiva. Por uma antropologia do ciberespaço*. São Paulo: Edições Loyola, 1998. p. 84.

28. Conceito associado aos modos de criação, de navegação no conhecimento e de relação social: realidade aumentada, videogames, hipertextos, telepresença, captadores, vida artificial, etc.

29. LÉVY, Pierre. *A inteligência coletiva. Por uma antropologia do ciberespaço*. São Paulo: Edições Loyola, 1998. p. 140.

30. LÉVY, Pierre. *A inteligência coletiva. Por uma antropologia do ciberespaço*. São Paulo: Edições Loyola, 1998. p. 205.

31. *O andar do bêbado*. Rio de Janeiro: Jorge Zahar Editores, 2008.

VII.
APÊNDICE A

A VISÃO DO MERCADO NA PRÁTICA, POR GISELE GURGEL[1]

Objetivos: aplicar, de forma prática, o conceito de 3A+S.

Palavras-chave: atraente, acessível, disponível, sustentável.

> Para atender a crescente demanda desta população em crescimento, precisaremos produzir tanta ou mais comida nos próximos 40 anos quanto já foi produzido nos últimos 8.000 anos.
>
> Jason Clay, vice-presidente do WWF

QUANDO A MARINA ME CONVIDOU para participar do seu livro, imediatamente associei a uma ação de troca. Eu e Marina trabalhamos juntas em projetos muito interessantes, o primeiro na educação de crianças sobre reciclagem, utilizando jogos interativos para estimular de forma criativa e participativa o aprendizado. Em nosso mais recente projeto, chamado "Deeper in the Pyramid", Marina aplicou a metodologia desenvolvida por ela chamada *The Gift of a Brand*®, ou Dádivas de Marca®. Por meio de entrevistas e questionários, foram analisadas as palavras e ofertas contidas no discurso de representantes de negócios em sete países, gerando mapas de significação que identificavam a essência do projeto. Isso ajudou a desenvolver a linha de valor do projeto, desde seu objetivo corporativo aos valores externos, entendendo sua oferta de mercado e como as pessoas a interpretavam. Todo esse estudo me ajudou a desenvolver a estratégia de comunicação a ser utilizada em um workshop global, bem como reforçar e simplificar as mensagens principais do projeto. Enfim, esse foi o inicio de uma conversa sobre a importância da troca, onde a economia revela grandes oportunidades para identificar diferentes modelos de negócios na base da pirâmide social ou, como chamamos na Tetra Pak, ir "Deeper in the Pyramid".

Creio que esse assunto é encantador, mais que isso, apaixonante, pois, quando se descobre a possibilidade de fazer negócios e, ao mesmo tempo, fazer o bem ao próximo, é contagiante. Estou envolvida nesse projeto desde 2010, quando morava na Itália, em Modena, trabalhando como gerente global da categoria de lácteos na Tetra Pak. Essa posição me possibilitou a oportunidade de rodar pelo mundo e conhecer várias empresas e mercados diversos. A Tetra Pak é uma fornecedora de soluções integradas de processamento e embalagem de alimentos líquidos. Porém, sua mentalidade vai além de uma simples fornecedora de embalagens B2B. O marketing tem visão B2C, pois acreditam que, ao identificar oportunidades de segmentos de produtos, estes podem gerar novos negócios para a empresa. Com isso, a Tetra Pak investe muito em pesquisas de consumidor e inovação para garantir que seus clientes cresçam e obtenham sucesso ao conquistar novos mercados. No projeto mencionado anteriormente, cujo acrônimo é conhecido como DiP, foram anos de investimento para identificar e quantificar o potencial desses consumidores emergentes e quais são os desafios que devemos enfrentar. Segundo C. K. Prahalad e Stuart L. Hart[2], o mercado de baixa renda representa uma oportunidade relevante para o futuro da indústria, que busca contribuir para a prosperidade desse consumidor emergente.

O importante é focar nos desafios e buscar novas formas de modelo de negócios para conquistar esse consumidor. É nesse momento que a economia das trocas, a *Gift Economy*, tem o seu papel nas relações que contribuem para a decisão de compra, bem como nas formas de distribuição existentes para chegar às lojas próximas desse consumidor. Chamamos esses desafios de 3 As + S, *Affordable, Attractive, Available and Sustainable* — que significa criar produtos que sejam:

- **Atraentes**, oferecendo um benefício que estimule o consumidor a trocar suas formas de consumo tradicionais por uma nova marca, ou um produto que substitua um ritual culinário com mais conveniência;

- **Acessíveis**, considerando as condições preexistentes no local de residência, na cultura local, nas tradições. Isso envolve toda e qualquer oportunidade de troca e faz com que esse consumidor estabeleça relações diversas ao valor do dinheiro, bem como em suas relações com os negócios locais e com a sua comunidade. O produto em questão pode ter significados de valor diversos; por exemplo, produtos cosméticos trazem uma alta relação de valor aspiracional.

Já no caso de produtos alimentares, pesquisas realizadas pela Tetra Pak mostram que o valor está nas relações de troca familiares, entre as quais a mais forte é o vínculo com as crianças;

- **Disponíveis**, fazendo a melhor distribuição para o produto chegar às lojas próximas ao consumidor de baixa renda. Esse é um grande desafio, pois, hoje, o consumidor paga o que Prahalad chamou de *poverty penalty*, ou seja, o custo por viver em lugares remotos, onde indústrias não possuem acesso;

- **Sustentáveis**, propondo um modelo de negócios que seja economicamente viável e que gere impacto social, como a melhoria na nutrição infantil e a geração de empregos, entre outros. Importante: que gere também impacto positivo sobre o meio ambiente.

Em todos os desafios, podemos ressaltar formas diferentes de trocas. Vamos explorar cada um desses pontos, começando pela atratividade dos produtos.

Atrativo:

Para criar produtos que atraiam o consumidor da base da pirâmide, várias FMCG's (*Fast Moving Consumer Goods*), ou marcas globais de grande consumo, estão explorando formas diferentes de pesquisar suas necessidades, utilizando laboratórios que chamamos de *bottom up co-creation*. A cocriação é uma forma eficiente de explorar com profundidade a vida desse consumidor, seus hábitos e necessidades, encontrando alternativas de produtos que possam agregar valor e transformar suas vidas com um toque social. Um exemplo é o famoso case Cemex, uma empresa de construção que desenvolveu uma forma sustentável de fornecer materiais essenciais para a construção de casas básicas no México. A filosofia da empresa demonstra a responsabilidade corporativa voltada aos desafios da sociedade e ao papel essencial que uma empresa de construção pode exercer, integrando essa filosofia nas decisões do dia a dia. Entre suas estratégias sustentáveis, estão os tópicos voltados à redução no consumo de energia e de emissão de gás carbono, gerando impacto social nas comunidades através de modelos de negócios inclusivos. Esse tipo de estratégia funciona muito bem, pois exerce altamente a troca de valores e interesses. Trata-se de uma empresa que tem objetivos financeiros, porém atua de forma responsável, proporcionando à sociedade em que atua o retorno de suas atividades através de serviços e da inclusão social. Esse tipo de empresa acaba gerando alto valor para sua marca, atraindo seus clientes com atividades que vão além da simples comercialização de produtos.

Como as corporações podem atrair clientes nesse modelo?

- **Com ações** de cocriação de produtos e serviços;
- **Com o engajamento** da comunidade na comercialização de produtos;
- **Com atividades** inclusivas na promoção de produtos e serviços.

PREÇO ACESSÍVEL:

O segundo desafio é o preço acessível, evitando que o consumidor pague o custo adicional gerado pela distância em que essas comunidades estão localizadas e pela falta de empresas especializadas em microdistribuição eficiente. Nestes casos, o preço chega elevado ao que chamamos de canal tradicional de vendas (os pequenos comércios abastecidos muitas vezes de forma independente), ou seja, os donos desses comércios vão buscar os produtos em redes de atacado ou até em promoções realizadas pelas redes de supermercados. Existem algumas distribuidoras especializadas no que chamamos de microdistribuição, mas a dificuldade de acesso ao crédito torna essa atividade mais difícil e menos atraente para as grandes empresas.

Outro fator importante é que grandes empresas que possuem produtos de qualidade, restritos à venda na classe média, ainda estão se estruturando para desenvolver produtos e estratégias que possam atender a demanda crescente das classes emergentes. Muitas empresas construíram estratégias interessantes, porém a lucratividade não atende aos objetivos internos da organização. Esse tem sido um dos maiores desafios que eu pude perceber como uma grande barreira na comercialização de produtos para baixa renda. Para tornar o produto acessível, grandes transformações devem ser feitas, que afetam os elevados percentuais de rentabilidade que muitas empresas se restringem a mudar. Projetos que visam a troca de valores com retorno de longo prazo requerem uma mudança de visão e objetivos que não devem ser focados somente em percentual de rentabilidade, mas também na expansão de consumidores e na fidelidade à marca, o que deve ser quantificado.

DISTRIBUIÇÃO:

Nesse desafio, a grande troca existe entre os distribuidores e os lojistas, donos de pequenos negócios. Ao visitar mais de 40 países e conversar com esses lojistas, o meu grande aprendizado é que existe uma relação muito forte de lealdade com aquelas marcas que investem em relacionamento direto. Os donos de pequenos mercadinhos em áreas rurais ou de periferia são esquecidos pelas grandes empresas; os produtos chegam através de distribuidores que, em muitos casos, possuem pouco relacionamento com as marcas. Gerar relacionamento, frequência de atendimento e informação sobre o produto é a troca que agrega valor ao negócio desse lojista.

Pequeno comerciante de área rural

De novo, o *Gifting* e a *Gift Economy* se aplicam no relacionamento de valor mútuo, reduzindo distância e custo e agregando benefícios ao lojista. Na África, muitas empresas estão investindo na forma de negócios inclusivos, utilizando pessoas da comunidade na distribuição de produtos. Um exemplo é a empresa Fan Milk, na Nigéria, que desenvolveu três tipos de distribuição inclusiva, alugando a empreendedores locais veículos que podem se transformar em uma oportunidade de negócios com muito baixo investimento, possibilitando a pequenos investidores iniciarem seu próprio negócio na comunidade:

Nigéria

- **Pequenos caminhões** que viram uma loja de produtos diretos da fábrica;
- **Carrinhos** de mão;
- **Bicicletas** com freezer.

Esse tipo de atividade ainda é muito restrita no setor de alimentos no Brasil, sendo mais comum em cosméticos e produtos de uso doméstico através das vendas diretas. No Quênia, a empresa Daima estabeleceu um formato de distribuição colocando um contêiner próximo a uma tribo chamada Kibera, para distribuir leite longa vida. Essa foi a forma que a empresa encontrou de fazer a troca de valores com a comunidade local, proporcionando emprego aos entregadores, reduzindo a cadeia e os custos, e proporcionando acesso a microcrédito através do sistema M-Pesa de celular.

A VISÃO DO MERCADO NA PRÁTICA, POR GISELE GURGEL   287

Quênia, Kibera

Quênia, Kibera

Quênia, Kibera

Vale informar que a telefonia celular tem sido um grande diferencial nesses países africanos, pois proporciona acesso a crédito através do sistema pré-pago, de forma simples e eficaz, girando a economia e proporcionando acesso a alimentos de qualidade.

Esse é um grande exemplo de como as empresas podem usar tecnologia para gerar valor e desenvolvimento a países que sofrem por não ter acesso aos benefícios que o capitalismo proporciona. Essas iniciativas trazem grande desenvolvimento para as comunidades através do estímulo ao comércio; e essa é a verdadeira troca de valor, a verdadeira ilustração do benefício de não dar o peixe, mas ensinar a pescar.

Sustentável:

O próximo e último desafio é o de fazer os três primeiros de forma sustentável. Acredito que os exemplos anteriores descrevem boas formas de fazer negócios com inclusão social; no entanto, o grande desafio é fazer tudo isso e manter um retorno financeiro que sustente as atividades a longo prazo. Muitos desses projetos acabam por não serem lucrativos, mesmo porque empresas continuam utilizando as mesmas bases de mensurar os resultados, ou seja, foco em retorno financeiro tal como margem, lucro, etc.

Em maio de 2004, o Prof. Stuart L. Hart publicou uma matéria na revista *A.M.E.*[3] sobre a criação de valor sustentável, na qual relatava a nova era em que as empresas se encontram, na posição de que a sustentabilidade é irrevogável. Hoje, os objetivos não devem estar apenas no espaço econômico, mas sim considerar benefícios sociais e ambientais, conhecidos como os três pilares da sustentabilidade. Essa visão traz uma trajetória clara de onde a empresa quer estar no futuro, também focando em um crescimento que não apenas atenda à demanda de novos produtos para consumidores atuais, mas também explore novos consumidores e mercados.

Em janeiro de 2011, Michael E. Porter e Mark R. Kramer publicaram um artigo semelhante na *Harvard Business Review*[4], que abordava o tema do capitalismo como grande beneficiário da criação de empregos e lucros, porém sua concepção não aborda o potencial de atender os desafios maiores da sociedade. Em resumo, Porter também fala da importância de buscar na comunidade oportunidades de inovação e, ao mesmo tempo, impactar positivamente o seu crescimento.

A necessidade da inovação: novos modelos de negócios

O desenvolvimento de um modelo de negócios inovador é fundamental quando pensamos em buscar crescimento de novos mercados ou, ainda, mercados que até então estavam esquecidos pela sociedade capitalista. Muitas vezes menosprezamos o potencial dos consumidores de baixa renda; fazemos isso sempre, em nosso dia a dia. Por exemplo, um vendedor de carros vê dois clientes entrando na loja, um bem-vestido em um terno, outro de bermuda e camiseta. Para qual cliente ele vai dar prioridade? Acontece o mesmo no mundo empresarial. Sempre focamos nas classes sociais de maior poder aquisitivo e, muitas vezes, baseamos o desenvolvimento de novos produtos na demanda guiada pelo consumo existente. Outro exemplo é a pesquisa de mercado, onde sempre damos prioridade na entrevista de consumidores das classes ABC, em vez de não consumidores ou possíveis futuros consumidores. A verdade é que poucas empresas estão abertas a repensarem seu modelo de negócios; preferem inventar novos produtos, lançar e comercializar com base no modelo existente.

Um case de doação com geração de valor em consumo e em relações com os canais teve início em 2010 na China e, em 2014, faturou mais de 13 bilhões de RMB em uma categoria de produtos recente: um iogurte de distribuição à temperatura ambiente (UHT). O projeto começou com a empresa pública Bright Dairy (www.brightdairy.com), uma das maiores produtoras de produtos lácteos, com mais de 50 anos de experiência. Rico em proteína, o iogurte foi usado como presente por ter um alto benefício nutricional, além de uma atrativa embalagem de presente — fatores reconhecidos e valorizados pelos chineses como sinal de prosperidade e saúde.

Esse case exemplifica muito bem como podemos transformar os benefícios da nutrição e da qualidade de um produto alimentício para agregar valor e transformar um produto em símbolo de relações culturais, que geram sentimentos que extrapolam o ato consumista que guia todas as ações comerciais tradicionais. Outro fato importante no sucesso desse produto é a conveniência da distribuição refrigerada *versus* a temperatura ambiente, que vai de encontro à preocupação dos chineses de que o consumo de produtos gelados não é bom para o estômago e para a digestão. Portanto, os fabricantes de iogurte UHT ambiente promovem também o benefício da digestão e, consequentemente, o impacto na saúde de consumidores que são afetados pela dinâmica da vida moderna e buscam soluções simples e rápidas no dia a dia.

Outro exemplo muito conhecido por todos os brasileiros, mas acredito que poucos refletem sobre isso, foi o impacto da entrada do leite longa vida, mais conhecido por leite em caixinha. Ainda me recordo quando entrei na Tetra Pak, em 1999. Eu estava passando pela fase de adaptação à vida moderna, recém-casada, estudando e trabalhando, morando em um bairro afastado de centros comerciais, quando algo muito importante começou a mudar na minha vida: eu não tinha mais tempo de ir à padaria todos os dias. Como grande consumidora de leite, a conveniência de poder comprar caixas de leite de doze unidades nos supermercados e ficar estocada para toda a semana foi um grande benefício para a minha vida. Essa mudança pela qual eu passei, milhões de brasileiros passaram pelo mesmo, o que fez crescer a categoria de leite longa vida no Brasil, de um volume que girava em torno de 500 milhões de litros na década de 1990 para mais de cinco bilhões de litros após o ano de 2010.

Essa mudança também é causada pela urbanização; pessoas que mudam de pequenas cidades ou da área rural para grandes cidades, fazendo com que a dinâmica de suas vidas mude, assim como seus hábitos alimentares, impactando em suas escolhas e consumo.

Pesquisas[5] mostram que, até 2030, por volta de 60% dos habitantes no mundo morarão em grandes cidades. A cada segundo, as grandes cidades crescem em mais duas pessoas. No Brasil, a expectativa é de que a população urbana atinja 88%.

A Tetra Pak teve grande influência nessa revolução causada pelo leite longa vida, pois foi ela quem proporcionou a expansão do mercado para grandes marcas existentes hoje, através da expansão da distribuição. Por exemplo, pequenas cooperativas locais, que, pelo fato de produzirem leite com distribuição refrigerada, que possui um prazo de validade curto, tinham sua área de abrangência geográfica limitada. Com o início da produção do leite longa vida, tecnologia proporcionada pela Tetra Pak, essas cooperativas passaram a expandir sua área de atuação e se tornaram marcas conhecidas nacionalmente. Em 2001, eu me mudei para Goiânia para trabalhar na área de vendas comerciais e tive a oportunidade de atender uma empresa de laticínios chamada Italac, que surgiu no interior de Goiás, em uma pequena cidade chamada Corumbaíba. Hoje, sinto orgulho quando vejo essa marca sendo distribuída em todo o Brasil, com expansão de fábricas, distribuidores e centros de coleta de leite em todo o país.

Esse caso do leite longa vida exemplifica a troca de valores que fez o consumidor pagar um pouco mais por sua conveniência, muito semelhante ao caso recente da revolução causada pela telefonia celular.

Trocas de necessidades:
do básico ao aspiracional

Após trabalhar cinco anos criando modelos de negócios sustentáveis com impacto social, e 16 anos na Tetra Pak, aprendi que as marcas podem e devem explorar uma dimensão de troca de valores que vai além do marketing tradicional.

Por muitos anos, a maior parte das empresas de produtos alimentícios, área em que eu atuo, pesquisou as variadas formas de uso de seus produtos, bem como as relações de hábitos e atitudes em relação a esse consumo.

Algo que chama a atenção é que a maioria dessas pesquisas concentrava seus grupos em consumidores atuais. Formas de pesquisa atuais, liderada pelas grandes FMGCs, focam em entender as necessidades dos consumidores, fazendo com que os produtos sejam comunicados e inovados com base nas necessidades e aspirações, uma mudança radical no mercado de pesquisas. Nessas empresas, hoje se encontram departamentos que não mais levam os nomes das categorias, tais como Lácteos e/ou Bebidas, e sim áreas como Nutrição e Energia, por exemplo. Esse é um grande exemplo de como a troca de valores impacta o consumidor, pois a motivação de compra está intrínseca em suas necessidades e aspirações. A indústria atual também deve entender as motivações de seus consumidores para se manter atualizada em suas ofertas, bem como criar valores circulares ao real existente, para fazer com que os consumidores traduzam seu produto de forma ampla. Grande exemplo é a bebida energética Red Bull, onde o produto é acompanhado de um forte motivador gerado pelas atividades criadas pela empresa que atendem as aspirações de seus consumidores, o motivo real pelo qual consomem um energético.

Chega de apelos tradicionais, por exemplo, no caso do leite, "beba leite com cálcio para ter ossos fortes". Por que queremos ossos fortes? Dependendo da idade do consumidor, as aspirações mudam. Pode ser que a mãe queira que seu filho tenha ossos fortes para ser alto, ou para poder brincar sem se quebrar. Para um adulto, pode ser para evitar doenças como osteoporose, para poder ter maior longevidade. Enfim, hoje, as mensagens devem ser direcionadas e customizadas, pois o consumidor compra valor e está disposto a fazer *trade-off*, a troca do seu produto ou marca caso seu competidor ofereça benefícios que estejam alinhados com suas aspirações.

A importância do legado, a longevidade da sua marca

Marca é algo que se constrói em longo prazo. Mas a dura realidade é que poucas empresas possuem uma estratégia de marca em longo prazo. Saber quem você quer ser e como quer ser visto são duas perguntas básicas que guiam sua estratégia de marca.

Lembro uma pesquisa que fiz a alguns anos atrás, por volta de 2007, onde construímos a personalidades das marcas, através de entrevistas

A Visão do Mercado na Prática, por Gisele Gurgel 293

com seus consumidores. Curiosamente, o resultado descrevia exatamente o perfil do dono de suas empresas, mostrando como decisões corporativas guiadas por um líder impactam a personalidade das marcas.

Hoje em dia, a construção de marca deve entregar valor nas dimensões econômicas, sociais e ambientais. Como as tendências mundiais[6] mostram muito bem, o crescimento da população deve atingir 8,4 bilhões de pessoas em 2030, impactando o fornecimento de alimento e fazendo com que haja uma grande escassez no mundo. Essa tendência deve impactar altamente as relações de consumo de alimentos, energia e água.

Muitas empresas já estão adaptando suas estratégias a esse futuro diferente. Produtos e formulações já demonstram o impacto da escassez de certos ingredientes, trocando produtos de base animal por vegetal, por exemplo. Porém, mais importante é visualizar a sua marca nesse futuro competitivo. Um dos pontos em que alguns países estão trabalhando é na conquista dos chamados "não consumidores", ou novos emergentes vindos da base da pirâmide socioeconômica. Como mencionado anteriormente, esses consumidores representam grande oportunidade de construir a longevidade da marca. Assim, cria-se a fidelização através não somente da oferta do produto em si, mas também devido ao impacto social.

Hoje em dia, a maioria das empresas que possuem pilares de sustentabilidade inclui nestes o papel da mulher e a inclusão social. Fortalecer a mulher em comunidades emergentes através de oportunidades de inclusão econômica também demonstra ser uma grande ação de influência na comunidade local, pois o poder de influência da mulher na decisão de compra é altíssimo, bem como sua influência no aumento da economia das famílias, principalmente em classes sociais mais baixas, onde, em sua maioria, é a responsável pelo sustento de seus filhos e até mesmo netos.

Uma forma simples de impactar consumidores é simplesmente tornar o seu produto disponível onde nunca poderia ser consumido antes. Como assim? Estou falando de produtos de alta qualidade e preço, com distribuição limitada à classe média. Como hoje todos os consumidores acessam as grandes mídias, tais como TV e revistas, com certeza existem aspirações de consumo limitadas pelo acesso restrito. O que grandes FMCGs estão fazendo é o chamado *downsizing*, reduzindo volumes para atingir preços que viabilizem o acesso ao produto das classes de menor poder aquisitivo. Muitos obtiveram sucesso, outros nem tanto, devido ao fato de que o

294 APÊNDICE A

produto não estava adaptado ao consumidor *target* ou, em muitos casos, o produto foi exportado a países onde não existia o conhecimento e aspiração pelo produto.

Outro grande exemplo da construção de marca em longo prazo é um projeto criado pela Tetra Pak chamado "Dairy Hubs". Liderado por um departamento chamado "Food for Development", esse projeto visa apoiar os clientes locais no desenvolvimento de bacias leiteiras, com o objetivo de sustentar a indústria na produção de leite tratado e seguro. Além disso, o fornecimento de leite local reduz o impacto do preço da importação do leite, fazendo com que o consumidor seja beneficiado pelo acesso a um leite de qualidade assegurada, a um menor preço.

A estratégia inclusiva demonstra grande poder de criar legado positivo às marcas. Não deve ser confundida com ações meramente sociais ou de doação; devem ser ações que reflitam os valores da empresa e envolvam os seus consumidores em uma causa maior do que a simples compra de seus produtos. Entendo que não é uma forma fácil de raciocínio. Leva um tempo para identificar o que exatamente você pode fazer para impactar os seus consumidores. Uma dica? Comece com seus funcionários.

CASE Tetra Pak

Entrevista com Ulla Holm[7]

"Não estou muito familiarizada com o termo *Gift Economy*, mas gostaria de interpretá-lo como a 'criação de valores compartilhados'. Por minha longa experiência trabalhando na Tetra Pak/Tetra Laval, posso afirmar que admiro esse modelo de negócios. A solução de embalagem asséptica desenvolvida no início da década de 1960 gerou novas maneiras de conservar alimentos mais sensíveis, solução especialmente importante nos países em desenvolvimento, muitas vezes sem cadeias de infraestrutura e refrigeração desenvolvidas. Já naquela época o fundador da Tetra Pak, Dr. Rausing, percebeu que, para ajudar os clientes (empresários locais) a desenvolver uma indústria de laticínios rentável e sustentável, era importante apoiar o desenvolvimento de toda uma cadeia de valor para o leite.

Ajudar os governos a desenvolver e implementar programas de leite para as escolas foi uma forma de ampliar a demanda por leite de qualidade, produzido e processado localmente, ao mesmo tempo em que proporcionou a melhoria na saúde e na capacidade de aprendizado das crianças. Muitos anos antes do termo 'criação de valor compartilhado' ser definido, a Tetra Pak já estava colocando esse conceito em prática. Sendo bem-sucedida na criação de demanda para a produção, processamento e embalagem de leite de qualidade localmente, os negócios de seus clientes cresceriam, assim como as novas oportunidades de negócios que poderiam ser geradas. O primeiro programa de leite escolar utilizando embalagens Tetra Pak foi criado no México em 1962. Hoje, a Tetra Pak tem mais de 50 anos de experiência em apoiar a criação de programas de leite escolar e de alimentação escolar.

Há muitas outras maneiras de criar valor compartilhado:

- **Oferecendo *leasing* e financiamento de venda a crédito** aos empresários locais que não teriam valores mobiliários negociáveis em banco para obtenção de créditos locais;

- **Trabalhando com projetos de desenvolvimento de produtos** lácteos em *hubs* para ajudar os clientes locais a terem acesso a mais leite produzido localmente e de melhor qualidade, ao mesmo tempo ajudando pequenos agricultores a obter um link consistente para o mercado e passando de uma agricultura de subsistência a um negócio de produção de leite;

- **Trabalhando com clientes locais**, universidades, associações de alimentos e governos para informar sobre a segurança alimentar e os riscos de beber leite não pasteurizado;

- **Conduzindo o desenvolvimento** de bebidas acessíveis e nutritivas, promovendo soluções para ajudar os clientes a disponibilizarem seus produtos em lojas tradicionais, mercados de rua, etc.

E esse modelo de negócio funciona! Se somos bem-sucedidos na criação de valores compartilhados, seremos também bem-sucedidos na criação de valores para nós mesmos. É um modelo de negócio que se baseia em um compromisso a longo prazo e forte presença local. Que adiciona valor de negócio para a Tetra Pak e agrega valor aos empregados, que apreciam trabalhar em uma empresa que faz a diferença para as economias e as pessoas nos países menos desenvolvidos. E que também adiciona valor aos clientes da Tetra Pak, que constroem uma plataforma de cooperação com o governo local e se engajam no desenvolvimento do seu próprio país, apoiando o desenvolvimento agrícola, o aprimoramento do setor privado, a melhoria da saúde e da aprendizagem das crianças nas escolas, etc.

Trata-se de ajudar os outros a ajudarem através de treinamento, da expansão das capacidades de aprendizagem com acesso à nutrição, do acesso aos mercados, da criação de empregos, da melhoria da economia de um país pela produção agrícola, do desenvolvimento do setor privado, da substituição de importações, do desenvolvimento de uma base para o pagamento de impostos que podem fornecer serviços sociais, etc. Na minha visão, a maneira como interpreto economia social é muito baseada no trabalho de ONGs, onde você apoia soluções que podem não ser comercialmente viáveis no longo prazo. Para criar sustentabilidade econômica e desenvolvimento social, as soluções devem ser comercialmente viáveis e escaláveis.

Acredito que, em sua maioria, as sociedades do mundo desenvolvido são melhores hoje do que eram no passado, pois as pessoas são tratadas de forma mais igualitária e têm mais oportunidades de obter educação e desenvolvimento em áreas que escolheram para si mesmas. A única maneira de ajudar as sociedades a desenvolver e respeitar os direitos humanos é através da educação e do acesso à nutrição.

Isso se relaciona com as intenções da iniciativa privada nas sociedades arcaicas ou em desenvolvimento. Com base nas experiências em minha área de atuação, acredito que a intenção é um compromisso de longo prazo para desenvolver futuros consumidores. Ao desenvolver produtos acessíveis e de boa qualidade, e com esforços para que esses produtos estejam disponíveis através dos canais que alcancem as pessoas de baixa renda (tanto canais comerciais quanto canais sociais, como escolas, etc.), os consumidores podem perceber melhoria em suas vidas, que podem ser relacionadas aos produtos e marcas em questão.

Encontrando o modelo certo, pode-se desenvolver negócios de longo prazo, o que gera a sustentabilidade de todos esses esforços.

Mais e mais empresas percebem que, ao se engajarem em parcerias público-privadas e ao apoiarem o desenvolvimento econômico e social sustentável, novas oportunidades de negócios se realizam. Se você melhora a saúde e a educação de trabalhadores têxteis, mineiros, agricultores, etc., você melhora paralelamente a produtividade com crescimento de futuros consumidores, futuros mercados para produtos, etc. Ao analisar como você pode trabalhar de forma mais próxima dos clientes, fornecedores, comunidades de atuação, todos os ativos nos países em desenvolvimento e as empresas poderão crescer e desenvolver novas oportunidades de negócios. Hoje, há um interesse forte e uma compreensão da importância da criação de sólidas parcerias entre o setor público e privado, usando o setor privado como motor do desenvolvimento econômico e social.

O setor privado tanto possui quanto pode desenvolver soluções para resolver diversos problemas sociais. Ao trabalhar em conjunto, por exemplo, com governos, agências de desenvolvimento e ONGs, demandas como reduzir a desnutrição, salvar o meio ambiente e criar empregos sustentáveis podem ser ampliadas e aceleradas. Mas não é só o setor privado que mudou. Também as agências da ONU, as agências nacionais e internacionais de desenvolvimento, e as ONGs mudaram e estão abertas para a criação de uma forte cooperação com o setor privado. Eu acredito que o que vimos até agora é apenas o início de uma forte cooperação entre os setores público e privado para enfrentar os enormes problemas sociais e ambientais que temos.

Notas

1. Gisele Gurgel é diretora global na Tetra Pak, responsável pela unidade de negócios "Deeper in the Pyramid" — uma organização composta de diversas funções e atividades focadas no desenvolvimento de negócios, de produtos e soluções para consumidores de baixa renda. Possui mais de 25 anos de experiência nas áreas de marketing estratégico e comercial em empresas B2C e B2B, dos quais 15 anos na Tetra Pak. Em 2009, foi para o marketing global da Tetra Pak em Modena, Itália, para gerenciar a categoria de produtos lácteos, *core business* de sua empresa. Nestes últimos anos, teve oportunidade de conhecer vários países e dirigir workshops mundiais para discutir tendências globais de consumo e estratégias no desenvolvimento do setor de produtos lácteos e, agora, com foco em nutrição para mercados emergentes. Em 2010, participou de um projeto junto a um grupo da alta liderança da empresa para traduzir a oportunidade de crescimento de consumidores emergentes na base da pirâmide social, dando início ao projeto global chamado DiP, o qual lidera atualmente a nível global. Para completar sua experiência mundial, mudou recentemente para a África do Sul, para acompanhar o crescimento desse potencial continente no ramo de alimentos e nutrição. Editou diversos artigos publicados pela Tetra Pak durante os últimos anos relacionados a esse tema e também sobre tendências de consumo de produtos lácteos, entre eles as edições do *Tetra Pak Dairy Index* 3, 4 e 5, sendo que o último retrata em específico produtos lácteos para consumidores de baixa renda, *The opportunity towards the bottom of the pyramid*. Gisele é graduada em Comunicação Visual, pós-graduada em Marketing pela ESPM e cursa o One MBA na FGV EAESP.

2. PRAHALAD, C. K.; HART, Stuart L. *The fortune at the base of the pyramid*.

3. HART, Stuart L.; MILSTEIN, Mark B. Criando valor sustentável. *A.M.E.*, mai./jul. 2004.

4. PORTER, Michael E.; KRAMER, Mark R. Creating shared value. How to reinvent capitalism and unleash a wave of innovation and growth. *Harvard Business Review*, jan. 2011.

5. Euromonitor commissioned report. PWC: UN Mega-cities will grow, 2014.

6. National Intelligence Council. Global Trends 2030: Alternative Worlds.

7. Ulla Holm foi diretora global do Food for Development Office (FfDO) da Tetra Laval, criado em 2000 para partilhar conhecimentos e experiências adquiridos em mais de 50 anos de envolvimento em programas globais de alimentação escolar global e de desenvolvimento agrícola. Trabalhando em estreita parceria com governos, agências de desenvolvimento e ONGs, o FfDO inicia, desenvolve e apoia projetos que visam combater a pobreza e melhorar a nutrição nos países em desenvolvimento. Ulla se juntou ao Grupo Tetra Laval em Estocolmo, Suécia, em 1977, onde trabalhou no desenvolvimento de soluções de financiamento e em sistemas de *leasing cross-border*. Seu início nas atividades da empresa de *leasing in-house* Tetra Laval Crédito AB, que hoje provê as soluções de financiamento para clientes da Tetra Pak em todo o mundo. Desenvolveu, estabeleceu e coordenou um dos primeiros projetos de desenvolvimento integrados de laticínios na Rússia (São Petersburgo, 1997-2000). Tem um diploma em Negócios e Administração pela Stockholm School of Economics. Foi do comitê do Swedish Export Credit Guarantee Board entre julho de 2001 e outubro de 2010. Em janeiro de 2008, entrou para o conselho da Global Child Nutrition Foundation, em Washington D.C., EUA.

VIII.
APÊNDICE B

GIFT ECONOMY: O QUE O MERCADO ACHA QUE É

Objetivos: compartilhar diversos pontos de vista sobre a Gift Economy.
Palavras-chave: reflexão, inspiração, mudanças, dádivas.

> O desenvolvimento econômico está associado à inclinação humana de dar significados sociais e simbólicos a bens materiais, satisfazendo aspirações, ambições e necessidades que têm significado de adaptação para facilitar a continuidade da existência da espécie humana.
>
> Colin Renfrew

MUITAS VEZES, as coisas não são o que são; são o que as pessoas pensam que essas coisas são. Especialmente se essas pessoas forem formadoras de opinião e personalidades influentes em seus campos de atuação, com o poder de educar, mobilizar e inspirar as pessoas que os rodeiam.

Com base nessa premissa, diversos profissionais de mercado foram ouvidos, emitindo suas opiniões sobre o futuro da economia, o que entendem por *Gift Economy* em suas inúmeras instâncias — economia das dádivas, dos dons, das trocas —, qual a energia que circula nesses processos, o que as empresas deveriam fazer para incorporar o que esse modelo tem de bom. Eis os resultados dessa investigação, capturando e organizando a voz corrente para ter a certeza de que este livro abarca e endereça, se não todas, ao menos boa parte das proposições colocadas de forma a tornar seu conteúdo pertinente e eficiente quanto à abordagem, seleção de fontes e referências, escolha de pensadores e estruturação de conexões. Foram feitas entrevistas com empresários, consultores, economistas, filósofos e pensadores, no período de janeiro a abril de 2015. Como metodologia, perguntas de inspiração para nortear a conversa.

MARCELO ESTRAVIZ[1], BRASILEIRO, EMPREENDEDOR

> O mundo está preparado para a doação, para as trocas, para o compartilhamento. Sempre foi assim. Durante mais de 100 mil anos, se pensarmos no Homo sapiens.

Defino a economia das trocas/*Gift Economy* como uma retomada do que eram as praças de trocas nas antigas civilizações. Recentemente, vi no Museu de Antropologia no México uma instalação justamente mostrando o que eram esses espaços de troca, onde camponeses de diversas partes vinham com suas produções e trocavam entre si. Não havia dinheiro ainda e as trocas pareciam mais justas. Parece também ser uma espécie de pós-capitalismo, mas não imagino que as grandes corporações permitam esse pós.

Comparando as trocas nas sociedades primitivas e nas sociedades atuais, não podemos dizer que evoluímos. Do meu ponto de vista, desde que deixamos de ser nômades e passamos a ser agricultores sedentários, deixamos de evoluir no que se refere ao sentido colaborativo básico e prático da existência. A civilização se alicerçou em um modelo hierarquizado e trocamos a abundância pela escassez. A economia se baseia num paradigma equivocado. As trocas atuais não são suficientes para voltarmos a um paradigma da abundância. O sentido de lucro parece bastante latente, mesmo em trocas simples hoje em dia. Há um elemento do tipo "o que eu ganho com essa troca?" Teríamos que repensar o próprio sentido do uso, do supérfluo, da necessidade básica. Nos tempos antigos, uma pessoa não tinha um enfeite nos cabelos porque ele seria incômodo nas longas caminhadas que se fazia, mas ela poderia produzir esse enfeite em algum momento e dar para outra pessoa, ou trocar por uma maçã. Ambas coisas eram momentâneas; não temos posse de uma maçã, simplesmente a comemos, ou ela estraga. Hoje, começamos a fazer trocas de livros ou de objetos que não queremos mais, e os deixamos com outras pessoas, que ficarão com eles até que não os queiram mais. Eles têm uma duração maior, existe mais pertencimento. Haveria que desenhar uma sociedade com menos pertencimento e sentido de uso e posse. Enfim, utopias.

O que as empresas/marcas podem fazer para um modelo de negócios mais equilibrado e sustentável? Deixar de existir. Os conglomerados são o que destoa no processo; são a hierarquia e, ao mesmo tempo, o poder. Ambas coisas precisam deixar de existir, e é o que ocorrerá com o tempo. Acredito que caminhamos (olhando de forma otimista) para cada vez mais milhões de microempreendimentos, ao ponto de sermos nossas próprias empresas. As grandes empresas são os lugares onde trocamos nossa liberdade por um punhado de sal, ou o que se chama hoje de salário.

O mundo está preparado para a doação, para as trocas, para o compartilhamento. Sempre foi assim. Durante mais de 100 mil anos, se pensarmos no Homo sapiens. Há só um pequeno desvio que ocorreu a mais ou menos oito mil anos com o advento da agricultura. Em termos históricos, é um pequeno desvio de rota, absolutamente contornável.

Pensando no futuro, do jeito que vamos, caminhamos para a extinção como espécie. O mundo seguirá como seguiu nos últimos bilhões de anos. Podemos nos extinguir como aconteceu com os dinossauros. Quando passamos a ser uma espécie que atrapalha o próprio planeta, os mecanismos de equilíbrio já criam condições para extirpar aquilo que vem atrapalhando o processo. Mas também podemos caminhar para uma sobrevivência harmoniosa com o ambiente. Isso não é simples no contexto atual. Ainda somos extremamente destruidores do ambiente.

 ## CARLOS BREMER[2], BRASILEIRO, CONSULTOR

> Muitas empresas estão investindo nisso, em uma troca mais aberta, menos quantitativa. Estes são valores importantes para uma empresa que propõe relações justas, subjetivas porém lógicas, que dão resultado e são conscientes.

Hoje, a agenda do investidor, de acordo com seus interesses, perde vínculos com o negócio em si. Tudo vira uma troca financeira, uma "conversa CFO" para explicação em comitês de estratégia, pessoas, planejamento, etc. Esse diálogo afunilado com investidor, via financeiro, virou uma troca selvagem e transformou a relação em um processo míope — que perde boas oportunidade, inclusive de investimento.

O capitalismo consciente propõe outros diálogos, outras trocas. É preciso uma reavaliação do conceito de valor; resultado mais relacionado com conjuntura geral que plano da empresa em si. É preciso reaprender a enxergar as organizações privadas com fins lucrativos; quando tudo é precificável, o diálogo fica complicado.

Falta espiritualidade, motivação, engajamento; falta inteligência espiritual. E ainda há dificuldade de aceitar que essa variável é superimportante e imensurável. Muitas empresas estão investindo nisso, em uma troca mais aberta, menos quantitativa. Esses são valores importantes para uma empresa que propõe relações justas, subjetivas porém lógicas, que dão resultado e são conscientes. Essas empresas são *built on values*, gerenciam valores e crenças. Não se gerenciam comportamentos: quais são as evidências? Esses comportamentos, demonstrados na cultura corporativa. Uma organização é troca de pessoas em relações de trabalho; relações de comércio.

Tem um case maravilhoso e ninguém promove. Ao falar e compartilhar, você alavanca a capacidade do outro de fazer o bem. A métrica é a autoalimentação da mídia. É preciso repensar processos de comunicação. Coletar casos e divulgar — não é uma rotulagem, e sim as práticas que sejam diferentes das demais, com boas evidências, que gerem resultados.

Como inspiração, recomendo a Matriz da Paz[3] (*The Matrix of Peace*™), um sistema para desenhar e atualizar comunidades com foco na paz, iluminando de maneira consciente o ecossistema e envolvendo o comércio, a cultura e o sistema de leis.

LADISLAU DOWBOR[4], BRASILEIRO, DOUTOR EM ECONOMIA

> Como o conhecimento compartilhado não reduz o conhecimento de quem o compartilha, e como a conectividade planetária permite que todos passem a ter acesso, a tendência é voltar a predominar a colaboração em rede.

Economia das trocas é o conjunto de atividades em que o interesse para o conjunto da sociedade predomina sobre o interesse individual tanto no produto quanto nos processos produtivos.

Nas sociedades primitivas, a colaboração era essencial para a sobrevivência; geraram-se comunidades colaborativas. Na era moderna de produção de bens físicos e da acumulação individual de riqueza, passou a predominar a competição e o avanço de uns às custas dos outros. Os bens físicos são bens rivais. Na transição atual, passa a predominar a economia imaterial, onde o valor agregado maior vem do conhecimento (tecnologia, design, redes). Como o conhecimento compartilhado não reduz o conhecimento de quem o compartilha, e como a conectividade planetária permite que todos passem a ter acesso, a tendência é voltar a predominar a colaboração em rede.

Pensando nas empresas, o ponto de partida é fazer uma contabilidade completa, que inclua as externalidades: é mais barato para uma empresa jogar resíduos no rio do que gastar com filtros, mas os custos para a sociedade serão muito maiores. É mais lucrativo para um banco aumentar os juros, mas o efeito para a sociedade é uma redução do consumo (juros pessoa física) e do investimento (juros pessoa jurídica). Ver o impacto sistêmico e de longo prazo, e adequar os comportamentos privilegiando o avanço para a sociedade constituem visões construtivas.

Na evolução atual para a economia imaterial, centrada no conhecimento, o principal fator de produção, que é o conhecimento, é um fator de produção cujo uso não reduz o estoque. Trata-se, portanto, de um vetor essencial de construção de uma nova visão. Se olharmos a evolução recente dos processos tecnológicos, trata-se de dinâmicas interativas em que os avanços de uns são aproveitados por outros. Mas o sistema jurídico e a cultura econômica que herdamos ainda estão presos ao século passado, amarrados em patentes, *copyrights*, *royalties* e travamento geral do acesso. As regras do jogo para a economia colaborativa em rede caracterizada pela densidade em conhecimento de todos os processos produtivos dão apenas os primeiros passos, como *Creative Commons*, Wikipédia, Wikinomics, OCW (Open Course Ware do MIT), REA (Recursos Educacionais Abertos), MOOC e outros. A economia está evoluindo para o digital; as regras do jogo ainda estão na era analógica.

Pensando no futuro, as duas grandes tensões planetárias estão na esfera ambiental, com o aquecimento global, a destruição da biodiversidade (52% da vida vertebrada do planeta destruída entre 1970 e 2010, segundo WWF), a liquidação da vida nos mares, a perda da cobertura florestal, a contaminação generalizada e o esgotamento dos aquíferos e outros processos; e na esfera social, com 85 famílias detentoras de mais riqueza acumulada do que a metade mais pobre da população mundial, quatro bilhões de pobres, 800 milhões de esfomeados e cerca de dez milhões de crianças que morrem de fome ou de outras causas ridículas — o equivalente a oito torres de Nova York por dia.

Não faltam recursos: só em paraísos fiscais, temos cerca de um terço do PIB mundial, mais de 20 trilhões de dólares, que servem a processos especulativos. A reorientação desses recursos para que sirvam à reconversão tecnológica e produtiva, que permitam parar de destruir o planeta, e para assegurar a inclusão produtiva e social dos pobres do planeta constituem o eixo principal da luta que temos pela frente.

MASSIMO CANEVACCI[5], ITALIANO, ANTROPÓLOGO

> Doar sempre foi e ainda é complicado. Apesar da aparência de ser afirmação oblativa, é baseada em um claro mecanismo de restituição e vai continuar assim esse sistema de doação.

A troca tem muitas formas diferenciadas no sistema capitalista e pré-capitalista. Pode ser elaborada com base em moeda, um equivalente geral; cada produto deve ter um elemento de abstração e ser reconduzido a um valor monetário.

Mas isso não é geral. No Brasil, não sei; no entanto, na Itália, existe um modelo de troca baseado no sistema campesino, de produtores, tipo cooperativas, com sistema descentralizado de oferecer produtos na casa do consumidor sem transitar em grandes cadeias do mercado; é diretamente ao consumidor. Cria-se um sistema horizontal onde o produtor vai diretamente ao consumidor. O sistema é complexo: um grupo de cidadãos se organiza e consegue comprar um produto significativo; o trânsito da produção ao consumo é complicado — há uma relação profunda com o que se produz, e o produtor não é desconhecido; é alguém que você conhece profundamente, o que cria conexão com consumidores que se conhecem. O tipo de troca, nesse caso, não é determinado em relação ao mercado geral; é uma minitroca. O valor em dinheiro não é baseado sobre a abstração geral do produto; não é mercantilizado, e sim humanizado. Esse tipo de humanização do produto nesse tipo de sistema minitroca funciona parcialmente porque uma pessoa precisa fazer um tipo de aquisição de produto e precisa de outro tipo de produto que está no mercado. Nesse sistema assimétrico e pessoal, o mesmo consumidor que consegue comprar pelo sistema de troca clássico/capitalista participa desse sistema de troca humanista, de troca de graça. Novamente, na Itália, é muito frequente, muito comum, trocar com pessoas aquilo que você não tem: cebola, cenoura, arroz, etc. Você recebe, e depois dá outras coisas. São conexões de troca humanista, familiar, que multiplicam o sistema de trocas clássicas. Você fala "sistema das trocas", no plural, porque justamente é pluralizado.

Assim como é pluralizado o mercado; não existe um só mercado. Esse tipo de potencialidade de mercados e trocas eu acho muito importante.

Ao comparar o passado com os nossos dias, atenção: na economia primitiva, a questão da comida requeria um trabalho breve, cerca de duas horas por dia de trabalho. O produto da comida era comparticipado por todo mundo; ninguém acumulava produto, a caça e pesca, os legumes... O que era produzido, era consumido na hora e oferecido para todos, pressupondo um relacionamento profundo — não era um consumo privado. Esse sistema de dom cria um relacionamento de cooperação profunda, que foi estudado por Lévi-Strauss como forma elementar de parentesco e que cria cooperação entre os outros, e não competição. Hoje, a cultura do *sharing* é cultura de cooperação, que tem potencialidade de reafirmar de maneira diferente o que foi um patrimônio da humanidade e que, em algumas culturas, continua nas sociedades pós-industriais. Esse conceito de *sharing* está muito desenvolvido na Califórnia, espaço que antecipa esse processo de compartilhamento.

É preciso fazer uma mudança; quebrar o modelo de comportamento e trazer novos tipos de valores. O conceito de valor como estilo de vida, visão do mundo... é fundamental. O segredo está na profunda transformação de valores culturais, em uma nova cultura. Dá até para inventar um nome para isso; concordo com o que você disse, dessa nova economia ser uma filosofia. É uma mudança e um movimento éticos; é uma mudança de valores profunda, um novo sistema de orientação. É um trabalho que antecipa e produz o futuro. Com a longevidade, o que antes era um problema (a falta de tempo), hoje pode ajudar as pessoas a pensarem nessas mudanças.

Nesse pensamento de mudança, outra questão importante é a do excesso. Normalmente, uma montanha de produto alimentar é jogada fora todos os dias. Isso tem uma lógica: não se pode colocar no mercado, pois o preço abaixa; não se pode consumir; não se pode dar de presente, pois cria descompensação cultural... Coisa absurda que se tenta organizar de muitas maneiras micrológicas: em feiras, associações culturais e restaurantes familiares pode-se criar um sistema pelo qual não se joga, não se desperdiça. Mas e nas grandes empresas? Na Itália, não se pode jogar um pedaço de pão, pois "a *Madonna* chora". Jogar pão é jogar algo sagrado, fruto de um trabalho; é preciso compartilhar o pão (do latim *cumpanis*), e não jogá-lo. O que é lixo hoje precisa ser transformado em energia; é necessário rever o sistema econômico em que o lixo vira energia. Quem sabe um sistema extraordinário de invenção individual possa virar uma crítica profunda ao que é hoje chamado de "reciclável".

Para um modelo mais equilibrado e sustentável, de forma prática, as empresas deveriam estar conectadas com pesquisas sobre fetichismo visual, para entenderem o conceito fundamental que é o metafetichismo, pensando em objetos ou marcas que exprimam subjetividade. Nesse sentido, marca que funciona é marca que afirma identidades mais flexíveis (porém determinadas) e favorece certo tipo de subjetivação. Não se trata de um objeto, e sim de um sujeito que você elabora além do sentido de reificação, pensando em produtos individualizados, assim como na arte e no design. Se você consegue elaborar um tipo de mudança cultural em que a marca é descentrada e subjetivizada, isso é *sharing*, é neo-humanismo; e inclui o objeto, e não apenas a mercadoria, o produto. Pense em produtos especiais, com formas especiais, que nenhum outro terá. Isso traz uma reflexão sobre o valor da produção, a intenção da produção. No processo de elaboração, processualmente se constrói o dom. Isso cria simultânea copresença de um mercado clássico e de um novo mercado, que se expande — o mercado dos doadores de tempo, remédios, livros, carros; e dos espaços onde não se vende, se troca.

Para uma mudança de paradigma no mundo, ou melhor, no Brasil, deve-se envolver o Ministro da Educação. O sistema deve ser integrado a uma fonte de mudança cultural. Na escola primária na Finlândia, não existe faxineira; cada aluno limpa a escola, em rodízio. Limpar a escola é parte de sua fundação educacional, cultura. A escola adaptada a essa microeconomia precisa de uma mudança pedagógica para favorecer o costume, a atitude. A família é mais engessada para as mudanças; as crianças, os alunos, são muito mais elásticos. Quem muda e educa a família é o filho.

Isso é o fundamental. Muitos comportamentos são adquiridos de uma tradição, em particular nas margens da sociedade ou nas aldeias. O que é preciso fazer é enfrentar o centro da cidade, da metrópole, da educação; o centro produtivo que transfigura o que é um comportamento clássico tradicional e o estilo de vida de valores adequado ao desafio pós-industrial.

Pensando no futuro, é complicado falar do mundo inteiro. Muitas áreas atuais são terrivelmente envolvidas em guerras desumanas e ferozes. Outras têm fundamentalismo religioso fortíssimo. Precisamos falar de descentrar a análise. Por exemplo, seria interessante fazer esse tipo de análise, mais que no mundo inteiro, em uma constelação de metrópoles, que pode favorecer um tipo de análise mais tendenciosa nesse tipo de discurso. Uma rede com São Paulo, Bogotá, Lima, Xangai, Pequim, Tóquio, San Diego, São Francisco, Milão. Mesmo sem ter uma visão múltipla global, é preciso ter um itinerário de veredas que possa demonstrar essa filosofia da vida. E a antropologia escolhe o tipo de visão para novos caminhos...

Por exemplo, a alimentação, o *slow food*, o prazer da lentidão, a discussão... A alimentação é o movimento mais fundamental da experiência cotidiana. Comer é uma dimensão filosófica. Isso se conecta com a questão do utilitarismo e não utilitarismo, uma reflexão de Walter Benjamin: "liberar as coisas de serem úteis". Todo o discurso é que uma marca, luxo, comida... não são úteis e nem finalizados à utilidade; devem ser destinados a esse tipo de expressividade que determina o que se entende por humanidade.

IZABELLA CECCATO[6], BRASILEIRA, EMPREENDEDORA

> Temos que compartilhar amor, na verdade. Para cada um, compartilhar amor é uma coisa diferente e tem gente que nunca pensou nisso. Quando o principal é o amor, não tem como dar errado. Para mim, é o que falta nas empresas, que são feitas de pessoas que podem compartilhar amor, mas são tão reprimidas que ficam travadas e, com isso, diminuem a circulação de amor.

Trocas nas sociedades primitivas e nas sociedades atuais? Tinha, parou e hoje voltou a ter. Antes, as pessoas faziam escambos: te dou batata, você me dá rabanete. Depois, ficou cada um em sua caixinha — "isso é meu, não mexa com isso". Hoje, as pessoas estão começando a compartilhar de novo: "se sei isso, por que não vou dividir com você, e você comigo, aquilo que você sabe?" Pessoas compartilham casas, caronas, conhecimento... Eu compartilho meu *reiki*, minhas plataformas, meu amor... Compartilhar é se colocar à disposição do mundo. Isso voltou porque as pessoas começaram a ver que teríamos um fim triste. Tenho tudo (de coisas materiais), será que preciso de algo mais? Precisamos de acolhimento e de conforto emocional e espiritual.

Esse debate fica mais acirrado quando se fala sobre as empresas. Para promover uma mudança, a empresa tem que deixar de simplesmente ver produto, lucro, acionistas e como fazer mais dinheiro... e começar a primeiro ver os seus próprios funcionários. Uma empresa não existe sem aquelas pessoas. Se as empresas não olharem para dentro, nunca conseguirão fazer algo relevante para fora, para a comunidade, para o planeta. É preciso mudar a própria alma da empresa, enxergando que cada um faz toda a diferença. É o todo e a parte, o todo é muito forte com as partes, a parte sem o todo não existe. Como sair do discurso: "somos sustentáveis, responsáveis socialmente..." e ir para a prática, ouvindo a comunidade? Hoje, a empresa apoia uma ONG ou uma ação onde a comunidade está inserida. Muitas vezes determina internamente que fará uma ação cultural aqui e ali como um cinema itinerante por exemplo, mas se tivesse ido lá e perguntado o que a comunidade precisava de verdade, talvez a resposta pudesse ser: "queremos jogo de camiseta para o nosso time de futebol" — isso pode não ser relevante para a empresa, mas é o que aquela comunidade efetivamente quer. O fato de não ouvir ou se conectar deixa tudo raso demais. Tem que ter o olhar atento e uma escuta ativa. Quem são estas pessoas, no que elas acreditam, o que é bom para elas? Pois o que é bom para elas é bom para a empresa. E essa ideia de encontrar as Dádivas das Marcas é perfeita. No fim do dia, você corre o risco de estar lá na empresa X fazendo coisinhas para inglês ver, que depois vão entrar no relatório anual. É pouco, não?

Li um livro chamado *Saudável aos 100 anos*: todos vivem em pequenas sociedades, compartilham o amor entre si e um ajuda ao outro, está disponível. Já muitas empresas vão no sentido contrário disso, fazendo com que você não viva nada, que as coisas não sejam relevantes e com propósito, e aí você quer sair correndo dali. Depois que um funcionário de uma empresa onde trabalhei teve um ataque cardíaco fulminante, ouvi de um colega: "isso é uma máquina de moer carne: as pessoas aqui estão morrendo." Conheço tanta gente que não está feliz. Mais e mais pessoas querem mudar de vida; eu, por exemplo, pedi demissão, saí em busca daquilo que me fazia bem, em busca da felicidade.

O grande desafio é como trazer a teoria e a vivência para a prática. Fico pensando no meu site: a Eco Rede Social nasceu como um portal de conteúdo para falar das oito dimensões da sustentabilidade e dar voz a pequenas iniciativas que estão fazendo coisas diferentes e legais pelo nosso planeta. Quando nasceu minha plataforma de financiamento coletivo, o Eco do Bem, pensei que ter uma comunidade forte e engajada bastaria, mas veja que curioso: muita gente curte os posts, mas será que leem os artigos? Se as pessoas não têm interesse ou tempo para ler, para ir num curso ou ver um vídeo, como inspirar, mobilizar e engajar estas pessoas?

Acho que, de alguma forma, as pessoas estão preparadas para a mudança, mas têm que ter um gatilho real. As pessoas são muito generosas quando o cérebro gera empatia, e então ajudam. Por exemplo, terremoto no Nepal: em 15 dias de projeto Ajuda ao Nepal, o Eco do Bem arrecadou quase R$10.000, com 200 doadores. Mas isso ficou relevante para muita gente porque estava na mídia. O que não está na mídia, não comove e nem mobiliza. Se o assunto não é pauta, muitas pessoas esquecem e vão para a rotina do dia a dia... É difícil quebrar o ciclo e sair da zona de conforto. Eu, recentemente, me condoí com uma árvore arrancada porque estava na frente da minha casa. A maioria dos vizinhos nem percebeu que havia uma árvore ali antes...

Pensando no futuro, tendo a acreditar que estamos indo para um mundo mais bonito do que é hoje. Por natureza, tenho fé inabalável na abundância e sei que as coisas estão se encaixando. Cada um fazendo um pouco da sua parte, tenho a certeza de que chegaremos em um momento em que compartilharemos o mundo com amor verdadeiro. E voltaremos à essência de valorizar a nossa própria vida — se hoje fico mais feliz, o mundo fica mais feliz também. Acho que estamos em um caminho que é diferente, melhor. Considerando que há 10 anos ninguém falava sobre isso, ninguém se questionava.

Pensando nas empresas, fica uma reflexão. A verdade que as corporações e a mídia "querem nos vender" é a de que enquanto você está trabalhando, você não pode pensar em ser feliz. "Eu estou aqui, trabalho aqui, é muita pressão, não tenho tempo para mais nada, mas é o que me dá dinheiro. Daqui a 10 anos, eu me aposento e daí vou ser feliz." Então, as pessoas começaram a perceber que esse parcelamento e adiamento da felicidade e do nosso tempo não estava chegando completo lá na ponta. Sabe por quê? Porque nem todo mundo quer deixar para depois ou tem saúde e disposição para viver a "felicidade" prometida e programada. Eu tive coragem, tirei um período sabático e virei empresária. E você? Que tal ser feliz agora?

EDGARD BARKI[7], BRASILEIRO, ECONOMISTA E PROFESSOR

> Importante as pessoas radicais, como Yunus, que não aceita distribuição de dividendos. É importante ter essas pessoas para mostrar que existem outras formas; é o papel dos radicais. Se não tiver radicais, você não enxerga o meio termo.

Não tenho respostas; não faço ideia de para onde o mundo caminha, mas tenho percepção de algumas coisas. Existe um movimento recente, que vem de base, de querer uma nova ordem econômica. Essa história de excessos, de desigualdades, não é tão mais aceita como era antigamente. Por um lado, vejo uma parte crescente da sociedade, ainda pequena, querendo algo diferente em termos de sistema econômico. Vejo esse movimento muito nos jovens e em algumas discussões e fóruns: a ideia de como ter uma economia mais solidária, mais justa, sem tantas desigualdades e sem esse capitalismo duro. Por outro lado, nas organizações, tem uma parte dos executivos querendo realmente fazer diferente; e fazer diferente é fazer de forma mais justa. Parece genuíno; eles querem fazer porque é a coisa certa a ser feita.

Só que existe um embate, e daí toda a dificuldade e todas as vertentes antagônicas de discussão: apesar de tudo o que o capitalismo gera de desigualdades e problemas que todos percebem, ele tem um lado que é fato — gerou uma série de conveniências, de pequenos luxos que todos têm. O que se tem em termos de comodidade e acesso hoje é grandioso, apesar do excesso: a possibilidade de escolha, de ter boa roupa, bom carro, boa comida, bom restaurante, desde a parte mais básica... Depois que você acostuma com o bom restaurante ou com a boa roupa e o bom perfume, e se sente bem com isso... Essas coisas bem supérfluas que geram um bem-estar acostumaram as pessoas.

Não consigo visualizar um mundo indo para nove bilhões de pessoas baseado no compartilhamento e apenas nas trocas. Há uma questão de custo de transação que é básica; o compartilhamento é básico. Antigamente não tinha dinheiro; a função básica do dinheiro em seus primórdios era conseguir fazer troca — troca em escala de bens impossíveis de serem trocados. O que não consigo enxergar é como manter essa troca em escala. A função do dinheiro veio a partir daí; o dinheiro não existia antes, e depois gerou outros problemas. Como resolver esses outros problemas? Capitalismo consciente, *shared value* e negócios sociais são tentativas válidas de ter um meio termo. Mas quantas pessoas conseguem se desligar do bem-estar trazido pelo supérfluo?

Eu também não consigo acreditar que as empresas morram tão rapidamente. É possível ter alguns grupos de economia mais colaborativa. Não somos mais tribos, não no sentido pejorativo, vivemos em megalópoles, cidades grandes, e as empresas também têm uma função social. O que se desconectou ao longo das últimas décadas é a questão social, que pode ser piegas e em alguns momentos falsa, mas, quando se traz a ideia de espiritualidade e felicidade, é relevante. Uns acreditam que a economia vai colapsar e vai surgir um novo sistema econômico. Não tenho essa visão pois não vejo o que vem depois da parede tão claramente. Acredito em outro caminho: o do capitalismo que gerou uma certa quantidade de informações e conhecimento, que o faz se adaptar mais facilmente.

É negativo quando pessoas começam a falar e criar novos termos, como *shared value*, impacto, negócios socais, capitalismo consciente... É positivo e negativo, traz um certo vazio — o que me entristece como pessoa física é o fato de as pessoas se apoderarem de certas terminologias e aí, por RP negativo, fica RP por RP. Se é modismo agora os negócios sociais, então vou falar que tenho uma intencionalidade e estou criando um negócio social. É claro ver, consigo identificar vários corporações que têm isso. Também posso falar de pequenos, startups que querem fazer o bem, mas é falso; querem mesmo o bem social? Tem um "se apoderar" da terminologia que é muito arriscado ao falar de economia de trocas.

Vamos supor que há um colapso e não tem mais empresas. Em 50 anos, vira a revolução dos bichos. O homem é homem, tem bons e maus; e o colapso não transforma todo mundo em santo; não há negócio social que vá mudar as pessoas. Por outro lado, é importante tirar um retrato do impacto social e ver o que tem hoje nas empresas. Hoje não tem nada, a maior parte é ruim, negativa. Mas você não tem que tirar uma foto, tem que ver um filme. Volta 20, 30 anos para ver o que era sustentabilidade. Hoje há relatórios de sustentabilidade que são lindos, mas não têm profundidade, tudo bem. Por outro lado, apesar disso, estamos melhores do que estávamos antes.

Crianças já sabem o que é isso.

Precisamos dar voz e crédito para esses movimentos no sentido de que existe um caminho que está sendo traçado, de melhoria. Existem novos modelos em que você pode pensar em inclusão social. Dependendo do *métier*, se alguém começa a falar de negócios sociais, pode-se ver olhos brilhando. Não é de 100%, mas isso tem um significado: há pessoas que emitem uma repercussão positiva quando você fala que é possível fazer diferente. Por outro lado, tem gente que diz que não tem tempo, tem que ser mais rápido, não dá para esperar, tem que colapsar, temos que ir para uma outra economia. Não consigo visualizar uma mudança radical.

O capitalismo consegue se remodelar. Se no capitalismo de trocas as pessoas serão boas, por que no capitalismo essa bondade nas empresas, sem tantos excessos, não pode fazer a diferença? O objetivo da empresa é a maximização dos resultados para os acionistas. Mas as empresas não surgiram apenas para isso, surgiram para o bem social. O próprio Yunus não fala que o mundo capitalista vai sumir, apenas que há uma outra vertente. Compartilhamento de carro, de bicicletas... Essa convivência é o caminho, apesar das dificuldades. Na universidade, o papel é falar para os alunos "até agora você viveu em um capitalismo selvagem".

A mudança não vai acontecer amanhã. Levou 100 anos para gerar isso; não vai mudar do dia para a noite. Existe um lado humano de ambição, de querer mais, de conveniência. E existe quem não quer nada disso; no entanto, a grande maioria quer. A sociedade precisa aprender isso e as empresas também. Falamos empresas de forma abstrata, mas as empresas são pessoas. Uma coisa é falar que temos essa visão de mudança: a força de uma grande marca de falar "queremos um mundo diferente"; nisso, o papel catalizador de RP é muito importante. Outra coisa é na prática.

Minha crença é a do *step by step*, e as empresas podem ter um papel central nisso. É importante separar joio do trigo; não podemos mudar a essência das pessoas, mas podemos mudar os caminhos. Momentos de impacto, de *shared value*, de consciência são todos rótulos que estão caminhando em uma direção. Acho isso bom e relevante.

No mundo corporativo, quanto mais isso está incorporado na missão da empresa, mais é relevante. Tem a ver com o líder, que tem papel fundamental para falar: "é isso que eu quero, a empresa vai ser assim", para não ser uma estratégia do cara de marketing focando simplesmente em uma imagem que não é a verdade. É a má fé e o mau uso. A verdade é que se trata de uma convivência; não há empresa perfeita e nem mundo perfeito, até que o modelo consciente seja uma forma maior que o não consciente.

Acredito que tem mais gente boa do que gente má; mais gente que devolve o dinheiro do que sacaneia. Tem gente que foca apenas na sacanagem, e não no positivo.

Como dar voz a isso, dizendo que é legal? Se trabalhar pelo lado positivo, isso pode te fazer bem. Empresas conscientes geram mais recursos. Em vez de pensar em colapso, pensar em melhoria. É o politicamente correto; no caso da Abercrombie, o CEO falou que não faz nada para as gordinhas e tanto ele quanto a marca caíram. Não dá para falar qualquer coisa ou ser qualquer coisa. As pessoas não aceitam algumas desigualdades — e as empresas precisam aprender isso, e que isso é positivo.

GERALDO SANTOS[8], BRASILEIRO, EMPREENDEDOR E MENTOR

> É um ciclo: pessoas ajudam porque foram ajudadas. No Silício, isso existe e é ciclo. Assim como receberam apoio de mentores, investidores-anjo e professores universitários, se sentem na obrigação de retribuir para outras pessoas que estão começando — é uma cultura forte.

Ajudar sem esperar nada em troca é algo presente em minha área de atuação: o ecossistema de startups. Essa cultura de mentoria ou de se ajudar dentro do ecossistema vem do Vale do Silício, na Califórnia, onde está o berço das empresas de tecnologia desde os anos 1960. Até hoje isso se desenvolve, se desenrola. No ambiente pequeno, no grupo fechado de pessoas e cidades no Vale do Silício, as pessoas tropeçam umas nas outras. Especialmente a partir do momento em que ganham conhecimento, experiência prática, know-how, habilidade para empreender, cultura e estabilidade financeira maior — o que pode levar de seis meses a seis anos, sem regras.

Quem monta uma startup de tecnologia passa por diversas fases: ideias, desenvolvimento do produto, validação, teste de produto no mercado e, a partir daí, pode ser fase de fracasso ou de dar certo. O empreendedor passa por várias fases de insucesso até encontrar o produto que é a bola da vez. Steve Jobs fez dezenas de produtos que não deram certo até chegar aos que conhecemos hoje. Veja que interessante: isso não se aprende em nenhuma universidade da Califórnia ou MBA, apenas na prática. Após essas fases, as pessoas sentem a necessidade de transmitir essa vivência para outras pessoas, não olhando para o dinheiro. É para ajudar mesmo. E isso ocorre por dois motivos: a satisfação pessoal e a vontade de deixar um legado no mercado para que haja continuidade da obra e da marca que foi criada.

É um ciclo: pessoas ajudam porque foram ajudadas. No Silício, isso existe e é ciclo. Assim como receberam apoio de mentores, investidores--anjo e professores universitários, se sentem na obrigação de retribuir para outras pessoas que estão começando — é uma cultura forte. No Brasil, esse movimento aumentou nos últimos cinco anos com as startups de tecnologia, que voltaram a aparecer mais e a receber mais investimentos. Esse boom no mercado fez com que o ecossistema começasse a se organizar melhor, com associações de investidores, empreendedores, aceleradoras, *venue capital*, movimentos ligados ao Sebrae, à Endeavor, para promover de forma sustentável, ajudar a criar produtos e serviços eficientes e fazer as empresas darem certo.

Estatísticas do Sebrae e de outras entidades mostram que 70% das startups quebram no 1ª ano, e 80% sobrevivem até o 3º ou 5º ano de vida. O papel do mentor ou das pessoas que estão dispostas a investir tempo e passar know-how e conhecimento é antever dificuldades, obstáculos e muitas outras questões que os empreendedores só vão enxergar depois de muito tempo. Novamente, é um conhecimento que não existe registrado, não tem em livros — é algo que se adquire na prática, por quem já passou por isso. É fundamental para o sucesso do empreendedor de uma startup reduzir tempo de perdas em processos e ações; aproveitando bem o aconselhamento e, por exemplo, redirecionando o caminho; pode economizar (números estimados) dois anos de fracasso de investimentos, de dinheiro, de tempo... Um dos principais ganhos para empreendedores é essa troca de experiências com quem já passou por esse processo e esteve no lugar dele.

Quando falamos em mentores, temos dois ou três perfis diferentes; muitos deles não buscam a remuneração, o que poderiam fazer dando aulas ou palestras. Há o que já empreendeu, aprendeu e tem experiência prática por ter passado por todas as situações que empreendedores já passaram. Há os executivos de empresas, o que tem crescido no Vale do Silício, tendência muito forte em eventos e palestras: diretor de marketing, de TI, de financeiro, com mais de 40 ou 50 anos de mercado, em várias fases de carreira ou em final de carreira sem perspectiva de futuro — isso especialmente no Brasil. Nos EUA, esse profissional vira conselheiro de outras empresas; aqui, fica de lado, dá aula em universidade. No mundo das startups, esse profissional encontra algo extraordinário para satisfação, legado e atividade seguinte à sua aposentadoria.

O CEO do Bradesco, o maior comprador de tecnologia da América Latina, não vai parar. Trabalhou a vida inteira, tem um grande know-how e possui muita informação e bagagem para transmitir para os jovens. Outros executivos carreiristas de varejo, saúde, alimentação... estão sendo recrutados e requisitados, e estão enxergando na fase de mentoria papel extraordinário de legado. Esse executivo do mercado setorial tem vontade de empreender, mas não teve coragem. Quando se junta com jovens criando startups, além de mentor (conhecimento/know-how), pode virar sócio ou investidor-anjo. Isso aconteceu na prática há três anos no Vale do Silício. Nas startups, mais de 70% têm um sênior junto com o grupo, que veio de área de negócios, pois o que falta para a garotada é conhecimento de business. Não existe nenhuma remuneração ou troca financeira ligada a esse processo. Pessoas doam algumas horas por semana, virtual ou presencial, simplesmente por querer ajudar, transmitir esse conhecimento e construir um legado. Não existe regra; a premissa básica é simplesmente a troca, sem remuneração financeira. Vale para pessoas físicas e jurídicas.

Também temos a Endeavor, as aceleradoras... Aceleradoras são empresas que começaram a surgir no Brasil nos últimos cinco anos; hoje, são cerca de 100. O objetivo é trazer startups e empreendedores para dentro de casa, encontrar os melhores talentos, fazer capacitação rápida e colocá-los no mercado para vender produtos ou conseguir novos empreendimentos. Há várias startups sendo aceleradas ao mesmo tempo. Todas contam com rede de mentores: professores, executivos, empreendedores de sucesso... PJ ou PF, esses mentores que doam suas horas para as aceleradoras fazem isso na base de troca, sem nenhuma remuneração financeira. É um processo fundamental que faz uma diferença enorme na vida do empreendedor ou da startup em termos de *timing*, tempo, dinheiro.

Trabalho como empreendedor há mais de 15 anos; há 11 ou 12 anos, criei minha primeira startup de tecnologia, em uma época sem recursos financeiros... Tive mentores (não era o termo usado na época); muita gente me ajudou, deu dica, mostrou caminhos. Um dos meus negócios é a conferência DEMO Brasil, criada no Vale do Silício há 25 anos para promover e lançar empresas de tecnologia. São dois ou três eventos na Califórnia que identificam as melhores empresas que se apresentam em plateias com investidores de tecnologia e mentores ligados ao tema. Trouxemos para o Brasil há dois anos para criar e profissionalizar o mercado de conferências de startup.

Viajamos pelo Brasil inteiro atrás de inovação e startups inéditas para fazer o lançamento das mesmas no Brasil; os vencedores representam o país na edição americana, na Califórnia. Estarei lá sem ganhar nada; o network é forte e só isso já é uma troca. Não precisaria ganhar dinheiro para estar lá. A remuneração pode estar em encontrar ouras pessoas que eu preciso, e que estarão lá.

Falando em economia das trocas, essa que você chama de *Gift Economy*, sempre que você ajuda há uma sensação especial. Não é durante; vem depois, no momento seguinte, quando a pessoa entra em contato por e-mail, encontra você em um evento ou feira e vem agradecer: "poxa, pela informação que você me deu, o quanto economizei de tempo!" Essa é a melhor remuneração possível para um mentor.

Uma dica básica e simples pode ajudar a transformar e mudar o caminho de um empreendedor e de uma futura empresa, que pode virar uma empresa de sucesso mundial, como Waze e afins.

Bom lembrar que o mentor não é dono da verdade: "ouça-os, mas a decisão é sua". Há casos na história da tecnologia que mostram que, se pessoas apenas ouvissem mentores, não teriam criado o que criaram. Compete ao empreendedor ouvir e decidir.

A responsabilidade é muito grande; pode mudar a vida de uma pessoa; é delicado. Diferente do educador ou professor universitário, aqui a responsabilidade é muito maior. A pessoa não está ensinando uma matéria, e sim transmitindo uma informação que pode provocar mudança positiva ou negativa não só no negócio, mas também na vida da pessoa.

Outro ponto é a organização dessas redes ou teias de mentores, que podem ser formais ou informais, associadas por exemplo a universidades ou organizações. Mas uma informação é fato: pela cultura do Vale, nessa cultura das trocas, se você torna isso um business, as pessoas vão deixar de participar.

NEI GRANDO[9], BRASILEIRO, EMPREENDEDOR E AUTOR

> Você precisa tentar reduzir a dor do mundo. Estou aqui por motivos que transcendem meu próprio entendimento. Vim para fazer a diferença, para contribuir, para amar: por isso tenho feito este trabalho voluntário. A primeira motivação é esta; a segunda motivação é ver pessoas com entusiasmo, coragem, motivação... mas sem preparo, precisando de ajuda.

Das sociedades primitivas às sociedades atuais, a tecnologia evoluiu muito; mas o coração do homem continua parecido. Acredito que houve uma evolução da consciência humana, mas uma grande maioria ainda foca demais no ter e esquece a essência do ser.

Nas corporações, por exemplo. Quando existe consciência, conhecimento e maturidade, há liderança para algo diferente, como a holocracia (holacracy). A questão é dar preparo e fazer com que todos os colaboradores possam viver melhor no trabalho e na vida pessoal. Empreendedores ambiciosos, que só pensam em dinheiro, tendem a quebrar a cara. Muitos dos grandes empreendedores da história não estavam buscando só dinheiro. Por outro lado, o dinheiro é necessário e também um importante gerador de prosperidade quando usado de forma equilibrada. As empresas/marcas devem lembrar que estão servindo à sociedade e não podem deixar de preservar o meio ambiente, pois muitos de nossos recursos estão acabando, muito lixo está sendo gerado, e o clima da Terra está afetado.

Uma boa referência de como este pensamento pode ser colocado em prática está nas *Startups*. O modelo destas novas empresas digitais pode ser desenhado com apenas um risco e uma curva: a curva deve representar uma receita crescente de forma exponencial, e o risco deve representar um custo crescente de forma linear. Ou seja, *Startup* precisa ter uma curva de crescimento acelerado, pois é a aceleração e o alto retorno sobre o investimento é que geram interesse ao investidor. Por isso, eu tenho participado de eventos de *Startups* como mentor convidado, para doar meu tempo e meu conhecimento, quando na verdade quem ganha sou eu — especialmente quando dou ideia e a pessoa fala "uau"; ou quando passo a dica de outra pessoa ou empresa que pode ajudar a fortalecer o negócio. Isso faz uma diferença enorme. Se pensar em dinheiro, o que eu ganho com isso é "nada". Mas acredito que, ao doar, o universo contribui a favor de quem tem o propósito firme; o troco sempre vem de alguma forma.

Eu, por exemplo, não recebi muito apoio quando comecei, senti falta de alguém para me orientar numa época sem internet e sem livros disponíveis... Fui autodidata, pequeno empresário workaholic, apanhei muito e não tive tempo de fazer atualizações. Hoje, mesmo com tantas oportunidades e informação, vejo muitos empreendedores cometendo erros básicos, por isso tento, com minha experiência, ajudar os empreendedores a reduzir riscos e perdas. Em negócios, crescer em nível de consciência humana significa, em primeiro lugar, trabalhar por um propósito; o bom resultado financeiro vem como consequência deste trabalho.

Quem sou eu para julgar o mundo? Esta *Free Economy* sempre existiu e agora tem muito mais potencial através do uso da tecnologia, que inclui a internet e as mídias sociais. Há muitos anos, a sociedade inventou o dinheiro para facilitar as trocas de bens e serviços. Inicialmente, moeda e papel; agora, plástico ou digital (da transferência bancária ao *bit coin*). Mas, que dinheiro digital, que plástico, que nada; acredito no valor do "*no money*" — te ajudo em sua fazenda, e quando eu precisar, se você puder, ajuda na minha. Por isso, quando se trata de futuro, não podemos dar garantias, mas podemos nos informar, acompanhar tendências e fazer a nossa parte, buscando sempre preservar e valorizar a vida e a natureza — e, se possível, influenciar positivamente outras pessoas não apenas com palavras, mas com exemplos.

A prova de que este é o caminho é que já existem casos de aumento do nível de consciência humana, em que pessoas estão trabalhando menos e, assim, diminuindo o consumo e as posses: menos carros, menos compras. Em contrapartida, muitos outros ainda buscam sustentar um status, mostrar para o vizinho o que eles têm e o que os outros não têm. Por isso, visualizo um futuro mais de reflexão que adivinhação. Para perguntas como: "o que é marketing consciente, sustentável?"; "o que você fará com seus talentos e dons?", eu respondo: "Start up of you. Business model you. Você é a proposição de valor."

RELATOS Startup Circuit[10]

"A questão é muito anterior. Trabalho com propriedade intelectual. Você cria uma ideia, desenvolve uma ideia, e ajuda no meio do processo alguém te ajudar; faço contrato, faço a proteção de seus ativos intangíveis. Ambiente de novidades e de ajudar a fazer a coisa acontecer.

Atuo com um trabalho voluntário, fazendo as pontes. Com esse network, o ganho em termos de satisfação pessoal surge. E, se eu conseguir ajudar a fechar um negócio, já saio ganhando. Isso não é altruísmo. Mas também não é só negócio, é troca."

"Espero como troca dos mentores. Primeira vez que venho ao evento. Basicamente vim para trocar experiências com pessoas que possam complementar meu modelo de negócios. Pessoas que estão aqui de forma voluntária ou não. Minha expectativa é conseguir recomendações, indicações, parceiros. Acredito que não sou dona da verdade e procuro parceiros para ajudar em meu negócio. Os mentores estão aqui de forma voluntária porque, em algum momento, eles já foram ajudados. Esses mentores também têm suas empresas, e pode ser uma boa oportunidade de negócios. Quanto ao meu produto, vi oportunidade de utilizar a experiência que eu já tive para ajudar essas pessoas também — é uma plataforma gratuita de *matching* perfeito. Meu ganho será o financiamento das empresas. Sem dúvidas, sendo ajudada, eu ajudaria também. Troca perfeita e gratuita. Certamente eu ajudaria."

"Quando pessoas se encontram e trocam boas ideias, é um ganho para todos. Conhecimento, você compartilha e você recebe. São alguns insights extremamente valiosos, eu não tinha percebido. Retribui o mentor convidando para uma cervejinha [risos]. Depois, ele vai entrar em minha rede para fazer coisas interessantes. Eu ajudo muito mais do que sou ajudado. Se eu cobrasse os benefícios que já ofereci... Você faz porque se sente bem. Como disse Khalil Gibran: 'reter é perecer'. Minha conversa é sempre *win win*, em todos os sentidos. É bom para todo mundo. O ser generoso é bom para todo mundo. Tem a ver com a percepção de quem você é, qual a sua missão, o que você tem que realizar."

"Estou no evento para sentir a aceitação das pessoas sobre a minha ideia. Quero falar com mentores sobre isso. Esse encontro é fantástico porque vale a pena. Saí com muito mais ideias e motivação para continuar minhas ideias e plano de negócios com outro *feeling*. A sensação de ser ajudado sem pagar por isso é a de que existem pessoas que estão dispostas a te ajudar sem receber nada em troca. Há pessoas interessadas em compartilhar suas ideias, experiências e projetos. Uma

> vez ajudado, eu ajudaria com certeza. Acabei de ajudar um rapaz com uma outra ideia que tive um tempo atrás e a pessoa agradeceu e me deu o cartão. A sensação é muito gratificante. Nos sentimos acolhidos e sabemos que não estamos sozinhos. Aqui, em menos de uma hora, fiz contato com mais de dez pessoas."
>
> "Ajudar e ser ajudado sem esperar nada em troca? No projeto que estou procurando, a questão social está dentro do projeto. Foi o jeito que encontramos para não deixar a ideia morrer. Fizemos parceria com uma ONG em Curitiba que procura adolescentes que têm boas notas, mas não têm recursos, e a ideia é trazer esses jovens para a aceleradora e depois colocá-los para desenvolver os projetos. Pessoas pagam valor menor para testarmos as ideias; por isso, estamos procurando pessoas que têm capacidade, mas não têm oportunidade. Meu chefe é um anjo para mim; a sensação que eu tenho é gratidão."

ARCEBISPO DOM NICOLAOS DE MOREAS[11], GREGO, DOUTOR EM TEOLOGIA

> Em nosso mundo hoje, toda crise econômica possui causas mais profundas. E isto é apenas um sintoma da doença. Não se trata da economia estar em crise, mas é uma crise da humanidade. A humanidade é convertida em paciente. O ser humano perdeu seu valor supremo, deixando de ser uma substância valiosa, e se tornou um número valioso, puramente logístico. Um membro dentro de uma sociedade degenerada. O uso de termos como progresso e prosperidade encobre a escravidão humana, não apenas do ponto de vista econômico.

Participação, intercomunhão e comunicação, transações e as modalidades de transação nas relações humanas são parte da própria natureza humana. Nos primeiros tempos, os itens de emergência e os mantimentos eram os objetos de troca. Aristóteles, em sua obra "Política", menciona que, bem antes da moeda, as primeiras comunidades faziam suas trocas mediante aquilo que era útil às suas vidas, sem intermediários, no método de pagamento conhecido como escambo. Naquele então, um dos parâmetros de riqueza das pessoas era o número de cabeças de animais que detinham (do latim "*capita*" = cabeça), e o gado também servia de base de troca.

Porém, tanto o escambo quanto a troca mediada pelo gado provaram-se insuficientes ao longo do tempo, fazendo surgir por volta do século XII a.C. um formato de mediação que trazia lastros de interesse comum, como o ferro e a prata, para facilitar as transações. Do uso destes metais surgiram as moedas. Segundo pesquisadores, a cunhagem de moedas de ouro e prata começou por volta do ano 700 a.C. na Lídia (Ásia Menor). Neste ambiente, o comércio nasceu como um meio prático de suprir necessidades. E como um meio de enriquecimento, baseado no sobrepreço do valor real do produto gerado pela mediação das transações. A invenção da moeda também deu luz aos meios de controle do mercado e ao aprimoramento na cobrança de impostos; facilitou a criação de novas necessidades, impulsionando a produção de produtos e serviços excedentes; conduziu a globalização do marketing regional e internacional, estimulando o consumo; serviu de base para as conhecidas moedas plásticas ou cartões de crédito; e estruturou o comércio.

O conceito de comerciante não é encontrado em sociedades tradicionais que são baseadas em economias de relações sociais de propósito centrado na coesão social. Polanyi[12] documentou esta posição em estudos antropológicos das ilhas Thurnwald e Malinowski no arquipélago das Trobriand, bem como em sistemas não mercantis, a exemplo das "kulas" e "potlats", que criavam enormes redes transacionais sem a geração de lucros.

Na antiga Grécia, a economia era concebida exclusivamente como a economia doméstica, apesar do comércio extensivo. A ágora ou mercado grego, a praça helenística, o foro romano e a rua de comércio, assim como os portos marítimo e fluvial, eram todos locais de encontros, discussões e, por que não, de negociações. Esse conceito prosseguiu pelo mundo medieval com a cidade fortificada, com as pousadas na Rota da Seda, com os caminhos de peregrinação, com os "souks" árabes, os pátios das igrejas e mosteiros e os mercados, cobertos e ao ar livre; e a concentração de bens e de riqueza resultou no envolvimento do sistema financeiro na operação das estruturas de poder estatal e feudais.

O consumismo é baseado na aquisição crônica e contínua de novos produtos e serviços e de seu consumo, sem a preocupação ou a mínima atenção às reais necessidades do mundo. É inteiramente fundado em sistemas e em estilos de vida que se movem no sentido de maximizar os lucros, cobrar impostos sobre importações, gerar auditoria e ampliar a renda, modificando o conceito de ética, pois as atividades de produção e comércio foram conectadas ao mercado financeiro. Por isso as bolsas de valores e o sistema bancário modificaram a estrutura de trocas humanas: de relações sociais e de subsistência para relações econômicas, mediadas pelo comércio e seus agentes.

Até a Era Industrial, no século XVIII, a profissão de comerciante era considerada indigna e depreciativa quando fundada na busca do lucro às custas de valores éticos e morais. Ao longo da História, o comércio se elevou ao mercado internacional graças às conexões entre as finanças e o Poder Estatal, tornando o capital mestre absoluto do jogo. Investimentos, valor adicionado, consumo individual, reinvestimento dos acúmulos, lucro.

Chegamos à mutação da estrutura da sociedade e à desumanização do ser humano, arrastado na direção de uma tempestade de consumo de itens e de serviços que excedem a sua capacidade, mas que lhe foram habilidosamente impostos, todos em nome da oferta de facilidades. A descontrolada economia de mercado pode destruir o ser humano, tal como faz com o meio ambiente. Por isso, a forma proposta de intercambiar produtos por meio do compartilhamento não é apenas uma solução para o impasse financeiro que resulta da crise econômica. Trata-se de uma confluência de posição social, localização e estilo de vida, escolhas ideológicas e cultura. É um meio de reagir contra a atitude de "encher de impostos" por parte dos governos, que muitas vezes são pressionados por centros internacionais. Mostra a náusea contra a neo-cultura; é um grito de alforria, um clamor pelo retorno do ser à Humanidade.

O ser humano resgata a sua essência enquanto existência da natureza humana, que lhe confere autonomia e diversidade através da realidade massiva e comum do mundo. O ser humano é um fator que se expressa com ímpeto e conforme a ocasião, conduzindo transformações nas consciências social, de raça, das nações e das classes. As leis da vida colocam em dúvida e determinam as leis da sociedade. O ser humano compartilha o que ele é, o que produz, o que possui, como meio de aproximação humana. Face a face, as pessoas dão, pegam, trocam, servem às necessidades de outros e são servidas por outros. Tudo fora dos supermercados impessoais e rentáveis em uma forma "inteligente de revolução que remove a persistência da propriedade, adotando os princípios de compartilhamento e de troca", como diz Botsman[13].

A "Gift Economy" implica em humanidade. Difere do "dar". Gift ("presente") é ação e é derivado de relações amorosas entre pessoas. O amor não é recíproco mas é sacrifício; está fora da lógica de troca comercial. Tendo em mente o sistema lucrativo e desumano, presentear, trocar, compartilhar e dar pressupõe equivalência (paridade); um uso especulativo, um abuso do termo, um desvio de interpretação no contexto das atividades comerciais e técnicas. Enquanto membros de um corpo, assim como membros da sociedade, de acordo com São Maximus, igualdade, coesão e cooperação harmoniosas são expressões operacionais da vida plena. A sociabilidade consolidada, com uma força coesiva amorosa, produz uma sociedade resplandecente. Do contrário, não se servirá ao corpo, tampouco ao membro. Conduz-se à corrosão do corpo e de seus membros.

Quando mercados crescem a ponto de comercializar tudo na vida humana, alguns elementos importantes da vida são transformados em "commodity", gerando uma sociedade de mercado que converte valores como o trabalho, a terra e o dinheiro em mercadorias. Essas mercadorias fictícias são uma construção intelectual que traz importantes consequências para o indivíduo, as famílias, as tradições e a sociedade como um todo. A vida das pessoas tornou-se catastrófica. Seria utópico esperar por uma mutação do comércio e sua natureza lucrativa, bem como das instituições financeiras que são seus sustentáculos. A humanização do sistema significaria o seu fim. Para não ser apenas mais um truque comercial, "dar" deve ser um ato verdadeiro e sincero. Não se deve esquecer o que Virgílio outrora contou sobre o alerta de Laocoon: "Temam os Danaus mesmo se trouxerem presentes".

ELAIN VLOK[14], AFRICANA, PROFESSORA E EMPREENDEDORA SOCIAL

> Ajudar sem esperar nada em troca é algo presente em minha área de atuação. É preciso uma pessoa especial, que tem paixão e compromisso, para alcançar um objetivo com sucesso e, em seguida, para manter seu sucesso.

A professora Elain Vlok há doze anos embarcou em um projeto que tem mudado a vida de muitas pessoas e continua a fazê-lo: é a força motriz da Clover Mama Afrika — Ukwakha Isizwe, maior história de sucesso da Clover SA e iniciativa emblemática de Investimento Social Corporativo. Clover Mama Afrika é um projeto de elevação nacional e social que visa ajudar e apoiar as comunidades de base. Ao capacitar as Mamas — a espinha dorsal da maioria das comunidades —, Clover está, de forma sustentável, ajudando-as não apenas a cuidar de si mesmas, como também das pessoas ao seu redor. As Mamas refletem humildade, carinho e força, e são respeitadas por seus pares. Igualmente importante, entendem as necessidades de suas comunidades e procuram, de forma ativa, atender a essas demandas no que for possível. Dentro de sua comunidade, as Mamas se encarregam de proteger, cuidar e educar suas crianças, bem como cuidar dos idosos abandonados.

Professora Vlok tem sido a espinha dorsal de inspirar e motivar essas Mamas a perceber e alcançar seus objetivos. Os resultados tangíveis do projeto Clover Mama Afrika são testemunho de sua paixão e compromisso. "Se você acreditar, você pode fazê-lo", diz. O projeto Clover Mama Afrika foi lançado em 2004 com apenas quatro Mamas. Hoje, são 41 Mamas, que cuidam coletivamente de mais de 15.500 crianças e 2500 idosos. Clover Mama Afrika tem procurado facilitadores com formação adequada e treinou mais de 1800 indivíduos em habilidades como costura, culinária e panificação, e cultivo de hortas. Esses membros, por sua vez, transferem suas competências para mais de 7500 parceiros da comunidade. Professora Vlok e sua pequena equipe gerenciam atualmente 193 projetos de autoajuda, dos quais 156 são geradores de renda.

Professora Vlok cresceu em uma família que prosperou por sempre querer aprender, o que acrescentou à sua formação acadêmica um amplo conhecimento sobre tudo, desde a costura até o cozimento. "Aprendi desde cedo que o conhecimento é poder, e nada me impediu de sempre aprender coisas novas… mesmo que nas palavras de um livro, para aprender com as mãos." Também foi fácil para ela embarcar em território desconhecido e fazer as coisas acontecerem, como o projeto Clover Mama Afrika. "Quando eu comecei com Clover Mama Afrika, nada havia me preparado para os desafios que também mudariam a minha vida. Sou abençoada por estar trabalhando com mulheres formidáveis, que querem mudar seu padrão de vida, bem como melhorar as vidas dos membros que cuidam."

Em janeiro de 2008, entrou para o conselho da Global Child Nutrition Foundation, em Washington D.C., EUA.

"Para mim, a *Gift Economy* é um arranjo para a transferência de bens ou serviços sem um método acordado de *quid pro quo*. A iniciativa Clover Mama Afrika pode ser considerado uma forma de 'economia da dádiva/doação' pois oferecemos um serviço que envolve capacitação, treinamento e equipamentos para aqueles que querem se tornar sustentáveis. Em nossa situação, também pode-se dizer que uma transação de 'economia da dádiva/doação' não é uma transação única, pois tudo está direcionado a um sistema de dons e contradons — onde Clover Mama Afrika oferece, sempre que necessário, não apenas mais formação (intermediária, progressiva e especializada), como também equipamentos adicionais. Quem recebe esses benefícios de treinamento, por sua vez, beneficia outras pessoas da comunidade compartilhando seus conhecimentos — uma espécie de troca com base no 'passe a informação adiante'.

Considero que a economia social é caracterizada por iniciativas de autoajuda mútua e por iniciativas que atendem às necessidades dos membros mais desfavorecidos da sociedade. No caso da Clover, Clover Mama Afrika é primariamente uma iniciativa de desenvolvimento econômico e social e envolve o compartilhamento de recursos para fornecer aos membros 'previamente' desfavorecidos da comunidade — as Clover Mamas selecionadas — habilidades, treinamento e equipamentos necessários para que, na sequência, esses aprendizados sejam transferidos a outros membros dentro de suas respectivas comunidades. Considerando esse sistema hoje e no passado, podemos dizer que registaram-se progressos em todos os aspectos, mas alguns valores permanecem os mesmos — o dom da partilha e a filantropia, por exemplo, são os mesmos (claro que mais estruturados, com governança corporativa, entre outros atributos de aferição contemporâneos).

No âmbito das iniciativas do setor privado, acreditamos que a intenção é a de ajudar os consumidores, proporcionando-lhes produtos de qualidade a preços acessíveis e que devem estar disponíveis na cesta básica diária.

Eis trecho do Plano C (eu): Clover é um bom exemplo de empresa que tem, mas que está sempre aprimorando seu modelo de negócio sustentável. Modelos de negócios sustentáveis ou 'modelos de negócios para a sustentabilidade' usam a abordagem do *triple bottom line* para definir seu desempenho e considerar uma ampla gama de interesses dos *stakeholders* — incluindo o ambiente e a sociedade — na maneira de fazer negócios. Não são apenas formas de satisfazer a demanda dos clientes e gerar valor econômico para a empresa. As empresas com modelos de negócios sustentáveis procuraram contribuir positivamente para a sociedade e para o ambiente mais do que explorar esses atributos na maneira como fazem negócios. Essas empresas podem ser mais resilientes e competitivas no longo prazo através do reconhecimento das interdependências entre seus negócios e a sociedade e o ambiente em que operam.

Pensar sobre o futuro? Atualmente, o setor privado é o motor principal do crescimento da África — que gera um valor estimado de 70% da produção do país, cerca de dois terços de seu investimento e 90% do emprego no continente. Por isso, o futuro, em minha opinião, é uma responsabilidade coletiva entre governo e setor privado para melhorar continuamente e atender a crescente demanda dentro desse país especificamente.

A saber, os fatores-chave mencionados no plano de NDP 2030:

- **Foco no cidadão** (*citizen-centricity*): resolver as necessidades dos cidadãos de forma efetiva, acessível e em tempo hábil;

- **Equilíbrio interno/externo** (*internal/external balance*): obter o justo equilíbrio entre a gestão organizacional interna com eficiência e eficácia, e a entrega externa de 'bom crescimento';

- **Resultados sustentáveis** (*sustainable outcomes*): construir estrategicamente ativos para a sociedade através da gestão dos 'capitais' necessários para a prosperidade a longo prazo — econômico, social, ambiental, financeiro, cultural, entre outros.

Além disso, há quatro características principais que o corpo de liderança do setor público do futuro precisa ter, com poder de influência no comportamento necessário para a entrega de resultados e impactos:

- **Agilidade:** prontidão para antecipar situações, e adaptar e reagir a acontecimentos imprevistos de forma rápida e eficaz em termos de custos;

- **Inovação:** capacidade de incubar ideias e entregar modelos, acelerando seu impacto;

- **Conexão:** colaboração entre setores/fronteiras/organizações para entregar os serviços através de parcerias/*co-ventures*/cocriação/codesign;

- **Transparência:** ser verdadeiramente responsável por ações e resultados em uma era que mina a confiança e a legitimidade.

Creio que o modelo de negócio 'economia da dádiva' ou consumo colaborativo está em vigor, e isso já faz um tempo."

NOTAS

1. Marcelo Estraviz foi fundador e ex-presidente da ABCR, e é presidente do Instituto Doar.

2. Carlos Bremer é Partner Advisory Services/Value Chain da EY e consultor do capitalismo consciente.

3. http://www.peacethroughcommerce.org/SearchResults.asp?Cat=239

4. Ladislau Dowbor é formado em economia política pela Universidade de Lausanne, Suíça; Doutor em Ciências Econômicas pela Escola Central de Planejamento e Estatística de Varsóvia, Polônia (1976). Atualmente, é professor titular no departamento de pós-graduação da Pontifícia Universidade Católica de São Paulo, nas áreas de economia e administração. Continua com o trabalho de consultoria para diversas agências das Nações Unidas, governos e municípios, além de várias organizações do sistema "S" (Sebrae e outras). Atua como Conselheiro no Instituto Polis, CENPEC, IDEC, Instituto Paulo Freire, Conselho da Cidade de São Paulo e outras instituições. http://dowbor.org

5. Massimo Canevacci é professor de Antropologia Cultural e de Arte e Culturas Digitais da Università degli Studi di Roma La Sapienza, Itália. Seus estudos concentram-se nas áreas da etnografia, comunicação visual, arte e cultura digital. O antropólogo já esteve no Brasil como professor visitante pela Universidade do Estado do Rio de Janeiro (UERJ) e pela Universidade Federal de Santa Catarina (UFSC).

6. Izabella Ceccato é profissional da área de comunicação e empreendedora. Idealizadora e fundadora da Eco Rede Social, que compreende uma série de atividades na disseminação de iniciativas e pensamentos no campo da sustentabilidade por um mundo mais ético e harmonioso. Durante sua estadia de seis meses na Schumacher College, especializou-se em Ecoliteracy, Live a Spiritually Guided Life. Palestrante, professora e especialista na área de comunicação e sustentabilidade. Membro do conselho da Escola Schumacher Brasil.

7. Edgard Barki é economista e professor da FGV. Autor dos livros *Varejo no Brasil: Gestão e Estratégia*, *Negócios com Imposto Social no Brasil* e *Varejo para Baixa Renda*.

8. Geraldo Santos, empreendedor há mais de 15 anos, fundou agências de marketing e eventos especializadas no segmento de Tecnologia de Informação e Mídia, atendendo as principais corporações de tecnologia do mundo. Entre 2003 e 2008, atuou como sócio-fundador da XVENT Participações, empresa de investimentos que contribuiu com o desenvolvimento do setor de startups no País, uma delas fundadora do primeiro sistema de video-on-demand da América Latina. Em 2013, participou da vinda para o Brasil da DEMO Conference

9. Nei Grando é organizador e um dos autores do livro *Empreendedorismo Inovador. Como Criar Startups de Tecnologia no Brasil*, 25 autores, Editora Évora.

10. Visita e entrevistas ao vivo em 25 de março de 2015.

11. Arcebispo Dom Nicolaos de Moreas é Prelado da Ordem dos Hospitaleiros Ortodoxos, Presidente do Departamento Universitário (HODU).

12. Polanyi. A Grande Transformação: As origens da nossa época. 2a edição. Editora Campus, 2000.

13. Botsman. R. What's Mine is Yours: The rise of collaborative consumption.

14. Professora Elain Vlok é a liderança por trás da Clover Mama Afrika.

BIBLIOGRAFIA

ANDREONI, J. *Impure altruism and donations to public goods: a theory of warm-glow giving*. Reino Unido: Economic Journal Royal Economic Society, 1990.

APPADURAI, Arjun (Org.). *The social life of things*. Estados Unidos: Cambridge University Press, 1986.

APPADURAI, Arjun. Disjunção e diferença na economia cultural global. In: FEATHERSTONE, Mike. *Cultura global: nacionalismo, globalização e modernidade*. 3. ed. Petrópolis: Vozes, 1999. p. 311-327.

ANDERSON, Chris. *Free. O futuro dos preços*. Rio de Janeiro: Elsevier Editora, 2011.

ARIELY, Dan. *Previsivelmente irracional*. Rio de Janeiro: Elsevier Editora, 2008.

BARKI, Edgard; IZZO, Daniel; TORRES, Haroldo da Gama; AGUIAR, Luciana (Orgs.). *Negócios com impacto social no Brasil*. São Paulo: Editora Peirópolis, 2013.

BAUDRILLARD, Jean. *O sistema dos objetos*. São Paulo: Editora Perspectiva, 2006.

BOTSMAN, Rachel; ROGERS, Roo. *What's mine is yours: the rise of collaborative consumption*. Nova York: HarperCollins Publisher, 2010.

BOURDIEU, Pierre. *A produção da crença. Contribuição para uma economia de bens simbólicos*. Porto Alegre: Editora Zouk, 2001.

BOURDIEU, Pierre. *A economia das trocas simbólicas*. São Paulo: Editora Perspectiva, 2013.

BRASSEUL, Jacques. *História econômica do mundo. Das origens aos subprimes*. Lisboa: Edições Texto e Grafia, 2010.

BUCZYNSKI, Beth. *Sharing is good. How to save money, time and resources through collaborative consumption*. Canadá: New Society Publishers, 2013.

CAILLÉ, Alain. *Antropologia do dom: o terceiro paradigma*. Rio de Janeiro: Vozes, 2002.

CANEVACCI, Massimo. *Antropologia da comunicação visual*. Rio de Janeiro: DP&A, 2001.

DERIDA, Jacques. *Given time: counterfeit money (vol. 1)*. Tradução para o inglês de Peggy Kamuf. Chicago: The University of Chicago Press, 1992.

DOUGLAS, M.; ISHERWOOD, B. *The world of goods*. Londres; Nova York: Routledge, 1996.

ESPOSITO, Roberto. *Communitas — origen y destino de la comunidad*. Buenos Aires: Amorrortu Ed., 2013.

FERRY, Luc. *Aprender a viver: filosofia para os novos tempos*. Rio de Janeiro: Objetiva, 2010.

FERRY, Luc. *O que é uma vida bem-sucedida*. Rio de Janeiro: Difel, 2004.

GODBOUT, J. *O espírito da dádiva*. Rio de Janeiro: FGV, 1999.

GOFFMAN, Erving. *A representação do eu na vida cotidiana*. Petrópolis: Vozes, 1975.

GIANNETTI, Eduardo. *O valor do amanhã*. São Paulo: Companhia das Letras, 2005.

HARBAUGH, W. *What do donations buy? A model of philanthropy based on prestige and warm-glow*. Journal of Public Economics, 67, 269-84, 1998b.

HOWE, Jeff. *O poder das multidões*. Rio de Janeiro: Elsevier, 2009.

KAPLAN, Robert. *Conceptual foundations of the balanced scorecard*. Estados Unidos: Harvard Business School/Harvard University, 2010.

KLEIN, Naomi. *Sem logo*. Rio de Janeiro: Record, 2006.

KOLM, Serge-Christophe. *Veritas in caritate. O bem público de lutar contra os paradoxos de solidariedade*. Artigo apresentado na Conferência Prize Franqui 1 Bruxelas, jun. 2013.

LIPOVETSKY, Gilles. *O império do efêmero. A moda e seu destino nas sociedades modernas.* São Paulo: Companhia das Letras, 2009.

LÉVY, Pierre. *A inteligência coletiva. Por uma antropologia do ciberespaço.* São Paulo: Edições Loyola, 1998.

LONDON, Ted; HART, Stuart L. *Next generation business strategies for the base of the pyramid.* Estados Unidos: Pearson Education, 2011.

MACKEY, John; SISODIA, Raj. *Capitalismo consciente.* São Paulo: HSM Editora, 2014.

MAFFESOLI, Michel. *O tempo das tribos.* Rio de Janeiro: Forense Universitária, 2006.

MALINOWSKI, B. *Os argonautas do Pacífico Ocidental.* São Paulo: Abril Cultural, 1983.

MAUSS, Marcel. *Ensaio sobre a dádiva.* Portugal: Perspectivas do Homem. Edições 70. 1950.

MAUSS, Marcel. *Ensaio sobre a dádiva.* São Paulo: Cosac Naify, 2013.

MAUSS, Marcel. *Sociologia e antropologia.* São Paulo: Cosac Naify, 2003.

ROSA, Carlos S. Mendes (Trad.). Vários autores. *O livro da economia. As grandes ideias de todos os tempos.* São Paulo: Globo, 2013.

MILLER, D. *Humiliation.* Ithaca: Cornell University Press, 1993.

MLODOV, Leonard. *O andar do bêbado. Como o acaso determina nossas vidas.* Rio de Janeiro: Jorge Zahar Editores, 2008.

MORIN, Edgar. *O método. 4 — As ideias.* Porto Alegre: Sulina, 1998.

NIETZSCHE, F. *A vontade de poder.* Rio de Janeiro: Contraponto, 2008.

NOVAES, Adauto (Org.). *Mutações. A invenção das crenças.* São Paulo: Edições Sesc, 2011.

PECHLIVANIS, Marina. Vários autores. *Gifting.* Rio de Janeiro: Campus, 2009.

SARLO, Beatriz. *Cenas da vida pós-moderna.* Rio de Janeiro: UFRJ, 2004.

SILVERSTEIN, Michael J.; SINGHI, Abheek; LIAO, Carol; MICHAEL, David. *O prêmio de 10 trilhões de dólares. Cativando a classe emergente da China e da Índia.* São Paulo: DVS Editora, 2013.

SILVERSTONE, Roger. *Por que estudar a mídia?* São Paulo: Loyola, 2002.

SCHRIFT, Alan D. *The logic of the gift: toward an ethic of generosity.* B 1, c 2. 1776.

SCHOKKAERT, E. The empirical analysis of transfer motives. In: KOLM, S.-C; YTHIER, J. M. (Eds.). *Handbook in the Economics of Giving, Altruism, and Reciprocity.* Amsterdã: Elsevier North-Holland, 2006. p. 127-81.

SIMMEL, G. Faithfulness and gratitude. In: WOLFF, K. H. (Ed.). *The sociology of Georg Simmel.* Nova York: Free Pass, 1964.

SAHLINS, M. L'esprit du don. In: *Âge de Pierre, âge d'Abondance.* Paris: Gallimard, Sciences Humaines, 1976.

SMITH, Adam. *Wealth of nations. Of the principle which gives occasion to the division of labour.* Livro 1, capítulo 2. 1776.

VAYNERCHUK, Gary. *Gratidão. Como gerar um sentimento incrível de satisfação em todos os seus clientes.* São Paulo: Lua de Papel, 2011.

VEYNE, Paul. *Le pain et le cirque. Sociologie historique d'un pluralisme politique.* Paris: Seuil/Points Histoire, 1995.

WOTLING, Patrick. *Vocabulário de Friedrich Nietzsche.* São Paulo: WMF Martins Fontes, 2011.

YUNUS, M. *Creating a world without poverty: social business and the future of capitalism.* Nova York: Public Affairs, 2007.

ÍNDICE

SÍMBOLOS •

#diadedoar, 160

3 As + S, desafios, 282

A •

Alfabetização, 204

Allain Caillé, paradigmas, 269

Altruísmo, 40, 163

   Corporativo 195

Anjos, investidores, 127

Antropologia, 39, 335

   do Dom 265

Arjun Appadurai, panoramas, 264

B •

Balanced scorecard, 135

Banco de tempo, 61, 111

BCG, 28

Benchmarking, 26, 168

Bitcoinbrasil, 35

Bolsa de valores, 26, 81, 171

Bradesco, 317

Brain reward system, 159

Brand

   code, 75

   seeder, 240

Branded government, 193

Branding, 181, 230, 246

C •

Capitalismo consciente, 129, 303

Car2share, 99

Cidadãos, 103

Colaborativo, 63–64, 101–102, 302

Comércio justo, 135

Commodities, 29–30, 111, 213

Comunicação, 5, 106, 211, 277

Conexões, 15, 270, 301, 306, 324

Conhecimento, 9, 205, 216, 304, 309

Consumidores, 5, 33–35, 231–232

Consumo, 15

   colaborativo, dicionário, 115

Contratos, 4, 16, 268

Corporação, 136

Corporate Warm-Glow 167

Crenças, 3–20, 168, 225, 304

   e sentidos, 9

   paranormal, 11

Crowdfunding, 32

Cultura, 3, 158–161, 260, 278

D •

Dádivas, 14, 212, 301, 310

   das dádivas, 34–42, 225, 301

   das trocas, 8, 104, 241, 304

   Eficiência, 26, 109, 223

Davos 2015, 108

Democratização, Trocas, 243

Desapego, 147, 226

Descoberta, 25

Desejos, 32–33, 83, 87, 111, 239, 251

Desigualdades Sociais, 195

Dimensão, 35, 51–52, 226, 309

Dinheiro, 5, 18, 224, 306

Dívidas, 57

Doação, 55, 221, 302

Dom, 21, 57, 249, 307

E •

Easy Taxi, 226

ECES, 12

Economia,

circular, 109

Escambo, 61, 229–230, 322–323

Estratégia, 5, 105, 232, 303

Evolução econômica, 71

F •

Fair trade, 135, 187

Falsa bondade, 75

Felicidade, 16, 47, 82, 121, 310, 313

Fidelização, 37, 149, 293

Filantropia, 177

Filosofia, 41, 107, 214, 307, 334

Finanças, 96, 123, 140, 187, 205, 324

Fintech, 112

Flash mobs, 258

Flexibilidade, 19, 105, 200, 272

FMCG, 283, 292

Freemium, 58

Futuro, 24, 108, 239, 301

G •

Geomercadologia, 85

Gift transactions, 57

Global neighborhood, 62

Globalização, 26, 143, 258, 323

Glutinum mundi, 6

Goodwill, 170

Grassroot Economics, 125

Gratuidade, 57

Greenwashing, 168, 184

H •

Hábitos, 11, 20, 75, 96, 251, 291

de consumo, 103

Homo oeconomicus, 24

Humanidade, cuidando, 275

Humanitário, 65, 107, 148

Humor, 33

I •

Imaginário coletivo, 84–85

Impacto social, 171

INAF, estudos, 206

Inteligência

Coletiva 269

espiritual, 275, 304

Internet das coisas, 107

Investidor, 127, 202, 303

Anjo, 127

ÍNDICE

Investimento, 39, 158, 201, 319

  Social Privado, 201

J • K •

Jugaad, 27

Kaizen, 27

L •

Laissez faire, 91

Lease Soiety, 96

Lei das Trocas, 71

Leveza, 273

Liderança, 16, 115, 253, 298, 319

Lifestyle, 112, 239

Linguagem, conceitos, 14

M •

Mana, polinésia, 53

Mapas WG1, 154

Mediação, 8, 270, 323

Mentiras, 75

Mentor, 128, 315–316

Microfinanças, 188

Mindstyle, 239

Moda, 4, 168, 240, 335

Modelos de negócios, inovação, XVII, 289

Modelos Econômicos, 89

Moeda social, 188

Monetização, 257

Monetização, 257, 261

Multiplicidade, 73, 273

Multivíduos, 32

N •

NDP 2030, fatores-chave, 328

Negócio

  na Base da Pirâmide, 197

  sociais, 98, 183, 312

Neuromarketing, 235

O •

ONG, 179–182, 310, 322

Ordinaires, trocas, XLIX

OSCIPs, 186, 216

P •

Paisa Vasool, conceito, 27

Panoramas, 261

Paradigma, 91, 230, 302, 308, 334

Parcerias, 180, 200, 329

Peerby, 101

Personal lifescape, 84

Pierre Lévy, 273

Plano da Moral Social Fechada, 20

Pobreza, 197

Price, 33

Psicologia, 31, 40, 46, 49, 73, 91, 165

Purpose Economy, 250

Q •

qualidades humanas, 269–270.

R •

Ranking da Solidariedade, 151

Ready made, 261

Reciprocidade, 18, 113, 230

342 ÍNDICE

Rede

Colabore, 101

Responsabilidade, 34, 124, 231, 318

Social, 171

Corporativa, 171

Retorno do investimento, 237

Rituais, 3, 225

S •

Sabedoria, 25, 55, 211, 225

Semeador, 235

Senso coletivo, 201

Sentidos, 9, 134, 229, 260, 321

Sharing economy, 103, 105–106, 143, 250

Signos, 4, 10–11, 84, 86, 243, 277

Símbolos, 4, 229

Simpatia, 122, 163, 267

Sistema de Relações de Troca, 236

Smart-money, 128

Social Good Brasil, 204

Socialidade, 30, 73, 244

Sociedade, 9, 106, 222, 302

de rede, 257

Sociologia, 49, 249

Solidariedade, 15, 121, 195, 255, 334

Standing, 87

Startups, 36, 112, 319

Circuit, 320

investidor-anjo, 128

Sustentabilidade, 29, 34, 97, 109, 226, 310

Sympathetic Pricing, 33

T •

Taonga, 53

Tecnologia Social, 137

Tem Açúcar?, 101

Tendências, 32

de Valores, 33

Teoria da mudança, 139

Teoria do Valor, 24

Tetra Pak, 281

Case, 294

Trade, 133

Tratado da Natureza Humana, 9

Triple win, 198

Trocas

humanitárias, 145

V •

Valor

do Grátis, o 29

simbólico, 50, 260

Valuation, 171

Virtudes Humanas 121

Visão, 9

Social Corporativa 177

do tempo 253

W •

Wampum, moeda, 267

Waze, 226

WGI, tendências, 153

Word-of-mouth, 236

World Future Society, 55